Dick Harrison
Verräter, Hure, Gralshüter

Dirk Harrison

Verräter, Hure, Gralshüter

Judas Iskariot, Maria Magdalena, Pontius Pilatus, Josef von Arimathäa – Geschichte und Legenden

Aus dem Schwedischen von Ingrid Bohn

Patmos

Originaltitel: Förrädaren, skökan och självmördaren. Historien om Judas Iskariot, Maria Magdalena, Pontius Pilatus och Josef av Arimataia

Published by agreement with Pan Agency

Information der Deutschen Nationalbibliothek
Die Deutsche Nationalbibliothek verzeichnet diese Publikation in der Deutschen Nationalbibliografie; detaillierte bibliografische Daten sind im Internet über http://dnb.d-nb.de abrufbar.

Printed in Germany
ISBN 978-3-491-72515-7
www.patmos.de

Inhalt

Prolog

Am Anfang war die Erzählung. Eine Erzählung, gefüllt mit Worten, die in Windeseile Form annahmen und Männern und Frauen an Feuern und Herden in Häusern, Zelten und Hütten, unter Sternen und unter Dächern die Sinne wärmten. Das Wort erhielt Bedeutung und Gefühl, gefärbt von Hass und Neid und Liebe und Entbehrung und Schmerz und Neugier. Es waren Erzählungen voller Stolz über die Früchte der eigenen mühevollen Anstrengungen, Erzählungen von Scheu und Scham, vom Unwillen zwischen Brüdern und zwischen Generationen. Schwere Worte über Noah, den Berauschten, und über Kain, den Zornigen, über die rachelüsterne Medea und den herumirrenden Odysseus, über ein Volk, dessen Missgeschicke so zahlreich und so groß waren, dass der Herr sie in Feuer und Schwefel oder in den Fluten brausenden Wassers, das über vierzig Tage und Nächte anstieg, ertränken musste. Und die Worte wurden zu Erzählungen, schließlich zu Geschichten, immer größer und blühender je mehr Menschen sie hörten und je mehr Menschen sie weitergaben an anderen Feuern und an anderen Herden.

Darin sind wir Menschen einzigartig. Kein anderes Tier hat auf die gleiche Weise Macht über das Wort erlangt und gelernt, es zu gebrauchen. Wir schaffen Ereignisse und füllen sie mit Bedeutung; wir formen Geschichten, weil wir instinktiv fühlen, dass wir es müssen. Wir brauchen unsere Vergangenheit und alle ihre erfundenen Geschichten. Inwiefern sie falsch sind oder wahr, gehört nicht hierher. Wir fordern die Macht über das Wort und wir üben sie nach Behagen aus. Wenn wir unsere Welt erschaffen, erschaffen wir auch unsere Geschichte.

Meine eigene Geschichte, jene, die mit diesem Buch aufs engste verknüpft ist, ist die Geschichte der persönlichen Hölle, die ich während des Herbstes 2003 erfuhr. Die Zeit von September bis Dezember eben dieses Jahres fiel zusammen mit der schlimmsten persönlichen Krise, die ich in meinem Erwachsenendasein erlebt hatte. An und für sich ist dies nichts Besonderes. Die meisten von uns durchschreiten früher oder später ihre persönliche Gehenna. In meinem Fall ließ mich diese Krise indessen unmerklich in das

Buch hineingleiten, an dem ich gerade schrieb, ließ mich einer der Erzähler werden, die ich gerade im Begriff war zu analysieren.

Die Geschichte begann in einer roten Stuga in Småland, beinahe unverschämt schön gelegen an einem See. Es war Juli und ich war glücklich. Meine Lebensgefährtin und ich hatten das Häuschen für vier Wochen gemietet. Dort erblickte der Kern vorliegender Arbeit das Tageslicht. Aber ein paar Wochen nach der Heimkehr stand alles Schreiben still. Ich werde nie vergessen warum. Als sie die Verlobung löste, dachte ich, ich würde verrückt werden vor Trauer und Zorn und unbeantworteter Liebe. Einmal während dieser Krise war ich so bodenlos verzweifelt, dass mir Selbstmord als ein gelinder Ausweg erschien. Ich fühlte mich verraten, mit dem Dolch in den Rücken gestoßen.

Dann, ohne Vorwarnung, wurde ich ein weiteres Mal verraten, diesmal von einer Frau, die ich im Zusammenhang meines Berufes kennengelernt hatte. Dumm wie ich war, sah ich nicht, dass sie mich rasch als verbraucht betrachtete, sondern lud sie naiv zu einer Gala nach Stockholm ein. Danach wurde ich in einen kafkaesken Zirkus erniedrigender Verhöre, Verleumdungen und negativen Medieninteresses hineingezogen.

Mein Dasein havarierte während dieser Wintermonate. Ich war nun ein gejagtes Wild, ein Opfer ohne sichtbare Freunde. Im Konflikt an meinem Arbeitsplatz stand ich praktisch allein da. Niemand stellte sich offen auf meine Seite. Die Leute wuschen ihre Hände in Unschuld und schauten zu, entweder weil sie allzu feige waren, mir zu helfen, oder weil sie meine Schande genossen, über den Fall des Professors lachten. Man zog sich zurück, als wäre ich von der Pest befallen gewesen. Das Allerschlimmste war, dass einer meiner besten Freunde ohne mein Wissen meine privaten Briefe ausgehändigt hatte.

Ich suchte einen Sinn in all diesem Unbegreiflichen, aber ich fand keinen. Der, der ohne Grund angeklagt und von falschen Freunden verraten wird, tut dies nur selten. Neid? Allgemeine Böswilligkeit? Das Böse hat viele Gesichter. Alle, die Ähnliches wie oben beschrieben erlebt haben, und ich weiß, dass wir unglücklicherweise nicht wenige sind, die dies taten, können bezeugen, dass Trauer und das Gefühl der Apathie und davon, ein hilfloses Opfer zu sein, ganz allmählich einem intensiven, andauernden Zorn weichen. Man wird furchtbar wütend. Man will sich rächen, aber man kann nicht, und darum wird man noch wütender und nicht selten gegen sich selbst destruktiv, immer und immer wieder geht man das Elend durch. Menschen, die man für Engel hielt, wechseln vor dem inneren Blick ihre Gestalt und werden zu Dämonen.

Die Krise ist vorübergegangen. Während ich dies schreibe, bin ich nicht mehr allein, ich habe die Lust zu leben wiedergewonnen. Völlig hoffnungslos war die Lage nie, nicht einmal, als sie am schwärzesten war. Ich sah Sinnhaftes, Bedeutungen. Vielleicht nicht die wirklichen Hintersinne, aber dennoch Zusammenhang. Dies Sehen stellte sich eines Tages in jenem Herbst ein. Ich setzte mich auf das Sofa, kramte den Laptop hervor und begann, mehr als Therapie, dort weiterzuschreiben, wo ich seinerzeit aufgehört hatte. Da geschah etwas. Die Puzzlesteine fügten sich zum Bild. Ich sah das entstehende Buch mit einem Mal durch den subjektiven Filter meines Lebens und meiner eigenen Gefühle.

In Gedanken visualisierte ich meine Bedürfnisse. Die Personen um mich herum wurden zu negativen Stereotypen transformiert. Ich sah mich dem Verrat ausgesetzt und an den Rand des Selbstmordes getrieben. Ich sah mich belogen und betrogen von meiner Lebensgefährtin. Menschen, von denen ich glaubte, sie seien meine Freunde, versuchten tatsächlich mich aus dem Weg zu räumen. Sie scheiterten, Gott sei Dank, aber sie versuchten es. Sie könnten es erneut versuchen, wenn ich es am wenigsten ahne.

So dachte ich, gewiss leicht paranoid, und als ich auf das halbfertige Manuskript starrte, erkannte ich meine stereotypen Feinde, meine Dämonen. So wie ich erfuhren es viele vor mir, denn es handelt sich um zeitlose, allgemeinmenschliche Erfahrungen und Empfindungen. Gefühle, von denen Männer und Frauen zu allen Zeiten gequält wurden, und sie erlebten das zwingende Bedürfnis, dies in Worte und Erzählungen zu kleiden. Gefühle, die zu fiktiven Menschen geformt wurden, zu Personifikationen, zu Symbolen.

Wenn ich die Gestalten dieses Buches zuerst kaum mehr als ein Objekt der Phantasie mittelalterlicher Zeitgenossen verstanden hatte, so begann ich nun, sie als Inkarnation all dessen aufzufassen, was ich selbst gefühlt und erlebt hatte. Vor mir stand Judas Iskariot – der Verräter, der seinen Freund an den Feind verkauft hatte. Schräg dahinter lauerte Pontius Pilatus – der verantwortungslose Beamte, der sich weigerte, zu seinen Handlungen zu stehen und einen unschuldigen Menschen opferte. Und auf dem Sofa in der Ecke saß lächelnd Maria Magdalena.

Judas, Pontius, Maria. Personen, die in dieser Stunde gut und rechtschaffen sind, in der nächsten teuflisch und gefährlich. Ich erkannte sie alle drei wieder. Den falschen Freund, den feigen Vorgesetzten, die Launenhafte.

Es bedurfte keiner besonderen Phantasie, diese Figuren vor meinem inneren Auge lebendig werden zu lassen. Es bedurfte keines Ozeans an Forschungsaufwand, um die Kraft dieser Inkarnationen einzusehen. Die mythischen Gestalten nahmen nun auf meinem Schreibtisch Form an, begannen, mit mir zu sprechen, so wie sie 2000 Jahre zu unzähligen zornigen, verständnislosen Menschen gesprochen haben. Wir brauchen den Verräter. Wir brauchen den falschen Freund und den feigen Chef. Wir wollen diese widersprüchlichen, stereotypen Gestalten sehen können und annehmen, nicht wissend, ob wir sie lieben oder hassen, idealisieren oder verspotten sollen. Es gibt sicherlich wirkliche oder eingebildete Entsprechungen um uns herum, aber in der wechselvollen Welt der Legenden leben diese Gestalten ihr eigenes Leben im gleichen Takt, wie unsere bitteren Erfahrungen auf unsere Worte, auf unser Erzählen, abfärben. Sie entwickeln sich, weil wir – die erzählenden Menschen – es so wollen.

Am Anfang war die Erzählung. Der Trieb, der mich mehr als alles andere zu diesem Buch inspirierte, war eben dieser Trieb zu erzählen. Nicht mein persönliches Bedürfnis, sondern das aller. Wohin wir uns auch wenden, in welchem Milieu auch immer wir uns bewegen, es begegnen uns Erzählungen. Spukgeschichten an Lagerfeuern, Märchen in Kinderzimmern, Bücher über Seeräuber, Kampfpiloten und Detektive, absurdes Anglerlatein auf feuchten Festen und komische Lügengeschichten über pittoreske Originale vom Lande. Zu allen Zeiten und in allen Ländern haben wir, indem wir Erzählungen konstruierten, eine in kleinen Teilen wahre und in umso größeren Teilen fiktive Umwelt geschaffen. Manchmal verleihen wir Geschichten eine klassische Dimension, indem wir sie zu Genres erhöhen, etwa als die Erzählungen der Brüder Grimm als Volkssagen klassifiziert wurden oder als ein spektakulärer Teil des großen orientalischen Erzählschatzes »Tausend und eine Nacht« getauft wurde.

Dies sind bekannte Dinge. Die Erzählungen von Rotkäppchen, Schneewittchen, Aschenbrödel, Sindbad, Odysseus und allen anderen sind unserer Kultur einverleibt und darum etwas, das wir akzeptieren, ohne näher über unser Verhältnis dazu zu reflektieren. Nur Forscher widmen der Entstehung dieser Überlieferungen ambitiöse Gedanken, während das einfache Volk sie als gegeben hinnimmt.

Aber es gibt Geschichten, die den Sprung aus der Vergangenheit in die Gegenwart nicht schaffen. Es gibt Geschichten, die irgendwo auf dem Weg verloren gehen oder so verändert werden, dass wir sie nicht wieder erkennen. Verlorene Erzählungen, solche, die wir nicht erinnern, die aber eine wichtige Funktion erfüllten für jene Menschen, die einmal vor langer Zeit von ihnen fasziniert waren und sich gegenseitig halfen, sie zu einer lebendigen Tradition zusammenzuweben. Von solchen Erzählungen handelt dieses Buch zum Teil. Oder richtiger gesagt, es handelt zuallererst von den Menschen, die an diesem Prozess teilhatten, und es handelt von den Bildern, an deren Konstruktion unsere Vorfahren Gefallen fanden. Das Buch handelt von ihrem Willen zu erzählen und davon, wie die Geschichten zusammen mit den Veränderungen dieses Bedürfnisses ihr Aussehen wechselten.

Die Menschen des Mittelalters lebten in einer Welt, die ganz andere Referenzrahmen besaß als unsere heutige. Die meisten der Erzähltraditionen, die uns heute so selbstverständlich oder doch zumindest zugänglich erscheinen, gab es nicht. Die Welt war kleiner, im Guten wie im Bösen. Und nicht nur das, die Menschen des Mittelalters besaßen auch nicht unser breites Angebot alternativer Weltanschauungen, all die -ismen und mentalen Einfassungen des Bewusstseins. Während wir den Liberalismus, Sozialismus, Buddhismus, Islam, Feminismus, Humanismus, Atheismus und vieles mehr unterscheiden, begegnete dem durchschnittlichen mittelalterlichen Zeitgenossen nur die örtliche Variante des Christentums. Damit ist nicht gesagt, dass der mittelalterliche Mensch als solcher immer religiöser als der Mensch der Gegenwart gewesen sei. Seine Religiosität lag auf einer anderen Ebene. Sie nahm ihren Ausgangspunkt auf natürliche Weise im Christentum, sie ließ die christliche Lehre Rahmen setzen für die Wirklichkeit und definieren, was gut und was böse, Wahrheit und Lüge, Vergangenheit, Gegenwart und Zukunft war. Das Christentum erfüllte bedeutend mehr Funktionen als eine im strengen Sinne geistliche. Man strukturierte das Universum gemäß christlicher Prinzipien.

Vor diesem Hintergrund ist es nicht besonders bemerkenswert, dass auch die Erzählungen – die Sagen, Märchen und Geschichten – ein markantes christliches Gepräge erhielten. Es ist auch nicht besonders verwunderlich, dass den Erzählern, die sich zur Inspiration unmittelbar der Bibel zuwandten, früher oder später die vorgegebenen Themen und spannungsreichen Geschichten ausgehen mussten. Denn es ist eine Tatsache, dass besonders das Neue Testament vom erzählerischen Standpunkt aus nur eine verschwindend kleine Zahl von »Action«-Sequenzen bietet. Nicht eine einzige Lebensgeschichte, nicht einmal die Jesu Christi, wird vollständig erzählt. Wenn man neugierig den Rest erfahren wollte, musste man ihn selbst auffinden oder aus anderer nicht autorisierter Quelle entlehnen.

Am offenkundigsten ist dies bei Jesus und den Aposteln der Fall. Wie verbrachte Jesus seine Kindheit und Jugend? Hat er jemals geheiratet (was man, genau genommen, von ihm erwartet hätte, wenn er nicht als absonderlich betrachtet werden wollte)? Hatte er Kinder? Wie ging es ihm in seinem Beruf, bevor er zu lehren anfing? Trat er in die Fußstapfen seines Vaters Josef? Wie war das Zusammenleben seiner Eltern? Wie war es für Maria, als ihr Sohn gekreuzigt wurde? Apropos Maria, wie war das mit ihren Eltern? Wie trafen sie sich?

Mit den Jüngern steht es noch schlechter; nicht einmal die berühmtesten der ersten Apostel des Christentums werden in der Bibel umfassend beleuchtet. Es gibt Überlieferungen von dem, was Paulus nach seiner Ankunft in Rom tat, aber wir *wissen* nicht mehr, als dass er bald danach starb. Was nicht besonders verwunderlich ist; denn das tun wir ja alle. Dass Petrus Roms erster Papst gewesen sein soll, ist eine umstrittene Überlieferung, an die spätere römische Bischöfe gern glauben wollten und die darum der christlichen Erzähltradition einverleibt wurde, aber die formale Stellung des historischen Petrus als urkirchlicher Führer in Rom ist in Wirklichkeit nicht bekannt. Wenn es um die weniger bekannten Jünger und Evangelisten geht, ist der Bedarf an Erzählungen womöglich noch größer, besonders, wenn man die Menschen glauben machen will, es seien Reliquien solcher Heiligen überkommen.

Die Fragen stellen sich schnell ein. Wie kommt die Reliquie hierher? Was hat der Heilige zu Lebzeiten getan? Wie starb der Heilige? Stimmt es, dass Andreas nach Norden fuhr und Thomas nach Osten? Wer christianisierte wen? Welche Foltermethoden wandten die heidnischen Kaiser an, wenn sie die christlichen Märtyrer quälen wollten? Welche Wunder ließ der Herr geschehen? Und so weiter, und so weiter. Die menschliche Fantasie hatte viele Fragen zu beantworten und viele Dinge zu bearbeiten. Von all diesem hätte man leicht ein inhaltsreiches Buch schreiben können. Aber ich habe mich entschieden, etwas anders zu tun.

Dieses Buch handelt von biblischen Gestalten, die außerhalb des Kreises der großen Apostel und der Evangelisten stehen, Gestalten, denen die Verfasser der Bibel keine entscheidende Bedeutung beimaßen, aber doch für nötig erachteten, sie mit Namen zu nennen und kurz vorzustellen. Pontius Pilatus, Maria Magdalena, Judas Iskariot und Josef von Arimathäa. Es dauerte nicht lange, bis die antiken und mittelalterlichen Menschen auch von ihnen Geschichten brauchten. Die Worte begannen zu sprudeln, man begann, die Erzählungen zu konstruieren, und über viele Epochen wurden sie weiter gewebt von tüchtigen Handwerkern, der eine mit größerer Fantasie als der andere. Der Erzähltrieb war zu stark, als dass man ihn hätte unterdrücken können. Sicherlich wurden die Legenden der offiziellen Kirchenlehre nicht dauerhaft einverleibt, aber nichtsdestoweniger blieben sie über Jahrhunderte lebendig, in vielen Fällen bis heute.

So habe ich also eine Auswahl aus der Personengalerie des Neuen Testamentes getroffen. Es wäre auch möglich gewesen, eine Gruppe von Nebenfiguren aus dem Alten Testament zu wählen, aber dann wäre das Buch noch größer geworden und außerdem der Brennpunkt verloren gegangen. Die vier Gestalten, die hier vorkommen, besaßen nämlich, zumindest laut der Bibel, eine konkrete Beziehung zum persönlichen Drama Jesu Christi. Sie gingen in die große Heilsgeschichte ein, die christliche Klimax der Weltgeschichte. Die einen bewusst, die anderen unbewusst, aber sie alle wurden Teil der Heiligen Schrift und mussten demnach, gemäß mittelalterlicher Alltagslogik, im Plan irgendeines über- oder unterirdischen Herrschers von Bedeutung sein.

Denn im Mittelalter waren die Gelehrten, und wahrscheinlich auch alle anderen, instinktiv davon überzeugt, dass es zwischen Himmel und Erde einen Sinn und logischen Zusammenhang gebe, dass nichts aus sich selbst heraus geschehe, weder Glück noch Unglück. Es fällt uns heute schwer, dies nachzuvollziehen. Zwischen uns und den Menschen des Mittelalters liegt ein allzu großes Meer von Zeit, um diesen Gedankensprung gelingen zu lassen. Wir denken nicht auf die gleiche Weise.

Für den mittelalterlichen Menschen gab es Sinn und Bedeutung in allem, im Licht der Sterne und des Mondes bei Nacht, in den beißenden Nordwinden und dem wärmenden Süden, in plötzlichen Todesfällen und glücklichen Geburten. Unser Herr hatte die Welt nach seinem göttlichen und allwissendem Sinn geordnet, und für den, der wollte, war es durchaus möglich, die Geheimnisse des Herrn zu durchschauen. Selbst der Erzverräter des Christentums vor allen anderen, Judas Iskariot, hatte solchermaßen eine Rolle zu spielen. Genauso wie der Richter, der Präfekt Pontius Pilatus, und der selbsternannte Bestattungsunternehmer Josef von Arimathäa. Nichts geschah zufällig.

Und vielleicht hatten die Menschen des Mittelalters recht. Vielleicht ging und geht alles Geschehen in ein kosmisches Drama von Gut und Böse ein. In unserer Zeit weichen wir meist solchen schwindelerregenden Gedanken aus, entsetzt darüber, die Kontrolle zu verlieren, erschreckt von den Geheimnissen des Universums, aber die Wahrheit ist ein für allemal, dass wir nicht wissen. Aber es geht nicht um Wissen, sondern um Glauben. In der Welt des Glaubens ist alles möglich.

Der Hauptteil dieses Buches wurde von meiner Kollegin am Historischen Institut in Lund, Yvonne Maria Werner, gelesen und durchgesehen, was ich hiermit dankbar erwähne. Dank auch an Ylva Eggehorn, die am größten Teil des Manuskripts Anteil hatte. Interessante Informationen erhielt ich von Örjan Hamrin (Falun) und mit (meiner gegenwärtigen Lebensgefährtin) Marianne Solin diskutierte ich verschiedene Textpassagen. Ein kollektiver Dank sei außerdem an alle die Menschen gerichtet, die mir halfen, den Herbst 2003 zu überleben.

Lund, 9. Dezember 2004
Dick Harrison

Der Verräter

In der Mitte der sechziger Jahre umgab sich Bob Dylan mit einer Rockband und elektrisierte erstmals seine Musik. Größerer Schaden entstand keiner, so denken wir heute. Im Gegenteil: Das Ergebnis war mehr als geglückt, rein musikalisch. Aber für die jungen Radikalen beiderseits des Atlantik, die Dylan in ihrem Herzen trugen, war dies eine Katastrophe, ein unverzeihlicher Verrat. Der Held des Protestsongs wurde kommerziell und beging moralischen Selbstmord. Er verkaufte seine Kunst an das Kapital, opferte dem Mammon das Ideal. Und da draußen im großen Publikum gab es jemanden, der schrie – man kann es noch heute auf erhaltenen Mitschnitten hören: Judas!

Derselbe Bob Dylan hatte 1964, zu einer Zeit, als er noch dem politischen Primat der akustischen Gitarre folgte, ein Lied mit dem Titel *With God on Our Side* aufgenommen. In einer der letzten Strophen hören wir diese Sätze:

> *Through many dark hour/I've been thinking about this*
> *that Jesus Christ was/betrayed by a kiss.*
> *But I can't think for you/you have to decide*
> *wether Judas Iscariot/had God on his side.*[1]

Irgendeiner Erklärung bedurfte oder bedarf es nicht. Die Anklage, die aus dem Publikum erscholl, das Gleichnis, das im Lied vorgebracht wird, beide sind für den Hörer gleichermaßen klar und leicht zu deuten. Beide sind Synonyme des Verrats, schändlichsten Verrats. Judas Iskariot ist keine Person, sondern ein Begriff, ein Sinnbild für infernalische Falschheit.

Es ist schade um ihn

Judas Iskariot ist der Erzverräter der abendländischen Kultur. Es wäre besser für ihn gewesen, wenn er niemals geboren worden wäre, konstatiert der Evangelist Matthäus, der Judas' Gier als Motiv des Verrats betonte. Vielleicht gab es mildernde Umstände – Satan sei in ihn gefahren, schreiben Lukas und Johannes –, aber ein Verräter war er gleichwohl.

Die meisten von uns haben irgendeine Art von Beziehung zu Judas Iskariot. Gläubige oder Nichtgläubige – man kommt an ihm nicht vorbei. Die Ansichten über den Verräter mögen variieren, aber es dürfte schwer sein, in der Gegenwart einen Menschen zu finden, der keinerlei Auffassung über Judas und seine Tat besitzt. »Es ist schade um ihn«, pflegte eine Freundin zu sagen, wenn ich sie fragte. Da sie Religion an einem Gymnasium unterrichtet, lässt sich dieser Satz in gewisser Weise als autorisierte Äußerung betrachten. Sicherlich hat sie recht, in rein technischer Hinsicht: Ohne Judas gäbe es kein Ostern. Irgendein armer Teufel musste ja Jesus verraten, damit sich die Auferstehung ereignen konnte. Oder?

Aber sind wir tatsächlich aus grundlegenden theologischen Gründen so fasziniert von Judas? Es trifft zu, dass tief gläubige Christen dem Judaskuss im Rahmen der Passionsgeschichte unerhörte Bedeutung beimessen. Der Verrat und die darauf folgende Kreuzigung wecken in ihnen das Bedürfnis, Judas' Handeln zu erklären. Indessen ist die Symbolgestalt Judas für viele lebendig, für sehr viel mehr Menschen als die im strengen Sinne Gläubigen. Judas' feindliches Handeln allein reicht nicht aus, um die Faszination der Christen durch die Zeiten zu erklären. Jesus hatte viele Feinde, von denen kein einziger so mythisiert wurde wie Judas. Wie viele Legenden gibt es über die Pharisäer, die Hohenpriester Kajaphas und Hannas und die anderen jüdischen Widersacher, die dem Erlöser ständig Hindernisse in den Weg warfen und gemäß der Bibel die Hauptverantwortung dafür tragen, dass Jesus nach Golgota geschickt wurde? Nicht sehr viele, wenn wir ihre Zahl mit den Geschichten über Judas vergleichen. Da ist etwas Besonderes mit Judas, und dieses Besondere hat eigentlich wenig mit Religion zu tun. Ich bin selbst Christ, aber es sind nicht geistliche Beweggründe, die mich instinktiv vor Unbehagen zusammenzucken lassen, wenn ich das Wort Judas höre. Es handelt sich um sehr viel mehr als dies.

Das, was Judas in heutigen Tagen die narrative Zentralstellung verleiht, die er ohne Zweifel, allem Schurkenhaften zum Trotz, unter den Jüngern genießt, ist das widerwärtig Schändliche des Verrats selbst. Dies ist eine Handlung, die spontane Assoziationen auslöst. Alle haben wir irgendwann einmal die Dolchstöße eines falschen Freundes erlitten. Verrat lauert überall. Man glaubt nicht, dass es wahr sei, bevor es eingetroffen ist. Und dann stellt sich sofort der Gedanke ein, dass dies schon früher geschehen ist, und dass es noch viele Male geschehen wird. Die Welt ist voller Judasmenschen. Die Falschheit regiert.

Judas verriet seinen besten Freund. Dies war nicht irgendein Verrat – keine falsche Verleumdung ohne größere Konsequenzen für den Freund – sondern eine schmähliche Tat, die augenblicklich dazu führte, dass der Freund verhört wurde vom Hohen Rat, dem Präfekten und dem König, schließlich gefoltert, verhöhnt und verurteilt, auf schändlichste Art. Mehr als das: Judas wurde dafür bezahlt. Er verkaufte sein Opfer für eine Kleinigkeit. Und noch mehr als dies: Er verriet es durch einen Kuss, ein zeitloses Zeichen der Wertschätzung und Zuneigung. Judas' Verrat bewegte sich auf dem allerniedrigsten moralischen Niveau. Keine Falschheit kann symbolisch größer sein. Jesus andere Feinde waren zumindest ehrlich in ihrer Feindschaft. Es ist wesentlich leichter, einen ehrlichen Widersacher zu akzeptieren als einen falschen Freund. Lieber Kajaphas als Judas Iskariot.

Wenn wir heute über Judas reflektieren, ist es die Falschheit, die unsere Auffassung färbt. Wir suchen eine Antwort auf die Frage, warum er seinen Verrat beging und wie er selbst danach über sein Handeln dachte. Wir ziehen Parallelen zwischen Falschheit in unserem Leben und der Falschheit, der Jesus ausgesetzt war. Wir konzentrieren uns ganz auf den Judaskuss. Wenn wir einige Jahrhunderte zurückschauen, finden wir jedoch andere Aspekte dieses Judas'. In der mittelalterlichen Bildkunst ist es weniger die Falschheit als vielmehr der Falschheit Lohn – der Selbstmord –, der im Zentrum steht. Judas wird hier nicht zum Symbol für Verrat, sondern für Verzweiflung, äußerste Verzweiflung. Dass Judas die Hoffnung auf Erlösung verlor, beruhte gemäß dem mittelalterlichen logischen Denken nicht darauf, dass er Jesus den jüdischen und römischen Henkern auslieferte, sondern darauf, dass er den Glauben daran verlor, jemals Vergebung für seine Tat zu erfahren. Er sah nicht ein, dass die Gnade Gottes so groß ist, dass selbst ein Verrat diesen Ausmaßes vergeben werden kann. Judas personifizierte die Hoffnungslosigkeit.

Heute sind wir nur wenige, die über Judas' Tod nachdenken. Unser Bedürfnis nach Erzählungen hat sich verändert, und im Gleichklang damit hat sich auch Judas verändert. Den meisten Christen, selbst Priestern, die mir begegneten, ist offenbar nicht bewusst, dass die Bibel zwei widerstreitende Versionen über die Art seines Todes hinterlassen hat. Jene, die sich daran erinnern, wie Judas starb, glauben zu wissen, dass er sich erhängte (was jedoch der konkreten Schilderung des Evangelisten Lukas in der Apostelgeschichte widerspricht), aber das Erhängen an sich fungiert eher als grausige Ausschmückung einer Geschichte, die eigentlich mit dem Verrat abgeschlossen ist. Nachdem Judas Jesus geküsst hatte, wurde er uninteressant. Instinktiv fassen wir ihn nicht als verzweifeltes Wesen, sondern als agierenden, aktiven Menschen auf. Wir können sicherlich bis in alle Ewigkeit darüber spekulieren, warum genau Judas seinen Verrat beging, immer aber ist es der Verrat selbst, der unsere Gedanken einnimmt – nicht das, was davor oder danach geschah.

Was sagen nun die Forscher? Wie haben meine gelehrten Kollegen in der Welt der akademischen Fakultäten den Verräter betrachtet? Welchen Platz nahm Judas in der Welt der Exegese, der Bibelforschung ein?[2]

Einen sehr großen, zumindest zeitweise. Judas Iskariot war heiß umstritten, besonders während der letzten zwei Jahrhunderte. Viele der westlichen Theologen haben sich dem Problem interessiert hingegeben. Schulen entstanden, blühten und vergingen. Die Theologen haben sich mit dem Dilemma Judas' immer wieder beschäftigt, ohne jedoch zu akzeptablen Resultaten zu kommen. Die Debatte gewährte sich lange Pausen, nur um dann erneut von begeisterten Amateuren und bibelfesten Experten angefacht zu werden.

Es lässt sich im Wesentlichen festhalten, dass es zwei große Hauptrichtungen der Judasforschung gibt. Die eine Schule – die meistenteils in der Bibelforschung dominiert hat – erkennt Judas als wirkliche historische Person an, die zur Zeit Jesu gelebt und gehandelt hat. Man versucht also nicht, Judas irgendwie »wegzuerklären«, sondern akzeptiert seine Existenz. Von hier aus will man die Funktion erhellen, die er in der zeitgenössischen Gesellschaft ausübte, welches Motiv er für seine Tat gehabt haben könnte und wie diese Tat zu deuten ist. Politik? Neid? Missverständnis? Die Deutungen sind zahlreich und nicht selten widersprüchlich. Der einzige gemeinsame Nenner ist der Glaube an Judas' Existenz.

Die andere Schule weigert sich, Judas' historische Authentizität anzuerkennen und deutet ihn vielmehr als erfundene Gestalt, als »Judasmythos«. Auch innerhalb dieser Schule finden sich mehrere konkurrierende Hypothesen; um ihnen gerecht zu werden, bedürfte es beträchtlichen Platzes. Manche haben behauptet, dass Judas als literarischer Typ in der Absicht geschaffen worden sei, ein allegorisches Bild des jüdischen Volkes aufzubauen. Andere haben gemeint, die Judasgestalt ziele auf eine Verrätergestalt aus der ältesten Zeit der Urkirche, einen Opportunisten, der in der Zeit der Christenverfolgungen nur allzu gewöhnlich war. Wieder andere vertraten die Ansicht, Judas sei in einem der Mysterienspiele der Urkirche entstanden und habe erst danach Eingang in die Evangelien gefunden. Es gibt auch solche, die davon überzeugt sind, Judas sei erfunden worden, weil man ganz einfach einen Schurken in der Erzählung brauchte, oder dass man ihn den Evangelien hinzugefügt hätte aufgrund des Einflusses anderer Religionen.

Ohne allzu tief in das Labyrinth der Judas-Forschung einzudringen, kann ich doch konstatieren, dass die Energie, die im Verstand gelehrter Männer und Frauen um Judas Iskariot kreiste, gelinde gesagt bemerkenswert ist. Es ist geradezu faszinierend, wie viel Energie für diesen biblischen Unbekannten aufgewendet wurde und noch wird, besonders, wenn man bedenkt, wie selten er faktisch im Neuen Testament vorkommt. Über ihn nachzudenken, scheint für Generationen von Theologen, Amateurforschern und Laien eine Ganztagsbeschäftigung gewesen zu sein. Sie wurden von dem Verräter gefangen und haben sich willig seinem Schicksal hingegeben.

Ein Schimpfwort für alle Zeiten

Das Nachdenken über Judas ist keine neue Erscheinung. Die Literatur über den Verräter, wie wir bald an ausführlichen Beispielen sehen werden, blühte schon seit den Tagen der Urkirche. Vor allem gebrauchen wir inzwischen den Männernamen Judas, um Gift und Galle über Menschen und Erscheinungen zu verbreiten, die wir missbilligen. Judas ist zu einer verbalen Waffe geworden.

Zahlreiche Politiker, Priester, Journalisten und andere Personen des Kulturlebens haben im Laufe der Zeit die Bezeichnung Judas für persönliche Feinde gebraucht. Alle, die auf die eine oder andere Weise von der christlichen Kultur und ihrem reichen Symbolschatz beeinflusst wurden, egal, ob Protestanten, Katholiken, Orthodoxe, Atheisten oder andere, erhielten Judas dazu. Der Reformator Martin Luther liebte es, seine Widersacher als »Judasnachahmer« hinzustellen, lateinisch *Judas imitatores*; wenn Luther vom Papst sprach, verwendete er gern den Begriff »Judas' Sohn«. Der unbekannte deutsche Fürst Moritz von Sachsen (gest. 1553), der für Kaiser Karl V. kämpfte, obwohl er Protestant war, und der diesen später auch verriet, erhielt den alles andere als ehrenhaften Beinamen »Judas von Meißen«. Als Neville Chamberlain in München 1938 die Tschechen an Hitler verkaufte, wurde er in der Presse »Judas von der Downing Street« genannt; Tatsache ist, dass eine Stimme im englischen Oberhaus in diesem Zusammenhang erklärte, dass es offenbar danach aussehe, als würden Lord Halifax und sein französischer Kollege die Heiligsprechung Judas Iskariots beim Vatikan betreiben. Und als Boris Pasternak, Autor des *Doktor Schiwago*, 1958 den Nobelpreis für Literatur erhielt, beschuldigten ihn die sowjetischen Meinungsmacher, ein widerlicher Judas zu sein, ein Landesverräter, der gerade im Begriff sei, die Judassilberlinge von der Schwedischen Akademie entgegenzunehmen.

Um alle diese Schimpfworte ist in der europäischen Volkskunde eine umfassende Judastradition herangewachsen. Hierher gehören zum Beispiel auch die Geschichten, welcher Baum denn verflucht sei, weil Judas sich eben an einem solchen aufgehängt habe (Judasbaum, Feigenbaum, Weide, etc. – das Angebot ist vielfältig). Auch in der Sprache hinterließ der Verräter Christi seine Spuren. Wörter, die das Glied »judas«, enthalten, bezeichnen in der Regel Verräter, Dämonen und anderes besonders Negative. Das estnische Wort *juutas* und das südrussische *skariotski* (von Iskariot) meinen Dämon/Teufel. Im Finnischen bedeutet das Wort *juutas* sowohl »Schurke« als auch »Jude«. Im Niederländischen und Deutschen kennt man den Ausdruck *Judaswinter* für einen Winter, der zu Beginn mild, aber später, ohne Vorwarnung, plötzlich hart und bitterkalt wird.[3]

Die Person selbst, Judas Iskariot, wurde während des Mittelalters immer mehr zu einem kollektiven religiösen Hassobjekt, wie es die Volksfrömmigkeit des Christentums bis dahin nicht kannte. Judas wurde zu einem legitimen Symbol der Bosheit geformt, zu einer menschlichen Entsprechung des Teufels. In der Geschichte der Volkskultur finden sich daher unzählige Judastraditionen, die meisten mit mittelalterlichen Wurzeln, die dazu dienten, dem Hass freien Lauf zu lassen. Judas – entweder in Gestalt eines zu diesem Zweck ausstaffierten Laien oder als Puppe – sollte gejagt, getötet, erschossen, vom Kirchturm geworfen oder verbrannt werden. Die Logik, die hinter diesem Verhalten stand, wurde lateinisch *pars pro toto* genannt, »ein Teil anstelle des Ganzen«. Indem man Judas Iskariot angriff, attackierte man Satan und ließ es zu, zumindest für eine Weile, den Sieg über ihn zu genießen.

Die Schriftsteller der Antike und des Mittelalters produzierten unaufhörlich Judaslegenden – wir werden bald Anlass haben, zu ihnen zurückzukommen –, und dasselbe gilt auch für moderne Verfasser. Allein die hauptsächlich fiktiven Schilderungen des Lebens Judas Iskariots in der Literatur, auf der Bühne, im Kino und im Fernsehen des 20. Jahrhunderts reichten für zahlreiche akademische Abhandlungen. Judas hat die Menschen während zweier Jahrtausende fasziniert, und viele unserer Kulturschaffenden, heute wie damals, konnten sich nicht enthalten, eigene farbenfrohe kleine Steine in das ständig wachsende Judasmosaik einzufügen.

Alle diese späten Ausformungen des Schicksals des Verräters, wie verschieden auch immer sie sich im Detail darstellen, haben gleichwohl eines gemeinsam: Sie machen bedeutend mehr Angaben zur betreffenden Person als alle Verfasser des Neuen Testaments zusammen. Die Folge ist, dass die Menschen der Gegenwart, genauso wie die des Mittelalters, eine Auffassung von Judas, seinen Motiven und seinem Leben besitzen, die sich nicht selten vollständig von dem Bericht unterscheidet, den die kanonischen Evangelien überliefern. Die Judasgestalt, die wir im Fernsehen in Verfilmungen des Evangeliums zu Ostern sehen, sagt mehr über das Menschenbild des späten 20. Jahrhunderts aus als über den Judas, der uns im Neuen Testament begegnet.

Beginnen wir deshalb damit, zur Bibel zurückzukehren, zu den ältesten existierenden Quellen über das Handeln des Judas Iskariot. Was sagen eigentlich die vier Evangelisten über den Verräter?

Der widerspruchsvolle Jünger der Evangelien

Die Informationen sind knapp. Alles in allem kommt Judas Iskariot nur in sieben biblischen Episoden vor.

1. Judas wird zum Apostel erwählt (Markus 3:19; Matthäus 10:4; Lukas 6:16). Markus und Matthäus führen ihn in diesem Zusammenhang ein und fügen hinzu: »... und Judas Iskariot, der ihn dann verraten hat«. Im Lukasevangelium lesen wir: »... Judas Iskariot, der zum Verräter wurde«. In der Apostelgeschichte (1:25) notiert Lukas auch: »... und Judas hat es [d. i. das Apostelamt] verlassen und ist an den Ort gegangen, der ihm bestimmt war«.

2. Judas wird als Verräter im Johannesevangelium genannt (6:64.70–71): »Jesus wusste nämlich von Anfang an, welche es waren, die nicht glaubten, und wer ihn verraten würde. [...] Jesus erwiderte: Habe ich nicht euch, die Zwölf, erwählt? Und doch ist einer von euch ein Teufel. Er sprach von Judas, dem Sohn von Simon Iskariot, denn dieser sollte ihn verraten, einer der Zwölf.«
3. Judas beklagt sich über die Verschwendung im Zusammenhang mit Jesu Aufenthalt bei Lazarus in Betanien (Johannes 12:4–6): »Doch einer von seinen Jüngern, Judas Iskariot, der ihn später verriet, sagte: Warum hat man dieses Öl nicht für dreihundert Denare verkauft und den Erlös den Armen gegeben? Das sagte er aber nicht, weil er ein Herz für die Armen gehabt hätte, sondern weil er ein Dieb war, er hatte nämlich die Kasse und veruntreute die Einkünfte.« Wohlgemerkt, diese Hinweise auf Judas als einen gierigen Dieb kommen nur im Johannesevangelium vor.
4. Vor dem Verrat sucht er die Hohenpriester auf (Markus 14:10–11; Matthäus 26:14–16; Lukas 22:3–6). Markus schreibt: »Judas Iskariot, einer der Zwölf, ging zu den Hohenpriestern. Er wollte Jesus an sie ausliefern. Als sie das hörten, freuten sie sich und versprachen, ihm Geld dafür zu geben. Von da an suchte er nach einer günstigen Gelegenheit, ihn auszuliefern.« Matthäus schreibt: »Darauf ging einer der Zwölf namens Judas Iskariot zu den Hohenpriestern und sagte: Was wollt ihr mir geben, wenn ich euch Jesus ausliefere? Und sie zahlten ihm dreißig Silberstücke. Von da an suchte er nach einer Gelegenheit, ihn auszuliefern.« Lukas schreibt: »Der Satan aber ergriff Besitz von Judas, genannt Iskariot, der zu den Zwölf gehörte. Judas ging zu den Hohenpriestern und Hauptleuten und beriet mit ihnen, wie er Jesus an sie ausliefern könnte. Da freuten sie sich und kamen mit ihm überein, ihm Geld dafür zu geben. Er sagte zu und suchte von da an nach einer Gelegenheit, ihn an sie auszuliefern, ohne dass das Volk es merkte.« Man beachte, dass sich diese drei Evangelisten, die oft als Synoptiker (von griech. Synopse, »Zusammenschau«) bezeichnet werden, in interessanten Details unterscheiden. Bei Markus und Lukas sind es die Hohenpriester, die Judas zum Zweck des Verrats bestechen, bei Matthäus ist es Judas selbst, der um Geld bittet. Lukas betont außerdem den Einfluss Satans.
5. Er wird, entweder direkt oder indirekt, während der letzten Mahlzeit Jesu in Jerusalem als Verräter bezeichnet. Markus nennt Judas nicht ausdrücklich mit Namen (14:18–21): »Während sie nun bei Tisch waren und

aßen, sagte er: Amen, ich sage euch: Einer von euch wird mich verraten und ausliefern, einer von denen, die zusammen mit mir essen. Da wurden sie traurig und einer nach dem anderen fragte: Doch nicht etwa ich? Er sagte zu ihnen: Einer von euch Zwölf, der mit mir aus derselben Schüssel isst. Der Menschensohn muss zwar seinen Weg gehen, wie die Schrift über ihn sagt. Doch weh dem Menschen, durch den der Menschensohn verraten wird. Für ihn wäre es besser, wenn er nie geboren wäre.« Auch Lukas nennt nicht Judas' Namen (22:21–23). Matthäus' Text erinnert sehr an Markus, aber er schreibt auch (26:25): »Da fragte Judas, der ihn verriet: Bin ich es etwa, Rabbi? Jesus sagte zu ihm: Du sagst es.« Am ausführlichsten berichtet der Evangelist Johannes (13:2 sowie 13:21–30). Johannes konstatiert zunächst: »Es fand ein Mahl statt, und der Teufel hatte Judas, dem Sohn des Simon Iskariot, schon ins Herz gegeben, ihn zu verraten und auszuliefern.« Später folgt eine etwas längere Passage, die abschließend die Dunkelheit der Nacht betont und damit Judas' finstere Tat assoziiert: »Nach diesen Worten war Jesus im Innersten erschüttert und bekräftigte: Amen, amen, das sage ich euch: Einer von euch wird mich verraten. Die Jünger blickten sich ratlos an, weil sie nicht wussten, wen er meinte. Einer von den Jüngern lag an der Seite Jesu; es war der, den Jesus liebte. Simon Petrus nickte ihm zu, er solle fragen, von wem Jesus spreche. Da lehnte sich dieser zurück an die Brust Jesu und fragte ihn: Herr, wer ist es? Jesus antwortete: Der ist es, dem ich den Bissen Brot, den ich eintauche, geben werde. Dann tauchte er das Brot ein, nahm es und gab es Judas, dem Sohn des Simon Iskariot. Als Judas den Bissen genommen hatte, fuhr der Satan in ihn. Jesus sagte zu ihm: Was du tun willst, tu bald! Aber keiner der Anwesenden verstand, warum er ihm dies sagte. Weil Judas die Kasse hatte, meinten einige, Jesus wolle ihm sagen: Kaufe, was wir zum Fest brauchen!, oder Jesus trage ihm auf, den Armen etwas zu geben. Als Judas den Bissen Brot genommen hatte, ging er sofort hinaus. Es war aber Nacht.«

6. Er führte vor dem Verrat eine Schar Männer nach Getsemani (Markus 14:43–46; Matthäus 26:47–50; Lukas 22:47–48; Johannes 18:2–5; Apostelgeschichte 1:16–17). Dies ist Judas' Schlüsselhandlung, eben die, die seine Rolle als Verräter aller Zeiten sanktioniert: *Markus*: »Noch während er redete, kam Judas, einer der Zwölf, mit einer Schar von Männern, die mit Schwertern und Knüppeln bewaffnet waren; sie waren von den Hohenpriestern, den Schriftgelehrten und Ältesten geschickt worden.

Der Verräter hatte mit ihnen ein Zeichen vereinbart und gesagt: Der, den ich küssen werde, der ist es. Nehmt ihn fest, führt ihn ab und lasst ihn nicht entkommen. Und als er kam, ging er sogleich auf Jesus zu und sagte: Rabbi! Und er küsste ihn. Da ergriffen sie ihn und nahmen ihn fest.« *Matthäus*: »Während er noch redete, kam Judas, einer der Zwölf, mit einer großen Schar von Männern, die mit Schwertern und Knüppeln bewaffnet waren. Sie waren von den Hohenpriestern und den Ältesten des Volkes geschickt worden. Der Verräter hatte mit ihnen ein Zeichen verabredet und gesagt: Der, den ich küssen werde, ist es, nehmt ihn fest. Sogleich ging er auf Jesus zu und sagte: Sei gegrüßt, Rabbi! Und er küsste ihn. Jesus erwiderte ihm: Freund, dazu bist du gekommen? Da gingen sie auf Jesus zu, ergriffen ihn und nahmen ihn fest.« *Lukas*: »Während er noch redete, kam eine Schar Männer, Judas, einer der Zwölf, ging ihnen voran. Er näherte sich Jesus, um ihn zu küssen. Jesus aber sagte zu ihm: Judas, mit einem Kuss verrätst du den Menschensohn?« *Johannes*: »Auch Judas, der Verräter, der ihn auslieferte, kannte den Ort, weil Jesus dort oft mit seinen Jüngern zusammengekommen war. Judas holte die Soldaten und die Gerichtsdiener der Hohenpriester und Pharisäer und sie kamen dorthin mit Fackeln, Laternen und Waffen. Jesus, der alles wusste, was ihm geschehen sollte, ging hinaus und fragte sie: Wen sucht ihr? Sie antworteten ihm: Jesus von Nazaret. Er sagte zu ihnen: Ich bin es. Auch Judas, der Verräter, stand bei ihnen.« *Apostelgeschichte*: »… Judas wurde zum Anführer derer, die Jesus gefangen nahmen. Er wurde zu uns gezählt und hatte Anteil am gleichen Dienst.«

7. Er stirbt, aber Matthäus und Lukas sind sich nicht einig, wie (Matthäus 27:3–10, Selbstmord; Apostelgeschichte 1:18–20, kein Selbstmord). Auch dies ist ein Geschehen von großer Bedeutung für Judas' nachfolgende Geschichte: *Matthäus*: »Als nun Judas, der ihn verraten hatte, sah, dass Jesus zum Tod verurteilt war, reute ihn seine Tat. Er brachte den Hohenpriestern und den Ältesten die dreißig Silberstücke zurück und sagte: Ich habe gesündigt, ich habe euch einen unschuldigen Menschen ausgeliefert. Sie antworteten: Was geht das uns an. Das ist deine Sache. Da warf er die Silberstücke in den Tempel; dann ging er weg und erhängte sich. Die Hohenpriester nahmen die Silberstücke und sagten: Man darf das Geld nicht in den Tempelschatz tun; denn es klebt Blut daran. Und sie beschlossen, von dem Geld den Töpferacker zu kaufen als Begräbnis-

platz für die Fremden. Deshalb heißt dieser Acker bis heute Blutacker. So erfüllte sich, was durch den Propheten Jeremia gesagt worden ist: Sie nahmen die dreißig Silberstücke – das ist der Preis, den er den Israeliten wert war – und kauften für das Geld den Töpferacker, wie mir der Herr befohlen hatte.« *Apostelgeschichte*: »Mit dem Lohn für seine Untat kaufte er sich ein Grundstück. Dann aber stürzte er vornüber zu Boden, sein Leib barst auseinander und alle Eingeweide fielen heraus. Das wurde allen Einwohnern von Jerusalem bekannt; deshalb nannten sie jenes Grundstück in ihrer Sprache Hakeldamach, das heißt Blutacker. Denn es steht im Buch der Psalmen: Sein Gehöft soll veröden, niemand soll darin wohnen! und: Sein Amt soll ein anderer erhalten. [Diese Erzählung wird Petrus in den Mund gelegt.]«

Dies ist alles, was die Bibel über Judas Iskariot zu erzählen hat. Ein Tropfen im Meer, verglichen mit dem, was noch kommen sollte.

Denken wir etwas mehr über die eben genannten Quellen zu Judas' Leben und Tod nach. Zuallererst müssen wir die Evangelien in das richtige zeitliche Verhältnis zueinander stellen. Das Markusevangelium ist laut der Mehrzahl moderner Bibelforscher das älteste, wahrscheinlich um 60 n. Chr. geschrieben. Matthäus und Lukas bauen weitgehend darauf auf (oder genauer gesagt auf denselben urchristlichen Traditionen, auf die auch Markus sich stützte); diese Evangelien erhielten in den achtziger Jahren dieses ersten Jahrhunderts vermutlich ihre endgültige Fassung. Das Johannesevangelium ist das jüngste, etwa um das Jahr 100 geschrieben. Wenn wir die Schilderungen des Judas vor dem Hintergrund dieser Chronologie lesen, stellt sich sehr schnell großer Zweifel an vielen Aussagen ein. Es scheint zweifellos so, als sei Judas mit den Jahren immer schlechter geworden, als ob seine Schurkenhaftigkeit mit der Entstehung jedes neuen Evangeliums gewachsen wäre. Das Judasbild des Johannesevangeliums ist sehr viel düsterer als im Evangelium des Markus.

Ein erstes quellenkritisches Misstrauen gilt dem Kernpunkt der Judasgeschichte, dem Verrat selbst. Das griechische Verb, das diese Tat bezeichnet, heißt *paradidonai* (παραδιδοναι). Die Bedeutung des Verbs ist umstritten. In den obigen Übersetzungen meint es »verraten«. Sicher, das Wort kann, muss aber nicht »verraten«, bedeuten. Tatsächlich kann es genauso gut mit dem für Judas' Leumund weniger entehrenden »übergeben« übersetzt werden. Nichts in dem Wort als solchem deutet darauf, dass Judas als

Schurke gegenüber Jesus agiert haben muss. Aus einer rein sprachlichen Perspektive ist es beispielsweise sehr wohl möglich, dass Judas nach Jesu eigener Aufforderung diesen den Feinden übergab, vielleicht als einen Schritt im Versuch der Annäherung und der Diskussion zwischen Jesus und den Hohenpriestern. Sicherlich haben wir uns in der christlichen Tradition seit den Tagen der Urkirche für den verräterischen Aspekt in der Lesart dieses Verbs entschieden, aber wir wissen nicht, ob es ihn tatsächlich von Beginn an gab – auch wenn dies wahrscheinlich ist.[4]

Es gibt viele Probleme. Im ältesten Evangelium, das mit Markus verknüpft wird, ist Judas kaum mehr als ein Jünger, der auf eine für den Leser schwer begreifliche Weise in etwas verwickelt wird, das in unseren Augen nach Verrat aussieht. In den später verfassten Evangelien jedoch wird er mehr als dies: Er wächst schrittweise zu einem entsetzlichen Werkzeug des Teufels heran. Lukas schreibt: »Der Satan aber ergriff Besitz von Judas.« Johannes, chronologisch der letzte der Evangelisten, legt Jesus folgende Worte in den Mund: »Habe ich nicht euch, die Zwölf, erwählt? Und doch ist einer von euch ein Teufel. Er sprach von Judas, dem Sohn von Simon Iskariot, denn dieser sollte ihn verraten, einer der Zwölf.« Johannes schreibt weiter: »Als Judas den Bissen genommen hatte, fuhr der Satan in ihn. [...] Als Judas den Bissen Brot genommen hatte, ging er sofort hinaus. Es war aber Nacht.« Mit anderen Worten: Judas erscheint immer dämonischer, je größer der Abstand zwischen den als geschehen erzählten Ereignissen und der Niederschrift des Evangelientextes wird. Je später die Quelle geschrieben wird, desto schlimmer erscheint Judas.

Ein noch deutlicheres Beispiel ist die Geschichte von der Verschwendung in Betanien. Sie wird nur im Johannesevangelium mit Judas in Verbindung gebracht. Markus und Matthäus erzählen zwar auch von diesem Ereignis, ohne jedoch Judas zu erwähnen. Die Nörgelei über die Verschwendung wird hier stattdessen einer ganzen Gruppe von Jüngern zugeschrieben. Markus schreibt: »Einige aber wurden unwillig und sagten zueinander: Wozu diese Verschwendung? [...] Und sie machten der Frau [die Jesus mit kostbarem Öl gesalbt hatte. I.B.] heftige Vorwürfe« (14:3–5). Matthäus schreibt: »Die Jünger wurden unwillig, als sie dies sahen« (26:8). Es ist unbestreitbar so, dass Judas lange danach die Schuld für etwas bekam, dessen in den früheren Variationen der Geschichte eine anonyme Schar Jünger bezichtigt worden war. Das gierige Quengeln in Betanien wurde der allgemeinen Schurkenhaftigkeit des Verräters hinzugefügt.

Ein anderes Beispiel ist die Geschichte vom Ursprung des Verrats. Bei Markus waren es, wie wir gesehen haben, die Hohenpriester, die Judas Geld angeboten haben, nicht umgekehrt. Judas ist der Passive, die Hohenpriester die Aktiven. Man gewinnt als Leser den Eindruck, dass Judas zunächst zu den Hohenpriestern gegangen sei, um mit ihnen über das Problem Jesus zu diskutieren, worauf die Hohenpriester mit der Bestechung des Jüngers geantwortet haben. Im später verfassten Matthäusevangelium ist Judas ein sehr viel größerer Bösewicht: Er sucht die Hohenpriester auf und fordert von sich aus Bezahlung für seine Tat. Judas entwickelt sich von einem passiven Bösen, oder besser vom Schwachen und Bestechlichen, zum aktiven Bösen.

Die Abendmahlserzählung enthält auch gegensätzliche Angaben. Die Evangelisten Markus und Lukas benennen Judas nicht als den Schuldigen im Zusammenhang mit der Schilderung der letzten Mahlzeit Jesu. Matthäus ist eine Spur deutlicher, aber wirklich Entscheidendes geschieht erst bei Johannes. Bei ihm ist Jesus ein allwissender, autorisierter Prophet, der alles über die bevorstehende Katastrophe weiß. Also wird das Bild des Judas verdunkelt.

Auch die Geschichte vom Tod des Judas wird in unterschiedlichen biblischen Versionen dargeboten: Matthäus behauptet, Judas habe das Silbergeld den Hohenpriestern zurückgeben wollen, die jedoch gleichgültig auf seine Reue reagierten. Darauf habe er das Geld in den Tempel geworfen, sei fortgegangen und habe sich erhängt. Die Priester verwendeten das Geld zum Kauf von Land. In der Apostelgeschichte war es Judas selbst, der von dem Geld ein Grundstück erwarb, dann aber hinstürzte und auseinanderbarst, sodass seine Eingeweide herausfielen.

Wer berichtet die Wahrheit? Matthäus oder Lukas? Hat einer der Evangelisten möglicherweise die Geschichte nach einem bereits existierenden Muster, einem fertigen Modell, geschrieben, das vorgab, wie Verräter zu sterben haben? In diesem Fall gäbe es Gründe, misstrauisch zu sein. Beide Todesschilderungen verweisen tatsächlich auf wohlbekannte alttestamentliche Motive, auf schon existierende Geschichten, die unter gebildeten Juden im ersten Jahrhundert unserer Zeitrechnung Allgemeingut waren. Judas' Selbstmord durch Erhängen erinnert verblüffend an eine Schilderung im zweiten Buch Samuel, wie Ahitofel, einer von König Davids wichtigsten Ratgebern, der Verrat begangen und sich dem aufrührerischen Königssohn Abschalom angeschlossen hatte, sich das Leben nimmt

(2 Samuel 17:23). Der Tod, wie er in der Apostelgeschichte beschrieben wird, ist der gleiche Tod, den der seleukidische König Antiochus Epiphanes erleidet. Im zweiten Buch der Makkabäer im neunten Kapitel lesen wir, wie der König, ein großer Feind des Volkes Israel, zuerst von quälenden Leibschmerzen befallen wird, worauf er aus seinem Wagen stürzt und ernsthafte Verletzungen erleidet. Der Erzähler ist höchst erfreut über den gerechten Fall des Tyrannen: »Aus den Augen des Verruchten krochen Würmer, während er noch lebte, verfaulte sein Fleisch unter Qualen und Schmerzen und der Verwesungsgeruch, der von ihm ausging, verpestete das ganze Lager« (2 Makkabäer 9:9).[5]

Es ist demnach schwierig, über den Wahrheitsgehalt der Schilderungen von Judas' Tod zu entscheiden. Auch bezüglich des Blutackers sind sich die Evangelisten nicht einig: Bei Matthäus scheint der Name des Ackers sich auf das Blut Jesu zu beziehen, in der Apostelgeschichte jedoch auf Judas' Blut. Wie konnte es so verschiedenen Versionen des Schlusses dieser Verrätergeschichte gelingen, sich zu verbreiten und bereits in der Zeit der Entstehung der synoptischen Evangelien niedergeschrieben zu werden?

Die Uneinigkeit über Judas' Tod beherrschte als Problem bereits die Diskussion in der frühen Kirche. Die Mehrheit der Verfasser war, so wie der erste große Kirchenhistoriker Eusebius, der im 4. Jahrhundert lebte, davon überzeugt, dass Judas sich selbst das Leben nahm. Doch weil man das Zeugnis des Lukas nicht völlig zurückweisen wollte, tat man, was man konnte, um die Widersprüche zwischen den Texten zu überbrücken.[6] Ein Theologe namens Apollinaris, wahrscheinlich identisch mit Apollinaris von Laodicea im 4. Jahrhundert, versuchte die Angaben von Lukas und Matthäus zu harmonisieren, indem er behauptete, Judas' Versuch, sich zu erhängen, sei gescheitert und er daraufhin so gestorben, wie Lukas es in der Apostelgeschichte beschreibt. In der Absicht, noch deutlicher zu erzählen, wie Judas starb, bezieht Apollinaris auch die schreckliche Schilderung von Papias in seine Geschichte ein, dazu weiter unten mehr.[7]

Doch warum dort stehen bleiben? Wir Menschen waren zu allen Zeiten von Mord, Selbstmord und Tod im Allgemeinen fasziniert. Die urchristlichen Schriftsteller ließen sich nicht notgedrungen von der Bibel aufhalten, wenn es darum ging, Judas Iskariots entsetzliches Ende auszuschmücken. Der syrische Kirchenvater Afrahat, der in der ersten Hälfte des 4. Jahrhunderts lebte, meinte, dass Judas sich weder erhängt noch auf einem Acker zerborsten sei, sondern dass er sich einen schweren Mühlstein um den Hals gebunden und sich dann ins Meer geworfen habe. Ein zeitgenössischer östlicher Schreiber, der große syrische Kirchenvater und Hymnendichter Efräm der Syrer (gest. 373), erzählt, dass Judas sich in sein Haus eingeschlossen und die Tür sorgfältig verriegelt habe, bevor er Selbstmord beging. Niemand konnte danach hinein, bevor nicht Judas' Eingeweide aus seinem Körper hervorgequollen waren und die Verwesung eingesetzt hatte. In einer armenischen Quelle wird diese Geschichte noch weiterentwickelt. Judas habe die Tür zum Haus verschlossen und sich erhängt; während des ganzen Freitags und Sonnabends habe er dort gehangen. Schließlich sei sein Körper geborsten und die Eingeweide herausgeflossen, sodass sich ein großer, stinkender und eiternder Haufen gebildet habe, der die Aufmerksamkeit der Jerusalemer Kinder erregte.[8]

Ein nüchterner Quellenkritiker wird all dies zurückweisen, ebenso die Darstellungen bei Matthäus und Lukas. Sämtliche Geschichten sind als unzuverlässig zu betrachten, im Nachhinein entstanden, vermutlich in ganz bestimmter Absicht und um Antworten auf neugierige Fragen zu geben. Heute ist es unmöglich zu entscheiden, ob einer unserer Gewährsmänner tatsächlich eine korrekte Schilderung abgibt. Aus meiner nahezu respektlosen Historikerperspektive betrachtet, ist es durchaus denkbar, dass Judas Jesus tatsächlich einige Jahre überlebte und dass die Geschichte seines Todes über die wirklichen Verhältnisse hinwegtäuscht, geeignet, Judas' Andenken weiter zu verfinstern.

Wenn man aber dennoch einer der Geschichten der Evangelisten Lukas und Matthäus den Vorzug geben müsste, dann würde ich, so wie der Judasforscher Jean Paillard, auf Matthäus setzen.[9] Dessen Version ist relativ originell, ihr folgt außerdem ein fehlerhafter Hinweis auf das Alte Testament. Matthäus behauptet zwar, aus dem Buch Jeremia zu zitieren, tatsächlich aber gibt er den Propheten Sacharja wieder. Darüber hinaus vermischt er Sacharjas Worte mit verschiedenen Fragmenten und Denkfiguren des Jeremia. Matthäus schreibt: »So erfüllte sich, was durch den Propheten Jeremia gesagt worden ist: Sie nahmen die dreißig Silberstücke – das ist der Preis, den er den Israeliten wert war – und kauften für das Geld den Töpferacker, wie mir der Herr befohlen hatte.« Die betreffende Aussage findet sich bei Sacharja 11:12–13. So schreibt der Prophet:

»Ich sagte zu ihnen: Wenn es euch recht scheint, so bringt mir meinen Lohn; wenn nicht, so lasst es! Doch sie wogen mir meinen Lohn ab, dreißig Silberstücke. Da sagte der Herr zu mir: Wirf ihn dem Schmelzer

hin! Hoch ist der Preis, den ich ihnen wert bin. Und ich nahm die dreißig Silberstücke und warf sie im Haus des Herrn dem Schmelzer hin.«
Diese Prophetenworte ergänzt Matthäus mit Material aus Jeremia 32:6–15, wo von dem Ackerkauf die Rede ist, und mit Jeremias 18. und 19. Kapitel, in denen ein Töpfer erwähnt wird. Der Evangelist Matthäus ist also nicht von den Schriften der alten Propheten ausgegangen, sondern es scheint, als habe er sich angestrengt, aus dem existierenden Rohmaterial eine Prophezeiung zu konstruieren, eine Voraussage, die so gut wie möglich zu Judas' Tod passt. Dies sollte, wenn man so will, als Indiz dafür gelten, dass Judas so starb, wie Matthäus schildert, denn es kam dem Evangelisten darauf an, prophetische Belege zu finden.

Zu Judas' und Jesu Zeit

Einen erschwerender Umstand in der Erforschung des historischen Judas stellt die Tatsache dar, dass wir auffallend wenig über den Alltag der Jünger wissen. Was die Evangelisten der Bibel zu erzählen haben, ist ausschließlich für die christliche Botschaft relevant: zuallererst die Lehre Jesu, die von ihm vollbrachten Wunder und seine Passionsgeschichte. Im Übrigen finden wir nur Brosamen, die mit dem, was andere Quellen über die jüdische Gesellschaft lehren, kombiniert werden müssen.

Darum nun eine kurzgefasste Übersicht über einige allgemeinpolitische Gruppierungen und ideelle Gemeinschaften, die der Zeit Judas' und Jesu ihren Stempel aufdrückten. Von diesen Gruppen wissen die meisten Menschen der Gegenwart kaum etwas, aber sie waren den Bewohnern Judäas und Galiläas im 1. Jahrhundert unserer Zeitrechnung wohlbekannt. Die Menschen, die das Neue Testament schrieben, nahmen diese Gruppen als gegeben hin und nicht selten setzten sie die Wirksamkeit Jesu in Beziehung zu deren Aktivitäten.

In besonderem Maße wichtig waren die Pharisäer. Keine jüdische Fraktion ist in der christlichen Evangelientradition mehr verspottet worden als diese, was überaus merkwürdig erscheint, wenn man bedenkt, dass Jesus den Pharisäern auf verschiedene Weise näher stand als anderen jüdischen Parteien. Wahrscheinlich bedeutet der Terminus »Pharisäer« etwa so viel wie »die Abgesonderten«, vermutlich eine Bezeichnung Außenstehender aus der Anfangszeit der Bewegung. In jedem Fall handelte es sich um Idealisten, die danach strebten, die jüdische Kultur zu bewahren und dadurch ihre Lebenskraft gegenüber allen feindlichen Elementen der Gesellschaft zu stärken, insbesondere gegenüber der römischen Okkupationsmacht. Alle Juden seien, so meinten die Pharisäer, verpflichtet, einfach und im Einklang mit strengen geistlichen Reinheitsgeboten zu leben. Den Regeln des Gesetzes sei buchstabengetreu zu folgen. Je strikter und frommer das Volk der Botschaft des Gesetzes nachkomme, desto leichter ließe sich die jüdische Identität aufrecht erhalten. Das heißt nicht, dass die Pharisäer inflexible Paragraphenreiter gewesen seien. Ihre Sicht des Gesetzes war längst nicht so statisch, wie man leicht glauben könnte, wenn man sich all die negativen Äußerungen über sie im Neuen Testament vor Augen führt. Nicht selten waren sie auffallend offen, sich neuen Situationen anzupassen, und teilten Glaubensüberzeugungen, die in den ältesten Teilen des Alten Testaments keine Unterstützung fanden. Hierzu gehörte der Glaube an ein Leben nach dem Tod.

Das Verhältnis zwischen Jesus, den Jüngern und den Pharisäern ist Gegenstand intensiver Diskussionen gewesen und dürfte aufgrund des Quellenmangels niemals zufriedenstellend untersucht werden können. Weil die Lehre Jesu oft die Ideen der Pharisäer tangierte – was aus der Bibel sehr deutlich hervorgeht –, erfuhr er von einigen aus ihrem Kreis Unterstützung. Die Apostelgeschichte überliefert, dass eine Anzahl Pharisäer sich dem Christentum angeschlossen habe. Der berühmteste von ihnen war Paulus, der vom gehässigen Pharisäer zum ersten großen Organisator des Christentums und Verfasser der ältesten Teile des Neuen Testaments wurde. Gleichwohl ist es die Feindschaft zwischen dem Kreis Jesu und der Majorität der Pharisäer, die nach dem Studium der Evangelien am besten in Erinnerung bleibt. Verglichen mit Jesus und den Jüngern, erscheinen die Pharisäer als hochmütige und gierige Heuchler, zumindest wenn man den parteiischen Evangelisten Glauben schenkt. Es irritierte sie, dass Jesus, ganz im Gegensatz zu ihnen, zahlreiche kultische Reinheitsgesetze verwarf und außerdem allgemein bekannte Sünder in seinem Kreis willkommen hieß. Es ist nicht unwahrscheinlich, dass das Schwarzmalen der Pharisäer in der Bibel letzten Endes eine Folge jener Bitterkeit ist, die oftmals entsteht, wenn eine innige Freundschaft zerbricht. Wenige sind so erbitterte Feinde wie jene, deren Ideen beinahe übereinstimmen, aber eben nur beinahe.

Die aristokratischste von den jüdischen Parteien und von Jesu Lehre am weitesten entfernt, war die sadduzäische. Die Sadduzäer repräsentierten die höhere Priesterschaft Jerusalems und, in Weiterführung, die wohlhabenden Juden im Allgemeinen. Sie standen sich gut und fürchteten revolutionäre Umwälzungen aller Art, nicht zuletzt, weil jede Veränderung ihre eigene Position zu verschlechtern drohte. Daher arbeiteten sie mit den Römern zusammen und erwiesen sich gegenüber der hellenistischen Kultur offen und tolerant. In religiöser Hinsicht waren sie jedoch bedeutend konservativer als die Pharisäer und widersetzten sich entschieden den spät entstandenen Teilen des Alten Testaments. Ein wahrer Sadduzäer anerkannte solchermaßen nicht die Existenz der Engel und die Auferstehung der Toten. Die Sadduzäer lehnten auch die Auffassung der Pharisäer ab, dass ganz Israel ein Volk von Priestern sei, und bestanden auf der Exklusivität des Priesteramtes, was praktisch ja bedeutete, dass sie sich selbst mehr Wert beimaßen als anderen. Zwischen Pharisäern und Sadduzäern verlief also eine deutliche ideologische Trennlinie.

Wenn die Sadduzäer auf einer jüdischen Parteienskala den rechten Flügel und die Pharisäer den linken besetzten, dann wären die Zeloten die extreme Linke. Aus rein geistlicher Perspektive waren sie als ein Zweig am pharisäischen Baum zu betrachten, aber sie unterschieden sich markant von den Pharisäern, wenn es ums Handeln ging. Das griechische Wort »Zelot«, bedeutet etwa »jemand, der Eifer zeigt« im Sinne dessen, was wir mit dem Wort »Fanatiker« bezeichnen. Während die Sadduzäer die römische Regierung akzeptierten und die Pharisäer sie sicherlich verabscheuten, jedoch vorzogen mit friedlichen Mitteln gegen sie zu arbeiten, haben sich die Zeloten nicht gescheut, zur Gewalt zu greifen, entweder in Form von gezielten Mordanschlägen oder durch offene Revolte. Laut den Zeloten war Roms Herrschaft dem Herrn ein Gräuel, ein Eindringen in die Macht über das heilige hebräische Volk, die einzig Gott allein zukäme. Jeder wahre Israelit müsse darum sein Leben wagen, um mit der Waffe in der Hand die Römer hinauszuwerfen und einen selbständigen, gerechten Staat aufzurichten.

In heutiger Zeit würden wir die Zeloten zweifellos als militante religiöse Fundamentalisten und Terroristen definieren. Der erste große Zelotenaufstand fand im Jahre 6 n. Chr. statt, als Jesus noch ein Kind war. Obwohl ihre Revolten immer wieder von der Obrigkeit niedergeschlagen wurden, blieben die Zeloten bis zu ihrer großen Niederlage gegen die Römer im Jahre 70 eine Kraft, mit der zu rechnen war.

Was die Sadduzäer, die Pharisäer und Zeloten trotz aller Unterschiede einte, war, dass sie sich nicht von der jüdischen Gesellschaft abschirmten, sondern mitten darin lebten: die Sadduzäer in der selbst übernommenen Rolle als priesterliche Führer, die Pharisäer als Lehrer, die Zeloten als potenzielle Befreier. Gleichzeitig jedoch entschieden sich gewisse Juden, die Volksgemeinschaft ganz zu verlassen und neben der etablierten eine alternative Gesellschaft aufzubauen, entweder indem sie ein Nomadenleben zwischen den Städten, Dörfern und Oasen führten oder indem sie buchstäblich ein eigenes kleines Reich in der Wüste konstruierten.

Die meistbeschriebene dieser Gruppen ist die der Essener. Der Name stammt wahrscheinlich vom aramäischen *hasayya* (»die Frommen«) oder *asayya* (»die Heiligen«). Die Essener bildeten einen frommen Mönchsorden, der die Gütergemeinschaft und das Zölibat praktizierte, weshalb er allein durch Neurekrutierung fortleben konnte. Wer in ihrer Gemeinschaft Mitglied werden wollte, musste zunächst zwei Jahre Novize sein. Es scheint, als hätten die Essener von politischem Aktivismus Abstand genommen und an einem friedlichen Schicksalsglauben festgehalten, etwas, was sie scharf von den Zeloten trennte. Vermutlich waren es die Essener, die die Qumranrollen produziert haben, die man in Höhlen in der Gegend von Qumran am Toten Meer seit 1947 entdeckte. Wenn die Identifizierung korrekt ist, lebten die Essener von ca. 135 v. Chr. bis 68 n. Chr. – mit einer längeren Unterbrechung wegen eines Erdbebens im Jahre 31. v. Chr. – in einer klosterähnlichen Anlage, gegründet von einem Mann, von dem nur als »Lehrer der Gerechtigkeit« gesprochen wurde.

Es ist bemerkenswert, dass die Essener im Neuen Testament nicht erwähnt werden, obwohl andere antike Schreiber von ihrer Existenz berichten. Ist das Schweigen beabsichtigt? Oder lebten die Essener ganz einfach so zurückgezogen, dass die Evangelisten keinen Anlass sahen, sie zu nennen? In bestimmten Punkten erinnert ihre Lehre stark an das Christentum, in anderen wiederum nicht, zum Beispiel hinsichtlich des Messias: Die Bewohner von Qumran rechneten mit zwei Messiasgestalten, nicht nur mit einem. In der Forschung hat man bisweilen den Gedanken aufgeworfen, dass Jesu Vorgänger, Johannes der Täufer, irgendeine Verbindung zur Qumrangemeinschaft besessen habe, aber aufgrund fehlender Belege muss dies eine Vermutung bleiben.

Als die Erweckungsbewegung Jesu in Galiläa während der Jahre um 30 n. Chr. Anhänger gewann, waren die oben genannten geistlichen und politischen Richtungen wohl bekannte Erscheinungen. Jüdische Fraktionsstreitigkeiten und Parteienrivalität gehörten in Jerusalem zum Alltag, genauso wie das geistliche Suchen unter Anleitung von Männern, die man für fähig hielt, die göttliche Botschaft zu vermitteln. Religion und Politik im eigenen Leben zu vereinen, hinauszuziehen in die Wüste auf der Suche nach geistiger Inspiration, die eigene rituelle Reinheit durch das Festhalten an entsprechenden Gesetzen zu markieren, potenziellen Messiasgestalten oder ähnlichen religiösen Führern zu huldigen – das war nicht ungewöhnlich. Vielleicht bemerkenswert, aber keinesfalls merkwürdig. Es ist diese Perspektive, aus der wir die Jünger Jesu einschließlich Judas Iskariot betrachten sollten.

Der Kreis um Jesus war nicht groß. Eine Massenbewegung wurde das Christentum erst lange nach der Kreuzigung seines Begründers. Alles, was die Bibel über die Wirksamkeit des Kreises Jesu sagt, lässt den Schluss zu, dass es sich um eine kleinere Gruppe in Galiläa handelte, eine von vielen Sekten, die sich um charismatische Führer scharten. Wie die übrigen frommen Juden hielten sich die Jünger gern in Synagogen auf, aber auch große Zusammenkünfte auf offenen Plätzen waren ihnen nicht fremd. Sie ehrten den Sabbat und die jüdischen Feste, auch wenn sie die ritualistische Strenge verwarfen. Pharisäer und Zeloten betrachteten sie mit Neugier. Der eine oder andere Zelot ließ sich von den Jüngern werben – dazu gehörte Simon der Zelot und vielleicht auch Judas (siehe weiter unten) –, und Pharisäer ergriffen die Initiative zu Versammlungen und geistlichen Diskussionen. Als die Sadduzäer in Jerusalem zu einem späteren Zeitpunkt in Jesu Leben mit seiner Botschaft konfrontiert wurden, scheinen sie mit spontaner Distanz reagiert zu haben.

Auch wenn wir die Botschaft betrachten, die die Jünger vermitteln halfen, erinnern sie in mancher Hinsicht an die Anhänger anderer Sekten. Die Moralbotschaft war rigoros: Jesus forderte Gewaltlosigkeit, verwarf materiellen Reichtum und attackierte böse Geister mit charismatischer Energie, die alle Anwesenden beeindruckte. Wie die Zeloten und Pharisäer lehnte der Kreis Jesu den aristokratischen Snobismus und den religiösen Konservativismus der Sadduzäer ab. Im Unterschied zu den Zeloten – aber in Übereinstimmung mit den Sadduzäern und Essenern – forderte Jesus keinen bewaffneten Widerstand gegen die Römer. Der Widerstand gegen die weltliche Macht scheint zumindest kein zentrales Element seiner Lehre gewesen zu sein, aber nichts hinderte natürlich den einen oder anderen

Jünger, anderer Auffassung zu sein. Wie bei den Essenern kamen der Rückzug und der Aufenthalt in der Wüste in der christliche Tradition vor; es ist kein Zufall, dass sich später das Klosterwesen entwickelte. Den Evangelisten nach zu urteilen, befanden sich die Jünger gelegentlich auf Wanderungen durch Palästina, aber während bestimmter Zeitabschnitte lebten sie in dem Dorf Kafarnaum am Nordwestufer des Sees Gennesaret, mitten im Volk. In all diesem war der Kreis der Jünger eine besonders zeittypische Erscheinung.

Indessen gab es doch auch bedeutende Unterschiede zwischen dem Urchristentum und dem übrigen Judentum. Das ist nicht sehr verwunderlich, denn anders wäre die Erweckungsbewegung Jesu kaum so interessant und aufsehenerregend gewesen. Jesus wäre nicht gekreuzigt worden, wenn nicht gewisse Gruppierungen ihn als Bedrohung empfunden hätten. Er scheint Menschen jeder Couleur in seinem Kreis akzeptiert zu haben – Fischer, Zolleintreiber und viele andere – und selbst Frauen, was sicher ungewöhnlich war. (Wir kommen darauf im Kapitel zu Maria Magdalena zurück.) Er hob mit Schärfe hervor, dass das von ihm verkündete Reich nicht von dieser Welt sei und deshalb nicht verwechselt werden sollte mit einem eventuellen wieder aufgerichteten israelitischen Königreich mit Zentrum in Jerusalem, etwas, das sicher den einen oder anderen Zeloten und Pharisäer irritierte. Er hieß sowohl unschuldige Kinder als auch Prostituierte und Ehebrecher willkommen, und er ignorierte ganz offen jüdische Vorurteile gegenüber Samaritanern und Römern. Das Letztere führte zu verschiedenen Konflikten mit anderen Juden, insbesondere Pharisäern, die ansonsten manchen der religiösen Auffassungen in den Predigten Jesu zustimmten.

Nach dem, was das Neue Testament uns von der ältesten christlichen Gemeinschaft zeigt, lebten die Jünger in Gütergemeinschaft und führten infolgedessen eine gemeinsame Kasse, ganz im Sinne der Essener und anderer Gemeinschaften asketischer Gruppen. Daraus folgte auch, dass einer oder mehrere der Jünger eine ökonomische Verantwortung übernehmen mussten, zum Beispiel Verpflegung einzukaufen oder Unterkunft zu organisieren, eine Aufgabe, die laut dem Johannesevangelium bei Judas Iskariot gelegen hat. Offenbar besaß der Kreis um Jesus so etwas wie eine genau bestimmte Hierarchie mit Jesus an der Spitze und »den Zwölf« direkt unter ihm, was von Vertrautheit mit Organisation und Planung zeugt. Jesus und seine Anhänger haben hierbei ganz sicher aus den Erfahrungen der übrigen geistlichen Gruppen gelernt.

Aus all dem können wir den nicht besonders gewagten Schluss ziehen, dass Judas Iskariot eine bedeutende und vertrauenswürdige Persönlichkeit gewesen sein muss. Durch seine Mitgliedschaft im Kreis Jesu demonstrierte er Frömmigkeit und Religiosität, die auf einer tieferen, intensiveren Ebene als bei einer Vielzahl anderer Juden angesiedelt war. Er stand hoch in der Gunst des Meisters und besaß gemäß einer erhaltenen Überlieferung eine ökonomische Schlüsselrolle innerhalb der Gemeinschaft. Dies schließt automatisch aus, dass Judas verräterischer Tendenzen verdächtigt werden konnte oder dass es das Gerücht von seiner übertriebenen Gier gegeben habe. Aus der Sicht der christlichen Sekte muss er ein angesehener Mann gewesen sein, ein Jünger, auf den man in der Konfrontation mit Pharisäern und Sadduzäern hörte, einer von den moralisch untadeligen Juden, die in der ersten Reihe standen, wenn sich der Jüngerkreis an einem neuen Ort etablierte oder vor das Volk trat. Sein Aussehen wird dementsprechend gewesen sein. Wie die übrigen frommen Juden trug er vermutlich lange Locken und gekräuselte Backenbärte von den Schläfen an. Seinen Körper hüllte er in einen Mantel aus einem einzigen Stück Tuch, an den Füßen trug er Sandalen. Er trank Wein und aß Brot und Fisch, selten Fleisch. Er sprach Aramäisch, beherrschte aber ganz sicher auch das liturgische Hebräisch.

Judas Iskariot ahnte kaum, als er auf den Wegen zwischen Galiläa und Jerusalem wanderte, welch bitteres posthumes Schicksal ihn erwarten würde, welch formidable Herabsetzung sein Andenken schon wenige Jahrzehnte später treffen sollte. Aus dem angesehenen Jünger im Kreise Jesu, dem frommen Denker und Verkünder, sollten die Schriftsteller der kommenden Jahrhunderte den schlimmsten Schurken formen, den die abendländische Tradition kennt.

Unbekannter Ursprung, unbekanntes Motiv

Wie aus einem Vergleich der Evangelien hervorgeht, wuchs das Bedürfnis, Judas schwarz zu malen, schon in der zweiten Hälfte des 1. Jahrhunderts unserer Zeitrechnung. Die frühesten Generationen der Christen scheinen ein starkes Verlangen gefühlt zu haben, die Zahl der Geschichten um Judas Iskariot auszuweiten. Wenn wir uns mit den Informationen des Markusevangeliums begnügen, bleiben wir mit einer Menge Fragezeichen zurück, die eines nach dem anderen mit den nachfolgenden Texten verschwinden. Indem das Bild von Judas als dem Schurken sanktioniert wird, steht auch sein Handeln als besser verstehbar da: Besser ein böser Judas als ein unbegreiflicher. Dennoch bleiben immer noch Fragen, Fragen, mit denen konfrontiert zu werden, die Christen späterer Jahrhunderte weder vermeiden konnten noch wollten.

Ein solches Fragezeichen betrifft das Motiv selbst. Warum beging Judas seinen Verrat? Warum lieferte er Jesus den Hohenpriestern aus? Wollte er Geld? Ja, vielleicht. Tatsache ist, dass, je später die Evangelisten schrieben, desto stärker betonten sie Judas' Gier, vor allem, um den Verräter anzuschwärzen, und vielleicht auch, um dem Zuhörer des Evangelienerzählers ein denkbares Motiv zu liefern. Ein denkbares Motiv, wohlgemerkt, denn in der Bibel geht es niemals um konkrete Ursachenzusammenhänge. Wenn Johannes die Betanienerzählung verdreht, dann geschieht dies nicht mit ausdrücklichem Hinweis auf den späteren Verrat. Die Gier ist bei Johannes nur ein Teil der allgemeinen Schurkenhaftigkeit des Judas. Im Übrigen sind dreißig Silberstücke – der normale Preis für einen Sklaven – eine lächerlich niedrige Summe. Ein wirklich gieriger Verräter hätte mit Sicherheit mehr gefordert. Obendrein scheint keiner der übrigen Jünger Judas übertriebene Habsucht zugeschrieben zu haben. Niemand misstraute ihm, auch nicht während der letzten Mahlzeit.

Judas' Motiv ist also eine offene Frage. Hier gab und gibt es noch viel Raum für Spekulation und neue Erzählungen. Die Bibel gibt keine Antwort, nicht mehr, als »Satan ergriff Besitz von ihm«, was kaum als Besessenheit gedeutet werden kann mit der Folge, dass Judas für böse Taten prädestiniert gewesen sei. Satans Versuchungen zum Trotz ist Judas ein frei handelnder Mensch im selben Maße wie alle anderen Beteiligten der Passionsgeschichte. Pontius Pilatus kann wählen, Jesus freizusprechen, aber er tut es nicht. Die Hohenpriester können wählen, ihn nicht zu ergreifen, aber sie verfolgen ihren Plan bis zum Schluss. Alle haben die freie Wahl, und Judas wählt den Verrat. Wir wissen nicht warum, nicht, solange wir uns damit begnügen, die Bibel zu lesen.

Ein anderes Problem ist Judas' Nachname. Wir kennen ihn als Judas *Iskariot*. In der Bibel ist dies eine von vielen Bezeichnungen dieses Jüngers: gelegentlich wird er nur »Judas« genannt und im Johannesevangelium auch »Judas, der Sohn des Simon Iskariot«. Was bedeutet Iskariot? Eine oft angeführte Vermutung lautet, es bedeute »der Mann aus Kariot/Keriot«.

Dies, so wird behauptet, sei der Name eines Ortes in Judäa. Ein solcher Ort konnte jedoch nicht mit Gewissheit identifiziert werden, was gegen diese Hypothese spricht. Außerdem macht diese Vermutung Judas zu Jesu einzigem Jünger, der nicht Galiläer war – wenig überzeugend, angesichts des Umstands, dass die Bibel sehr deutlich Galiläa zum Kerngebiet der Wirksamkeit Jesu erhebt. Das a priori Wahrscheinlichste ist, dass Judas sich Jesus in Galiläa anschloss und wie die übrigen Jünger auch aus dieser Gegend stammte.

Wie wir bald sehen werden, wurde der Name Iskariot auch während des Mittelalters als geographische Bezeichnung aufgefasst, doch waren sich die Legendenmacher nicht einig darüber, wo Kariot/Skariot eigentlich zu suchen war. Einige glaubten, es handele sich um einen Ort nahe Jerusalem. Andere dagegen meinten, dass es eine Insel im Mittelmeer sein müsse. Allmählich kam der dann weit verbreitete Glaube auf, Judas stammte von der griechischen Insel Korfu oder einer Hafenstadt unmittelbar gegenüber der Insel gelegen. Dazu muss man wissen, dass eine bestimmte Landschaft Korfus Skaria genannt wird, was die Identifikation erleichterte. Im 17. Jahrhundert konnte sich der geneigte Besucher Korfus das Haus zeigen lassen, in dem Judas gewohnt haben soll, und es kam auch vor, dass man Verwandte von ihm vorwies.[10]

Die Kariot/Keriot-Hypothese ist nicht unwidersprochen geblieben. Eine andere Vermutung besagt, das Iskariot »der Falsche«, bedeute, abgeleitet vom aramäischen *saqqar*. In diesem Fall muss es sich um eine Bezeichnung handeln, die im Nachhinein entstanden ist, ein Schmähname, der nicht zu Judas' Lebzeiten angewendet wurde. Eine dritte Ansicht verweist auf das lateinische *sicarius*, »Meuchelmörder«, dem bei den Römern für die oben genannten jüdischen Freiheitskämpfer, die Zeloten, gebräuchlichen Spitznamen. Ein anderer der Jünger Jesu, Simon der Kanaanäer, gehörte offenbar dieser radikalen Widerstandsbewegung an. Judas kann sich durchaus zusammen mit Simon Jesus angeschlossen und seinen Zunamen auf ähnliche Weise erhalten haben. Diese Deutung ist in moderner Zeit sehr populär geworden, denn sie bietet die Möglichkeit einer Motiverklärung mit dramatischen Untertönen: Judas sei als radikaler Politiker mit den allzu pazifistischen Tendenzen Jesu unzufrieden gewesen und habe sich entschieden, die Bewegung zu verlassen. Er sei danach ein williges Werkzeug der Hohenpriester geworden, denen es schwer fiel, Jesu habhaft zu werden, denn dieser versteckte sich bei Nacht und zeigte sich tagsüber nur in der

Masse des Volkes. Judas sei der verständnislose Idealist gewesen, der Denker, der alles missverstand und dem erst ein Licht aufging, als es zu spät war. Daher der Selbstmord im Matthäusevangelium.

Innerhalb der heutigen Forschung gibt es vor allem Fürsprecher für die *Kariot*- und die *sicarius*-Hypothese, aber ohne Konsens darüber, welche der beiden den Vorrang hat. Dabei ist es nicht ungewöhnlich, dass die Forscher die beiden Vorschläge nur präsentieren, ohne zwischen ihnen zu wählen, denn eine endgültige Antwort können wir eben nicht bekommen.

Und dann? Was geschah eigentlich mit Judas Iskariot? Laut den Evangelien war Jesus wegen des Schicksals des Jüngers sehr bekümmert. »Es wäre besser für ihn gewesen, nie geboren zu sein«, sagt der Erlöser über den zukünftigen Verräter. Das gibt uns nicht sehr viele Anhaltspunkte. Die Worte Jesu bedeuten vielleicht nur, dass Judas ihm leid tat. Auch kann die Äußerung als eine letzte Warnung gedeutet werden, ein Versuch, den Verräter von seinem Vorhaben abzubringen. Eine ausdrückliche Verurteilung liegt darin nicht.

In der Apostelgeschichte ist Lukas etwas ausführlicher, jedoch nach wie vor vage: »… und Judas hat es [d. i. das Apostelamt] verlassen und ist an den Ort gegangen, der ihm bestimmt war«. Was ist gemeint mit »Ort, der ihm bestimmt war«? Vielleicht ist dieser Ort als der Acker zu deuten, mit dem Judas' Andenken verbunden ist, der Blutacker oder auch Töpferacker. Wo lag er? Wahrscheinlich (aber das ist unsicher) südöstlich von Jerusalem, wo Handwerker ihre Werkstätten hatten, weil es hier Zugang zu Wasser gab. Der Platz, auch als Ge-Hinnom-Tal bekannt, wurde als unrein betrachtet, weil man früher in der Nähe auf Scheiterhaufen Menschen geopfert hat. Manche hielten das Tal für das wahrhaftige Tor zur Hölle, eine Auffassung, die sich in der entstellten Form des Ortsnamens, die noch immer fortlebt, widerspiegelt: Gehenna. Hier gab es obendrein einen Massenbegräbnisplatz für Selbstmörder und Hingerichtete, weshalb es leicht einzusehen ist, dass die Mitglieder der Urkirche diesen Platz mit dem Andenken Judas Iskariots verbinden, ganz unabhängig davon, ob er wirklich dort sein Ende fand oder nicht.

Meinte Lukas wirklich, dass Judas zur Hölle gefahren sei, dem »Ort, der ihm bestimmt war«? Unmöglich ist es nicht. Der Evangelist Johannes zeichnet schließlich auch ein finsteres Bild von Judas' Zukunft, wenn er Jesus in der Fürbitte für die Jünger die Wendung »Sohn des Verderbens« in den Mund legt (17:12). Alles in allem ist Judas' Schicksal in den kanonischen Evangelien, sein Sterben und weiteres Geschick, äußerst vage und verschwommen.

Bevor wir weitergehen, sollte noch ein Widerspruch oder zumindest ein Textproblem im Neuen Testament erwähnt werden. Der Wortlaut ist vielleicht das Resultat reiner Nachlässigkeit oder Unwissens. Denn die ältesten Texte des Neuen Testaments sind nicht die oben erwähnten Evangelien, sondern die Briefe des Apostels Paulus. Einer von ihnen ist von besonderem Interesse für die Judasforschung, und zwar der erste Brief an die Korinther, wahrscheinlich in Ephesus um den Jahreswechsel 56–57 geschrieben. Dort lesen wir Folgendes (1 Korinther 15:3–5):

> *»Denn vor allem habe ich euch überliefert, was auch ich empfangen habe: Christus ist für unsere Sünden gestorben, gemäß der Schrift, und ist begraben worden. Er ist am dritten Tag auferweckt worden, gemäß der Schrift, und erschien dem Kephas [= Petrus], dann den Zwölf.«*

Man beachte: »dann den Zwölf«. Nicht: »dann den Elf«. In der ältesten erhaltenen Darstellung der Begegnung der Jünger mit dem Auferstandenen sind diese also vollzählig. Dies sollte, wenn wir den Text wörtlich nehmen, beinhalten, dass Judas noch nicht tot, dass Judas nach wir vor als legitimer Jünger Jesu zu betrachten war.

Nun ist aber diese Notiz nicht allzu ernst zu nehmen. Mit größter Wahrscheinlichkeit benutzt Paulus den Begriff »die Zwölf« wie eine Formel, beinahe in symbolischer Weise – Jakob hatte zwölf Söhne, Israel zwölf Stämme, Jesus zwölf Jünger und so weiter. Doch nehmen wir für einen Augenblick an, dass Paulus tatsächlich auf zwölf lebende Jünger einschließlich Judas abhebt. Wie passt dies damit zusammen, dass Judas Jesus zuvor verraten hatte? War Paulus von Judas' Verrat überhaupt etwas bekannt? Auf diese Fragen werden wir niemals zufriedenstellende Antworten erhalten, aber diese Diskrepanz erleichtert es Forschern und allerlei Mutmaßenden, alternative Judaserzählungen zu komponieren. Zu dieser Schar gehört auch der Schriftsteller Hyam Maccoby mit seinem Buch *Judas Iscariot and the Myth of Jewish Evil* (1992). Maccoby verwandelt Judas vom Verräter in einen der wichtigsten Nachfolger Christi und gleichermaßen zu einem Führer der Urkirche. Erfindung, gewiss, aber gleichzeitig Ausdruck für den Deutungsspielraum, den die widersprüchlichen Schriften der Bibel bieten.

Maccobys Ausgangspunkt ist, dass die christliche Kirche, wie sie von

Paulus und seinen Nachfolgern entwickelt wurde, nicht sehr viel mit der wahren Lehre Jesu gemein hatte, wie sie noch in der Kirche der Jünger in Jerusalem so lange wie möglich aufrechterhalten worden war. Im Denken des Paulus habe das Christentum eine große kosmologische Ausprägung erhalten, die den Opfertod Jesu und Gottes Heilsplan einschloss, etwas, was Maccoby auf den Einfluss verschiedener heidnischer Religionen zurückführt. Die Mitglieder der Kirche Jerusalems hätten jedoch an jenem jüdischen Messianismus festgehalten, den Jesus selbst repräsentiert habe. Sie glaubten, dass er gekommen sei, das israelitische Volk zu befreien und erwarteten seine baldige Wiederkehr in Gestalt des auferstandenen Messias. Die friedliche Gemeinschaft, die laut Apostelgeschichte allmählich zwischen Paulus und den Christen in Jerusalem heranwuchs, ist nach Maccoby fiktiv: Vielmehr habe es sich um offene Feindschaft gehandelt. Die führenden Männer der Pauluskirche hätten sukzessive, *nachdem* Paulus seine Briefe geschrieben hatte, einen Judasmythos aufgebaut, den sie im Kampf gegen die Kirche Jerusalems instrumentalisierten. Für den Mythos vom Tod Jesu brauchten sie einen Verräter, und sie brauchten eine Waffe im Kampf gegen die jüdischen Christen in Jerusalem. Also entschieden sie sich dafür, Judas zum Sündenbock zu machen. Der Name Judas symbolisiere das ganze jüdische Volk und die jüdische Religion. Der Antisemitismus, der bereits in der hellenistischen Kultur existierte, sei so in Paulus' siegreiche Variante des Christentums hineingeglitten. Judas sei zum Symbol für das Böse, Verräterische, ewig Jüdische geworden. Der Erzjude des Antisemitismus war geboren, und als solcher wurde Judas im Hoch- und Spätmittelalter fleißig benutzt.

Hyam Maccobys Vermutung ist, cum grano salis, dass der historische Judas Iskariot mit keinem Geringeren als Jesu eigenem Bruder Judas identisch ist, und dass dieser, wie viele andere Glieder der Familie Jesu, ihm auf seiner von den Zeloten inspirierten messianischen Mission in Palästina gefolgt sei. Nach dem Tode Jesu sei seine politisch-religiöse Bewegung zunächst von seinem Bruder Jakob und schließlich von Judas weiter getrieben worden. Ergo: kein Verräter, sondern ein leiblicher Bruder und loyaler Nachfolger. Ein jüdischer Held, ein Opfer der gewissenlosen ideologischen Offensive der paulinischen Kirche.[11]

Ein Schurke wird geschaffen

So fing es an. Die Vision der vier Evangelisten von Judas und seinen Taten verdunkelte sich Schritt für Schritt. Gleichzeitig entstand eine immer noch vorhandene Wissenslücke, weil niemand Interesse daran hatte, sie auszufüllen, Informationen zu bewahren oder zu schaffen. Im Mittelpunkt der Evangelien steht ja, letzten Endes, nicht Judas' Schicksal und Abenteuer, sondern die Botschaft Jesu Christi. Judas war wie andere Jünger und Anhänger unwesentlich, verglichen mit Gott, Gottes Sohn und dem Wort.

Aber es sollten andere Zeiten kommen, Zeiten, in denen alle, die Judas gekannt hatten, tot waren, in denen die Erinnerung an das, was er wirklich war, für immer verblasst, verweht sein würde. Die Christen, die in den nachfolgenden Jahrhunderten immer zahlreicher wurden, wollten mehr und mehr wissen. Nicht nur über die Botschaft Jesu, sondern auch über seine Verwandten, Freunde und Feinde. Judas Iskariot war dazu verurteilt, die Fantasie tausender und abertausender Menschen zu fesseln.

In der urchristlichen Literatur, die seit 100 n. Chr. entstand, erscheint Judas als Prototyp des christlichen Schurken. Er wurde zum Modell des Glaubensbruders, der seiner Religion und seinem Volk untreu wird und alles den Mächten des Bösen ausliefert. Es gab zahlreiche solcher Brüder zu der Zeit, so, wie es sie heute gibt –, Opportunisten und Streber, die im Zeitalter der Christenverfolgungen den Mammon dem Himmelreich vorzogen. Aus der Sicht der christlichen Lehrer und Bischöfe war dergleichen Verrat genauso entsetzlich wie das, was Jesus selbst widerfahren war, und die Folgen würden dementsprechend sein. Keine andere Strafe als der Tod würde jeden erwarten, der in Judas Fußstapfen treten sollte. Ein frühes Beispiel ist der Brief, in dem die christliche Gemeinde von Smyrna von ihrem guten Bischof Polykarp und seinem Märtyrertod erzählt. Darin wird klargestellt, dass die widerwärtigen Lumpen, die Polykarp verrieten, dieselbe Strafe verdienten, die auch Judas zugekommen war.[12]

Das Bedürfnis, das entsetzliche Ende des Verräterlebens zu visualisieren, mündete in fantasievollen und bizarren Darstellungen, die nur noch die äußere Rahmenhandlung mit der Bibel gemein hatten. Eine der meistbekannten und zugleich eine der grässlichsten Judasschilderungen wurde von Bischof Papias von Hierapolis um 130 oder 140 n. Chr. verfasst. Die Erzählung ist durch den oben erwähnten Apollinaris von Laodicea überliefert. Papias beschreibt Judas, offenbar nachdem dieser seinen Verrat begangen hat, als ein aufgedunsenes Monstrum mit einem Geschlechtsorgan, das »größer und widerlicher war als alles, was man jemals gesehen hat«. Wenn er seine Notdurft verrichtete, seien Würmer aus seinem Körper gekrochen, und der Platz, an dem er schließlich starb, sei von Gestank verpestet gewesen. Noch zu Papias' Zeit, ein Jahrhundert nach dem Tod Jesu, könne niemand an diesem Judasort vorübergehen, ohne sich die Nase zuzuhalten.[13] Ich (und, soweit ich weiß, alle anderen Forscher, die Papias einen Gedanken gewidmet haben) bezweifle sehr, dass irgendeine Wahrheit in dieser Erzählung liegt. Es handelt sich vielmehr um eine Kombination aus lokalhistorischer Mär, Einflüssen der Schilderung von Antiochus Epiphanes' Tod im Alten Testament und schließlich der Absicht, anschaulich zu zeigen, welch schreckliches Ende Gott für alle bereithält, die Jesus abschwören. Für Papias war Judas nicht länger Person, sondern nur ein Begriff.

In den apokryphen Evangelien, das ist jene Gruppe von Texten, die aus unterschiedlichen Gründen verworfen wurden, als das Neue Testament seine endgültige Form erhielt, sind diverse Notizen zu Judas wiederzufinden. Wohlgemerkt, wir haben apokryphe Aufzeichnungen, die Judas erwähnen, aber interessanterweise nicht in seiner berühmten Verräterrolle. Dazu gehört das so genannte *Petrusevangelium*, entstanden in der Mitte des 2. Jahrhunderts n. Chr., das nur fragmentarisch erhalten ist. Der Text beginnt mit der Kreuzigung und behandelt das, was während dieses Ereignisses und danach geschah. Am Schluss des Evangeliums sagt Petrus: »Aber wir, die zwölf Apostel des Herrn, weinten und jeder war traurig über das, was geschehen war und ging nach Haus.«[14] Alle zwölf, genauso wie in Paulus' erstem Brief an die Korinther. Dies sollte doch wohl Judas Iskariot eingeschlossen haben. Irgendein Nachfolger konnte sicher noch nicht auserwählt worden sein. Leider kennen wir nicht den gesamten Evangelientext.

In den *Petrusakten*, geschrieben in der zweiten Hälfte des 2. Jahrhunderts, greift Petrus den Teufel an, weil dieser den Jünger Judas verleitet habe, Jesus zu verraten (Kap. 8). Judas erscheint hier als das Opfer der bösen Ränke Satans.[15] Die *Thomasakten*, ein gnostisches Werk (der Gnosis zugehöriger romanhafter Bericht über das Wirken des Apostels Thomas in Indien) aus dem östlichen Syrien, entstanden am Beginn des 3. Jahrhunderts, lassen den Teufel – oder genauer gesagt eine Schlange, die sich als Personifikation des Bösen erweist – diese Untat bekennen (Kap. 32). An späterer Stelle dieser Schrift wird die Gier des Judas als Motiv seines Handelns angegeben; dies war es, was ihn dann dazu getrieben habe, sich das

Leben zu nehmen (Kap. 84).[16] Aus dem *Ebionitenevangelium*, einem Text, der in der ersten Hälfte des 2. Jahrhunderts in der jüdischchristlichen Ebionitensekte gebräuchlich war, geht hervor, dass Jesus Judas Iskariot während einer Wanderung in Tiberias am See Gennesaret als Jünger rekrutiert habe. Hieraus entnehmen wir, dass der Verfasser des Evangeliums annahm, dass auch Judas – wie die übrigen Jünger – ein gewöhnlicher galiläischer Fischer oder Handwerker war und keinesfalls aus Judäa stammte.[17]

Bedeutend ausführlicher ist die Judasschilderung im *Nikodemusevangelium*, in welches die älteren *Pilatusakten* eingearbeitet sind (mehr über diese Texte auf S. 223 ff.). Die für uns interessante Textstelle entstand spätestens am Beginn des 4. Jahrhunderts. Die Geschichte setzt ein, nachdem Judas laut Matthäusevangelium die dreißig Silbermünzen in den Tempel geworfen hatte. Der Verräter geht nach Hause und beginnt, ein Seil zu fertigen, um sich damit zu erhängen. Er trifft seine Frau und erzählt ihr, was er zu tun beabsichtigt. Die Frau fragt, warum. Judas antwortet, dass er seinen Lehrer Jesus ungerechterweise in die Hände des Pilatus ausgeliefert habe. Dieser würde Jesus nun töten lassen, doch würde er am dritten Tage auferstehen. Weh uns, wenn dies geschehe! Seine Frau beruhigt ihn damit, dass Jesus absolut nicht auferstehen werde. Dies werde ebenso wenig geschehen wie der Hahn, den sie gerade im Begriff sei zu braten, krähen werde. In diesem Augenblick aber kräht der Hahn. Dies ist Judas Beweis genug, er erhängt sich und stirbt.[18]

Judas kommt ziemlich oft in fragmentarisch überlieferten koptischen Texten vor, niedergeschrieben in Ägypten zwischen dem 5. und 7. Jahrhundert.[19] In einer der Erzählungen heißt es, er habe an einem der berühmtesten Wunder Jesu, und zwar an der Speisung der Fünftausend mit Brot und Fisch, nicht teilnehmen können, weil er dessen nicht würdig gewesen sei. Ein Schurke ist eben ein Schurke, selbst bevor er seinen Verrat begeht. In anderen Texten findet man Darstellungen zu Judas' Dasein in der Hölle. Einer der späteren schildert, wie der Tod in Jesu Grab kommt und es leer findet, während Jesus sich in das Totenreich begibt – hier Amente genannt, eine vorchristliche ägyptische Bezeichnung für die Domäne des Todes – und alle befreit außer den Erzsündern Kain, Herodes und Judas. Gegen Letzteren richtet Jesus eine umfassende Verdammung (»weh dir, weh dir zweifach«, und so weiter). Jesu Beschreibung des Elends, welches Judas durch den Verrat über sich und seine Seele gebracht habe, erstreckt sich über eineinhalb Seiten modernen Drucktext. Der Erlöser spricht in besonders bitteren Gleichnissen von seinem früheren Jünger – »das Licht seiner Lampen ist erloschen, sein Haus verlassen und eine Ödnis. [...] Die Finsternis hat ihn in Besitz genommen und die Schlange hat ihn als Erbteil erhalten.« Als der Tod in das Totenreich zurückkehrt, findet er es leer vor, außer den drei oben genannten Sündern. Ihre Gräueltaten waren so groß, dass sie auf ewig im Totenreich Amente bleiben mussten.[20]

In einer anderen koptischen Erzählung über Judas' Besuch im Reich der Toten, auf sehr unsicherer Grundlage dem Apostel Bartholomäus zugeschrieben, findet sich eine noch längere Verdammungsrede über Judas Iskariot. Der Verfasser legt Christus viele harte Worte in den Mund. »Die Engel, die sich im Gefolge des Herrn befinden, warfen ihn zu Boden, die Zunge wurde ihm abgeschnitten, seine Augen geblendet, der Kopf geschoren. Sein Mund wurde mit dreißig Schlangen gefüllt, auf dass sie ihn verschluckten.« Die dreißig Schlangen tragen Namen wie »Böser Neid«, »Mangel an Mitleid«, »Üble Nachrede«, »Heuchelei«, »Völlerei«, »Verrat«, »Zorn«, »Falschheit«, »Verachtung«, »Gier«, »Gottlosigkeit«.[21]

Ein Fragment namens *Acta Andreas et Pauli*, »Die Taten des Andreas und Paulus«, schildert, wie einer der Apostel Amente besucht und dort der Seele des Judas begegnet. Der Geschichte nach hatte Judas seinen Verrat bitter bereut, das Geld zurückgegeben und danach Jesus um Vergebung gebeten. Jesus hat ihn darauf in die Wüste geschickt, um Buße zu tun und sich zu bessern; er ermahnte ihn auch, keinen anderen als Gott zu fürchten. Doch wurde der büßende Judas vom Teufel heimgesucht, der ihm drohte, ihn zu fressen, worauf Judas Angst bekam und den Satan anbetete. Verzweifelt über seine Lage, versuchte Judas danach Jesus zu erreichen, um ein weiteres Mal um die göttliche Gnade zu bitten, aber da war es zu spät. Jesus war bereits abgeführt worden, um zum Tode verurteilt und auf Golgota gekreuzigt zu werden. In dieser Situation beging Judas Selbstmord, um Jesus wenigstens im Totenreich begegnen zu können. Dort angelangt, entdeckte er, dass Jesus alle Seelen außer der seinen erlöst hatte. Dies freute Satan. Der Fürst der Finsternis konstatierte zufrieden, »wir sind stärker als Jesus; er war gezwungen uns eine Seele zu lassen.« Da beauftrage Jesus den Erzengel Michael, auch Judas' Seele aus dem Totenreich zu holen. Doch danach erklärte er Judas, er selbst habe seine Chance zur Rettung vertan, als er zuerst Satan angebetet und sich dann das Leben genommen habe. Also wurde Judas nach Amente zurückgeschickt, um dort bis zum Jüngsten Gericht zu bleiben.[22]

Die Faszination über Judas' Hinabsteigen in das Totenreich und seinen missglückten Versuch, erlöst zu werden, ist in zahlreichen später entstandenen Legenden des ostchristlichen Kulturkreises spürbar, die sich während des Mittelalters einer großen Popularität erfreuten. Nach einer solchen griechischen Volkssage habe Judas sich aus eigenem Entschluss erhängt, auf dass seine Seele in das Totenreich gelange, noch bevor Jesus dort ankommt, um die hier eingesperrten Seelen zu befreien. Unglücklicherweise gelang die Selbsttötung nicht gleich, da sich der Baum wegen Judas' Gewicht neigte, sodass er nur langsam, allzu langsam starb. Als Judas endlich das Totenreich erreichte, hatte Jesus es schon hinter sich gelassen und war von den Toten auferstanden. So kam Judas also zu spät zur Erlösung und musste deshalb dort bleiben ohne Hoffnung auf Rettung.[23]

In den ägyptischen Texten findet sich auch eine aus der Geschlechterperspektive sehr interessante Erzählung, die Judas' Schuld ein wenig erleichtert und auf seine Frau überträgt. Sie sei es gewesen, behauptet die Legende, die ihren Mann zu dem schändlichen Verrat aufgehetzt habe, so wie Eva Adam zum Sündenfall verleitet hatte. In diesen Erzählzusammenhang gehört auch, dass sie als Amme bei Josef von Arimathäa erscheint. Dessen sieben Monate alte Kinder flehen ihn in der Erzählung an, sie nach Hause zu schicken, weil sie und Judas Blutgeld angenommen hätten. In einem anderen koptischen Text wird das Thema noch weiter entwickelt: Zuerst reißt die Frau die Almosen für die Armen an sich, die Judas nach Hause gebracht, und schließlich auch die Münzen, die er als Lohn für seinen Verrat erhalten hatte. Der Schurke erweist sich also als tragischer Pantoffelheld.[24] Als kuriose Parenthese ließe sich noch hinzufügen, dass Judas' Frau nach einer koptischen und äthiopischen Legende über Pilatus' Martyrium (siehe S. 233) die Schwester des Barabbas gewesen sei, jenem Verbrecher, den Pilatus auf Forderung der Juden anstelle von Jesus freigab. Sie habe, so die Erzählung, wiederholt ihren Mann gebeten, er möge Jesus bewegen, Barabbas zu helfen, aus dem Gefängnis freizukommen, und als Jesus dies nicht tat, sei sie seine erbitterte Feindin geworden.[25]

Schon in dieser Phase der verwickelten Geschichte der Judaslegenden sind wir sehr weit von den knappen Angaben entfernt, die uns die Evangelien liefern. Judas hat eine Ehefrau bekommen, ein Haus und einen Charakter. Er bewegt sich in Jerusalem wie ein gewöhnlicher Mann und kämpft mit gewöhnlichen Problemen. Er hat begonnen zu leben. Detail um Detail wird zu seiner Geschichte addiert, einschließlich der Geschichte über das

Leben danach. Judas Iskariot nimmt Gestalt an, seine Konturen füllen sich mit Inhalt.

Ungefähr zur selben Zeit, als diese Geschichten an den Stränden des Nils niedergeschrieben wurden, nahmen andere Erzähler Judas' Vorgeschichte in Angriff. Von ihr erzählt die Bibel nichts, aber die Menschen wollten sie wissen. Judas Iskariot musste ein Leben gehabt haben, bevor er Jünger wurde. Er musste einen Vater, eine Mutter, eine Kindheit gehabt haben. Wie gestaltete sich das Leben für Judas, als er jung war? Zeichnete sich der künftige Verräter auf irgendeine besonders widerwärtige Weise aus? Im spät entstandenen arabischen Kindheitsevangelium, bekannt unter dem lateinischen Titel *Evangelium infantiae Salvatoris Arabicum*, finden sich nicht nur Darstellungen der Kindheit Jesu, sondern auch Judas Iskariots (Kap. 35). Der kleine Judas, so wird behauptet, sei schon als Knabe vom Teufel besessen gewesen. Alle Vorübergehenden seien von dem wilden Jungen angegriffen worden, und in Ermangelung eines Opfers habe er sich manchmal an sich selbst herangemacht. Bei einer Gelegenheit habe er den kleinen Jesus attackiert und es sei ihm gelungen, ihn auf die rechte Seite zu schlagen, wobei Satan in Gestalt eines wahnsinnigen Hundes blitzschnell aus Judas' Körper gefahren sei.[26] Wenn wir weiter nach Westen zu den Ländern des lateinischen Christentums hinüberschauen, so finden wir auch dort während der spätantiken Jahrhunderte eine zunehmend negative Judastradition. Ein für die zukünftige Entwicklung besonders schwer wiegender Beitrag innerhalb dieses literarischen Feldes stammt von dem Dichter Sedelius, dessen evangelisches Epos *Carmen Paschale* (»Ostergesang«) aus der ersten Hälfte des 5. Jahrhunderts von Generationen gelehrter Westeuropäer gelesen wurde. Hier findet sich eine ausführliche Anschwärzung des Judas, eine hasserfüllte Serie von Versen, dazu bestimmt, den Leser oder Zuhörer vor Judas' Widerwärtigkeit fromm erschauern zu lassen.[27]

Als ein Beispiel dafür, wie die Judasgestalt in ständig neue Richtungen entwickelt wurde, kann die *Erzählung des Josef von Arimathäa* genannt werden, eine Geschichte unbekannten Ursprungs, deren ältestes Manuskript, auf griechisch, aus dem 12. Jahrhundert stammt. In dieser alternativen Version der Passionsgeschichte ist Judas Iskariot der Neffe des Hohenpriesters Kajaphas und seit langem als dessen geheimer Agent tätig. Er ist mit anderen Worten kein Verräter im eigentlichen Wortsinn, sondern arbeitet die ganze Zeit im Auftrag Kajaphas', etwa wie in der jüdischen Geschichte von Judas alias Yehuda ish Bartota (*Toledoth Jeshu*, siehe S. 72). Dass Judas

Iskariot überhaupt zum Jünger Jesu wird, beruht laut der »Erzählung des Josef von Arimathäa« darauf, dass Kajaphas und andere jüdische Führer ihn überreden, Jesus zu überwachen und ihn auszuliefern, sobald sich eine Gelegenheit bietet. Für diese Tätigkeit wird Judas gut bezahlt.

Nachdem der notorische Dieb Demas (der später an einem der Kreuze neben Jesus auf Golgota endet) das heilige Gesetz der Juden aus dem Tempel gestohlen hatte, sah Judas eine Möglichkeit, Jesus loszuwerden. Er schlug den Juden vor, einen Rat zusammenzurufen und verbreiten zu lassen, Jesus habe das Gesetz gestohlen. Nikodemus weigerte sich, dem zuzustimmen, wurde aber in der Ratsversammlung überstimmt. Jesus wurde vorläufig arretiert, Verhandlungen eingeleitet, doch man bewegte sich in der Sache nicht vom Fleck. Ein aufgebrachter Pöbel versuchte indessen Kajaphas Tochter Sarra zu verbrennen, denn sie war Priesterin im Tempel und trug damit eine große Verantwortung für das Verschwinden des Gesetzes und dafür, dass das Paschafest nun gefährdet war. Am Schluss beschenkten Kajaphas und Hannas Judas mit viel Gold, damit dieser den inzwischen freigelassenen Jesus öffentlich als den Dieb offenbart, was er dann mit seinem berühmten Kuss auch tat.[28]

So schufen die antiken Kirchenmänner in Ost und West einen bösartigen Menschen, einen Wolf im Schafspelz, einen Agenten Satans inmitten der Menschenschar. Detail um Detail fügte sich aneinander, indem die Kirchenväter und Legendenfabrikateure sich mit Anklagen, Deutungen und Erzählungen hervortaten, die den nächsten Hörer, den nächsten Leser und den nächsten Schreiber beeinflussten. Judas' Widerlichkeit, seine Ankoppelung an Satan, wurde in seine Geschichte geschrieben, sei es im Blick auf die Zeit vor, während oder nach dem Verrat. Der Kirchenvater Irenäus hat solchermaßen schon im 2. Jahrhundert darauf hingewiesen, dass Judas vermessen genug gewesen sei, an der Fruchtbarkeit zu zweifeln, die im neuen Reich Gottes herrschen sollte, worauf Jesus erwidert hätte, dass Judas dies wahrlich nicht erleben werde. Efräm der Syrer ließ im 4. Jahrhundert in seinen Schriften den Tod den Teufel ermahnen, Judas für seine bösen Zwecke zu benutzen. Der irregeleitete Judas war eine leichte Beute.[29]

Das Schwarzmalen des Judas Iskariot wurde in einer Schrift nach der anderen fortgesetzt. Als Judas in das Mittelalter eintrat, war er ein gezeichneter Mann, ein Begriff des Bösen, der bald noch böser werden, einem noch schlimmeren Schicksal entgegengehen sollte. Gewiss haben sich nicht alle Schriftsteller der Dämonisierung verschrieben, doch um die Perspektive für alternative Geschichten über Judas zu eröffnen, die während der Antike und des Mittelalters auch populär waren – die gnostischen, jüdischen, muslimischen und gelegentlich auch christlichen Judasdeutungen, die dazu beitrugen, seine Schuldenlast bedeutend zu mindern – tauchen wir zunächst tief hinunter in die widerwärtigen Niederungen, in denen ein großer Teil des christlichen Abendlandes den Verräter Jesu zu finden glaubte.

Treten wir den Weg nach Gehenna an. In Judas Iskariots Fall bedeutet dies, dass wir uns zunächst nach Irland begeben müssen. Wir gehen dort an Bord eines kleinen aus Häuten gefertigten Bootes und fahren hinaus auf den Atlantik.

Judas in der Hölle

Es war einmal ein irischer Abt, der hieß Brendan oder Brandanus. Im späten 9. Jahrhundert wurde er heiliggesprochen. Von Brendans wirklichem Leben wissen wir kaum mehr, als dass er im 6. Jahrhundert in einem oder mehreren Klöstern des westlichen Irlands anzutreffen ist. Der Überlieferung nach war er ein eifriger Reisender und begab sich zu Klöstern und Kirchen in Schottland, Wales und der Bretagne, aber ob diese Angabe wirklich wahr ist, lässt sich nicht sagen. Noch unsicherer ist der Wahrheitsgehalt einer wahrscheinlich im 9. Jahrhundert entstandenen Schrift, die Brendan im mittelalterlichen Europa bekannt machen sollte. *Navigatio Sancti Brendani Abbatis*, »Die Seereise des heiligen Abtes Brendan«, erlangte große Popularität. Die Geschichte ist in 116 lateinischen Manuskripten überliefert und ins Englische, Französische, Deutsche, Flämische, Italienische, Provenzalische und in nordische Sprachen übersetzt worden.

In der *Navigatio Sancti Brendani* sind wir weit von der Wirklichkeit entfernt. Sie ist reine Fiktion, gesehen mit mittelalterlichen Augen jedoch eine sehr spannende Fiktion. Sie findet moderne Entsprechungen etwa in Weltraumabenteuern des Fernsehens oder des Kinos wie zum Beispiel *Star Trek* – wie die *Navigatio* eine Serie von Geschichten über das Leben an Bord eines Fahrzeuges auf dem Weg zu Welten, in die kein Mensch zuvor gelangt war. In der *Navigatio* folgen wir Brendan und seinen Klosterbrüdern in einem kleinen Boot über die Wogen des Atlantik zu einer fantastischen Insel nach der anderen, bis die Mönche schließlich nach Jahren der Strapazen zu einem großen und schönen Land weit im Fernen Westen gelangen. Die Geschichte konnte selbst die Fantasie des modernen Menschen beflügeln. So hat sich der Abenteurer und Schriftsteller Timothy Severin von ihr inspirieren lassen, eine Reise von Irland nach Nordamerika in einem mittelalterliche irischen Schiff zu unternehmen, wovon er dann später in seinem Buch *The Brendan Voyage* erzählte. Ganz ausgeschlossen ist es also nicht, dass Brendan oder irgendein anderer waghalsiger irischer Mönch bereits einige Jahrhunderte vor Leif Eriksson Neufundland entdeckte.

Dagegen können wir beruhigt davon ausgehen, dass kein umherirrender Ire jemals Judas Iskariot begegnet ist, ein Ereignis, von dem die *Navigatio* ausführlich berichtet. Die Episode wird damit eingeleitet, dass der anonyme Verfasser erzählt, wie Brendan und seine Mönche von der Kraft des Windes immer weiter nach Norden getrieben wurden, wo sie eine große, sonderbare Insel fanden. Sie hatte die Form einer riesengroßen steinigen Klippe, weder Gras noch Baum gab es dort. Es stank ungemein nach Schwefel, und man hörte den Widerhall von Hämmern, die so sehr auf Ambosse schlugen, dass es in den Ohren wie von Asche brannte. Ein dunkelhäutiger Mann mit gerötetem Gesicht kam aus einer der Schmieden und erblickte die Mönche. Er stieß einen Ruf aus, drehte sich um und lief unter heftigem Heulen und Schreien zurück. »Meine Söhne«, ermahnte Brendan seine Mönche, »lasst uns von diesem Ort fliehen. Setzt die Segel und rudert so schnell ihr könnt!« Die Mönche gehorchten. Bald jedoch tauchte der böse Wilde erneut auf, nun mit einem großen Stück glühender Schlacke in seinen Händen, womit er das Schiff bewarf. Aber er traf es nicht und die Schlacke fiel weit draußen ins Meer. Die Mönche ruhten nicht, bis sie die Insel weit hinter sich gelassen hatten. Zu ihrem Schrecken sahen sie noch, wie immer mehr Inselbewohner mit glühenden Schlackestücken hervorkamen, die sie entweder gegen das Schiff oder gegeneinander schleuderten. Bald war die ganze Insel von stinkendem Rauch umgeben, der aus dem Meer aufstieg und den Himmel verdunkelte. Als sie endlich in Sicherheit waren, erzählte Brendan, dass die Insel, der sie mit knapper Not entkommen waren, eines der Tore zur Hölle gewesen sei.

Am Tag darauf wurden sie vom Wind zu einem hohen Vulkan getrieben, ein Berg, dessen Gipfel Rauch und Feuer spie. Der Gestank war widerlich, und die steilen Klippen am Wasser waren schon ganz schwarz von Ruß, als seien sie aus Kohle. Einer der Mönche sprang aus dem Boot und begann an Land zu waten. Er klagte laut darüber, dass er es nicht vermochte, der Kraft, die ihn dorthin zerrte und zog, zu widerstehen. Brendan und die anderen beobachteten zu ihrem Entsetzen, wie abstoßende Dämonen aus dem Berg hervorsprangen und sich den armen Mann griffen. Vor ihren verzweifelten Augen wurde er fortgeschleppt, um gefoltert zu werden.

Mit Hilfe des Windes entkamen die übrigen Mönche dem Berg, und während der folgenden sechs Tage gewahrten sie keine neuen Klippen. Am siebten Tag jedoch entdeckten sie eine merkwürdige Silhouette am Horizont: sie erinnerte an einen kleinen und gebeugten, gekrümmten alten Mann. Die Klippe und der Alte wurden von Wind und Wellen hart angegriffen, und die Mönche begannen, eifrig darüber zu diskutieren, was diese Erscheinung wohl bedeutete. Einige glaubten, es sei ein Schiff, andere, dass es ein Vogel sei. Brendan war genauso neugierig wie die anderen und entschloss sich, die Wahrheit herauszufinden. Als das Boot sich dem Ort näherte, legte sich der Sturm und es war nun möglich, bis zur Klippe zu gelangen. Denn es war eine Klippe, und die Figur darauf ein Mann. Der Mann war entstellt und litt schwer.

Brendan fragte, wer er sei und warum er diese Strafe erleiden müsse. »Ich bin der elendste aller Menschen«, lautete seine Antwort, »denn ich bin Judas Iskariot, der seinen Meister auf widerwärtige Weise verkaufte.« Judas erklärte, dass das, was die Mönche sahen, keine Strafe, sondern ein Zeichen der Gnade Jesu sei. »Dies ist der Ort, den mein geliebter Erlöser mir schenkte zu ruhen und der Auferstehung zu gedenken. Hier zu sitzen, ist wie in einem Lustgarten, verglichen mit den Qualen, die ich heute Abend erleiden werde. Es ist meine Strafe, Tag und Nacht wie ein glühender Klumpen Blei in einem Schmelztiegel mitten in dem Berge dort drüben zu brennen, ein Heim für Leviathan und seinesgleichen. Ich war dort, als einer eurer Brüder von ihm verschluckt wurde. Gewaltige Flammen stieß der Berg da aus sich hervor, so als hüpften sie vor Freude – so pflegt man hier die verdammten Seelen willkommen zu heißen.« Judas erklärte weiter, dass er das Recht habe, jeden Sonntag und an gewissen anderen Feiertagen von der ersten bis zur zweiten Vesper auf der Klippe zu ruhen. »Den Rest des Jahres werde ich in der Hölle zusammen mit Herodes, Pilatus, Kajaphas und Hannas gepeinigt.«

Demütig flehte Judas dann Brendan an, Jesus zu bitten, ihn noch bis zum nächsten Morgengrauen auf der Klippe zu lassen, auf dass die Dämonen die Ankunft der Mönche nicht als Zeichen verstünden, dass es Zeit sei, ihn wieder zu jener Folter hinunterzuschleppen, die er sich durch seinen Verrat selbst eingehandelt hatte. Mit den Worten »Gottes Wille geschehe« ging Brendan darauf ein.

Der arme Mann hatte noch mehr zu erzählen. Auf Brendans Frage nach einem Gewand, dass neben Judas aufgespannt war, antwortete er, dass dies ein Stück Tuch sei, dass er einmal, als er noch Verantwortung für das Geld der Apostel trug, einem Aussätzigen geschenkt habe, obwohl es nicht ihm selbst, sondern Jesus und seinen Jüngern gehört hätte. Das Eisen, welches das Tuch festhielt, hatte Judas einst den Tempelpriestern gegeben, und den Stein, auf welchem er ruhte, hatte er früher einmal als Hindernis für Vorübergehende in einen Rinnstein geworfen.

Als eine große, dunkle Wolke von Dämonen sich plötzlich offenbarte, um Judas fortzuführen zu seiner ewigen Strafe, zwang der Heilige die Diener Leviathans, sich während der Nacht fernzuhalten. Und als der Morgen graute und Judas schließlich wieder zur Hölle gebracht wurde, verfluchten die Dämonen Brendan wegen seiner Barmherzigkeit. Sie hatten einen hohen Preis zu zahlen gehabt, als sie am Abend zuvor ohne Judas in die Höhlen der Unterwelt zurückgekommen waren. Die ganze Nacht waren sie von ihrem Herrscher geschlagen und gepeinigt worden. Den Heiligen berührte dies indessen nicht. Der Fluch eines Teufels sei dasselbe wie eine Segnung, erklärte Brendan, und die Mönche segelten weiter.[30]

Die *Navigatio*-Episode ist von hochmittelalterlichen Schriftstellern mit Enthusiasmus gelesen worden, und man beeilte sich, die Schilderungen von Judas' Alltag in der Hölle noch weiter auszuschmücken. Nach einer anglonormannischen Version, geschrieben von einem gewissen Benedeit oder Benoit in der ersten Hälfte des 12. Jahrhunderts, wechselten die Qualen nach einem höllisch sinnreichen System: Montags wird er von einer Winde im oberen Teil der Hölle auf ein Rad gebunden, dienstags in den unteren Gefilden der Hölle gepfählt, mittwochs wird er gekocht und gebraten, donnerstags in ein dunkles und eiskaltes unterirdisches Tal verbannt, freitags wird er zehnmal gegeißelt und gezwungen, in Salz einzutauchen, wobei er geschmolzenes Blei trinken muss, und sonnabends sitzt er in einer stinkenden Höhle und wird geschunden. Sonntag ist Ruhetag, und Judas findet endlich Ruhe auf seiner Klippe im Meer.[31]

In einem mittelalterlichen französischen Versroman, *Baudouin de Sebourc*, kommt ein ähnliches Ereignis vor, offenbar inspiriert von der Brendan-Geschichte. Die Abenteurer Baudouin und Poliban landen hier auf einer gefährlichen Insel, auf der sich ein Tor zur Hölle verbirgt. Sie begegnen Judas, der erklärt, dass er die Sonntagsruhe genießen darf als Dank dafür, dass er sich einst im Leben einmal als sehr großzügig erwiesen hatte. Sonst aber verweilt er in den untersten Niederungen der Hölle, welche den Mördern und anderen Schwerverbrechern vorbehalten ist. Judas taucht auch in einem anderen französischen Versroman auf, *Esclarmonde*. Der Held Huon begegnet ihm darin während einer Seereise von Bordeaux nach Westen mitten im Meer.[32]

Beim Lesen dieses Typs schwefelriechender mittelalterlicher Fantasien schreckt man nicht nur vor dem morbiden Denken zurück, das unsere Höllenschilderungen kennzeichnet. Uns Menschen fällt es offenbar unendlich leichter, widerliche Folterhöhlen zu visualisieren, als uns ein Bild von glücklichen Himmelreichen zu machen. Es herrscht in der mittelalterlichen Literatur wahrlich kein Mangel an Darstellungen der Unterwelt, und Judas lässt sich oft leicht lokalisieren. Viele der damaligen christlichen Visionäre wie Elisabeth von Schönau (ca. 1129–1164) haben die Hölle und den speziellen Platz, den Judas Iskariot dort einnimmt, ausführlich beschrieben.[33] Auch in der Bildkunst, sowohl in der katholischen als auch in der orthodoxen, malte man mit Freude Judas Iskariot und sein Schicksal. Auf einem großen Bild des Jüngsten Gerichts in der Kathedrale von Torcello, ebenso wie in russischen Fresken, wird Judas als der kleine Liebling des Teufels geschildert. In der Kirche des uppländischen Edebo können wir sehen, wie Judas den Verräterlohn erhält, und um die Botschaft besonders deutlich zu machen, ist der Illustration eine lateinische Erklärung beigefügt: *christum vendis iudas ad tartara tendis*, »Du verkauftest Christus, Judas, zur Hölle strebst du«.[34]

Am berühmtesten von allen Schilderungen des Judas in Gehenna ist Dante Alighieris Beschreibung in *Inferno* (»Die Hölle«), dem ersten Drittel der »Göttlichen Komödie«. Nachdem der Dichter in Gesellschaft des ihn führenden Vergil die Unterwelt Ebene für Ebene durchwandert hat, kommt er schließlich in einen ebenso großen wie eiskalten Saal im Mittelpunkt der Erde. Dies ist Kokytos, ein gefrorener See, der aus dem Wasser der drei Flüsse der Hölle gebildet wurde. In der Mitte, in jenem Bereich, der für Sünder vorgesehen ist, die ihre Wohltäter verrieten, steht Luzifer selbst, zur Hälfte in das Eis gesenkt. Er hat drei Häupter, und die Zähne des mittleren Mundes nagen wütend an Judas, dessen Gebeine heraushängen und vom Chlor des Teufels zerfressen sind. Die Zähne der beiden anderen Mäuler zermalmen Cassius und Brutus, die Mörder Cäsars. Schlimmere Sünder als diese drei konnte Dante Alighieri sich nicht vorstellen.

Je einen Sünder malmt er mit den Zähnen
Jedweden Mauls, als gält es, Flachs zu schleißen,
Dass er gleich dreien entpresste Schmerzenstränen.
Der vordre achtete für nichts das Beißen,
Verglichen mit dem Kratzen, denn am Rücken
Ward oft das Fleisch ihm bloßgelegt beim Reißen.

»Der droben, den die größten Qualen drücken,
Ist Judas«, sprach der Meister. »In den Fängen
Steckt ihm der Kopf, und vor die Beine zücken.«

Die Hölle/Inferno 34. Gesang, Vers 55–63
(dt. R. Zoozmann, Leipzig 1921, S. 169)

Aber gelangte Judas wirklich in die Hölle? Nicht alle waren sich dessen sicher. Vielleicht gab es noch schlimmere Schicksale als verbrannt, gepfählt, gegeißelt und zermalmt zu werden? Eine griechisch-mazedonische Legende behauptet, dass Judas verdammt wurde, nach seinem Tod auf ewig über die Welt zu wandern, um seinen unauslöschlichen Durst zu stillen. Doch einmal im Jahr wäre ihm erlaubt, aus einer besonderen Quelle zu trinken, ein gnädiges Eingreifen der Jungfrau Maria. Das Wasser dieser Judasquelle sei darum außerordentlich bitter.[35] Die Legende ist suggestiv. Wir sehen Judas vor unserem inneren Auge als eine merkwürdige Kreuzung aus Ahasver und Dracula, dem wandernden Juden und dem Vampir. Und sicherlich wurden viele Zuhörer beim Gedanken an diesen angemessenen Verräterlohn von schaudernder Entzückung erregt.

Sich über die Strafe des Judas Iskariot zu freuen, über sein Schicksal nach dem Verrat, war jedoch den mittelalterlichen Menschen nicht genug. Die Schilderungen der Hölle ebenso wie die Erzählungen von ewigem Wandern gaben Antwort auf die Frage »Was geschah danach?«, aber die Menschen waren zumindest genauso interessiert daran zu erfahren, was vorher geschehen war. Warum verriet Judas seinen Freund Jesus? Besaß er seinen völlig verdorbenen Charakter schon in seiner Kindheit? Woher kam er? Wie hießen seine Eltern? Hatte er wirklich andere Verfehlungen begangen, bevor er den Erlöser den Henkern übergab?

Neugierige Fragen, Fragen, die neue Geschichten heraufbeschworen. Während Judas im frühen Mittelalter von Dämonen gepeinigt wurde und sich auf atlantischen Klippen erfrischen konnte, fand er im Hoch- und Spätmittelalter Eingang in Volksweisen, Balladen, Legenden und Biografien.

Ein jüdischer Ödipus

In einem populären deutschen Lied aus dem 15. Jahrhundert – eigentlich die Übersetzung einer lateinischen Osterhymne – finden wir folgende Strophen, hier zitiert nach einem katholischen Liederbuch aus dem Jahre 1567:

O du armer Judas,
was hast du gethan,
das du vnsern Herren
also verrathen hast!

Darumb mustu leiden
hellische pein,
Lucipers geselle
mustu ewig sein.[36]

Dieses Lied, *Judaslied*, ist ein typisches Beispiel dafür, wie man während des Mittelalters und später Judas Iskariot vereinnahmte, wie man sein Schicksal erzählte und besang. In der politischen Kultur Deutschlands während der Reformationszeit wurde es fleißig verwendet, indem man in allen Lagern die Namen der Feinde freudig in dieses Lied einsetzte. Martin Luther ersetzte solchermaßen den Namen Judas durch den Namen Heintze, als er 1541 Herzog Heinrich von Braunschweig mit Hilfe dieses Liedes attackierte. Noch während des Dreißigjährigen Krieges wurde das Judaslied in dieser Weise benutzt, unter anderem als Propaganda gegen den protestantischen »Winterkönig« von Böhmen, Friedrich von der Pfalz.[37]

Das Beispiel ist charakteristisch für Judas Iskariots Funktion in der älteren europäischen Erzählkultur. Sein Leben und Unglück stellte ein immer wiederkehrendes Thema der mittelalterlichen und frühneuzeitlichen Literatur dar. Dazu gehörte auch, den Verräter in Reiseschilderungen, in theologischen

Abhandlungen, in Heiligenlegenden und Gedichten zu erwähnen. Man wies auf ihn hin in allen möglichen Zusammenhängen als eine Größe, zu der alle Zuhörer und Leser eine Beziehung besaßen. Alle kannten ja Judas.

Nicht selten übersetzte man Judas' Tat in zeitgenössische politische Perspektiven und passte sie den Verhältnissen der jeweiligen Gegenwart entsprechend an. Judas' Verrat wurde zu einem didaktischen Schreckensbeispiel für das, was geschehen würde, wenn man die gesellschaftlichen Treuebeziehungen nicht respektierte. Ein frühes Beispiel dafür findet sich im »Heliand« (»Heiland«), einer altsächsischen Dichtung aus der ersten Hälfte des 9. Jahrhunderts. Darin wird die Erzählung des Lebens Jesu den Mustern westeuropäischer Heldensagen angepasst. Judas' Handeln gegen Jesus erscheint als typisches Beispiel für den Aufstand – den Treuebruch – eines Gefolgsmannes gegenüber seinem Herrn.[38]

Ein bedeutend späteres Beispiel aus Schweden ist *Visan om Tord Bondes mord* (»Das Lied vom Mord an Tord Bonde«), ein ebenso sentimentaler wie hasserfüllter Propagandatext, der wahrscheinlich im Sommer oder Herbst 1456 entstanden ist. Tord Karlsson Bonde war der Cousin des Königs Karl Knutsson und tat erfolgreich Dienst als dessen Marschall im Krieg gegen Christian I. von Dänemark. Zu Pfingsten 1456 wurde Herr Tord jedoch von seinem eigenen Unterbefehlshaber, einem dänischstämmigen Mann namens Jöns Bosson, im Schlaf ermordet, worauf dieser nach Dänemark floh. Tord Bonde wird in diesem Lied als Märtyrer dargestellt, während Jöns Bosson mit Judas Iskariot verglichen wird, dem man ein noch schlimmeres Schicksal wünscht, als jener in der Hölle erleiden muss:

Wie Judas verriet unseren Herrn Jesus Christ,
so verriet Jöns Bosson den Marschall gewiss;
ach, erhielte er doch etwas von Judas' Lohn,
erginge es ihm doch noch schlechter, das sei unsere Bitte.[39]

Aus erhaltenen Predigten des mittelalterlichen Westeuropa geht hervor, dass die Priester gern auf Judas zu sprechen kamen und eifrig seinen Fall referierten. In der Regel hoben sie auf die Verlockung der Gier als Motiv für den Verrat ab, aber sie verwiesen auch darauf, dass es Judas' Zweifel an der Möglichkeit der Erlösung, seine Verzweiflung, war, die sein endgültiges Schicksal besiegelte. Innerhalb der orthodoxen Kirche war man in Predigten und Hymnen durchweg freundlicher gegenüber Judas gesinnt als im Westen, zumindest in dem Maße, dass man sich seine Rolle als einer der

Zwölf in den Evangelien vor Augen hielt und nicht noch diverse Bosheiten hinzufügte. Man beklagte ihn mehr, als dass man ihn verurteilte.[40]

Die berüchtigste aller mittelalterlichen Judasgeschichten jedoch findet sich weder in der Dichtung noch in Predigten, sondern in einer der bekanntesten Legendensammlungen aller Zeiten. Ihr Urheber war der Dominikaner Jacobus de Voragine (1230–1298). Seine Schöpfung, eines der meistgelesenen Werke des Mittelalters, ist unter dem Namen *Legenda aurea*, »Die goldenen Legende«, berühmt geworden, zusammengestellt in den 60er Jahren des 13. Jahrhunderts. Die ursprüngliche Absicht war wahrscheinlich, ein Hilfsmittel, ein Referenzwerk für die Dominikanerpriester zu schaffen. Doch das Werk erfuhr umgehend eine sehr viel weitere Verbreitung. »Die goldene Legende« wurde eines der populärsten Bücher des mittelalterlichen Europas, in jeder Hinsicht. Es gibt über 700 lateinische Handschriften und mehr als 150 gedruckte Auflagen im ersten Jahrhundert des europäischen Buchdrucks. »Die goldene Legende« wurde in viele Volkssprachen übersetzt. Jahrhunderte der Legendenbildung, des Erzählens und gelehrten Räsonierens haben Judas Iskariot in dieser Arbeit eine veritable Biografie geschenkt.

In der *Legenda aurea* ist die Judaslegende eingefügt in die Legende von Matthias, jenem Apostel, der Judas ersetzte (über den die Bibel im Übrigen nichts weiter vermerkt). Die Geschichte, die Jacobus zu erzählen hat, beginnt wie im Falle der Geschichte Jesu mit einer Verkündigung. Judas Eltern leben in Jerusalem, wo ihnen seine schicksalsschwere Geburt in einem Traum vorausgesagt wird. Der Vater heißt Ruben und wird auch Simon genannt; er gehört zum Stamm Dans oder Issachars. Die Mutter heißt Cyborea. In einem Traum erhält Cyborea die Botschaft, sie würde einen Sohn gebären, dem es bestimmt sei, durch seine Bosheit eine große Gefahr für das ganze jüdische Volk zu werden. Ruben will zunächst nicht an die Weissagung glauben, doch Cyborea hält daran fest. Als sie neun Monate später einen Sohn zur Welt bringt, haben die Eltern Angst. Ihnen wird klar, dass sie den Jungen beseitigen müssen, aber sie lieben ihr Neugeborenes zu sehr, als dass sie es selbst töten könnten. Stattdessen tun sie nach der in der Volkssage überkommenen Weise Folgendes: Sie legen das Kind in einen Korb und lassen es aufs Meer hinaustreiben. Doch der Säugling ertrinkt nicht in den Wogen, sondern erreicht die Insel Skariot. Die Königin der Insel, selbst kinderlos, findet Judas am Strand und nimmt sich seiner an. Sie täuscht eine Schwangerschaft vor und gibt dann den kleinen

Judas als ihr eigenes Kind aus. Der König ist überglücklich, und Judas wächst auf, wie es einem skariotischen Prinzen ansteht.

Bald darauf bekommt die Königin einen leiblichen Sohn. Der arme Junge wird ständig von Judas drangsaliert, dem das Böse angeboren ist, das sich immerzu manifestieren will. Die Königin wird deswegen schließlich so bekümmert und zornig, dass sie die schreckliche Wahrheit bekennt – dass Judas nicht der Sohn des Königs und der Königin ist. Da tötet Judas seinen »Bruder« in aller Heimlichkeit und geht ins Exil zu Pontius Pilatus nach Jerusalem. Die beiden Männer kommen einander näher und werden bald gute Freunde. Pilatus macht Judas zu seinem persönlichen Günstling und verleiht ihm Macht. Eines Tages bittet Pilatus Judas, einige der reifen Früchte zu stehlen, die im Garten des Nachbarn wachsen. Judas gehorcht, nicht wissend, dass der Nachbar kein Geringerer als sein Vater Ruben ist. Dieser entdeckt den Diebstahl, schimpft zunächst und prügelt sich dann mit Judas, der ihn im Kampf mit einem Stein tötet. Danach wird Judas von Pontius Pilatus mit dem Garten des Getöteten belohnt und erhält dessen Witwe – seine eigene Mutter Cyborea – zur Frau.

Es dauert nicht lange, bis Judas bemerkt, dass Cyborea bedrückt und traurig ist. Er fragt sie nach den Gründen, und sie erzählt ausführlich, wie sie ihren Sohn in den Wogen des Meeres verlor. Und Judas – nicht dumm – kann zwei und zwei zusammenzählen. Der verzweifelte Sohn-Ehemann entschließt sich nun, nach Cyboreas Aufforderung Buße zu tun, indem er sich Jesus anschließt, dessen Heilsbewegung auf ihrem Höhepunkt ist. Jesus vergibt Judas und nimmt ihn als einen der Apostel auf. Doch nach einiger Zeit zeigt sich Judas' widrige Natur erneut: Er beginnt, aus der Apostelkasse zu stehlen, um sich zu bereichern. Die Gier erreicht ihren Gipfel im Zusammenhang mit dem Ereignis, das der Evangelist Johannes in Lazarus' Haus nach Betanien verlegt, wo Judas beklagt, dass Öl im Wert von dreihundert Denaren verschwendet werde, anstatt es zu verkaufen (bei welcher Gelegenheit er sich wieder hätte bedienen können …). Judas wird geradezu wahnsinnig bei dem Gedanken, dass ihm diese Summe entgeht, und verrät Jesus, um sich den verlorenen Betrag in jedem Fall zu verdienen.

Danach wird Judas von Reue geplagt. Er wirft das Geld fort und begeht Selbstmord, indem er sich erhängt. Außerdem zerbirst sein Körper, sodass die Eingeweide herausquellen. Die Seele verlässt den Leib auf dieselbe Weise, ohne in die Nähe von Judas' Mund zu gelangen, der durch den Verräterkuss indirekt geheiligt worden ist. Jacobus de Voragine legt außerdem

Wert darauf, dass Judas in der Luft stirbt, wo nur die Dämonen verweilen, mitten zwischen Himmel und Erde. Auf diese Weise ist er abgeschirmt sowohl von den Bereichen der Menschen als auch der Engel.[41]

Die Judasbiografie der *Legenda aurea* geht in ihren Hauptzügen auf eine lateinische Biografie (lat. *vita*) des Judas Iskariot zurück, die in mindestens 42 Versionen vorliegt, die älteste aus dem Frankreich des 12. Jahrhunderts. In einzelnen Details unterscheiden sie sich voneinander. Iskariot, Skariot oder Scarioth ist manchmal der Name der oben genannten Insel und manchmal der Name des Ortes vor Jerusalem, aus dem Judas stammen soll. In der französischen Variante des 12. Jahrhunderts ist die Geschichte bedeutend kürzer gefasst als bei Jacobus de Voragine: Judas' Eltern werden nicht namentlich genannt und Herodes nimmt die Rolle ein, die später von Pontius Pilatus ausgefüllt wird. Andere Legendenvarianten sind wiederum ausführlicher. Verschiedentlich hat man Darstellungen über Judas' Aufenthalt in der Hölle hinzugefügt, die hauptsächlich der Erzählung von Sankt Brendans Reise über den Atlantik entnommen sind.[42]

Zur Verteidigung Jacobus de Voragines muss gesagt werden, dass er selbst der Geschichte kaum geglaubt hat. Der Dominikaner war quellenkritisch genug, um starke Zweifel am Wahrheitsgehalt der Erzählung zu äußern, doch empfand er sie gleichwohl als lehrreich und faszinierend, weshalb er sie in die Legendensammlung aufnahm. Auch der Allgemeinheit gefiel die Geschichte; ihre Popularität erwies sich in einer weiten Verbreitung über die gesamte europäische Christenheit, Jahrhundert um Jahrhundert. Übersetzungen und Bearbeitungen sowohl in Prosa als auch in Gedichtform erfolgten ins Englische, Französische, Deutsche, Italienische, Niederländische, Walisische, Irische, Schwedische, Katalanische, Provenzalische und ins Tschechische – später erreichte die Geschichte auch den russischen und bulgarischen Sprachraum. Nach Schweden kam sie über eine Version der »Goldenen Legende«, die man *Fornsvenska legendariet,* «Altschwedische Legende«, zu nennen pflegt, und durch die Übersetzung des niederdeutschen Werkes *Selen Troyst*, »Der Seelen Trost«, etwa 1430. Die Geschichte kommt auch in später verfassten schwedischen und dänischen Volksbüchern vor.[43]

Es gibt von ihr auch griechische Versionen. Es ist nicht gesichert, ob diese direkt auf die *Legenda aurea* zurückgehen oder auf die Geschichten, die Jacobus de Voragine beeinflussten. Jedenfalls weichen einige Details in den griechischen Erzählungen deutlich von der westeuropäischen Legende ab. Judas wird hier von seinem eigenen Vater Rovel adoptiert (der das Kind, das er einst beseitigen musste, nicht wiedererkennt) und der in dem Land oder in der Stadt Ischara lebt (von daher der Name Iskariot). Judas tötet später seinen leiblichen Bruder, nicht den vermeintlichen, der gar nicht sein wirklicher Bruder war. Und in Jerusalem wird er ein guter Freund des Herodes – nicht des Pilatus –, der ihn zu seinem Verwalter macht. Ansonsten ist es dieselbe Geschichte wie in Westeuropa.[44]

Von besonderem Interesse sind die Ähnlichkeiten der Biografie des Judas mit der alten griechischen Sage von König Ödipus, unsterblich gemacht in einer Tragödie des Sophokles im 5. Jahrhundert v. Chr. Bei einer ersten Betrachtung scheint es beinah, als habe ein müder Sagenerzähler die Motive unmittelbar entlehnt und lediglich notwendige Details der Rahmenhandlung abgeändert. Man urteile selbst – hier die Ödipusgeschichte in Zusammenfassung:

Der Legende nach war Ödipus der Sohn des Königspaares von Theben, Laios und Iokaste. Das Orakel in Delphi hatte Laios prophezeit, dass, wenn er einen Sohn bekäme, dieser ihn töten und die eigene Mutter heiraten würde. Als nun der Sohn geboren war, ließ Laios ihm die Fersen durchbohren und ihn in der Wildnis des Kithairongebirges aussetzen. Der Sklave jedoch, der mit dieser Tat beauftragt worden war, erbarmte sich des Säuglings und rettete ihn. Der Kleine wuchs nun als Adoptivsohn des kinderlosen Königspaares von Korinth heran, das ihn seiner geschwollenen Füße wegen Ödipus nannte. Als junger Mann erfuhr der wohlgeratene Ödipus – der zum Thronfolger in Korinth ausersehen war – von dem Gerücht, er wäre nicht der wirkliche Sohn des Königspaares, weshalb er sich nach Delphi begab, um vom Orakel Auskunft zu erhalten. Dort bekam er denselben Bescheid, den einst auch Laios erhalten hatte: dass er seinen Vater töten und seine Mutter heiraten würde. Erschreckt floh Ödipus aus Korinth, denn er glaubte immer noch, dass der König und die Königin seine richtigen Eltern seien, doch unterwegs geriet er in Streit mit einem Gefolge, das von einem älteren Mann (König Laios) angeführt wurde. Der Streit endete damit, dass Ödipus alle Mitglieder dieser Schar tötete außer einem, der entfloh.

Vor der Stadt Theben lebte eine Sphinx, ein Untier, das alle Reisenden und Vorbeifahrenden zwang, ein Rätsel zu lösen, und das alle tötete, die nicht die richtige Antwort wussten. Iokastes Bruder Kreon hatte verkündet, dass derjenige, welcher das Gebiet von der Sphinx befreite, indem er das

Rätsel löste, Iokaste zur Fraue haben und neuer König von Theben werden sollte. Ödipus meisterte diese Aufgabe, worauf die Sphinx sich von einem Felsen stürzte. Iokaste wurde nun seine Gemahlin und Theben sein Königreich.

Dann folgten einige glückliche Jahre. Ödipus war ein guter König und Iokaste gebar ihm vier Kinder. Doch durch den Mord an seinem Vater und die Heirat seiner Mutter hatte Ödipus die Götter erzürnt, die sich nun schließlich rächten, indem sie eine verheerende Epidemie und eine darauf folgende Missernte kommen ließen. Ödipus befragte das Orakel nach den Ursachen und erhielt zur Antwort, dass der Mord an König Laios noch nicht gesühnt sei und wie ein Fluch auf dem Lande laste. Also begann Ödipus – der selbst nichts von den wahren Zusammenhängen wusste – nach dem Mörder zu suchen. Der Seher Teiresias wurde herbeigerufen, doch er weigerte sich zunächst, behilflich zu sein. Am Ende aber offenbarte er, dass Ödipus selbst der Schuldige sei. Ödipus wurde zornig, verdächtigte Teiresias, sich mit Kreon verschworen zu haben, ihn des Thrones zu berauben. Iokaste versuchte Ödipus zu beruhigen, er solle Teiresias Worte ignorieren, er und das Orakel seien nicht zuverlässig: Laios selbst hätte die Prophezeiung erhalten, von seinem eigenen Sohn getötet zu werden, doch das sei nachweislich nicht eingetroffen, war er doch von Räubern auf der Straße umgebracht worden. Iokastes Beschreibung des Tatortes machte Ödipus nervös: Er erinnerte sich, wie er einst an einem solchen Ort einen älteren Mann getötet hatte.

Ein Botschafter aus Korinth überbrachte nun die Nachricht vom Tod des Königs und dass Ödipus der Thron zugefallen sei. Zunächst erleichtert, dass er nicht den Mann getötet hatte, den er immer für seinen Vater gehalten hatte, war Ödipus aber doch besorgt wegen der Weissagung, er würde seine Mutter heiraten. Der Gesandte wollte ihn auf heitere Gedanken bringen, indem er erklärte, die Königin von Korinth sei ja nicht seine Mutter, nein, er erinnere sich, wie er selbst den kleinen Ödipus aus den Armen eines Hirten im Kithairongebirge entgegengenommen und dem kinderlosen Königspaar gebracht hatte. Iokaste aber erkannte nun alle Zusammenhänge, sie rannte in den Palast und erhängte sich dort. Ödipus jedoch setzte seine Nachforschungen fort und verhörte jenen einzigen Überlebenden der Auseinandersetzung, bei der Laios zu Tode kam, den Diener, der während des Kampfes geflohen war. Die ganze schreckliche Wahrheit offenbarte sich nun Ödipus, der in den Palast stürmte, die Leiche Iokastes entdeckte und sich in seiner

Verzweiflung mit den Nadeln einer Spange aus ihrem Gewand die Augen ausstach. Geführt von seiner treuen Tochter Antigone wanderte der blinde Ödipus fortan durch Griechenland, bis es ihm vergönnt war, auf unbekannte Weise in Kolonos außerhalb Athens zu sterben.

Man tausche die Namen aus, verlege die Handlung von Griechenland nach Palästina und füge am Ende das Neue Testament ein, so erhält man den Grundstock der Judasbiografie. Man hat viel gelehrsame Anstrengung darauf verwandt, die Entwicklung der Sage von Ödipus zu Judas zu rekonstruieren, darzulegen, wie Erzähltraditionen und Heiligenlegenden sich gegenseitig beeinflussten und das Motiv Jahrhundert um Jahrhundert weiterführten. Die Wahrheit ist, dass niemand weiß, wie dies zugegangen ist. In einer der letzten Zusammenfassungen der Forschungslage ist Walter Puchner (1991) zu dem Schlusssatz gezwungen, dass wir mit »mündlicher Tradition« zu rechnen haben, und dieser können wir uns ja, soweit es die mittelalterlichen Verhältnisse betrifft, nur über Hypothesen und Vermutungen annähern.[45]

Biografien wie die in der *Legenda aurea* sind nur einige von vielen mittelalterlichen Erzähltraditionen des Judasthemas, gleichwohl waren diese Lebensschilderungen besonders bekannt und verbreitet. Variationen und Abweichungen sind Legion. In einer englischen Ballade aus dem 14. Jahrhundert, »Die Ballade über Judas«, ist Cyborea gegen eine Schwester ausgetauscht, mit der Judas offenbar Inzest begeht. Was genau geschieht, bleibt unklar, aber diese Schwester wird als unchristliche Göre dargestellt, die Judas verführt, an ihrem Busen zu schlafen (»Lei thin heved imy barm, slep thou the anon«), und die daraufhin den Schlafenden bestiehlt. Ähnliche Balladen wurden in vielen Ländern gesungen, aber der Inhalt variierte. In einer wendischen (westslawischen) Ballade sucht Jesus Unterkunft für sich und seine Jünger bei einer armen Witwe. Sie beherbergt sie, kann aber kein Essen anbieten, weshalb Jesus Judas, der sich freiwillig dafür meldet, hinausschickt, das Notwendige einzukaufen. Unglücklicherweise verspielt er das Geld mit einigen Juden und verrät danach Jesus, um es wiederzubekommen. Dann erhängt er sich, voll der Reue über seine Tat, und glaubt nicht an die Botschaft Jesu von der Vergebung seiner Sünden.[46]

Dieselbe abendländische mittelalterliche Gesellschaft, die Zeuge der Entstehung von Biografien und Balladen gewesen war, sah auch die Geburt einer besonderen Dramatradition: des Passionspiels. In dieser Gattung, deren Beginn in der Regel in das 13. Jahrhundert gelegt wird, kamen die Zuschauer in den Genuss ausgeprägter Schilderungen der Leiden Jesu, gewürzt mit zahlreichen pikanten Details, die in der Bibel nicht zu finden waren. Die Juden im Allgemeinen und Judas im Besonderen waren die populären Schurken. Das Publikum sah, wie die Juden Jesus quälten und wie Judas mit den jüdischen Ältesten um das Blutgeld stritt. Judas war leicht zu erkennen: Er und Herodes waren die einzigen Akteure auf der Bühne, die rotes Haar hatten.

Die Darstellung des Judas als Hauptschurke im hoch- und spätmittelalterlichen Drama fiel damit zusammen, dass er auch in der Bildkunst immer hässlichere Züge erhielt. Dazu weiter unten mehr. Die Menschen des 13., 14., und 15. Jahrhunderts bedurften offenbar eines gefährlichen Verräters, über den sie sich schauerlich entsetzen konnten. Es schwebt eine geradezu schauerromantische Atmosphäre über dem spätmittelalterlichen Judas und seiner Umgebung. Im Bösen übertrifft er ständig sich selbst. Im 15. Jahrhundert lassen gewisse Dramenverfasser Judas Iskariot lange Monologe auf der Bühne halten, in denen er bis ins Einzelene darlegt, wie er sich aller sieben Todsünden schuldig gemacht hat.[47]

Seit dem 13. Jahrhundert, vielleicht auch schon früher, kam in einigen Teilen Westeuropas zudem ein volkstümliches Ostervergnügen mit der Judasgestalt im Zentrum auf, die sogenannte Judasjagd. Wilhelm Durandus d. Ä. von Mende (ca. 1230–1296) hat diese Sitte als eine ungewöhnlich wilde und laute Erscheinung beschrieben, selbst in Kirchengebäuden. Das Volk schrie und lärmte auf vielfältige Weise in der Absicht, Judas und die Männer, die ihm auf der nächtlichen Wanderung folgten, wegen des Kusses und des Verrats anzugreifen. Als Beispiel kann erwähnt werden, dass man in Schlesien einen rotgekleideten Mann Judas spielen ließ. Unter großem Lärm wurde er aus der Kirche getrieben, dann eingefangen und brutal misshandelt als Strafe für seinen Verrat an Jesus. Auch nach dem Mittelalter hat man an vielen Orten Europas – besonders im Mittelmeerraum – zu Ostern noch Puppen verbrannt, die Judas vorstellen sollten. In den verheerenden Flammen wurde der Heiland gerächt![48]

Zu den Kuriosa der Judashistorie gehört, dass auch die dreißig Silbermünzen allmählich eine eigene Geschichte erhielten. Die mittelalterlichen Christen waren von Judas Iskariot so fasziniert, dass selbst dieses Detail ihr Interesse erregte.

Nach einer weit verbreiteten Legende waren die dreißig Münzen dieselben, die lange zuvor an Josefs Brüder gezahlt worden waren, als dieser als Sklave nach Ägypten verkauft wurde. Die Geschichte der Münzen wurde in Legende auf Legende Schritt für Schritt ausgebaut, unter anderem von Gottfried von Viterbo (gest. 1191) und Johannes Rothe (ca. 1360–1434). Schon in der Vorzeit sollen sie von dem Vater des Patriarchen Abraham auf Geheiß des assyrischen Königs Ninus geprägt worden sein. Abraham nahm das Geld mit, als er sich nach Gottes Aufforderung auf den Weg nach Kanaan machte. Dort angekommen, kaufte er dafür Land vom Volk in Jericho. Später fielen die Münzen seinem Geschlecht erneut zu, indem Abrahams Urenkel ihren Bruder Josef an Sklavenhändler verkauften, die mit diesem Geld bezahlten. Doch dann waren die Brüder gezwungen, es an Josef weiterzugeben, als sie in Notjahren nach Ägypten aufbrachen, um dort Getreide zu kaufen. Sehr viel später gelangten die Münzen wieder nach Israel, als Nicaula, die Königin von Saba, sie als Opfergabe in Salomos Tempel deponierte. Danach wurde das Silber nach Saba verbracht, wo eine weise Königin es an sich nahm, um damit dem neugeborenen Jesuskind in der Krippe zu huldigen. Als Josef und Maria gezwungen waren, nach Ägypten zu fliehen, um Herodes zu entkommen, konnten sie die Münzen nicht mitnehmen, sie blieben zurück in einer Höhle außerhalb Jerusalems zusammen mit den anderen Gaben, die die drei Weisen Jesus geschenkt hatten. Ein frommer armenischer Hirte nahm sich der Sachen an und brachte sie später dem erwachsenen Jesus. Und dieser befahl ihm, sie als Schenkung zum Tempelschatz zu geben – wo sie seitdem bereitlagen für die Bezahlung des Judas Iskariot …[49]

Judas, der Weise

Wie mit überdeutlicher Schärfe aus dieser kleinen Auswahl der antiken und mittelalterlichen Judasliteratur hervorgeht, war das Bedürfnis, einen dämonischen Schurken zu schaffen, groß. Es war eine dankbare und leichte Aufgabe, Christi Verräter anzuschwärzen.

Indessen kommt es quasi automatisch zu der entgegengesetzten Tendenz, sobald Menschen damit beginnen, den Teufel an die Wand zu malen. So einladend es ist, mit Steinen zu werfen und einen Sündenbock hervorzuzerren, so einladend ist es auch, für den Verlierer Partei zu ergreifen und zu versuchen, seine Ehre zu retten. Die Herausforderung lockt.

Mit Verlierern ist es eigentümlich. Selbst wenn wir wissen, dass die Verliererseite den Gipfel perfider Widerwärtigkeit erreicht hat, gibt es genügend Menschen, die mehr als willig sind, gute, wenn nicht gar entschuldigende Seiten des Schurken aufzufinden. Wer den Schurken mit Schmutz bewirft, ist normal, doch wer entgegen aller Erwartungen vermag, ihm die Ehre wiederzugeben, ist ein Held, ein tapferer und tatkräftiger Anwalt, der für die verborgene Gerechtigkeit kämpft.

Judas Iskariot bildet keine Ausnahme von dieser Regel, im Gegenteil, er ist der am meisten gerechtfertigte Schurke der Weltgeschichte. Seine Apologeten waren und sind zahlreich. Dies hat nicht zuletzt für die letzten hundert Jahre der Kulturgeschichte gegolten. Menschlich betrachtet, ist die Ausgangslage des gescheiterten Jüngers vielleicht undankbar, doch aus der Perspektive eines Schriftstellers oder Regisseurs ist es umgekehrt. Neben Jesus ist Judas in besonderem Maße die fesselndste Gestalt der vielen Evangelienfilme, die uns in der Osterzeit angeboten werden. In einem der am häufigsten gezeigten Filme, in Franco Zefirellis *Jesus von Nazareth* in vier Teilen (1977), wird Judas als naives Opfer geschildert, das dadurch verwirrt war, dass Jesus sich nicht wie ein weltlicher Messias verhalten hat. Judas ist hier kein Schurke, sondern ein Idealist, der seinen Fehler zu spät erkennt. In anderen Filmen und Romanen geht die Ehrenrettung noch weiter. Judas erscheint als aufrichtiger Freund Jesu, ein Jünger, der buchstäblich dazu gezwungen wird – manchmal auf Geheiß Jesu selbst – den Heiland zu verraten, auf dass dieser seine Mission erfüllen kann. So ist es in Nikos Kazantzakis Roman aus dem Jahre 1952, den Martin Scorsese 1988 verfilmte, *The last Temptation of Christ* (Die letzte Versuchung Christi). Die Judasgestalt dieses Films repräsentiert das positive Sinnbild des denkenden christlichen Jüngers, der die Botschaft ernst nimmt und aus seinem Glauben etwas macht.

Überhaupt fließt die moderne Kultur seit der Aufklärung des 18. Jahrhunderts von Judasrevisionen über, entschuldigende und verzeihende Schilderungen eines Jüngers, von dem nun behauptet wird, er sei viel besser als sein Ruf. Die Verfasser wetteiferten um das Mitleid mit Judas. Wen diese Thematik besonders interessiert, dem sei Jean Paillards Buch *Broder Judas,* «Bruder Judas« (1995) empfohlen: Dort findet sich eine ausführliche Übersicht über die Entwicklung des Judasbildes von Klopstock und Goethe bis hin zu Bengt Anderberg und Jonas Gardell. Entsprechende literarische Analysen sind auch aus anderen Ländern zugänglich – so beispielsweise Bernhard Dieckmanns *Judas als Sündenbock* (1991). Darin wird aufgezeigt, in welcher Weise deutschsprachige Schriftsteller wie Georg Heym und Luise Rinser sich des Verräters Jesu angenommen haben. Judas' literarisch gebildete Verteidiger sind heute zahlreicher als seine Verleumder.

Doch dies ist nur die Spitze des Eisbergs. Judas fand bereits zu Zeiten der Urkirche Unterstützung. Der bekannteste der antiken christlichen Verteidiger des Judas war kein Geringerer als der Kirchenvater und Märtyrer Origenes (gest. ca. 254) aus Alexandria. Origenes' Deutung des Judas und seines Handelns ist vor allem in der Schrift *Contra Celsum* (»Gegen Celsus«) nachzulesen. Celsus war ein Christentumskritiker, der Origenes dadurch gereizt hatte, dass er die Lehre Jesu als nicht besonders herausragend betrachtete, und dies insbesondere vor dem Hintergrund, dass seine Jünger ihn faktisch an die Feinde verraten hätten. Origenes antwortete in seiner Schrift, dass nur ein einziger Jünger, Judas, Jesus verraten habe. Außerdem gebe es deutliche Zeichen der Lehre Jesu auch in Judas' Charakter, dem Verrat zum Trotz. So habe er durch die Rückgabe der dreißig Silbermünzen tiefe Reue gezeigt und bekannt, dass er unschuldiges Blut verraten habe. Der darauf folgende Selbstmord ist in den Augen des Origenes ein sprechender Beweis für den Einfluss der Lehre Jesu auf Judas' Bewusstsein: Er konnte nicht länger mit sich leben, weil sein Handeln gegen seine innerste Überzeugung verstoßen hatte.

Auch in seinen übrigen Schriften nimmt Origenes eine versöhnliche Haltung gegenüber dem Verräter ein. Sicherlich sei Satan in ihn gefahren während der letzten Mahlzeit mit Jesus, doch sowohl vor als auch nach der teuflischen Verräterepisode sei Judas ein guter Christ und treuer Jünger gewesen.[50] Außerdem war Origenes zutiefst davon überzeugt, dass kein Wesen der Schöpfung Gottes ganz verloren sein könne, nicht einmal Satan. Seiner Ansicht nach sind alle geistigen Wesen einmal bei Gott gewesen, hätten sich jedoch durch einen kosmischen Fall von ihm entfernt. Jetzt seien sie auf vielen Ebenen wiederzufinden, als Engel, Menschen und Dämonen. Am Ende würden jedoch alle geistigen Wesen wieder mit Gott vereint werden (*apokatastasis*). Die Lehre von der Apokatastasis ist auf heftigen Widerstand gestoßen und wurde von kirchlichen Autoritäten verurteilt, doch vor ihrem Hintergrund ist es wenig verwunderlich, dass Origenes bereit war, Judas zu verzeihen.

Kirchenvater Origenes in allen Ehren, doch kommt er den faszinierendsten Verteidigern des Judas während der römischen Kaiserzeit nicht nahe. Leider sind sie von ihren Besiegern gründlich und endgültig zum Schweigen gebracht worden, weshalb unsere Kenntnis von ihnen nur sehr unzureichend ist. Man nannte diese Verteidiger *Kainiter.* Religionshistorisch betrachtet waren die Kainiter eine von vielen Sekten, die man unter der Bezeichnung Gnostiker zusammenfasst. Zu ihnen ist hier ein Exkurs angebracht, zumal wir ihnen auch in der Darlegung dieses Buches zur Geschichte Maria Magdalenas begegnen werden.

»Gnostiker« ist ein griechisches Wort; es bedeutet ungefähr »jemand, der Einsicht und Weisheit besitzt«. Der Schlüsselbegriff ist *gnosis* (»Instinkt«, »Kenntnis«, »Wissen«, »Weisheit«). Die Gnostiker meinten, dass die Erlösung von dem bösen Dasein in dieser Welt nur erreicht werden könne, indem man *gnosis* erlangt, heimliches göttliches Wissen. Auf die Frage, wie dies geschehen kann und wie genau die Wirklichkeit beschaffen ist, gaben die Sekten der Gnostiker unterschiedliche Antworten. Es handelte sich also nicht um eine einheitliche Religion, sondern eher um viele verschiedene Gruppierungen, denen nur das übergreifende Weltbild gemeinsam war. Wann und wie sich diese Sekten zu entwickeln begannen, ist unsicher, aber nach Ansicht mehrerer Forscher waren die gnostischen Denker bereits vor dem Aufkommen des Christentums wirksam. Weil der Gnostizismus Ähnlichkeiten mit zahlreichen Religionen aufweist, nicht nur mit dem Christentum, sondern auch mit dem Judentum, dem Buddhismus, der persischen Religion und der griechischen Mythologie, wird das Rätsel um seinen Ursprung wohl niemals gelöst werden können. Sicher aber ist, dass Platons Philosophie die Lehre der Sekten stark beeinflusste. Der Gnostizismus ist mit anderen Worten ein herausragendes Beispiel für die Religions- und Philosophievermischung, die in der intellektuell vitalen hellenistischen Kulturwelt der Jahrhunderte vor und nach Christi Geburt stattgefunden hat.

Gewöhnlich sprechen wir von Gnostikern, wenn wir auf eine Anzahl von Sekten zielen, die innerhalb des Christentums während der ersten Jahrhunderte der Urkirche heranwuchs. Die Gnostiker selbst hielten sich nicht selten für eine Elite des Christentums, für Repräsentanten der wahren – doch für die meisten verborgenen – Lehre Jesu. Infolgedessen wurden sie von den »gewöhnlichen« christlichen Bischöfen als Feinde betrachtet, denn diese sahen in der Theologie der gnostischen Sekten eine große Gefahr. Die Kirchenväter wandten große Mühe auf, um gegen die Gnostiker zu argumentieren und ihre ketzerische Lehre im Dunkeln zu lassen. Wir haben die Gnostiker über die Erzählungen ihrer siegreichen Feinde kennengelernt. Insbesondere attackierte der Kirchenvater Irenäus (gest. ca. 202) den Gnostizismus in seiner Schrift *Adversus haereses*. Tertullian (gest. ca. 225) verglich den Gnostizismus mit den Angriffen des Skorpions. Erst im 17. Jahrhundert begannen die ersten gnostischen Texte in den gelehrten westeuropäischen Bibliotheken aufzutauchen, aber sie waren nur schwer in ihrem richtigen Zusammenhang zu deuten und konnten sich nicht mit den rhetorisch durchgearbeiteten Angriffen der Kirchenväter messen.

Diese erschwerten Verhältnisse änderten sich erst 1945, als zwei arabische Brüder die Reste einer alten Bibliothek in Nag Hammadi entdeckten, einer Stadt im mittleren Ägypten, die in der Antike den Namen Chenoboskion trug. Der Fund umfasste 53 zumeist gnostische Schriften (von denen 41 zuvor unbekannt waren) in einer koptischen Übersetzung aus dem Griechischen, geschrieben auf Papyrus etwa um 350 und in einem Krug versteckt ungefähr im Jahre 400. Der Inhalt der Bibliothek variiert stark. Es finden sich Offenbarungen, Dialoge zwischen Jesus und den Jüngern, gnostische Deutungen biblischer Motive, Briefe, Hymnen und vieles mehr. Zu den bedeutendsten Texten gehören das Thomasevangelium, das Evangelium der Wahrheit, das Philippusevangelium und das Ägypterevangelium.[51]

Was glaubten die Gnostiker? Wodurch unterschieden sie sich von anderen Christen? Einer der wichtigsten charakteristischen Punkte ist der starke Dualismus der Gnostiker: der Glaube an den Streit zweier Kräfte, eines offenbar ewigen Kampfes zwischen Licht und Finsternis, eine Glaubensauffassung, die umso markanter zu werden scheint, je weiter östlich die gnostischen Sekten wirkten. Eine andere gnostische Eigenart, eng verknüpft mit dem Dualismus, ist der Glaube an zwei Gottheiten. An höchster Stelle, außerhalb des Kosmos, gebe es Gott, den Allmächtigen, doch dieser war nach Ansicht der Gnostiker durch die Schöpfung unserer Welt von uns Menschen getrennt. Die Welt sei nämlich nicht von Gott, sondern von einer feindlich gesinnten niederen Gottheit, dem *Demiurgen*, geschaffen worden. Einmal vor langer Zeit hätten wir Menschen bei Gott geweilt, doch wegen eines »Falles« – nach Ansicht bestimmter Gnostiker eine direkte Folge von Täuschung durch die Mächte des Bösen – verloren wir den Kontakt und fanden uns in der widrigen Welt des Demiurgen wieder. Nun müssen wir die Hindernisse des Demiurgen überwinden, um heim zu Gott und dem Ort des Lichts zu gelangen. Auf dem Weg dorthin finden sich mannigfache Zwischenwelten, so genannte Äonen, die nur mit Hilfe von Mittlern durchquert werden können und dadurch, dass wir den notwendigen Grad der Weisheit erlangen (*gnosis*). Eine der stärksten Kräfte, welche bereit ist, den Gnostikern zu helfen, die göttliche Welt wieder zu erreichen, ist Sophia, die weiblich personifizierte Kraft der Weisheit, die eng mit Gott verbunden ist.

Das Menschenbild der Gnostiker unterschied sich von dem der übrigen Christen. Nicht selten hoben sie hervor, dass die Menschen geistig ungleich seien. Die so genannten Pneumatiker, eine glückliche Minderheit, sah man im Besitz der Gnosis, sodass sie um den Ursprung des Himmels wussten. Eine andere Gruppe, die Psychiker, vermochte eine gewisse Einsicht zu erreichen, während die bemitleidenswerten Hyliker-Sarkiker für das Licht verloren waren.

Weil der Schöpfergott der Gnostiker ein böser Demiurg und kein guter Herr war, sahen sich gewisse gnostische Sekten gezwungen, die Erzählungen der Bibel vollständig umzudeuten. Ein typisches Beispiel dafür ist die Deutung der Schlange in der Geschichte vom Sündenfall. Da die Gottheit, die Adam und Eva ihren Platz im Lustgarten Edens angewiesen hatte, ein böser Demiurg war, war es eine gute Tat der Schlange, die ersten Menschen zum Genuss der verbotenen Frucht zu verführen. Die Erkenntnis stärkte die Macht der Menschen und minderte den versklavenden Einfluss des Demiurgen. Die verbotene Frucht war ein Schritt auf dem Weg zu wahrer Einsicht. Die Gnostiker glaubten also, dass die Ereignisse, die in den heiligen Schriften der Christenheit beschrieben wurden, tatsächlich geschehen waren, aber sie verstanden sie meist auf eine Weise, die von den übrigen Juden und Christen für falsch gehalten wurde. Mit Hilfe der *gnosis* konnte alles umgedeutet, umgeschrieben werden.

In diesem Punkt waren die Kainiter typische Gnostiker. Sie zogen die äußerste Konsequenz biblischer Umdeutung und betrachteten das ganze Alte Testament als die Version des Demiurgen von der Vergangenheit, eine völlig auf den Kopf gestellte Geschichte, die vollständig umgeschrieben werden müsse. Die Schurken des Alten Testaments wurden so tatsächlich zu Helden, die Helden zu Schurken.

Einer der größten Feinde der Gnostiker, der Kirchenvater Irenäus von Lyon, hat die Lehre der Kainiter übersichtlich geschildert. Sie meinten, so behauptet der alles andere als unparteiische Irenäus, dass die Erlösung vom Bösen dieser Welt durch den Verstoß gegen die Regeln und moralischen Gesetze zustande komme, die der Demiurg aufgestellt hat und durchzusetzen versucht, das heißt, dass man das tut, was nach Ansicht der Bibel als Sünde zu betrachten ist. Kain, Esau, Korach, die Sodomiten und andere, die in der Bibel in schlechtem Licht erscheinen, sind eigentlich gute und wahre Menschen gewesen, die vom Demiurgen attackiert worden sind, jedoch mit Hilfe Sophias widerstanden. Auch Judas Iskariot war einer der Feinde des Demiurgen, ein Mann der zur Einsicht gelangt war:

> *Und sie behaupten, dass der Verräter Judas dies sehr wohl kennengelernt hatte. Und da er der einzige von allen [Jüngern] war, der die Wahrheit erkannt hatte, vollbrachte er das Mysterium des Verrats. Seinetwegen, behaupten sie, löste sich alles Irdische und alles Himmlische auf.*[52]

Laut Irenaeus besitzen die Kainiter eine schriftliche Erzählung darüber, *Evangelium des Judas* (lat. *Iudae evangelium*), doch er vermeidet es, näher auf den Inhalt einzugehen.[53] Diese heilige Schrift, die im griechischen Original den Titel *Euangelion tou Iouda* trägt und in der Mitte des 2. Jahrhunderts verfasst worden sein soll, ist verloren gegangen. Ihre Existenz wird auch von dem syrischen Kirchenvater Theodoret von Kyrus (gest. ca. 466) erwähnt, allerdings ohne dass wir weitere Aufschlüsse über den Glauben der Kainiter erhalten. Vielleicht gibt es irgendwo eine Kopie, die darauf wartet, in einem uralten Versteck irgendwo in Ägypten entdeckt zu werden, so wie es der Fall war mit den Schriften, die man in Nag Hammadi auffand, doch bis zu diesem ungewissen Ereignis müssen wir uns an Vermutungen halten, was den Inhalt des Evangeliums betrifft.[54] In moderner Zeit hat sich die Mystik um das Judasevangelium auf markante Weise in der schönen Literatur abgezeichnet, so zum Beispiel in dem Buch des Polen Henryk Panas, Wedlug Judasza (1973).

Weil die authentische Schrift der Kainiter verloren ist, tappen wir im Dunkeln, wenn es um deren genaue Auffassung von Judas und seine konkrete Rolle geht. Die Kirchenväter liefern widerstreitende Versionen. Epiphanius (gest. 403), ein asketischer Bischof auf Cypern, der in seinem Werk *Panarion* achtzig seiner Ansicht nach ketzerische Bewegungen angreift (einschließlich der Ideen des von Epiphanius zutiefst verabscheuten Origenes), erwähnt dort auch das Judasevangelium. Er behauptet, dass die Kainiter den Verrat an Jesus guthießen, weil es sich um eine aktive Handlung gegen den Demiurgen gehandelt habe. Epiphanius schreibt auch, dass die Kainiter Jesus gegenüber – da er die Wahrheit zu zerstören suchte – negativ eingestellt gewesen seien und dass sie Judas Tat darum schätzten. Judas erscheint als gnostischer Idealmensch, ein weiser Mann, der die Lügen der Welt durchschaut und die Wahrheit gesehen hat.[55] Auch andere christliche Schriftsteller berichten von dem Glauben der Kainiter, dass Judas Jesus verraten habe, weil seine Lehre nicht mit der Wahrheit übereinstimmte. In einem Werk, das Tertullian zugeschrieben wird, *Adversus omnes haereses* (»Gegen alle Ketzer«), wird behauptet, dass die Kainiter Judas für einen großen und bewundernswerten Mann hielten, der viel Gutes für die Menschheit geleistet habe und den sie deshalb gerne verteidigten. »Denn, so behaupten sie, als Judas merkte, dass Jesus die Wahrheit zerstören wollte, lieferte er ihn aus, auf dass die Wahrheit nicht zerstört werden sollte.«[56]

Im selben Werk finden wir indessen auch Angaben, die auf eine andere kainitische Logik hindeuten. Nach dem, was die Verfasser zu berichten haben, gab es auch Menschen, die glaubten, dass die Mitglieder der Sekte sowohl Jesus als auch Judas als positive Gestalten begriffen. Jesus sei gezwungen gewesen, den Tod am Kreuz zu erleiden, damit die Menschen erlöst werden konnten, etwas, dem der Demiurg und seine Agenten (lat. *potestatis huius mundi*, »die Mächte dieser Welt«) natürlich entgegenwirken. Ohne Judas wäre das Leiden Jesu blockiert worden! – Denn es war nur Judas, der es vermochte, das äußerste Opfer, den Verrat, zu bringen und damit den Opfertod Jesu zu ermöglichen[57].

Rabbi Judas

Die Gnostiker waren nicht die einzigen, die sich auf Judas' Seite stellten. Ein bedeutend interessanteres, wenngleich theologisch nicht annähernd so avanciertes Bild von Judas Iskariot wurde im spätantiken und frühmittelalterlichen Judentum entwickelt. Mag sein, dass diese Tradition bereits auf das 2. Jahrhundert zurückgeht, doch es sollte noch mehrere Jahrhunderte dauern, bis wir diese Erzählform antreffen. Auf der anderen Seite ist sie dann umso farbiger. Wir haben es mit der Rachegeschichte eines Verlierers zu tun, einer jüdischen Revanche von unten gegen die Christen, die während des Mittelalters wiederholt ihren Zorn an jenem Volk ausließen, dem Jesus selbst angehört hatte.

Die bekannteste jüdische Geschichte über Judas findet sich in einem mittelalterlichen Text unbekannten Ursprungs mit dem Titel *Toledoth Jeshu* (»Geschichte Jesu«).[58] Ihre ersten Fassungen sollen irgendwann zwischen dem 5. und 11. Jahrhundert entstanden sein. Judas trägt hier den Namen Rabbi Yehudah ish Bartota. Bartota ist ein Ort im oberen Galiläa, was darauf hindeutet, dass Judas' judäische Identität – die in der christlichen Tradition zumeist als gegeben hingenommen wurde – im Mittelalter nicht allgemeingültig war. Wir haben weiter oben erwähnt, dass bereits das Ebionitenevangelium Angaben enthält, die auf Judas' galiläische Herkunft verweisen.

In *Toledoth Jeshu* wird Yehuda (Judas) in seiner Eigenschaft als Gott wohlgefällige helfende Hand in die Handlung eingeführt. Die gelehrten Juden haben Probleme mit dem windigen Betrüger Jeshu (Jesus), der Gottes geheimen Namen kennt und mit diesem als Quelle der Kraft ein Wunder nach dem anderen vollbringt. Jeshu wird als unehelicher Sohn der reichen Mirjam und des armen Josef Panderi präsentiert; der Erzählung nach war er bei einem gelehrten Rabbi in die Lehre gegangen, bevor er durch eine List den geheimen Namen Gottes herausfand. Nun stellt er sich als Messias dar oder gar als Gott selbst und das Volk lässt sich willig verführen.

Damit der bevorstehende Kampf nicht ungleich wird, erhält Yehuda Zutritt in das Allerheiligste des Tempels, wo auch er Gottes geheimen Namen erfährt. Dann kann die Schlacht – in der Form eines Flugwettkampfs – beginnen. Jeshu hebt seine Hände empor und fliegt gen Himmel wie ein Adler, worauf Yehuda, nachdem er das Zeichen seiner Auftraggeber erhalten hat, dem gottlosen Betrüger hinterherfliegt. Yehuda passiert Jesus schon bald und erreicht eine größere Höhe, doch Jeshu ist schwer zu schlagen und holt auf. Nach längerem unentschiedenen Wettstreit greift Yehuda zu einem listigen Trick, um zu gewinnen. Er beschleunigt seine Fahrt zum Himmel und Jeshu folgt ihm. Ohne dass Jeshu ein Gegenzug gelingt, ergießt Yehuda seinen Samen über ihn, sodass Jeshu unrein wird und zu Boden stürzt, seiner Kraft beraubt.

Jeshu wird gefangen genommen und von Jerusalems Königin zum Tode verurteilt, aber es gelingt ihm die Flucht und er setzt seine Wirksamkeit fort, gut versteckt unter seinen vielen loyalen Anhängern. Nach einem Verrat gerät er erneut in Gefangenschaft, doch noch einmal gelingt es ihm, die

Freiheit wiederzuerlangen. Durch ein reinigendes Taufbad gewinnt Jeshu darauf seine heiligen Kräfte wieder und lockt bald Scharen von bewundernden Anhängern an, die über seine Wunderwerke erstaunt sind. Wieder einmal obliegt es Rabbi Yehuda ish Bartota, ihn zu stoppen. Yehuda verkleidet sich und stiehlt sich in den innersten Kreis der Jünger, wo er allmählich den Schurken identifizieren kann. Er fällt Jeshu um den Hals und schreit mit hoher Stimme: »Dies ist der Messias! Ihn wollen wir anbeten, und ihn wollen wir fürchten! Er ist unser Vater und unser König!« Darauf küsst er Jeshu, der augenblicklich von den Juden arretiert wird.

Dieses Mal kann der Betrüger nicht entkommen: Jeshu wird zu Tode gesteinigt (nicht gekreuzigt!). Dann kommt es zu einem Dilemma. Nach jüdischem Gesetz musste die Leiche eines Verbrechers vor der Beerdigung für kurze Zeit an ein Holzgestell oder in einen Baum gehängt werden. Doch bevor Jeshu starb, hatte er allen Bäumen den Eid abgefordert, nicht gegen ihn zu sein. Weder die Gestelle noch die Bäume können darum die Leiche tragen. Zum Glück ist Rabbi Yehuda zur Stelle und weiß Rat. In seinem Garten wächst Kohl an ungewöhnlich großen Stängeln, und weil Kohl formell nicht zu Bäumen gerechnet wird, ist von ihm kein Eid gefordert worden. Also hängt man Jeshus Leiche an den Kohlstängeln auf.

Danach wird Jeshu begraben. Yehuda argwöhnt, die Jünger könnten versuchen, den Leichnam zu stehlen und der Welt zu erzählen, dass Jeshu von den Toten auferstanden sei, aber auch in dieser Phase der Geschichte ist der Rabbi gewitzter als die Christen. Mitten in der Nacht stiehlt er selbst Jeshus Körper und trägt ihn nach Hause in seinen Garten, wo er ihn in einer Grube unter einem Bewässerungskanal versteckt. Nicht einmal Yehudas Frau und Kinder wissen etwas von diesem Geschehen. Als das Volk darauf entdeckt, dass das Grab leer ist, dauert es nicht lange, bis das Gerücht von der Auferstehung verbreitet wird. Yehuda holt nun den Leichnam hervor und beweist ein für alle Mal, dass Jeshu wirklich tot ist. Die Juden schänden die Leiche öffentlich. Die Schriftgelehrten binden Jeshu mit seinen Locken an den Schwanz eines Pferdes, worauf es den toten Körper des Betrügers durch Jerusalems Straßen schleift. Schließlich werden fünf der Jünger Jeshus hingerichtet. Die übrigen zerstreuen sich über die Länder der Erde.[59]

Die Geschichte von Yehuda wurde während des Mittelalters und später unter den verstreuten jüdischen Volksgruppen in der christlichen Welt mündlich und schriftlich von Person zu Person überliefert. Sie ist in zahlreichen verschiedenen Versionen auf Hebräisch, Aramäisch und Jiddisch erhalten. Dass sie nicht in andere Sprachen übersetzt wurde, beruht wahrscheinlich darauf, dass die jüdischen Traditionsträger die Kirche nicht unnötig provozieren wollten. Wir wissen jedoch, dass dies misslang: Die jüdische Judashistorie war auch in christlichen Kreisen wohlbekannt. Manche prominente Christen – unter ihnen Martin Luther – bezogen sich in ihren Angriffen gegen die Juden ausdrücklich auf diese Geschichte.[60]

Der Judas der Muslime

Hinter der jüdischen Erzählung liegt ein offenbares Bedürfnis. Die gesamte christliche Heilsgeschichte hat in mancher Hinsicht ihre Spitze gegen die Juden gerichtet, gegen jene Menschen, die Gottes Wahrheit sahen, sich aber weigerten, sie anzunehmen, jene, die Christus töteten. Die christliche theologische Herausforderung des Judentums ist schon damit ein Faktum. Fügt man noch Jahrhundert um Jahrhundert der christlichen Verfolgung von Juden hinzu, ist die Verlockung, Legenden um einen heldenhaften Judas zu konstruieren, leicht zu verstehen. Rabbi Yehuda wurde gebraucht.

Innerhalb des Islam ist dies anders. Es fehlt das selbstverständliche Bedürfnis nach einem Judasbild. Dass Judastraditionen in der islamischen Welt dennoch sprossen und immer noch sprießen, hängt ausschließlich mit einem nicht unwesentlichen Detail zusammen, über das sich Christen und Moslems nicht einigen können: der Frage, wie und wann Jesus starb.

Sowohl im Christentum als auch im Islam ist Jesus (ebenso wie übrigens auch die Jungfrau Maria) eine positiv gewürdigte Gestalt, obgleich die beiden Religionen zutiefst uneinig sind über seinen göttlichen Status – Gottes Sohn laut den Christen, Prophet nach Ansicht des Islam. Die Muslime weigerten sich jedoch, die Schilderung der Evangelien von den Ereignissen auf Golgota zu akzeptieren. Gemäß dem Koran wurde Jesus niemals gekreuzigt. Wir lesen in der vierten Sura, Vers 155–160:

> *155 (Verflucht wurden sie,) weil sie ihre Verpflichtung brachen, die Zeichen Gottes verleugneten, die Propheten zu Unrecht töteten und sagten »unsere Herzen sind unbeschnitten« – vielmehr hat Gott sie wegen ihres Unglaubens versiegelt, so dass sie nur wenig glauben;*

156 *und weil sie ungläubig waren und gegen Maria eine gewaltige Verleumdung aussprachen;*
157 *und weil sie sagten: »Wir haben Christus Jesus, den Sohn Marias, den Gesandten Gottes getötet.« – Sie haben ihn nicht getötet, und sie haben ihn nicht gekreuzigt, sondern es erschien ihnen eine ihm ähnliche Gestalt. Diejenigen, die über ihn uneins sind, sind im Zweifel über ihn. Sie haben kein Wissen über ihn, außer dass sie Vermutungen folgen. Und sie haben ihn nicht mit Gewissheit getötet,*
158 *sondern Gott hat ihn zu sich erhoben. Gott ist mächtig und weise.*
159 *Und es gibt keinen unter den Leuten des Buches, der nicht vor seinem Tod an ihn glauben würde. Am Tag der Auferstehung wird er über sie Zeuge sein. –*
160 *Und wegen der Ungerechtigkeit derer, die Juden sind, haben Wir ihnen köstliche Dinge verboten, die ihnen (sonst) erlaubt waren, und weil sie viele vom Weg Gottes nachdrücklich abweisen. …*[61]

Das Szenario der Sura ist, wie es scheint, folgendes: Die Juden behaupten, sie hätten Jesus gekreuzigt, doch tatsächlich sei Jesus, so meinen die Muslime, nicht hingerichtet worden. So etwas hätte Gott niemals zugelassen. Vor uns sehen wir Mohammed während der Zeit in Yathrib (Medina), irgendwann in den zwanziger Jahren des 7. Jahrhunderts, eifrig mit jüdischen Führern – eine größere Gruppe von Juden lebte zu dieser Zeit nahe Yathribs – über die Bedeutung Jesu debattierend. Offenbar hat Mohammed Jesus gerade als großen Propheten gepriesen, worauf die Juden mit der Erzählung antworteten, wie ihre Vorväter den so genannten Propheten wahrhaftig gekreuzigt hätten. Mohammed weigerte sich, dies zu glauben, worauf er die oben angeführte Erwiderung gab.[62]

Doch damit stellt sich ein Dilemma ein. Um überhaupt die freche Behauptung von der Kreuzigung Jesu aufstellen zu können, müssen die Juden zuallererst auf einen toten Körper verweisen können. Wenn wir wie Mohammed davon ausgehen, dass dieser tote Körper nicht Jesus gewesen sein kann, müssen die Juden an seiner Stelle jemand anders gekreuzigt haben. Wen?

Eine Antwort, die, wie wir wissen, in der muslimischen Tradition gegeben wurde, lautet: Judas Iskariot. Auch andere Namen kommen vor, darunter

Simon von Kyrene, jener Mann, der laut Neuem Testament Jesus geholfen hatte, das Kreuz nach Golgota zutragen (Matthäus 27:32), sowie weniger leicht zu identifizierende Personen mit Namen Joshua, Sergius, Sarkus, Italianus und Titanus.[63] Judas aber dominierte schließlich die Überlieferung, und so ist es noch heute. Während des europäischen Mittelalters grübelte mancher muslimische Gelehrte darüber nach, wie genau die Verwechslung Jesus-Judas vonstatten gegangen sein kann, was mitunter in einer deutlichen posthumen Aufwertung der Moral des Judas resultierte. Gemäß solcher Deutungen soll Judas freiwillig die Gestalt Jesu angenommen haben, um an seiner Stelle den Kreuzestod zu erleiden. Nach anderen Interpretationen geschah es Judas vielmehr recht, hingerichtet zu werden – welcher Lohn könnte für einen Verräter besser sein, als mit seinem Opfer verwechselt zu werden und zu sterben?[64] Eine dritte Deutung, vorsichtig vorgetragen von dem muslimischen Schriftsteller Abd al-Jabbar al-Hamadani (gest. 1024 oder 1025), führt an, dass Judas im Augenblick des Verrats auf die falsche Person gewiesen habe, weshalb Jesus entkommen konnte. Als Judas dies entdeckte, sei er so wütend geworden, dass er den Juden die Silbermünzen ins Gesicht geworfen habe, worauf er nach Hause gegangen sei und Selbstmord verübte.[65]

Dass Judas auch in der neuzeitlichen islamischen Tradition hervortritt, beruht auf der Popularität des so genannten *Barnabasevangeliums*. Dieses Evangelium ist in einer italienischen Handschrift aus der zweiten Hälfte des 16. Jahrhunderts bewahrt. Geschrieben wurde es wahrscheinlich im 14. oder 15. Jahrhundert von einem italienischen Mönch, der zum Islam konvertiert war. Das Buch wurde von dem preußischen Ratsherren J. F. Cramer entdeckt, der zu Beginn des 17. Jahrhunderts das einzig erhaltene Manuskript in Amsterdam erwarb. Schließlich gelangte das Werk in die Nationalbibliothek in Wien, wo es noch heute aufbewahrt wird. Das Evangelium ist nicht vor 1907 im Druck erschienen, da als englische Übersetzung. Seine übergreifende Absicht dürfte darin gelegen haben, aufzuzeigen, dass Jesus tatsächlich die islamische Lehre gepredigt habe und ein direkter Vorgänger Mohammeds gewesen sei, dessen zukünftiges Erscheinen er prophezeite.[66]

Laut einem wenig glaubhaften Mythos soll das Barnabasevangelium durch Zufall in der Renaissance entdeckt worden sein. Ein italienischer Mönch namens Fra Marino soll eines Tages mit seinem Freund Papst Sixtus V. (1585–1590) zusammengesessen und geplaudert haben. Sie befanden sich in der privaten Bibliothek des Papstes und als Sixtus einschlummerte, begann der Mönch sich umzusehen. Er entdeckte ein Evangelium, von dem er niemals zuvor gehört hatte – das Evangelium des Barnabas. Fasziniert nahm Marino es an sich und stahl es aus der Bibliothek. Nachdem er es gelesen hatte, trat er zum Islam über.[67]

Der Inhalt des Barnabasevangeliums erinnert an die kanonischen Evangelien, aber in bestimmten Punkten weicht die Erzählung doch erheblich ab. Eine der offenkundigsten Abweichungen betrifft die Schilderung des Barnabas als des ersten, des führenden der Jünger Jesu, das heißt in der Rolle, die sonst Petrus inne hat. Im Neuen Testament wird Barnabas nicht als Jünger erwähnt, sondern tritt erst in der Apostelgeschichte als Mitglied der christlichen Gemeinde Jerusalems hervor. In Lukas' Darlegung der Gütergemeinschaft der Urgemeinde lesen wir (Apostelgeschichte 4:36–37): »Auch Josef, ein Levit aus Zypern, der von den Aposteln Barnabas, das heißt übersetzt Sohn des Trostes, genannt wurde, verkaufte einen Acker, der ihm gehörte, brachte das Geld und legte es den Aposteln zu Füßen.« Später erscheint Barnabas in seiner Eigenschaft als Begleiter des Paulus, und als solcher ist er in der christlichen Tradition in die Geschichte eingegangen (Apostelgeschichte 9:27; 11–15; 1 Korinther 9:6; Galater 2:1 ff; Kolosser 4:10).

In offener Feindschaft, in der Regel mit gemeinsamer Front gegen Jesus, tritt das gefährliche Trio Pilatus, Herodes und Kajaphas im Barnabasevangelium auf. Der Verfasser der Schrift ist auch Paulus gegenüber ausdrücklich negativ eingestellt, den er beschuldigt, die wahre christliche Lehre zu zerstören, indem er Jesus Gottes Sohn nennt, die Beschneidung verwirft und unreine Nahrung zulässt. Außerdem lässt der Verfasser Jesus zahlreiche muslimische Ansichten äußern, die deutlich von jüdischen oder christlichen abweichen – so zum Beispiel, dass Adam nach der Schöpfung die Worte »Es gibt keinen Gott außer Gott, und Mohammed ist sein Prophet« am Himmel erblickt habe.

Judas ist im Barnabasevangelium derselbe unzuverlässige Schurke wie in der traditionellen christlichen Auffassung, laut Text von Satan persönlich beeinflusst. Faktum ist, dass Judas noch etwas schlechter als im Neuen Testament dargestellt wird, sagt man ihm doch nach, den Hohenpriestern schon lange vor dem Verrat Berichte geliefert zu haben. Bei einer Gelegenheit, als Jesus und die übrigen Jünger sich in Damaskus aufhielten, habe Judas sich zu den Priestern begeben und erklärt, er sei nun bereit, seinen Meister zu verraten. Früher habe er geglaubt, Jesus hätte die Absicht, sich zum König von Israel zu machen, wobei er, Judas, einen hohen Posten erhalten würde, doch nun glaube er nicht mehr daran, dass dies Wirklichkeit werden könne. Als Jesus später in Jerusalem einzieht, erhält Judas dreißig Goldmünzen (keine Silbermünzen) als Lohn für seinen Verrat. Doch als dieser geschehen soll – als Judas sich mit den Soldaten zu einem Haus begibt, in dem Jesus sich gerade aufhält – rettet Gott Jesus aus der Gefahr, indem er ihn eine Zeit lang in den dritten Himmel überführt, von wo aus er später von Engeln auf die Erde zurückgebracht wird. Gott verändert außerdem die Gesichtszüge von Judas im entscheidenden Augenblick, weshalb ihn die Soldaten für Jesus halten. Sie ergreifen ihn, verhören ihn, geißeln und kreuzigen ihn, obwohl Judas immer wieder verzweifelt protestiert und vergeblich versucht, seine wahre Identität aufzuzeigen (»Ich bin Judas Iskariot!«). Dann wird Judas zur letzten Ruhe in das Grab gelegt, das Josef von Arimathäa vorbereitet hat, genauso wie es mit Jesus laut der Bibel geschehen sein soll. Jesus verkündet schließlich, dass er bis ans Ende der Zeit bei Gott sein werde. Die Menschen sollen in dem falschen Glauben leben, dass Jesus einen erniedrigenden Tod gestorben sei, doch am Ende wird Mohammed kommen und die Wahrheit offenbaren.[68]

Das Barnabasevangelium könnte im Spätmittelalter entstanden sein, doch seine religiöse und politische Bedeutung ist von modernem Zuschnitt. Das Buch gelangte der muslimischen Welt zur Kenntnis, nachdem man darauf aufmerksam geworden war und es im Druck verbreitete, danach gewann es stetig an Berühmtheit. Beispiel: Im Februar 1976 arrangierte Libyens Staatschef Muammar el-Ghaddafi einen Dialog christlicher und muslimischer Repräsentanten in Tripolis. Als die Delegierten des Vatikans die Materialien inspizierten, die die Veranstalter an die Tagungsteilnehmer verteilt hatten, fanden sie zwei Werke vor: den Koran und – als christliche Entsprechung – das Barnabasevangelium. Die Katholiken protestierten und es gelang, sich des letztgenannten Bandes zu entledigen, aber eine Bibel oder eine Ausgabe der kanonischen Evangelien tauchte nicht als Ersatz auf den Konferenztischen auf. Später berichtete einer der Gesandten des Vatikans, Muammar el-Ghaddafi habe ihn gefragt, wie lange es noch dauern solle, bis der Papst sich endlich offen hinter das Barnabasevangelium stelle, das er und seine Vorgänger über Jahrhunderte vor der Welt verborgen gehalten hätten.[69]

Die Reaktion des libyschen Führers ist nicht verwunderlich. In großen Teilen der muslimischen Welt genoss das Barnabasevangelium während der letzten Jahrzehnte große Popularität. Es wurde oft zitiert und als gewichtiges Argument gegen das offizielle Christentum verwendet. Nach einer häufig geäußerten muslimischen Auffassung ist das Barnabasevangelium das einzige Evangelium, das wirklich von einem Jünger Jesu geschrieben wurde. Es soll gemäß muslimischer Aussagen als kanonisches Evangelium des Neuen Testaments noch bis ins Jahr 325 akzeptiert gewesen sein, war danach jedoch verboten und mehr als tausend Jahre verschwunden.[70]

Judas, der Erlöste

In dem schriftlichen Material des christlichen Hoch- und Spätmittelalters, als Judas in seiner Rolle als infernalischer Schuft am populärsten war, finden wir hier und da auch verzeihende Tendenzen. Vor dem Hintergrund dessen, was ich weiter oben über die Faszination an der Ehrenrettung von Schurken schrieb, ist dies nicht besonders erstaunlich. Im 14. und 15. Jahrhundert muss die intellektuelle Herausforderung, sich an Judas Seite zu stellen und trotzdem ein guter Christ zu bleiben, für ehrgeizige Priester, Mönche und Poeten besonders verlockend gewesen sein.

Ein typischer Versuch, Judas Iskariot zu rehabilitieren, begann damit, dass man die Schuld auf andere schob. Wir haben bereits gesehen, dass bestimmte spätantike Quellen Judas' Ehefrau die Rolle der bösen, treibenden Kraft zuweisen, einer Lady-Macbeth-Gestalt, ohne die der arme Judas sicher ein guter Apostel geblieben wäre. Dieses Thema sollte sich in der europäischen Erzählkultur verankern, allerdings nicht notwendigerweise mit der Ehefrau in der Schurkenrolle. Es gab andere Frauen, die man als Sündenböcke zeichnete. Warum nicht eine Schwester?

In der schon erwähnten englischen Ballade wird erzählt, dass Judas 30 Silbermünzen erhielt, um in Jerusalem Lebensmittel einzukaufen. Leider traf es sich, dass er seiner diebischen Schwester begegnete, bei der er übernachtete. Sie wird als schlechtes und zudem unchristliches Mädchen geschildert, viel schlimmer als ihr Bruder. Wenn sie mit Judas über Jesus sprach, tat sie es mit den Worten »the false prophete that tou bilevest upon« (»der falsche Prophet, an den du glaubst«). Als Judas erwachte, vermisste er das Geld – sie hatte es genommen! – und Judas musste nun Jesus an Pilatus (bezeichnet als »der reiche Jude«) verkaufen, um die Summe zu ersetzen.

Wieder einmal ist es die Frau, die die Wurzel allen Übels darstellt. Judas ist nicht böse, vielmehr schwach.[71]

Der bekannteste Apologet des Judas im Spätmittelalter war kein Geringerer als Vincent Ferrier (1350–1419) aus Katalonien, einer der hervorragendsten Dominikanerprediger, Professor für Theologie und später heiliggesprochen. In einer Predigt vor einer großen Volksschar an einem Ostertag zu Beginn der 90er Jahre des 14. Jahrhunderts soll Vincent eine Geschichte über Judas erzählt haben, die noch heute auffällig frisch und sympathisch anmutet, wenn auch mit einem Einschlag, der aus der Perspektive der Kirche des Mittelalters die Spur eines lästerlichen Eindrucks hinterlässt.

Vincent Ferrier geht von der Schilderung des Matthäusevangeliums aus, wonach Judas von tiefer Reue ergriffen wurde, als er erkannte, was er getan hatte. Diese Reue war so intensiv und echt, dass sie entgegen der Mehrzahl mittelalterlicher Judasgeschichten nicht zu bodenloser Verzweiflung führte mit dem Selbstmord als Konsequenz, sondern im Gegenteil seine Seele vor der Verdammnis rettete. Judas tat alles, was er konnte, um zu Jesus zu gelangen und ihn um Vergebung für seinen Verrat zu bitten. Dies war jedoch leichter gesagt als getan, denn Jesus befand sich auf dem schmerzvollen Weg zu seiner Hinrichtung und war von Horden von Menschen umgeben. Judas konnte nicht zu ihm durchdringen. In dieser Lage begann Judas fieberhaft nachzudenken und kam auf eine Lösung, die drastisch, aber effektiv war. Wenn es nicht gelang, sich dem Meister zu Füßen zu werfen, dann konnte er ihn zumindest im Geiste erreichen und demütig um Vergebung bitten. Also nahm Judas ein Seil und erhängte sich, worauf seine befreite Seele nach Golgota flog. Jesus vergab Judas augenblicklich und ließ ihn in den Himmel folgen. In dieser seligen Umgebung erfuhr Judas Erlösung in Gemeinschaft aller dazu Auserwählten.[72]

Dass wir diese Geschichte kennen, beruht darauf, dass sie Vincent Ferrier Probleme eingebracht hat. Die Inquisition schlug zu in Gestalt Nicolaus Eymerichs, Inquisitor in Aragonien, der eifrig Zeugen verhörte und einen Ketzerprozess gegen den berühmten Prediger vorbereitete. Vincent wurde von seinem Landsmann Pedro da Luna, der 1394 unter dem Namen Benedikt XIII. Papst in Avignon war und Eymerichs Akten zu dieser Angelegenheit verbrennen ließ, sicher aus der Gefahr gerettet. Doch seine Predigt wurde nicht vergessen. Eymerich befand sich seit 1393 vor dem Hintergrund des Papstschismas im Exil in Rom. 1399 wurde Vincent Ferriers Predigt auf Initiative einer Gruppe römisch gesinnter Kardinäle niedergeschrieben, die beabsichtigte, sie als theologische Munition im Kampf gegen Avignon zu verwenden. Der Angriff war also gegen Benedikt XIII. in seiner Eigenschaft als Verteidiger Vincents gerichtet, dessen ketzerische Ideen zu Judas nach Ansicht der Kardinäle von Rechts wegen anzugreifen und nicht zu sanktionieren wären.[73]

Der abgebildete Judas

Die thematische Entfaltung, die Judas Iskariot von der Antike bis zum abendländischen Spätmittelalter zuteil wurde, ist auch in der Bildkunst offenbar. Wie der Judas der Erzählungen den ganzen Weg vom normalen Jünger bei Markus zum sündigen Erzverräter in der mittelalterlichen europäischen Kultur zurücklegt, so spiegeln auch die Gemälde, Mosaike und Reliefs der Epoche die Veränderung von relativer Anonymität zu entsetzlicher Prominenz wieder.

Für den Nordeuropäer der Gegenwart ist es verhältnismäßig einfach, den mittelalterlichen Judasvisionen von Angesicht zu Angesicht zu begegnen. Sie kommen in vielen schwedischen Kirchenmalereien vor. In einem bekannten Gemäldezyklus der Kirche von Tensta in Uppland aus dem Jahre 1437 kniet er beim Empfang des Brotes während des ersten Abendmahls. Eine berühmte Glasmalerei in der Kirche von Dalhem auf Gotland zeigt ihn in seiner Rolle als küssender Verräter. In den Kirchen von Edebo und Valö in Uppland nimmt er die dreißig Silbermünzen entgegen. Und so weiter. Es herrscht wahrlich kein Mangel an Judasbildern.

Als Judas das erste Mal in der Kunst abgebildet wurde, vor allem in den Reliefs urchristlicher Sarkophage, geschah dies noch ohne größere Besonderheiten. Sein Bild kommt ab und zu in Schilderungen der Passionsgeschichte seit dem 4. Jahrhundert vor, immer öfter seit dem 9. Jahrhundert. Aber es handelt sich nicht um Schurkenphysiognomien, im Gegenteil. Oft können wir nur anhand der Situation selbst, der Handlung in der abgebildeten Erzählung, entscheiden, welche von den dargestellten Personen Judas ist. Ohne Symbole, die uns führen, bliebe er für uns anonym. Glücklicherweise ist jedoch die mittelalterliche Bildwelt voll von Symbolen – jeder Jünger besitzt sein eigenes Attribut – weshalb Judas in der Regel leicht zu identifizieren ist.

Die Symbolik ist besonders offenkundig in den Darstellungen von Judas' Tod. Die Selbstmordszene spiegelt Judas' Verzweiflung, den Schrecken, der über einen kommt, wenn man an Gottes unendlicher Gnade zweifelt. Wenn wir zum Beispiel ein Bild der Kreuzigung mit einem daneben stehenden Baum sehen, an dem ein Mann sich erhängt hat, dann können wir sicher sein, dass es sich um Judas handelt. Doch hätte derselbe Mann keine Schlinge um den Hals, hätten wir es nicht vermuten können. Mitunter hat es uns der Künstler etwas leichter gemacht, indem er Details fixiert, wenn er zum Beispiel Judas bartlos darstellt, während alle anderen Jünger Bärte tragen, wenn er sie mit Heiligenschein versieht, nur eben Judas nicht, oder wenn er Judas einen Geldbeutel in der Hand halten lässt und so weiter. Doch jemand, der die Hintergrundgeschichte nicht kennt, kann nicht aufgrund der Bilder allein erschließen, dass die Judasgestalt als ausgeprägt negative Kraft aufgefasst werden soll, ein Symbol für das Böse und die Verzweiflung. – Hier sei darauf hingewiesen, dass die positive Bildtradition der Judasgestalt im orthodoxen Kulturbereich während des ganzen Mittelalters lebendig geblieben ist. In Westeuropa erging es Judas schlechter, sehr viel schlechter.[74]

Zur Entwicklung des Judasbildes ist eine umfassende Forschung betrieben worden, insbesondere im Blick auf das westeuropäische Hoch- und Spätmittelalter. 1996 veröffentlichte die deutsche Wissenschaftlerin Ingrid Westerhoff-Sebald eine Monografie zum Thema *Der moralisierte Judas*.[75] Nach gründlicher Durchsicht einer Vielzahl von Quellen, vor allem illuminierter Handschriften, kommt sie zu dem Ergebnis, dass Judas Iskariots Geschichte, wie sie in Bildern dargestellt ist, während des Mittelalters in erster Linie als moralisch abschreckendes Beispiel fungiert. Judas veranschaulicht durch sein schreckliches Schicksal, wie man definitiv nicht leben sollte. Tue das Gegenteil, dann wird es gut! Folge nicht Judas' Beispiel!

Am allerwichtigsten war nach Westhoff-Sebald unter den moralisch erhobenen »Zeigefingern« der zum Selbstmord als Folge der grenzenlosen Verzweiflung des Judas, das Ereignis, das in den erhaltenen Szenen, in denen Judas abgebildet ist, quantitativ dominiert. Vor dem Hintergrund des Selbstmordes wird es jedoch indirekt interessant, das gesamte Leben Judas' zu betrachten und sich eine Auffassung darüber zu bilden, weshalb denn auch Illustrationen zu verschiedenen Abschnitten seines Lebenslaufs leicht zu finden sind. Ein gutes Beispiel dafür ist die *Biblia pauperum*, »Armenbibel«, ein Bilderbuch, das ursprünglich in der Mitte des 13. Jahrhunderts in einem deutschen Benediktinerkloster entstanden sein soll. Während des 14. Jahrhunderts erfuhr das Werk im deutschen Sprachgebiet eine weite Verbreitung und im 15. Jahrhundert gab es die Armenbibel in vielen anderen Ländern. Das Buch enthielt ursprünglich vier Judasszenen: das Abendmahl, die Verschwörung der Juden, wie Judas Jesus für dreißig Silbermünzen verkauft sowie den Judaskuss. Später kam eine weitere Szene hinzu, Judas' Selbstmord. Durch die Armenbibel wurde das Judasbild großen Teilen der Westeuropäer zugänglich.

Judas' Tod findet sich in zwei grundlegenden mittelalterlichen Bildvarianten wieder. Die älteste Variante, die direkt auf die Schilderung des Selbstmordes im Matthäusevangeliums zurückgeht, zeigt Judas, dessen Körper von einem Gewand bedeckt ist, tot hängend mit einem Seil um den Hals. Das Motiv findet sich bereits in der urchristlichen Kunst und kommt später oft in byzantinischen Werken vor. Im westeuropäischen Hoch- und Spätmittelalter wird es jedoch durch ein anderes Motiv verdrängt: der hängende Judas mit der Schlinge um den Hals, doch sein Gewand oder Mantel ist jetzt geöffnet und lässt einen Teil seines nackten Körpers sichtbar werden, aus dem die Eingeweide herausquellen. In diesem Motiv sehen wir also eine Kombination der beiden Todesarten, die Matthäus und Lukas angeben, nicht unähnlich der Art und Weise, nach der spätantike Verfasser die widersprüchlichen Angaben der Bibel zu harmonisieren trachteten.

Beide ikonografischen Traditionen können im Detail sehr variieren. Es ist nicht ungewöhnlich, wenn ein schwarzer Vogel (= ein Symbol für den Teufel) auf Judas' Schulter oder neben ihm platziert wird, so wie in der uppländischen Kirche Härkeberga (ca. 1480), wo der Erhängte auch durch einen Geldbeutel identifiziert werden kann, der an seinem Gürtel hängt. Oft hat der Künstler Satan neben Judas abgebildet: Wir sehen einen boshaften Potentaten, der auf der Lauer liegt und darauf wartet, den Verräter blitzschnell in die Hölle hinunterzuzerren, derer sich dieser so verdient gemacht hat. In spätmittelalterlichen Abbildungen zieht der Teufel oftmals die Seele des Judas aus dessen offenem Körper – jedoch nicht durch den Mund, denn dieser ist durch die Berührung mit dem Mund Jesu geheiligt.

In unserer Zeit erscheint das Motiv des erhängten Judas, aus dessen Leib die Eingeweide hervorquellen, als widerwärtig, nur denkbar in Gruselfilmen und schaurigen Geschichten über Massenmörder mit scharfen Messern. Das letzte Mal, dass dieses Motiv in großem Stil Anwendung fand, geschah in eben solchem Zusammenhang, in Ridley Scotts Thriller *Hanni-*

bal (2001). Der brillante, aber verrückte kannibalische Serienmörder Hannibal Lecter (Anthony Hopkins) hält darin einen gelehrten Vortrag über Bilder erhängter Männer, im Besonderen Judas Iskariots, worauf er selbst einen habsüchtigen italienischen Polizisten, Kommissar Rinaldo Pazzi (Giancarlo Giannini), auf dieselbe Weise hinrichtet. Als Doktor Lecter mit ihm fertig ist, baumelt der aufgeschlitzte Pazzi an einem florentinischen Palastfenster – genau dort, wo sein Vorfahr Francesco nach einer missglückten Verschwörung im 15. Jahrhundert erhängt worden war – wie ein moderner Judas Iskariot, ein Sinnbild für die Macht des Mammons.

Wie andere mittelalterliche Kunst auch, waren die Judasbilder Gegenstand von Modetrends und Austausch zwischen Ländern und Regionen. Gerade das Motiv des erhängten Judas mit den hervorquellenden Eingeweiden stammt vermutlich aus Frankreich, wo zahlreiche Handschriften entstanden. Das Motiv taucht beispielsweise in einem Prachtwerk auf mit der Bezeichnung *Bible moralisée*, eine verschwenderische, reich illustrierte Arbeit – wahrscheinlich im Auftrag des französischen Hofes in den 20er oder 30er Jahren des 13. Jahrhunderts angefertigt –, von der nur vierzehn Exemplare erhalten sind. Danach finden wir das Motiv in Kathedralskulpturen und auf Elfenbeintafeln mit Szenen der Passionsgeschichte.

Der tote Judas wird in der Regel isoliert abgebildet. Wir sehen ihn an seinem Baum oder an seinem Galgen hängen, immerzu allein, auf Golgota oder in der Hölle; die übrigen abgebildeten Personen halten deutlich Abstand zu dem erhängten Verräter. Wenn es Menschen in unmittelbarer Nähe zu Judas gibt, so sind sie vielmehr als Zuschauer zu betrachten, die dem Betrachter durch ihr bloßes Interesse anzeigen, dass es Judas ist, den sie beobachten. Denn das ist das Los des Verräters und Selbstmörders: einsam, ohne Freunde, verzehrt von der eigenen Verzweiflung und für ewige Zeiten in der Dunkelheit des Todes zu verweilen.

Die Abbildungen, in denen Judas noch lebt, unterscheiden sich auf drastische Weise von der Selbstmordszene. Hier ist kein moralisches Dilemma zu illustrieren. Das Judasbild entbehrt didaktischer Funktion. Wir sollten nicht den Fehler machen zu glauben, dass Judas aufgrund seines oft abgebildeten Geldbeutels die Todsünde der Habsucht verbildlicht oder zu einem antisemitischen Symbol wird. Dies sind Deutungen, die schwerlich belegt werden können. Der lebende Judas wird äußerst selten als Personifikation irgendeiner spezifischen Sünde abgebildet, noch seltener als symbolische Inkarnation des jüdischen Volkes. Er ging als ausgeprägter Selbstmörder in die Bildgeschichte ein, als eine Mahnung an den Betrachter, sich auf Gottes Gnade zu verlassen und nicht zu verzweifeln. Die Botschaft ist glasklar: Alles kann vergeben werden, auch der Verrat auf dem Ölberg, wenn man nur – im Unterschied zu Judas – seine Hoffung auf Gott setzt.

Die Entwicklung der Selbstmordszene in Richtung eines immer grässlicheren Todes mit schaurigen Details hatte eine Parallele in der immer markanter werden Veränderung von Judas' Gestalt und Gesichtszügen. Mancher kunsthistorisch bewanderte Leser dieses Buches stellt sich Judas wahrscheinlich rothaarig abgebildet vor, doch während des Mittelalters versah man ihn lange mit verschiedenen Haarfarben, sowohl schwarz als auch blond. Nicht vor dem 14. Jahrhundert begann rotes Haar ernsthaft zu dominieren, ungefähr gleichzeitig mit der Umformung seiner Physiognomie durch immer schurkenhaftere Züge. Im 15. Jahrhundert war Judas' verabscheuungswürdige Hässlichkeit beinahe schon eine künstlerische Konvention. Er wurde mit einem grausamen, boshaften Gesichtsausdruck dargestellt, der sich deutlich von dem der anderen Apostel unterschied. So ist es beispielsweise der Fall bei dem Judasbild in der Kirchenmalerei im finnischen Taivassalo von etwa 1470.[76] Judas' widerwärtiges Äußere fungiert als ein Spiegel seines ebenso grundschlechten Inneren.

Yehuda, der Unbekannte und Missbrauchte

Hinter all diesen Verschleierungsversuchen gibt es nicht viel, was wir über den historischen Judas wissen. Allein seine Existenz ist von gelehrten Theologen wiederholt in Frage gestellt worden. Ich selbst will gerne glauben, dass er gelebt hat, schon aus dem einfachen Grund, dass die ältesten Quellen über Judas nur wenige Jahrzehnte nach seinem Wirken entstanden. Dies beschert uns eine gute quellenmäßige Ausgangslage, gemessen mit antikem und frühmittelalterlichem Maß (vgl. die bedeutend vageren Belege für König Artus historisches Leben, S. 271 ff.). Als Historiker habe ich darum nichts gegen Judas' Existenz einzuwenden. Ich nehme an, dass es ihn gegeben hat. Doch hier liegt bereits die Grenze. Ich habe keine Ahnung, wann er geboren wurde, wann und wie er starb oder was »Iskariot« bedeutet.

Der wirkliche Judas Iskariot hieß Yehuda, dies ist derselbe Name, den unzählige andere Hebräer durch die Zeiten trugen, seit Juda, dem Sohn des

Patriarchen Jakob im Alten Testament. Judas ist eine griechische Variante dieses Namens. Er schloss sich der Botschaft Jesu an und wurde einer seiner engsten Jünger, doch ließ er sich später verleiten, Jesu Identität zu verraten, vielleicht aus Idealismus, vielleicht aus Habgier, vielleicht aus einem ganz anderen Grund. Es ist nicht einmal sicher, ob es sich wirklich um Verrat handelte. Dass Judas mehr als gewöhnlich an Geld interessiert gewesen sei, ist eine allzu späte Evangelientradition, als dass wir wagen könnten, uns ganz auf sie zu verlassen. Es gibt keinerlei Beleg dafür, dass Judas von politischen Motiven oder göttlicher Inspiration geleitet worden sei. Vielleicht war er ein schwacher Mensch, ein Denker, der von materialistischen Neigungen zu Fall gebracht wurde, ein Mann, dessen Geist willig, dessen Fleisch aber schwach war, aber eigentlich wissen wir nichts darüber. Auch sein Tod bleibt ein ungelöstes Mysterium.

Dafür wissen wir umso mehr darüber, wie die Erinnerung an Judas Iskariot nach seinem Hinscheiden ausgebeutet wurde. An diesem Punkt zumindest ist es schade um Judas. Sein Leben und sein Tod wurden in Text und Bild benutzt, die Christen zu lehren, welche Gefahren Satan bereithält für den, der sich nicht in Acht nimmt. Durch den Hinweis auf Judas' Schicksal zeigte man auf, wie schlimm es dem ergehe, der an seinem Herrn zweifelt, der an der Gnade verzweifelt und Gott vergisst. Judas erfüllte eine pädagogische Funktion. Gleichzeitig wurde er zum kollektiven Hassobjekt, zum legitimen Sündenbock, dessen Schurkenhaftigkeit an Stärke von Jahrhundert zu Jahrhundert zunahm, sodass die Schwarzmalerei am Ende – paradox genug – eine positive Kraft entwickelte, indem sie eine Armee von willigen Ehrenrettern hervorlockte.

Keiner der Jünger Jesu ist so spannend wie Judas. Keiner hat so viel Grübeln und so viele Erzählungen hervorgerufen. Und das ist nicht verwunderlich. Der Verräter, der Verlierer, der Wortbrecher, die unstimmige, die eigenartige Existenz, fordern eine rationale Erklärung.

Vielleicht ist es einfach so, dass die Suche nach Judas im Grunde nichts anderes ist, als die Suche nach uns selbst, nach unseren eigenen innersten Beweggründen. Ein Jünger Christi soll ja perfekt sein, dem Meister treu bis in den Tod. Gelegentliche Feigheit und gelegentlichen Zweifel wie bei Petrus und Thomas können wir zur Not akzeptieren, doch ansonsten setzen wir voraus, dass die Apostel so etwas wie Übermenschen sind, mentale Supermänner. Im tatsächlichen Leben gibt es solche Menschen nicht. Wir tragen alle unsere Dämonen in uns, wohin wir auch gehen, auch wenn wir mit unserem Meister konfrontiert werden, den wir lieben und bewundern. In jedem Menschenherzen wohnt ein psychotischer Wortbrecher. Der Mensch ist weder schwarz noch weiß; er ist eine hoffnungslose Mischung von Farben und Nuancen, die niemand vollständig versteht. Die Welt ist wie Judas. Ich bin wie Judas.

Wenn wir den Verräter den Erlöser küssen und verraten sehen, erkennen wir den Menschen in seiner abstoßendsten und gleichzeitig in seiner genuin menschlichsten Rolle. Judas Isakriot – die mittelalterliche Symbolgestalt, nicht der unbekannte Ur-Yehuda – wird zu einem ebenso verabscheuungswürdigen wie schönen Sündenbock für all das, was wir über uns selbst und unsere Natur nicht eingestehen wollen.

Die Hure

In einem der Evangelien, das die Prüfung nicht bestand, das von den Redakteuren des Neuen Testaments nicht akzeptiert wurde, sendet Jesus die Jünger zur Predigt hinaus in alle Welt, doch die Apostel sind verwirrt. Sie weinen und fragen ängstlich und zitternd: »Wie sollen wir zu den Heidenvölkern gehen und das Evangelium vom Menschensohn predigen? Wenn nicht einmal Er verschont wurde, wie sollen wir da verschont werden?« Doch in dieser Situation tritt Maria hervor, grüßt sie alle und ermahnt die Brüder, nicht zu weinen und sich nicht zu fürchten, denn Seine Gnade wird mit ihnen sein und sie beschützen. »Wir wollen vielmehr seine Größe preisen«, sagt Maria, »denn Er hat uns erschaffen und zu Menschen gemacht.« Die Apostel sehen ein, dass sie recht hat und gehen dazu über, die Worte des Erlösers zu diskutieren.

Zunächst äußert sich Petrus, der sich direkt an Maria wendet. »Schwester, wir wissen, dass der Erlöser dich mehr als die übrigen Frauen liebte. Sag uns die Worte des Erlösers, an die du dich erinnerst und die du kennst, die wir aber nicht kennen, weil wir sie nicht gehört haben.« Maria antwortet: »Ich will euch verkünden, was vor euch bisher verborgen ist.«

Dann beginnt Maria zu sprechen. Sie legt dar, wie ihr Jesus in einem Traum erschienen sei und wie er mit ihr über das Wesen dieses Traumes gesprochen habe. Sie fährt fort, indem sie erzählt, was Jesus über die Reise der Seele im Raum der Kräfte sagte, zwischen den Formen der Unkenntnis und des Zorns, von welchen sie sich durch ihre Flucht befreit (unglücklicherweise sind nur Anfang und Ende dieser Botschaft Jesu der Nachwelt erhalten; der Rest dieses Teils des Evangeliumstextes ist verloren gegangen). Als Maria geendet hat, ergreift Andreas das Wort und zweifelt laut daran, dass der Heiland dies gesagt haben soll – »denn dies sind doch fremde Lehren«. Petrus stimmt zu: »Sollte der Erlöser heimlich mit einer Frau gesprochen haben, sie bevorzugt haben vor uns und (das alles nicht) offen? Was sollen wir denn jetzt tun? Sollen wir umdenken und auf sie hören? Hat der Erlöser sie gegenüber uns bevorzugt?«

Maria weint und sagt zu Petrus: »Mein Bruder Petrus, was glaubst du denn? Glaubst du, ich hätte mir das in meinem Herzen selbst ausgedacht oder ich lüge über den Erlöser?« Levi nimmt das Wort: »Petrus, du bist schon immer ein Hitzkopf gewesen. Und nun kanzelst du eine Frau ab, als wäre sie der Teufel persönlich. Doch wenn der Erlöser sie für ihre Aufgabe befähigt hat, wer bist denn du, dass du sie einfach für unglaubwürdig erklärst? Sicher kennt der Erlöser sie ganz genau. Deshalb hat er sie mehr als uns geliebt.« Levi fährt fort, Maria zu verteidigen und ermahnt die Apostel, sich zunächst zu schämen und dann auszuziehen und das Evangelium zu verkünden. Die Apostel gehorchen.

Diese gnostische Geschichte, die leider nicht in ihrer ursprünglichen Vollständigkeit erhalten ist, wird *Das Evangelium nach Maria* genannt. Die Maria, die hier gemeint ist, ist nicht die Mutter Jesu, sondern sein weiblicher Apostel, Maria von Magdala, oder – wie sie auch genannt wird – Maria Magdalena. Das Evangelium wurde ursprünglich im 2. Jahrhundert n. Chr. geschrieben und existiert in drei fragmentarischen Abschriften. Die älteste, aber auch die kürzeste – nur ein einziges Papyrusblatt – wurde auf Griechisch um das Jahr 200 verfasst und 1917 in Oxyrhynchus in Ägypten entdeckt. Eine andere griechische Abschrift aus dem 3. Jahrhundert, etwas länger, wurde als Veröffentlichung erst 1983 zugänglich. Eine jüngere und ausführlichere Abschrift wurde am Beginn des 5. Jahrhunderts in koptischer Sprache aufgezeichnet und in Kairo 1896 im Auftrag des Ägyptischen Museums in Berlin von einem deutschen Ägyptologen gekauft.[77]

Wer weiß heute noch, dass Maria Magdalena einst ein eigenes Evangelium gewidmet war? Dass eine Frau faktisch als Evangelist hervorgetreten ist? Sicher kaum jemand, fürchte ich. Der Apostel Paulus machte ja sehr deutlich, was er von der Rolle der Frau in der Urkirche hielt, nämlich dass sie in der Gemeinde zu schweigen habe und damit ihren Platz kenne, nicht wahr? Doch in Marias Evangelium ist es die Frau, die die wahre Erkenntnis besitzt und der es gelingt, die Jünger auf ihre Seite zu ziehen. Der Erzpatriarch Petrus zweifelt, wird aber gezwungen, sich zu fügen. Nur Maria Magdalena hat Jesus die Wahrheit offenbart, die große Einsicht, die uns zur Erlösung führt.

Wir sind es nicht gewöhnt, ein solches Bild der Maria von Magdala zu malen. In unserer althergebrachten christlichen Tradition ist sie nicht die Lehrerin, sonder die Hure, das leichte Mädchen, das mit botmäßigem Eifer seine Sünden bereut und beginnt, auf dem schmalen Weg zu gehen. Ein allzu schönes junges Mädchen, dem es sicherlich richtig, richtig schlecht ergangen wäre, wenn nicht Jesus – Gott sei Dank – dazwischen gekommen wäre und sie zur Heiligen gemacht hätte.

Wenn wir uns den Bildern von Maria Magdalena zuwenden, die in unserer Kulturlandschaft erhalten sind, finden wir noch andere Persönlichkeitstypen. Dies gilt auch für Schweden. Hier war sie während des Mittelalters eine sehr populäre Heilige, die in vielen Fällen als Beschützerin der Kirchen angenommen war wie in Dannemora und Älvkarleby in Uppland sowie als Schutzheilige der prächtigen Kirche der Bergleute von Stora Kopparberg, dem heutigen Falun. Im 15. Jahrhundert wurde sie im uppländischen Litslena und im småländischen Säby und Marbäck abgebildet, zumeist mit einem Salbgefäß als Attribut. In den Kirchen von Floda, Yttergran und Almunge schwebt sie gen Himmel, nackt, mit langem Haar, das den Körper bedeckt. Nach Form und geistiger Bedeutung haben diese mittelalterlichen Magdalenen wenig mit der oben genannten Leitfigur des Evangeliums noch etwas mit heutigen Mädchen von fragwürdiger Moral zu tun. Im Lauf der Geschichte hat Maria Magdalena wiederholte Male die Gestalt gewechselt, sich bis zur Unkenntlichkeit verwandelt.

Wie sind diese Verwandlungen möglich gewesen? Wie konnte sich die urchristliche Apostelin zu einer sündhaften Schlampe wandeln, der es allein durch Gottes Gnade glückte, sich zu bessern?

Leichtes Mädchen?

Das in der Gegenwart gängigste Bild von Maria Magdalena ist durch Jesusfilme oder die Rockoper *Jesus Christ Superstar* vermittelt worden. Hier ist sie schön und freundlich, arm und demütig, aber sie besitzt eine dunkle Vergangenheit. Meist wird sie als Prostituierte oder ehemalige Prostituierte präsentiert, ein Beruf, der die Menschen in der Umgebung Jesu vor ihr zurückschrecken lässt, wie vor der Pest, wenn nicht anders, dann allein schon, weil sie durch ihre bloße Gegenwart den Ruf Jesu beeinträchtigt. Sie bereut dies bitter und ist dem Erlöser unverbrüchlich treu. Man gewinnt beinah den Eindruck, sie sei in ihn verliebt, dass Jesus – sollte er je auf den Gedanken kommen, seiner Berufung zu entsagen – in ihr seine Zukünftige gefunden hätte.[78]

Eine der Ursachen, weshalb Maria Magdalena in der heutigen Zeit so populär ist, liegt in der merkwürdigen Rollenverteilung der Bibel. Der Mangel an Frauen im Neuen Testament hat indirekt dazu beigetragen,

Maria Magdalenas Popularität zu erhöhen. Ihre prominente Stellung in Filmen und Romanen muss vor dem Hintergrund gesehen werden, dass unsere gegenwärtige Welt nicht annähernd so patriarchalisch ist wie die Welt Jesu. Wir empfinden es als sonderbar, wenn es in den alten Erzählungen nicht den »richtigen« Anteil von Frauen gibt, gleichgültig, wovon sie handeln. Was vor zweitausend Jahren selbstverständlich war – dass der Lehrer- und Predigerberuf, ja, das gesamte öffentliche Leben überhaupt, maskulin geprägt war – ist heute nicht so. Wir kommen mit der historischen Tiefenforschung nicht mehr mit; wir schreiben Geschichte um, so dass ihr Aussehen zu unserem Wirklichkeitsbild passt. Weil wir vor allem nehmen, was wir haben, begünstigt dies Maria Magdalena. Es gibt sie ja, angeführt in der Bibel als weibliches Mitglied der Schar der Jünger. Deshalb, aufgrund ihrer Funktion als leicht zugängliche narrative Ressource, heben wir sie in eine Rolle, die sie selbst sicherlich verwunderte, erführe sie davon. Derselbe faszinierende Prozess hat zahlreiche literarische Frauengestalten betroffen. Ein typisches Beispiel aus späterer Zeit ist, dass der Drehbuchverfasser zum Film *Herr der Ringe* (The Lord of the Rings, 2001–2003) die im Original nichtssagende Elbe Arwen auf der Leinwand zu einer Actionheldin macht, hauptsächlich in der Absicht, die bizarre Männerdominanz zu reduzieren, die in J. R. R. Tolkiens Büchern herrscht. Von dem Tag an, da das Leben Jesu TV-Serie wird, kann Maria Magdalena beruhigt damit rechnen, eine der weiblichen Hauptrollen einzunehmen, dem Mangel in der Evangelientradition zum Trotz.

Dass Maria Magdalena zu einer prominenten Figur entwickelt wurde, als die sie in unserer Zeit dargestellt wird, ist also nicht besonders überraschend. Sie wird zunächst zum weiblichen Gegenpart in der Lebensgeschichte Jesu, die inoffizielle Freundin Christi. Die mediale Welt der Gegenwart mit ihrer Faszination für Sex und Skandale beschwört das Streben nach Erotisierung selbst der Evangelien herauf, und so gerät die Frau von Magdala in den Blickpunkt des Interesses. Die starke mittelalterliche Tradition, die sie als bekehrte Sünderin, als ein promiskuitives Mädchen mit Gefallen am Luxus, als ein Playgirl darstellt, erleichtert zusätzlich diese Tendenz.

Das Bild Maria Magdalenas als widerwärtiger Sünderin, die später erlöst wird, stammt aus dem Mittelalter. Sieht man ab von der physischen Attraktion, die Maria in heutigen Filmen zu empfinden scheint, wenn Jesus anwesend ist, so ist der Rest des Tableaus der mittelalterlichen Auffassung sehr ähnlich. Mittelalter und Neuzeit stehen sich in diesem Punkt sehr nahe. In der mittelalterlichen Dramatik liebt man es, die (noch nicht erlöste) Maria als ein möglichst sündiges Luder darzustellen, ein leichtes Mädchen, über das sich das Publikum gern empört.

Aber die Maria Magdalena des Mittelalters war mehr als dies, und hier verlieren wir den Faden aus der Neuzeit. Die historische Maria Magdalena ist auch eine dynamische Apostelin gewesen, die das Evangelium in der Provence verbreitete. Sie diente als Vorbild asketischer Mystiker und Eremiten fern von allen menschlichen Behausungen. Sie fungierte mehr als alle anderen als Bußheilige. Nur wenige biblische Gestalten haben eine ebenso bunte und widersprüchliche mittelalterliche Geschichte wie Maria Magdalena.

In der Welt der Kunst ist es leicht, sie wiederzuerkennen, sofern man gelernt hat, Zeichen zu deuten. Maria ist zumeist an dem Salbölkrug erkennbar, den sie bei sich trägt, das Symbol für Frömmigkeit bis in den Tod, für ihre demütige Unterwerfung unter Jesus Christus. Nicht selten entschieden sich die Maler, sie mit der Bibel, einem Totenkopf und einem Kruzifix abzubilden. Die Szenen sind zahlreich, besonders in der katholischen Tradition. Wir sehen sie in Sünde sich wälzend, Jesu Füße salbend, trauernd bei der Kreuzigung, dem auferstandenen Erlöser begegnend, in der Wildnis meditierend, ihre Sünden bekennend und Gottes Gnade empfangend. Während der italienischen Renaissance genossen es die Künstler, sie mit möglichst sinnlicher Schönheit auszustatten, bisweilen nahezu ohne Kleider und manchmal eingehüllt in die kostbarsten Gewänder – der Pornografie und dem Luxus näher zu kommen als hier, scheint schwer, wenn man Heiligenbilder malt. Auf der anderen Seite hat es verschiedene Künstler gegeben, die auf das Gegenteil setzten, auf die mittelalterliche Legende ihrer frommen Buße, welche sie bildhaft in eine asketische, ausgemergelte Figur verwandelte. Die Motive konnten kombiniert werden. Es war nicht ungewöhnlich, Maria Magdalena sowohl als sinnliche als auch als fromme Büßerin abzubilden, deren nackter, üppiger junger Körper nur von ihren langen Haaren verhüllt wurde.[79]

Wohlgemerkt ist das Bild Maria Magdalenas längst nicht so vielfältig innerhalb der orthodoxen Kirchenkunst, beispielsweise in der Ikonenmalerei, wie im Westen. Ostkirchliche Künstler haben sie in der Regel als eine Frau im Hintergrund dargestellt, als eine Gestalt, deren Bedeutung aus dem Zusammenhang hervorgeht und nicht aus der Individualität der Person. Auch sind es nicht so viele Szenen wie in der katholischen Tradition.

Wir sehen Maria auf Golgota, am Grab Jesu und in Szenen, die unmittelbar mit der Auferstehung verknüpft sind. Mit anderen Worten: Griechische, rumänische und russische Maler verhielten sich loyal gegenüber der ausdrücklichen Schilderung Maria Magdalenas in der Bibel.[80] Unser heutiges Bild der Frau von Magdala und die vielen mittelalterlichen Bilder aus Westeuropa haben im Gegensatz dazu gemeinsam, dass keines jener Schilderung besonders nahe kommt, die die ganze Zeit im Neuen Testament zugänglich gewesen ist. Die Bibel war sowohl im Mittelalter als auch in der Neuzeit als Referenzwerk immer aktuell, jedoch ohne dass dies die Auffassung von Maria Magdalena auf das begrenzt hat, was in den Evangelien faktisch gesagt wird.

Das Merkwürdigste an dieser westeuropäischen Entwicklung ist, dass Maria eine äußerst hervorragende Stellung besonders im Johannesevangelium einnimmt, was ihr eine spezielle Nische in der weiteren Geschichte des Christentums garantieren sollte. Um bedeutungsvoll zu sein, bedurfte sie eigentlich keiner extra Legenden. Doch sie bekam sie. In Maria Magdalenas Fall wird das Neue Testament nur der Ausgangspunkt für eine mittelalterliche Persönlichkeitsentwicklung, die abendländische Schriftsteller und Künstler bis in die moderne Zeit immer wieder angezogen hat.

Der weibliche Jünger der Evangelien

Die ältesten Quellen zur Geschichte Maria Magdalenas sind die biblischen. Wie im Fall Judas Iskariots, aber im Unterschied zu dem des Pontius Pilatus, gibt es keine alternativen Quellen, die zu gebrauchen wären.

Im Neuen Testament wird Maria Magdalena einige Male in ihrer Eigenschaft als Maria aus Magdala erwähnt. Es ist wichtig, sie in diesem Zusammenhang nicht mit anderen Frauen zu verwechseln, mit denen sie später verknüpft wird – insbesondere mit der anonymen Sünderin und mit Maria, der Schwester von Marta und Lazarus. Wir kommen weiter unten auf dieses Problem zurück.

1. Im Lukasevangelium (8:1–3) wird Maria Magdalena als eine der Frauen eingeführt, die Jesus und den Jüngern gefolgt waren. Von ihr wird auch gesagt, sie habe eine beschwerliche Vorgeschichte gehabt: »In der folgenden Zeit wanderte er von Stadt zu Stadt und von Dorf zu Dorf und ver-

kündete das Evangelium vom Reich Gottes. Die Zwölf begleiteten ihn, außerdem einige Frauen, die er von bösen Geistern und Krankheiten geheilt hatte: Maria Magdalena, aus der sieben Dämonen ausgefahren waren, Johanna, die Frau des Chuzas, eines Beamten des Herodes, Susanna und viele andere. Sie alle unterstützten Jesus und die Jünger mit dem, was sie besaßen.«

Es herrscht keine Einigkeit unter den Bibelinterpreten späterer Zeiten, was mit den sieben Dämonen gemeint war: Man hat Epilepsie vorgeschlagen, Geisteskrankheit und die sieben Todsünden. Lukas zielt in jedem Fall auf eine sehr schwere Krankheit.

2. Bei Matthäus, Markus und Johannes ist Maria Magdalena eine von den Frauen, die nah bei dem Kreuz auf Golgota standen. Laut Markus und Matthäus ist sie Jesus durch Galiläa gefolgt. Lukas erwähnt wohl »Frauen, die ihm seit der Zeit in Galiläa nachgefolgt waren«, nennt aber keine Namen (23:49). Aus der Fortsetzung des lukanischen Textes (siehe unten) geht jedoch hervor, dass Maria Magdalena eine von ihnen war.

Markus schreibt (15:40–41): »Auch einige Frauen sahen von weitem zu, darunter Maria aus Magdala, Maria, die Mutter von Jakobus dem Kleinen und Joses, sowie Salome; sie waren Jesus schon in Galiläa nachgefolgt und hatten ihm gedient. Noch viele andere Frauen waren dabei, die mit ihm nach Jerusalem hinaufgezogen waren.«

Matthäus schreibt (27:55–56): »Auch viele Frauen waren dort und sahen von weitem zu; sie waren Jesus seit der Zeit in Galiläa nachgefolgt und hatten ihm gedient. Zu ihnen gehörten auch Maria aus Magdala, Maria, die Mutter des Jakobus und des Josef, und die Mutter der Söhne des Zebedäus.«

Johannes schreibt (19:25): »Bei dem Kreuz Jesu standen seine Mutter und die Schwester seiner Mutter, Maria, die Frau des Klopas, und Maria aus Magdala.«

3. Gemäß der drei synoptischen Evangelisten war Maria Magdalena dabei, als Jesus begraben wurde. Matthäus schreibt (27:61): »Auch Maria aus Magdala und die andere Maria waren dort, sie saßen dem Grab gegenüber.« Markus schreibt (15:47): »Maria aus Magdala aber und Maria, die Mutter des Joses, beobachteten, wohin der Leichnam gelegt wurde.« Lukas ist erneut ungenauer (23:55–56): »Die Frauen, die mit Jesus aus Galiläa gekommen waren, gaben ihm das Geleit und sahen zu, wie der Leichnam ins Grab gelegt wurde. Dann kehrten sie heim und bereiteten wohlrie-

chende Öle und Salben zu. Am Sabbat aber hielten sie die vom Gesetz vorgeschriebene Ruhe ein.« Es geht erst aus Lukas' weiterem Text (siehe unten) hervor, dass Maria aus Magdala eine dieser Frauen war.

4. Maria Magdalenas bedeutungsvollste Rolle in der Bibel ist die, welche sie im Zusammenhang mit der Auferstehung Jesu einnimmt (Markus 16:1–8; Matthäus 28:1–10; Lukas 24:1–12; Johannes 20:1–2.11–18). Die Darstellungen des Ereignisses durch die Evangelisten unterscheiden sich stark. Matthäus schildert die Frauen als weniger aktive Individuen, als es die übrigen Evangelisten tun. Das Johannesevangelium räumt Maria Magdalena eine Zentralstellung ein. Darin enthalten ist auch die berühmte Szene, in welcher Jesus Maria Magdalena hindert, ihn zu berühren (lat. *Noli me tangere*, »Rühr mich nicht an«).

Markus: »Als der Sabbat vorüber war, kauften Maria aus Magdala, Maria, die Mutter des Jakobus, und Salome wohlriechende Öle, um damit zum Grab zu gehen und Jesus zu salben. Am ersten Tag der Woche kamen sie in aller Frühe zum Grab, als eben die Sonne aufging. Sie sagten zueinander: Wer könnte uns den Stein vom Eingang des Grabes wegwälzen? Doch als sie hinblickten, sahen sie, dass der Stein schon weggewälzt war; er war sehr groß. Sie gingen in das Grab hinein und sahen auf der rechten Seite einen jungen Mann sitzen, der mit einem weißen Gewand bekleidet war; da erschraken sie sehr. Er aber sagte zu ihnen: Erschreckt nicht! Ihr sucht Jesus von Nazaret, den Gekreuzigten. Er ist auferstanden; er ist nicht hier. Seht, da ist die Stelle, wo man ihn hingelegt hatte. Nun aber geht und sagt seinen Jüngern, vor allem Petrus: Er geht euch voraus nach Galiläa; dort werdet ihr ihn sehen, wie er es euch gesagt hat. Da verließen sie das Grab und flohen; denn Schrecken und Entsetzen hatte sie gepackt. Und sie sagten niemand etwas davon; denn sie fürchteten sich.«

So schließt das Markusevangelium. Darauf folgt eine kürzere Ergänzung, die wahrscheinlich eine Zusammenfassung von Teilen aus den anderen Evangelien und der Apostelgeschichte ist. Bemerkenswert ist folgender Zusatz (Markus 16:9–11): »Als Jesus am frühen Morgen des ersten Wochentages auferstanden war, erschien er zuerst Maria aus Magdala, aus der er sieben Dämonen ausgetrieben hatte. Sie ging und berichtete es denen, die mit ihm zusammen gewesen waren und die nun klagten und weinten. Als sie hörten, er lebe und sei von ihr gesehen worden, glaubten sie es nicht.«

Matthäus: »Nach dem Sabbat kamen in der Morgendämmerung des ersten Tages der Woche Maria aus Magdala und die andere Maria, um nach dem Grab zu sehen. Plötzlich entstand ein gewaltiges Erdbeben; denn ein Engel des Herrn kam vom Himmel herab, trat an das Grab, wälzte den Stein weg und setzte sich darauf. Seine Gestalt leuchtete wie ein Blitz und sein Gewand war weiß wie Schnee. Die Wächter begannen vor Angst zu zittern und fielen wie tot zu Boden. Der Engel aber sagte zu den Frauen: Fürchtet euch nicht! Ich weiß, ihr sucht Jesus, den Gekreuzigten. Er ist nicht hier, denn er ist auferstanden, wie er gesagt hat. Kommt her und seht euch die Stelle an, wo er lag. Dann geht schnell zu seinen Jüngern und sagt ihnen: Er ist vom Tode auferstanden. Er geht euch voraus nach Galiläa, dort werdet ihr ihn sehen. Ich habe es euch gesagt. Sogleich verließen sie das Grab und eilten voll Furcht und großer Freude zu seinen Jüngern, um ihnen die Botschaft zu verkünden. Plötzlich kam ihnen Jesus entgegen und sagte: Seid gegrüßt! Sie gingen auf ihn zu, warfen sich vor ihm nieder und umfassten seine Füße. Da sagte Jesus zu ihnen: Fürchtet euch nicht! Geht und sagt meinen Brüdern, sie sollen nach Galiläa gehen und dort werden sie mich sehen.«

Lukas: »Am ersten Tag der Woche gingen die Frauen mit wohlriechenden Salben, die sie zubereitet hatten, in aller Frühe zum Grab. Da sahen sie, dass der Stein vom Grab weggewälzt war; sie gingen hinein, aber den Leichnam Jesu, des Herrn, fanden sie nicht. Während sie ratlos dastanden, traten zwei Männer in leuchtenden Gewändern zu ihnen. Die Frauen erschraken und blickten zu Boden. Die Männer aber sagten zu ihnen: Was sucht ihr den Lebenden bei den Toten? Er ist nicht hier, sondern er ist auferstanden. Erinnert euch an das, was er euch gesagt hat, als er noch in Galiläa war. Der Menschensohn muss den Sündern ausgeliefert und gekreuzigt werden und am dritten Tag auferstehen. Da erinnerten sie sich an seine Worte. Und sie kehrten vom Grab in die Stadt zurück und berichteten alles den Elf und den anderen Jüngern. Es waren Maria Magdalena, Johanna und Maria, die Mutter des Jakobus; auch die übrigen Frauen, die bei ihnen waren, erzählten es den Aposteln. Doch die Apostel hielten das alles für Geschwätz und glaubten ihnen nicht. Petrus aber stand auf und lief zum Grab. Er beugte sich vor, sah aber nur die Leinenbinden (dort liegen). Dann ging er nach Hause, voll Verwunderung über das, was geschehen war.«

Johannes: »Am ersten Tag der Woche kam Maria aus Magdala frühmorgens, als es noch dunkel war, zum Grab und sah, dass der Stein vom Grab weggenommen war. Da lief sie schnell zu Simon Petrus und dem Jünger, den Jesus liebte, und sagte zu ihnen: Man hat den Herrn aus dem Grab weggenommen und wir wissen nicht, wohin man ihn gelegt hat. [...] Maria aber stand draußen vor dem Grab und weinte. Während sie weinte, beugte sie sich in die Grabkammer hinein. Da sah sie zwei Engel in weißen Gewändern sitzen, den einen dort, wo der Kopf, den anderen dort, wo die Füße des Leichnams Jesu gelegen hatten. Die Engel sagten zu ihr: Frau, warum weinst du? Sie antwortete ihnen: Man hat meinen Herrn weggenommen und ich weiß nicht, wohin man ihn gelegt hat. Als sie das gesagt hatte, wandte sie sich um und sah Jesus dastehen, wusste aber nicht, dass es Jesus war. Jesus sagte zu ihr: Frau, warum weinst du? Wen suchst du? Sie meinte, es der Gärtner, und sagte zu ihm: Herr, wenn du ihn weggebracht hast, sag mir, wohin du ihn gelegt hast. Dann will ich ihn holen. Jesus sagte zu ihr: Maria! Da wandte sie sich im zu und sagte auf Hebräisch zu ihm: Rabbuni!, das heißt: Meister. Jesus sagte zu ihr: Halte mich nicht fest; denn ich bin noch nicht zum Vater hinaufgegangen. Geh aber zu meinen Brüdern und sag ihnen: Ich gehe hinauf zu meinem Vater und zu eurem Vater, zu meinem Gott und zu eurem Gott. Maria aus Magdala ging zu den Jüngern und verkündete ihnen: Ich habe den Herrn gesehen. Und sie richtete aus, was er ihr gesagt hatte.«

Interessanterweise kommen Maria Magdalena oder andere Frauen nicht in jener Darstellung vom Zeugnis der Auferstehung vor, die Paulus im ersten Brief an die Korinther im fünfzehnten Kapitel (»und erschien dem Kephas, dann den Zwölf«) hinterlässt. Warum Paulus in diesem Punkt von den Evangelien abweicht, ist Gegenstand eingehender Diskussionen gewesen. Eine Möglichkeit ist, dass der Apostel im Bestreben, die frohe Botschaft zu proklamieren, die Tatsache, dass Frauen als Zeugen agierten, abschwächt. Die Aussagen von Frauen waren nämlich aus strikt juristischer Perspektive nicht als annehmbare Zeugenaussagen zu betrachten.[81]

Außer in den vier allgemein akzeptierten Evangelien kommt Maria Magdalena auch im *Petrusevagelium* vor, geschrieben in der Mitte des 2. Jahrhunderts und erhalten in Form von Fragmenten, die die Kreuzigung und die Ereignisse danach berühren, sowie im *Epistula Apostolorum* (»Briefe der Apostel«), auch dies eine Arbeit des 2. Jahrhunderts, die in koptischen und äthiopischen Übersetzungen aus dem Griechischen überliefert ist.

Folgendes schreibt der Evangelist, der den Namen des Petrus angenommen hat:

»Aus Furcht vor den Juden, die vor Zorn glühten, hatte Maria Magdalena, die Jüngerin des Herrn, bei der Grablegung des Herrn darauf verzichtet, all das zu tun, was die Frauen sonst für einen Sterbenden und für ihre Lieben tun. Daher ging sie in der Morgenfrühe des Herrentages mit ihren Freundinnen zum Grab, in das der Herr gelegt worden war. Sie hatten Angst, die Juden würden sie dabei sehen, und sagten zueinander: Weil wir am Tage seiner Kreuzigung nicht um ihn weinen und klagen konnten, wollen wir es wenigstens jetzt an seinem Grab tun. Doch wer wird uns den Stein vom Eingang des Grabes wegrollen? Wir wollen doch hineingehen, uns neben ihn setzen und uns um ihn kümmern, wie es sich gehört. Aber der Stein ist groß, und wir haben Angst, jemand könnte uns sehen. Wenn wir es nicht schaffen, den Stein wegzubekommen, dann legen wir alles, was wir zur Erinnerung an ihn mitgebracht haben, davor nieder. Wir wollen um ihn weinen und klagen, bis wir wieder heimgehen. Aber als sie zum Grab kamen, fanden sie es offen. Sie gingen hinein, und, in Trauer niedergebeugt, sahen sie dort mitten in der Grabkammer einen jungen Mann sitzen. Er war sehr schön und mit einem leuchtenden Gewand bekleidet. Er sagte zu ihnen: Was wollt ihr hier? Wen sucht ihr? Sucht ihr etwa den Gekreuzigten? Er ist auferstanden und nicht mehr hier. Wenn ihr es nicht glauben könnt, müsst ihr euch nur herunterbeugen, dann könnt ihr die Stelle sehen, wo er lag. Er ist nicht mehr da, denn er ist auferstanden und dorthin gegangen, von wo er gesandt war. Da erfasste die Frauen Entsetzen, und sie ergriffen die Flucht.«[82]

Dasselbe Ereignis wird in der *Epistula Apostolorum* geschildert. Hier werden die drei Frauen, die zum Grab Jesu gehen, mit Namen genannt, Maria, Marta und Maria Magdalena. Sie trauern und klagen, finden aber nicht den Leichnam vor. Plötzlich offenbart sich ihnen der Meister und erklärt, dass er es sei, den sie suchen. Er sagt ihnen, sie mögen aufhören zu weinen und dass eine von ihnen zu den Brüdern gehen solle und ihnen verkünden, dass er von den Toten auferstanden sei. Marta geht, aber die Jünger glauben ihr nicht, worauf sie zurückkehrt und dies Jesus berichtet. Nun schickt er eine der anderen Frauen, die gute Botschaft zu wiederholen. Maria geht, um mit demselben Resultat zurückzukommen. »Da sagte der Herr zu Maria und den anderen Frauen: ›Lasst uns gemeinsam zu den Jüngern gehen!‹ Als der Herr zu uns kam, befanden wir uns im Innern des Hauses.«[83]

Maria Magdalena wird von Matthäus, Markus, Lukas und Johannes erwähnt, ebenso im *Petrusevangelium* – wo sie ausdrücklich »Jüngerin« genannt wird – und in der *Epistula Apostolorum*. Im Johannesevangelium nimmt sie wegen der Begegnung mit Jesus nach der Auferstehung eine Sonderstellung ein, was mannigfache gelehrte Reflexionen und akademische Forschung herausgefordert hat.[84] Überhaupt ist die Maria Magdalena des Neuen Testaments die wichtigste Frau im ständigen Kreis Jesu. Zuweilen erscheint sie noch wichtiger als Maria, die Mutter Jesu. Der Auferstandene hatte sich ja entschieden, zuerst Maria Magdalena zu erscheinen, nicht seiner Mutter. Tatsache ist, dass keiner der Evangelisten überhaupt davon spricht, dass Jesus sich seiner Mutter offenbart habe.

Was beinhaltete es eigentlich, die Erste zu sein, die den auferstandenen Erlöser erblickte? Welche Bedeutung hatte die Vermittlerrolle, der Botschafterauftrag, den Jesus Maria Magdalena erteilte? Beinhaltete dies tatsächlich, dass sie ausersehen war, Erste und Vornehmste unter den Aposteln zu sein, dass sie als Nachfolgerin Jesu fungieren sollte in der Eigenschaft eines geistigen Oberhauptes der christlichen Kirche, die im Entstehen begriffen war? Vielleicht. Vielleicht nicht.

Es fehlt nicht an feministischen Theologen, die großes Gewicht auf Maria Magdalenas Zentralstellung in der frühen kirchlichen Tradition legen, sowohl der christlichen als auch der gnostischen. In der modernen Forschung wird auch mitunter behauptet, dass es während der Antike eine religiöse Tradition gegeben habe, die stark auf Maria Magdalena fixiert war und sie als erste Nachfolgerin betrachtete, und zwar in scharfem Kontrast zu einer rivalisierenden und schließlich siegreichen Tradition, die Petrus in den Mittelpunkt gestellt hat.[85] In der heutigen katholischen Kirche wird Maria Magdalena, kaum verwunderlich, als Argument in der Debatte um die Rolle der Frau in der Kirche benutzt.

Der Gedanke ist fesselnd. Frau gegen Mann. Erneuerung gegen Tradition. Gleichstellung gegen patriarchalische Hierarchie! Und aus diesem Drama wird schließlich die männlich-chauvinistische Mittelalterkirche geboren, die weibliche Priester verbietet und Eva und ihre Töchter als Trägerinnen aller Sünde und Scham der Welt zeichnet.

Es bedarf einiger Spekulation und kühner Deutungen, diese Idee zu fundieren, aber ganz grundlos ist sie nicht. So viel ist sicher: Die Schilderung der Rolle Maria Magdalenas nach der Auferstehung Jesu durch die Evangelisten gab den Schriftstellern der Urkirche umfassende Probleme auf. Manchmal wird Maria Magdalena mit der Jungfrau Maria verwechselt, so beispielsweise bei Efräm dem Syrer im 4. Jahrhundert. Origenes drückte die bestimmte Ansicht aus, Maria Magdalena sei völlig ungeeignet in der Rolle der ersten Zeugin, und Johannes Chrysostomus (gest. 407) führt an, es wäre das Richtige gewesen, Jesus hätte sich zuerst seiner Mutter offenbart. Mit anderen Worten: Die Evangelisten hatten Maria Magdalena bedeutender gemacht, als es der Instinkt der Kirchenväter gewünscht hätte. Das Bestreben, stattdessen die Jungfrau Maria unter die Frauen zu mischen, die den auferstandenen Jesus bezeugten, mündete in verschiedenste mittelalterliche Legenden und künstlerische Bildnisse, die genau dies geschehen ließen, sowohl in der katholischen als auch der orthodoxen Christenheit.

Doch das Entgegengesetzte traf auch ein. Es war nicht ohne weiteres möglich, die Frau ins unwichtige Abseits zu stellen, die die Evangelisten trotz allem als die treueste Begleiterin des Erlösers verehrten. Im 3. Jahrhundert wurde Maria Magdalena von dem römischen Kirchenvater Hippolyt (ca. 170–235) *apostola apostolorum* (»Apostelin in der Apostel«) genannt. Papst Leo der Große (gest. 461) bezog sich auf sie als *Maria Magdalene personam Ecclesiae gerens*, »Maria Magdalena, die die Kirche repräsentiert«. Papst Gregor I. »der Große« (gest. 604) bezeichnete sie als die andere Eva, als eine Frau, die den Menschen das Leben und die Erkenntnis verkündet.[86]

Zu den größten Bewunderern Maria Magdalenas gehörten die Gnostiker. Wir sind ihnen bereits im Kapitel über Judas begegnet und wir konnten feststellen, dass sie manchmal eine Auffassung biblischer Figuren vertraten, die von der kanonischen radikal abwich. Was Maria Magdalena angeht, so handelt es sich weniger um Abweichungen als um Nuancen. Sowohl herkömmliche als auch gnostische Christen bewunderten und würdigten Maria Magdalena, daran besteht kein Zweifel, doch die Gnostiker waren kühner. Sie gingen auf's Ganze und platzierten sie auf einer Stufe über den anderen Jüngern. Nirgendwo sonst ist die Frau von Magdala ebenso heilig wie in den von den Kirchenvätern gebranntmarkten gnostischen Texten. Ihnen wenden wir uns jetzt zu.

»Jesus liebte sie mehr als alle anderen Jünger und küsste sie oft«

Mit Maria Magdalenas bekanntester Rolle als gnostische Evangelistin haben wir bereits Bekanntschaft gemacht. Das »Evangelium nach Maria« war einer der wichtigsten und frühesten großen Texte der Gnostiker, eine Erzählung, in der Maria Magdalena als wichtigste von allen Aposteln hervortritt, als eine Frau, der der Erlöser Wissen – *gnosis* – geschenkt hat.[87]

Dass die historische Maria Magdalena das Evangelium von eigener Hand geschrieben haben sollte, ist nicht sehr wahrscheinlich und meines Wissens in der Forschung auch nie behauptet worden. Vermutlich bestand es von Anfang an aus zwei separaten Texten, die später zu einer gemeinsamen Vorlage zusammengefügt wurden. Der Inhalt ist typisch für den Gnostizismus: Maria erzählt, wie die Seele gradweise von der Kraft der Materie befreit wird und sich durch die Kraft der Erkenntnis (*gnosis*) zu höheren Ebenen hinaufschwingt. Die Botschaft ist nicht verwunderlich, nicht, wenn man den Ausgangspunkt der gnostischen Lehre beim Lesen im Kopf hat. Desto bemerkenswerter ist es – aus urkirchlicher Perspektive betrachtet –, dass die Rahmenhandlung auf einen weiblichen Apostel fokussiert ist, auf Maria Magdalena. Sie ist es und niemand anderes, die die geheime Erkenntnis besitzt, welche ihr von Jesus Christus geschenkt worden ist. Sie ist die Frau, die alles verstanden hat; sie ist der Mensch, der Jesus am nächsten stand. Petrus, der ganz auf der Linie frauenfeindlicher Einstellung agiert, der wir in vielen patriarchalischen Kulturen begegnen, protestiert mit Schärfe gegen ihre von Gott gegebene Rolle als Verkünderin Christi. Der Verfasser des Evangeliums macht also Petrus zum Sprachrohr tonangebender christlicher und gnostischer Gruppen, die sich mit Bestimmtheit der starken Position von Frauen in der religiösen Bewegung widersetzten.

Die Unsicherheit darüber, wie die Überlieferung der gnostischen Sekten ausgeformt wurde, lässt uns beinahe vollständig im Unklaren über den eigentlichen Hintergrund des Evangeliums. Wir wissen nicht, warum Maria Magdalena auf Kosten der anderen Jünger hervorgehoben wird. Eine heutige Wissenschaftlerin, Esther de Boer, vermutet, das Evangelium erinnere daran, dass die historische Maria Magdalena allmählich eigene Jünger um sich sammelte und dass in ihrem Kreis eine Tradition entwickelt wurde, die die Abfassung des Evangeliumstextes inspirierte.[88] Dies ist ein spannender Gedanke, der natürlich nicht ausgeschlossen werden kann, doch gleichwohl bleibt er reine Spekulation. Es ist keineswegs vorauszusetzen, dass die historische Maria Magdalena eine wie auch immer geartete Anknüpfung an die Jüngerin gehabt haben muss, die im Evangeliumstext dominiert. Das einzige, was wir wissen, ist der gemeinsame Name Maria.

Doch die Geschichte endet hier nicht. Maria Magdalena war für die Gnostiker sehr wichtig. Außer dass sie in ihrem eigenen Evangelium eine dominierende Vordergrundfigur war, kommt Maria Magdalena noch in einer Reihe anderer Texte vor. Dazu gehört nicht zuletzt das *Philippusevangelium.*

Das »Evangelium nach Philippus«, welches dem oben erwähnten Fund von 1945 zugehört, der als Nag Hammadi Bibliothek bezeichnet wird, wurde in der zweiten Hälfte des 2. Jahrhunderts oder am Beginn des 3. Jahrhunderts n. Chr. geschrieben, vermutlich in Antiochia oder irgendeiner anderen Stadt in Syrien, vielleicht in Edessa. Der Inhalt besteht nicht aus einer fortlaufenden Erzählung wie in den vier kanonischen Evangelien, sondern aus einer Serie von Äußerungen und Jesusworten die besondere Bedeutung der Sakramente betreffend. Der Text, der in bestimmten Teilen sehr schwer deutbar und fragmentarisch ist, kann am ehesten als kombinierte Spruch- und Traktatsammlung beschrieben werden.

Maria Magdalena wird in zwei Zusammenhängen erwähnt:[89]

1. »Drei Frauen waren ständig beim Herrn: seine Mutter Maria, seine Schwester und Magdalena, die man ›seine Gefährtin‹ nannte. Seine Schwester, seine Mutter und seine Gefährtin heißen Maria.«

Eine alternative Übersetzung des letzten Satzes lautet: »Denn Maria heißt seine Schwester und seine Mutter und seine Gefährtin/Gemahlin.«

2. »Die Weisheit, die man die unfruchtbare nennt, ist die Mutter der Engel und die Gefährtin des himmlischen Erlösers. Der irdische Erlöser liebte Maria Magdalena mehr als alle Jünger. Er küsste sie oft auf ihren Mund. Da wurden die Jünger eifersüchtig und murrten. Sie fragten: ›Warum liebst du sie mehr als uns alle?‹ Der Erlöser entgegnete: ›Warum liebe ich euch nicht so sehr wie sie?‹ Wenn ein Sehender und ein Blinder zusammen im Dunkeln stehen, gibt es keinen Unterschied zwischen ihnen. Doch wenn es hell wird, kann der eine das Licht sehen, und für den anderen bleibt es dunkel.«

Auch wenn wir uns mit einer vorsichtigen Deutung der Texte im Philippusevangelium begnügen, so decken sie doch eine Auffassung von den Beziehungen Jesu zu Frauen auf, die deutlich von der abweicht, die wir gewohnt sind. Es ist gleichwohl unsicher, welchen Grad von Intimität wir in diese Texte hineininterpretieren sollten. Sollen wir uns Maria Magdalena als Gefährtin/Gemahlin Jesu auch in erotischer Hinsicht vorstellen? Oder handelt es sich um eine geistige Freundschaft, die auf göttliche Weisheit gerichtet ist?

Für die letzte Möglichkeit spricht das Vorkommen des griechischen Wortes für Weisheit, *Sophia*. Maria Magdalena wird im oben zitierten Text eben dieser himmlischen Weisheit gleichgestellt, einem zentralen Begriff der gnostischen Heilslehre. Die Gnostiker verstanden Sophia als Mutter der Engel und stellten sie gleichzeitig als unfruchtbar dar. Das Letztere meint, dass sie nicht jungfräulich Nachkommen erhalten kann, sondern nur mit ihrem männlichen Gemahl. Das Paar Jesus – Maria Magdalena wird damit zur irdischen Entsprechung eines himmlischen Paar-Szenarios. Maria Magdalena erscheint als irdische Repräsentantin der Sophia.

Dies erklärt, warum die Jünger des Philippusevangelium so neidisch auf sie sind. Sie wundern sich, warum Jesus sie so häufig küsst. Die Antwort, die Jesus ihnen gibt, geht davon aus, dass Maria Magdalena Erkenntnis besitzt, die sie selbst entbehren. Solange sich die Jünger in der Dunkelheit dieser Welt befinden, ist es sicherlich unmöglich, ihre geistige Überlegenheit zu erkennen, doch wenn das Licht – die göttliche Erkenntnis – die Szene erhellt, wird der Unterschied offenbar.

Maria Magdalena kommt auch in dem vielleicht bekanntesten und umstrittensten aller apokryphen Evangelien, dem *Thomasevangelium*, vor, ursprünglich im 2. Jahrhundert n. Chr. entstanden. Es handelt sich dabei um eine Sammlung von Botschaften, die Jesus in den Mund gelegt werden, einige bekannt aus den kanonischen Evangelien des Neuen Testaments, andere nicht. Maria Magdalena kommt an zwei Stellen vor:[90]

1. *»Maria Magdalena fragte Jesus: ›Womit kann man deine Jünger vergleichen?‹«*[91] Dieser Frage folgt eine längere Auslassung Jesu.
2. *»Simon Petrus sagte zu den anderen: ›Maria soll nicht mit uns mitgehen. Denn die Frauen sind nicht würdig, das Leben zu haben.‹ Jesus entgegnete: ›Ich werde sie zu mir in den Bereich Gottes ziehen, dann ist sie nicht mehr weiblich [denn im Himmel gibt es nicht Geschlecht, Geburt und Tod], sondern genauso ein lebendiger männlicher Geist wie ihr. Ich sage euch aber: Eine Frau, die sich den Männern gleichmacht, kann eintreten in die Herrschaft Gottes.«*[92]

In beiden Zitaten steht Maria Magdalena Jesus nahe. Zuerst unterhält sie sich mit ihm auf vertrauliche Weise, danach wird sie von Petrus wegen ihres Geschlechts angegriffen, worauf Jesus sie verteidigt, jedoch kaum nach dem Geschmack heutiger Feministen. Petrus scheint Maria Magdalena zu verabscheuen und sagt offen, dass Frauen »das Leben« (gemeint ist das Himmelreich) nicht wert seien. Jesus gibt eine Antwort, die – liest man sie aus strikt moderner Perspektive – ebenfalls den Eindruck einer sehr herabsetzenden Auffassung von Frauen im Allgemeinen vermittelt, doch nicht von Maria Magdalena. – Hier ist der Hinweis angebracht, dass gerade dieser Dialog zwischen Jesus und Petrus, genannt Logion 114, laut einiger Forscher ein spät entstandener Zusatz des Thomasevangeliums ist, vielleicht am Ende des 2. Jahrhunderts verfasst.[93]

Was beinhaltet eigentlich der Ausdruck »sich den Männern gleichmachen«? Wir wissen es nicht mit Sicherheit, aber die Forscher haben mehrere Vorschläge unterbreitet. Einer geht davon aus, dass Jesus gewünscht habe, Frauen sollten danach streben, Männern zu gleichen, nicht nur durch die Wahl ihrer Kleidung, sondern auch, indem sie der Mutterschaft entsagen. Ein anderer Vorschlag meint, Jesus habe für die Rückkehr zu einem androgynen Ur-Menschen plädiert, einem Menschen, wie er vor dem Sündenfall existiert habe. In diesem Fall kann der Text mit ein wenig gutem Willen so gedeutet werden, dass Jesus Maria Magdalena tatsächlich auf ein Niveau über die anderen Jünger erhebt. Sie wird auserwählt. Ein dritter Vorschlag geht davon aus, dass Jesus sich nicht in biologischer Hinsicht über das Geschlecht äußert, sondern vielmehr auf einen Aspekt von Genuskonstruktion zielt, genauer gesagt auf die negativen Aspekte, die während der Antike mit Weiblichkeit verknüpft wurden: das Irdische, das Sinnliche, das Unvollkommene und das Passive.

Doch all dies sind Vermutungen. Es ist durchaus möglich, den Text des Thomasevangeliums buchstäblich zu deuten, als Ausdruck der Debatte über die Stellung der Frau innerhalb der gnostischen Sekten und in der Urkirche. In diesem Fall macht Jesus sich zum Sprecher einer erzpatriarchalischen Ideologie, die Frauen von den Domänen des Himmelreichs ausschließt. Maria Magdalena ist die Ausnahme: Hier ist eine Frau, deren persönliche Weisheit so umfassend ist, dass sie zu einer Art Ehren-Mann erhöht wird.

In einem fragmentarisch erhaltenen Text der Nag-Hammadi-Bibliothek, bekannt unter dem Titel *Dialog des Erlösers* und vermutlich im 2. Jahrhundert entstanden, wird ein Gespräch des Herrn mit dreien seiner Jünger geschildert: Judas (womit wahrscheinlich ein anderer Judas als Judas Iskariot gemeint ist), Matthäus und Maria Magdalena. Die Jünger stellen Fragen und der Erlöser antwortet. Maria Magdalena ist also hier formell mit zwei männlichen Jüngern Jesu gleichgestellt.[94]

Als sie zum ersten Mal im *Dialog des Erlösers* auftritt, fragt sie den Herrn, weshalb sie ihren Körper trage, das heißt, warum wir unser irdisches Dasein leben. Die Antwort ist fragmentarisch erhalten. Beim zweiten Mal grüßt sie die Brüder und fragt, wohin sie diese Dinge legen sollen, womit sie offensichtlich die Lehre des Herrn meint. Jesu Antwort geht davon aus, dass die Lehre in die Herzen zu legen sei. Als sie das dritte Mal im Text erscheint, sehen Maria Magdalena, Matthäus und Judas den äußersten Punkt des Himmels und der Erde in einer Vision. Es wird von dem entsetzlichen Abgrund unter ihnen gesprochen und Maria fragt nach dem Bösen. Der Herr antwortet mit einem Gleichnis, welches in die Beschreibung mündet, wie groß das ewige Sein ist.

An späterer Stelle des Dialogs kommentiert Maria eine Diskussion zwischen dem Erlöser und Judas. Sie beweist, dass sie den Kern in der Antwort des Herrn verstanden hat, indem sie die Antwort mit Allegorien vergleicht, darunter die Redewendung »die Schüler gleichen ihrem Lehrer«. Und, so lesen wir, »sie äußert dies als eine Frau, die vollkommen verstanden hat«. Beim nächsten Auftreten Marias im Dialog fragt sie den Herr, warum wir hier seien, um zu siegen oder um zu verlieren. Die Antwort ist für einen Gegenwartsmenschen schwer zu deuten; es handelt sich um ein Räsonnement der Größe und des Reichtums des Allmächtigen. Maria Magdalena fragt darauf, ob es überhaupt einen Ort gibt, der der Wahrheit entbehrt. Der Herr antwortet, dass jeder Ort, an dem er nicht sei, der Wahrheit entbehre. Schließlich schildert Maria Magdalena den Herrn als »schrecklich und wunderbar«.

Das nächste Mal, da uns Maria Magdalena im Text begegnet, sucht sie Erkenntnis; sie sagt, sie wolle »alle Dinge verstehen, genau so wie sie sind«. Der Herr antwortet mit einer Darstellung des Reichtums, der im Suchen nach Leben zu finden sei, im Unterschied zu dem Gold und Silber dieser Welt. Später konstatiert Maria Magdalena, das alles, was geschaffen oder eingerichtet sei, gesehen werden könne, und der Herr betont, das eben der, der sieht, auch entdeckt. In einer anderen Passage erzählt Maria von dem Mysterium der Wahrheit, davon, dass unser Dasein im erschaffenen Kosmos nur die Spiegelung unserer himmlischen Essenz sei.

Danach begegnen wir Maria noch ein weiteres Mal, diesmal in einem Gespräch über das Elend der Weiblichkeit. Dieser Dialog ist nur in Fragmenten erhalten. Maria leitet ihn ein mit der Frage nach der Natur des Senfkorns, inwieweit es vom Himmel oder von der Erde stamme, ein Problem, das die oben erwähnte Relation zwischen himmlischer Wahrheit und irdischer Spiegelung tangiert. Judas fragt dann den Herrn, wie man beten soll, und der Herr antwortet, dass man an einem Ort beten solle, an dem sich keine Frau befindet. Matthäus deutet dies so, dass wir zerstören sollen, was durch die Kraft der Frau entstanden ist, dass die Frau aufhören solle, Kinder zu gebären. Maria Magdalena erwidert: »Sie werden niemals ausgerottet werden«, was darauf hinzudeuten scheint, dass sie anderer Ansicht ist als Matthäus. Die Debatte wird fortgesetzt, doch wir haben nur Bruchstücke davon, sodass es wenig Sinn hat zu versuchen, die Absicht zu rekonstruieren, die mit diesem Wortwechsel verfolgt wurde.

Zusammen genommen gibt der *Dialog des Erlösers* ein faszinierendes Bild der Rolle Maria Magdalenas innerhalb des Gnostizismus. Sie dürstet nach Weisheit und Erkenntnis, und sie hat alles verstanden. Dieselbe Funktion als Gesprächspartnerin des Herrn erfüllt sie in einem Werk mit dem Titel *Jesu Christi Sophia*. Der Text scheint im 2. Jahrhundert in Ägypten entstanden zu sein, laut einigen Forschern bereits in den letzten Jahrzehnten des 1. Jahrhunderts, offenbar als ein Glied in dem Versuch, Jesus in die vorchristliche gnostische Theologie einzufügen, genauer gesagt in den Text *Eugnostos*. Die Jünger, die hier mit Namen genannt werden, sind Philippus, Matthäus, Thomas, Bartholomäus und Maria Magdalena. Die zuletzt Genannte kommt zweimal vor. Zuerst fragt sie Jesus, wie man zwischen vergänglichen und nicht vergänglichen Dingen unterscheiden könne. Dann fragt sie den Herrn, woher die Jünger kommen, wohin sie gehen und was sie tun sollen.

Noch imponierender ist das Bild Maria Magdalenas in *Pistis Sophia* (wörtlich: »Glaube der Weisheit«), einem koptischen Text, der seit der zweiten Hälfte des 18. Jahrhunderts bekannt ist. Es ist unsicher, ob der Text schon im Original in koptischer Sprache verfasst war oder ob wir es mit einer Übersetzung aus dem Griechischen zu tun haben. Der Inhalt ist spätgnostisch und stammt wahrscheinlich aus der zweiten Hälfte des 4. Jahrhunderts, doch können Teile des Werks schon im 3. Jahrhundert entstanden sein.[95]

In *Pistis Sophia* nimmt Maria Magdalena eine zentrale Rolle ein. Ein großer Teil des Werks besteht aus Dialogen zwischen Jesus und den Jüngern, die zu verschiedenen Gelegenheiten nach der Auferstehung stattfinden. Maria Magdalena stellt bedeutend mehr Fragen, 43 an der Zahl, als irgendjemand anderes, und sie zeichnet sich durch Zitate Jesajas aus und durch ihr Streben, die Kernpunkte der gnostischen Lehre zu erkennen. Johannes stellt nur sieben Fragen, Salome[96] zwei und Andreas, Petrus und Thomas je eine. In einem anderen Teil des Textes führt Jesus Maria Magdalena aus dem Chaos. Sie zitiert und deutet zusammen mit Maria, der Mutter Jesu, Hymnen.

In *Pistis Sophia* ist Maria Magdalena zusammen mit Johannes die wichtigste und hervorragendste Jüngerin, etwas, das ausdrücklich von Jesus betont wird. Er spricht zu ihr mit Worten wie »du Gesegnete, die ich vervollkommnen werde in allen Mysterien des Himmels«, »du bist die, deren Herz mehr auf das Himmelreich gerichtet ist als das aller deiner Brüder«, »du bist gesegnet vor allen Frauen dieser Erde«, »du Erbin des Lichts« und so weiter.

Der Apostel Petrus hingegen ist ihr gegenüber erneut negativ eingestellt. Er sagt zu Jesus, dass »wir diese Frau nicht ertragen, die uns die Möglichkeit nimmt und die nicht zulässt, dass jemand von uns spricht, sondern die selbst viele Male redet.« Jesus hält jedoch an Maria Magdalena fest, denn die Kraft des Geistes trennt nicht zwischen Männern und Frauen. Maria ihrerseits erklärt ausdrücklich, dass »ich mich vor Petrus fürchte, denn er bedroht mich und er hasst meine Rasse [womit sie vermutlich auf Frauen im Allgemeinen abhebt]«.

Ein kleiner Teil eines verlorenen gnostischen Dialogs mit Fokus auf Maria Magdalena, *Marias große Fragen*, hat in Form eines griechischen Zitats in Epiphanius' Werk *Panarion*, verfasst im 4. Jahrhundert, überlebt. Hier wird geschildert, wie Jesus Maria Magdalena mit hinauf auf einen Berg nimmt und betet. Danach nimmt er auf rätselhafte Weise eine Frau an seiner Seite hervor, schläft mit ihr, zeigt, was man laut Text zu tun habe, auf dass man leben könne. Maria Magdalena sinkt zu Boden, überwältigt von Scham, aber Jesus richtet sie auf und fragt, warum sie zweifelt.

»Marias große Fragen« sind zuweilen als gnostisches Gleichnis des Schöpfungsmythos gedeutet worden: Der androgyne Jesus spaltet seinen Körper in einen männlichen und einen weiblichen Teil, worauf er die Einheit wiederherstellt, indem er Männlichkeit und Weiblichkeit mit Hilfe einer sexuellen Metapher vereint. Eine andere Auffassung besteht darin, den Text eher buchstäblich zu deuten, ihm eine konkrete Funktion in einer spezifischen gnostischen Sekte zuzuschreiben, die faktisch sexuelle Rituale in ihre Lehre und ihre Religionsausübung integriert hatte. Anklagen zu diesem Thema waren von christlicher Seite nicht ungewöhnlich. Die Tatsache, dass antignostische Kirchenväter eifrig auf Gnostiker wiesen, die sich sexuellen Riten und sinnlichen Ausschweifungen hingaben, muss nicht notwendigerweise bedeuten, dass diese Kirchenväter zu Propagandazwecken immer gelogen haben. Manchmal können sie auch die Wahrheit gesagt haben.

Ein schwer datierbarer gnostischer Text der Nag-Hammadi-Bibliothek ist unter dem Titel *Erste Apokalypse des Jakobus* bekannt. Er besteht aus einem Dialog zwischen Jesus und seinem Bruder Jakobus. Hier wird Maria als eine von vier Jüngerinnen genannt, die Jesus bittet, Jakobus aufzumuntern. Die anderen erwähnten Frauen sind Salome, Marta und Arsinoe.

Etwas sollte auch über die *Akten des Philippus* gesagt werden, die wahrscheinlich im 4. Jahrhundert entstanden sind. Darin begegnen wir den Aposteln Philippus, Bartholomäus und Philippus' Schwester Marianne, die eine Variante der Maria Magdalena zu sein scheint. Marianne ist in diesem Werk mit Missionsarbeit beschäftigt; sie trägt eine Karte bei sich, auf der die Missionsgebiete jedes Apostels markiert sind. Als Philippus erfährt, welches Gebiet ihm zugeteilt ist, beginnt er zu weinen, worauf Marianne als Vermittlerin zwischen dem Bruder und dem Erlöser agiert. Dies endet damit, dass sie – sicherheitshalber als Mann verkleidet – ihrem Bruder in ein Dorf voll von Schlangen folgt, um ihm beizustehen. Mariannes Beistand wird dadurch erleichtert, dass sie von Schlangen nicht überlistet werden kann; in ihrer Eigenschaft als Frau und Nachkommin der Urmutter Eva fällt es ihr leicht, mit solchen Tieren umzugehen. Außerdem tut sie Wunder und verwandelt sich in leuchtendes Glas, als sie im Gefängnis von Wachen bedroht wird, die sie nackt ausziehen wollen, um herauszufinden, welchen Geschlechts sie ist. Am Schluss des Werks begegnen die drei Apostel dem auferstandenen Jesus und gründen eine Kirche am Ort ihres eigenen Martyriums.

Schließlich ist es an der Zeit, Maria Magdalenas Erscheinen an drei Stellen eines manichäischen Hymnenbuches aus dem späten 3. oder möglicherweise auch aus der ersten Hälfte des 4. Jahrhunderts zu erwähnen. Das Buch tauchte in den 1920er Jahren zusammen mit anderen koptischen Manuskripten in Ägypten auf. Genau diese Hymnen pflegen mit Herakleides verknüpft zu werden, einem der bedeutenderen Schüler des persischen

Religionsgründers Mani, aber es ist nicht gesichert, ob er das Buch wirklich geschrieben hat.

Der Manichäismus ist häufig und zu Recht mit dem Gnostizismus verbunden worden, mit dem er manches gemeinsam hat. Gleichwohl ist es üblich, die Bewegung als eine eigene Religion zu betrachten, nicht zuletzt vor dem Hintergrund, dass sie im Unterschied zu anderen gnostischen Sekten die Antike um manches Jahrhundert überlebt hat. Mani (216–277), der der Lehre ihren Namen gab, war vom Zoroastrismus, dem Buddhismus und dem Christentum inspiriert. Wie die übrigen Gnostiker legte er Gewicht auf das Erlangen von *gnosis* als ein Glied im dualistischen Kampf zwischen Licht und Finsternis. Die Manichäer glaubten, die Welt bestünde aus zwei Teilen mit jeweils einem Schöpfer, einem guten und einem bösen. Es sei die Pflicht des Menschen, den bösen Teil zu bekämpfen und das Licht zu befreien, unter anderem durch eine Lebensführung, die materielle Dinge wie Fleisch, Sexualität und Reichtum mied. Die manichäische Religion postulierte den Vegetarismus, den Pazifismus und das Zölibat.

Manis Lehren wurden weit verbreitet, doch nur bei den Uiguren in Zentralasien entwickelte sich der Manichäismus im 8. Jahrhundert zur dominierenden Religion eines Reiches. Als ein Beispiel für den Einfluss dieser Religion auf die Mittelmeerwelt kann der nordafrikanische Kirchenvater Augustinus (354–430) erwähnt werden, eine der Hauptgestalten des mittelalterlichen Christentums, der in seiner Jugend ein Manichäer war. In China, unter anderem in der Provinz Fujian, gab es diese Lehre als »Religion des Lichts« noch bis ins 17. Jahrhundert.

Betrachtet aus der Perspektive der gesamten manichäischen Hymnensammlung, besitzt Maria Magdalena eine untergeordnete Rolle, es ist jedoch wert zu betonen, dass sie trotzdem erwähnt wird. So kommt sie in einem Hymnendialog vor, der eine Begegnung Maria Magdalenas mit dem auferstandenen Jesus berührt. Darüber hinaus lesen wir ihren Namen in zwei Hymnen, in denen sie in Verzeichnissen der männlichen und weiblichen Jünger Jesu aufgeführt wird.[97]

Im Hymnendialog erscheint Maria Magdalena (Marihamme) als eine geistig unreife und schwache Frau, die durch die Begegnung mit Jesus sehr gestärkt und verändert wird. Er gibt ihr den Auftrag, Botschafterin der elf Jünger zu sein, insbesondere Petrus'. Irgendein Konflikt zwischen Maria und den übrigen Aposteln wird in der Hymne nicht erwähnt. Ihre Absicht scheint es zu sein, Maria Magdalena als Urtyp der guten Gläubigen darzustellen.

In den beiden Verzeichnissen der Jünger wird Maria Magdalena (Marihame, Marihamme) zuerst unter den Frauen präsentiert; die anderen sind Marta, Salome, Arsinoe, Thekla, Maximilia, Iphidama, Aristobula, Eubula, Drusiane und Mygdonia – alle im ersten Verzeichnis erwähnt; im zweiten Katalog werden nur einige wenige von ihnen genannt. Neben ihren Namen findet sich im ersten Verzeichnis eine kurze Charakteristik: Maria Magdalena wird als eine Frau geschildert, die ihre Netze auswirft auf der Jagd nach den elf männlichen Jüngern, die sich verirrt haben. Dazu gehört auch, dass als nächste Frau Marta vorgestellt wird, die laut Hymne »auch ihre Schwester ist« – der manichäische Dichter hat also Maria Magdalena und Maria von Betanien miteinander vermischt. Im zweiten Katalog wird Maria Magdalena stattdessen mit dem Begriff »Geist der Weisheit« assoziiert.

Alles in allem bieten uns die gnostischen Schriften ein imponierendes Bild der Maria Magdalena. In einem Text nach dem anderen wird sie herausgehoben mit starker Betonung der positiven Seiten. Am deutlichsten ist das Bild in jenem Evangelium, das ihren Namen trägt, aber es erscheint auch in zahlreichen anderen Zusammenhängen. Sie wird immer als allerengste Freundin und Jüngerin des Herrn dargestellt, insbesondere in der Zeit nach der Auferstehung, da sich Jesus ihr und nur wenigen Auserwählten zeigt. Manchmal, wie im Philippusevangelium, besitzt sie eine zentrale Rolle als weise Gefährtin schon vor der Kreuzigung.

Indessen entbehrt sie nicht der Opposition. Es ist unmöglich, die Augen zu verschließen vor jenem Konflikt, der durch manche Texte hindurchscheint, besonders zwischen Maria Magdalena und Petrus.[98] Sicherlich kann dieser Konflikt von Seiten des Verfassers als literarischer Kniff eingesetzt worden sein, als Methode, dem Leser oder Zuhörer die Botschaft eindringlicher nahezubringen. Aber den Konflikt gibt es gleichwohl dort. Nicht alle Jünger akzeptieren Maria Magdalenas führende Rolle. Dafür, dass die gnostischen Verfasser sich entschieden, die Konflikte gerade durch sie zu illustrieren, muss es eine Anleitung gegeben haben. Vermutlich ist der Grund einfach der, dass sie eine Frau war und sich dadurch markant von den übrigen Jüngern unterschied. Ihr Geschlecht machte sie besonders. Sobald Maria Magdalena in gnostischen Werken auftaucht wird ja, wie wir bereits konstatieren konnten, nicht selten ihre Geschlechteridentität zur Diskussion gestellt.[99]

Das Frauenbild der Gnostiker ist nicht leicht zu durchschauen. Auf der einen Seite geht Weiblichkeit in die androgyne Göttlichkeit ein, die in der gnostischen Kosmologie zentral ist, auf der anderen Seite weisen die gnostischen Schriften bisweilen alles andere als frauenfreundliche Züge auf. Weiblichkeit wird nicht selten mit dem Bösen und dem Elend assoziiert und im Thomasevangelium sagt Jesus frei heraus, er wolle Maria zum Mann machen, auf dass sie in das Reich Gottes eingehen könne.

Inmitten dieser Widersprüche steht Maria Magdalena. Sie bietet Reibungsflächen. Sie ist ein Problem. Die Gnostiker sind in ihren Schriften ehrlich genug, das Dilemma einzugestehen, und manchmal lassen sie Maria Magdalena sogar über die patriarchalischen Strukturen siegen. In jener Kirche aber, die in der Spätantike über die Sekten der Gnostiker triumphiert, ist Maria Magdalenas Schicksal ein ganz anderes.

Dies führt uns zu der Frage, welche Rolle die dynamische Frau aus Magdala in ihrer eigenen jüdischen Gesellschaft einnahm. Zweifellos sprang sie über soziale Schwellen und wurde zu einer zumindest posthum wichtigeren Persönlichkeit, als eine Vielzahl ihrer Schwestern jemals werden konnten. Aber wie sah Maria Magdalenas Ausgangspunkt aus? Wie war es eigentlich, als Frau in der Zeit Jesu zu leben?

Dass sie Apostelin werden sollte, war nicht die Absicht

Maria Magdalena ist eine lateinische Umschreibung, die schlicht und einfach »die magdalenische Maria«, bedeutet, das heißt »Maria aus Magdala«. Eigentlich – sofern wir ihre Existenz akzeptieren (was ich tue, und zwar aus denselben bereits dargelegten Gründen, derentwegen ich glaube, dass es Judas Iskariot gegeben hat) – hieß sie Marjam, die aramäische Form des hebräischen Mirjam. Letztlich gibt es keinen Grund daran zu zweifeln, dass sie aus Magdala stammte, besonders weil der Ort in der Heimat Jesu, in Galiläa, lag. Hier rekrutierte er laut Neuem Testament seine Jünger; hier hatte er seine Verwandten und Freunde. Und hier begegnete er Maria Magdalena.

Magdala lag am westlichen Ufer des Sees Gennesaret, fünf Kilometer nördlich von Tiberias. Ausgrabungen haben eine interessante Sammlung Mosaiken und Gebäude aus der Zeit Jesu zum Vorschein gebracht, darunter einen Turm, ein größeres Haus und eine Synagoge. Im ersten Jahrhundert unserer Zeitrechnung war Magdala eine blühende Fischer- und

Handelsstadt, die auch den griechischen Namen Tarichea trug. Der jüdische Historiker Flavius Josephus (37 oder 38 –ca. 100 n. Chr.) hat uns eine wahrscheinlich übertriebene Darstellung der Größe und Bedeutung dieser Stadt hinterlassen; er gibt an, dass die Fischereiflotte aus 230 Booten bestanden habe. Die größte politische und militärische Bedeutung besaß Tarichea/Magdala während des jüdischen Aufstandes gegen die Römer in den Jahren von 66–70 n. Chr., als die von einer Mauer umgebene Stadt eines der wichtigsten Hauptquartiere der Aufständischen war, bis sie durch Titus' römische Soldaten im Jahre 67 fiel.[100]

Dass Maria ausgerechnet »Maria aus Magdala« genannt wird, ist interessant. Sie ist die einzige Frau in einem Evangelium, die mit einem Ort verbunden wird; alle anderen mit Namen versehenen Frauen werden mit ihren Männern verknüpft. Von ihnen wird in ihrer Eigenschaft als Tochter, Ehefrau, Mutter … von jemandem gesprochen. Aber Maria Magdalena steht für sich selbst, als eine starke Frau ohne männliche Oberhoheit. Schon in diesem Punkt ist sie besonders.

Dass von jüdischen Frauen meist als Anhang von Vätern, Brüdern und Ehemänner erzählt wird, ist kein Zufall. Laut allen zugänglichen Quellen war die Frau in der Gesellschaft zur Zeit Jesu ein mit unseren Augen betrachtet unterdrücktes Wesen, der Segregation ausgesetzt, umgeben von sozialen und wirklichen Mauern. Judäer und Galiläer waren von einer patriarchalischen Ideologie geprägt, von Männerherrschaft. Der Ort der Frau war das Heim, innerhalb des Hauses, wo sie für sich sein sollte. Es war nicht einmal selbstverständlich, dass ein Gast sie zu sehen bekam. Vornehme Mädchen sollten im Frauenzimmer bleiben und es vermeiden, männlichen Blicken zu begegnen, ein strenges soziales Gebot, das auch die Blicke nahe verwandter Männer einschloss.

Natürlich herrschte keine absolute Unterdrückung. Sie wäre unter den gegebenen Umständen nicht aufrechtzuerhalten gewesen. Unsere Quellen sind außerdem lückenhaft und im Allgemeinen auf eine kleine Zahl bestimmter Regionen und auf relativ gut gestellte Volksgruppen konzentriert. Die uns vorliegenden Angaben geben uns vor allem Einblicke in jene soziale Milieus, in denen der Mann sich das, was wir heute Luxusehefrauen nennen, leisten konnte. War die Familie der Frau arm, so galten die ungeschriebenen Gesetze vom Eingesperrtsein im Hause nicht; arme Frauen waren gezwungen, Wasser zu holen, auf dem Feld zu arbeiten, Besorgungen zu machen oder zu betteln.

Die Unterschiede müssen demnach zahlreich gewesen sein. Nichtsdestoweniger geben die Quellen einen deutlichen und gesammelten Eindruck davon, dass es doch viel mehr bedarf, das Bild des Patriarchats von der Netzhaut zu verbannen. Ein Mann sollte niemals hinter einer Frau gehen, nicht einmal, wenn es seine Frau ist, und man hielt es für unanständig, wenn ein Weiser sich auf öffentlichem Platz mit einer Frau unterhielt. Das jüdische Mädchen erhielt selten eine Ausbildung, denn das Studium der Schriften war den Jungen vorbehalten. Die Frau hatte nicht das Recht, am Unterricht eines Rabbiners teilzunehmen, sofern nicht ihr Mann selbst Rabbiner war und beschlossen hatte, sie zu unterweisen. Sie besaß kein Selbstbestimmungsrecht und war im Prinzip von der Teilnahme an Märkten, Versammlungen, Tribunalen und allen anderen Formen öffentlicher Veranstaltungen ausgeschlossen. Lebte die Frau in einer reichen Familie, hatte sie die Pflicht, im Hause zu bleiben und Arbeitsaufgaben an die Bediensteten zu delegieren; im Falle, dass sie das Haus verließ, musste sie ordentlich verschleiert sein.

Einige markante Ausnahmen von den Regeln die Bindung vornehmer Frauen an das Haus betreffend gab es jedoch, und eine von ihnen ist von großer Bedeutung für das Verständnis der Rolle Maria Magdalenas im Neuen Testament: die Begräbniszeremonie. Bei Begräbnissen durften die Frauen nicht nur dabei sein, sondern man erwartete von ihnen, dass sie anwesend waren, um zu klagen, zu weinen und den Leichnam zu balsamieren. Gerade in diesem Punkt erbrachten Maria Magdalena und ihre Mitschwestern am Grab Jesu nur ihre althergebrachte gesellschaftliche Pflicht. Hier waren sie keine Normbrecherinnen. Doch indem sie darüber hinaus Jesus gefolgt sind und an seinem Unterricht teilhatten, überschritten sie die Grenzen dessen, was man für ehrenwerte Frauen als akzeptabel empfand. Damit brachen sie eine Reihe wichtiger Tabus. Sie verließen ihren selbstverständlichen Platz im Hause und am Heimatort, sie nahmen die Wissensfrüchte des Unterrichts in Gesellschaft fremder Männer auf und traten in engen intellektuellen Kontakt mit einem umherziehenden Meister. Dass Jesus von Nazaret außerdem selbst gegen zahlreiche ungeschriebene Gesetze offen verstieß und alle Sünder in seinem Kreis willkommen geheißen und das Gesetz neu gedeutet hat, machte die Sache nicht besser. Der Sprung vom Leben einer ehrbaren Frau in Magdala zu einem unsteten Leben in der Jüngerschar war groß und gewagt.[101]

Hinzu kommt ein weiterer bedeutender Umstand, den wir leicht vergessen. Aus der allgemeinen Unterordnung der jüdischen Frau folgte, dass ihre Worte viel leichter wogen als die des Mannes. Weibliche Bezeugungen wurden generell in der jüdischen Gesellschaft der Antike nicht akzeptiert. Die Tatsache, dass Maria Magdalena in den Evangelien als kraftvolle Zeugin der Auferstehung Jesu erscheint, ist also besonders bemerkenswert. Viel Mühe ist aufgewandt worden, um diesen Bruch mit kulturellen Verhaltensweisen zu deuten, doch es bleibt das Faktum, dass wir sicher nicht mehr wissen, als dass ihre Handlung, wie sie in der Bibel geschildert wird, über das Gewöhnliche hinausging.[102]

Es war nicht beabsichtigt, dass Maria Magdalena eine Jüngerin oder eine Apostelin wurde. Es war nicht beabsichtigt, dass sie Offenbarungen entgegennehmen und sie als Bote vom Himmel zur Erde vermitteln sollte. Es war nicht beabsichtigt, dass sie Jesus von Galiläa nach Golgota folgen sollte. Doch sowohl nach den neutestamentlichen Evangelisten als auch nach deren christlichen und gnostischen Nachfolgern während der Antike hat sie faktisch all dies getan. Auf diese Weise gegen Ehrenkodices zu verstoßen und steinharte Traditionen zu brechen zeugt von einer mehr als gewöhnlichen Überzeugung und einem moralischen Mut, der sehr viel weiter reichte als bei den meisten zeitgenössischen Frauen – und Männern.

Menschen von solchem Mut, solcher Integrität, sind besonders. Sie machen Eindruck, sie besitzen Macht. Außerdem schaffen sie kommenden Generationen Probleme, Gelehrten, die nicht wissen, wie sie diese bewältigen sollen. Mag sein, dass die Christen der ersten Generationen unter bestimmten Bedingungen Frauen wie Maria Magdalena als charismatische Deuterinnen der Botschaft und als Predigerinnen akzeptierten. Für spätere Generationen wurde das Bild weiblicher Interpreten der Botschaft des Herrn bekanntlich bedeutend negativer. Für die Frau aus Magdala war diese Entwicklung ebenso schicksalhaft wie literarisch fruchtbar.

Drei Frauen werden zu einer

Gehen wir zurück zur Schilderung Maria Magdalenas bei den vier Evangelisten. Welches Bild wird hier von der Frau aus Magdala gezeichnet? Besitzt sie besondere Charakterzüge? Welche Funktion erfüllt sie in der Erzählung?

Die wichtigste Rolle, die hervorzuheben ist, ist die, eine der Frauen um Jesus zu sein. Maria Magdalena ist nicht die einzige, aber sie ist die, die mit Schärfe aus dem Quellenmaterial hervortritt. Dass es viele Frauen in oder bei der Schar der Jünger gab, wird allzu oft vergessen. Wie Carla Ricci in ihrer leicht lesbaren Übersicht gezeigt hat, umgibt die frühchristliche Literatur sie mit Schweigen und Unsichtbarkeit, doch bedarf es keiner großen Anstrengung, sie aufzufinden.[103] Wer sich die Mühe macht, das Neue Testament durchzugehen, findet zahlreiche sowohl namentlich genannte als auch anonyme Frauen in unterschiedlichsten Rollen in der Umgebung Jesu – als Begleiterinnen, Gönnerinnen, Helferinnen, gläubige Hilfe Suchende und so weiter. Keine von ihnen erscheint jedoch als so wichtig und bedeutungsvoll wie Maria Magdalena.[104] Unter den Frauen des Neuen Testaments steht sie in einer Klasse für sich zusammen mit der Mutter Jesu, der Jungfrau Maria. Warum das so ist, ist unbekannt. Es könnte sehr wohl auf ihrem Alter beruhen: Wenn wir voraussetzen, dass Maria Magdalena die älteste der weiblichen Begleiterinnen Jesu ist, ist es nicht ungewöhnlich, sie an erster Stelle zu finden. Das Alter wird respektiert. Aber es kann auch daran liegen, dass Maria Magdalena einfach eine sehr charismatische Persönlichkeit war, die auf die Menschen wirkte.

Der einzige von Maria Magdalenas Charakterzügen, der deutlich konturiert in der Bibel hervortritt, ist gerade ihre Treue und ihre Liebe zu Jesus. Sie ist eine felsenfeste Jüngerin, eine von den Treuesten. Sie folgt Jesus von Galiläa, so wie auch die männlichen Jünger aufgebrochen sind und ihr Zuhause verlassen haben. Sie zeichnet sich mehr als die anderen Frauen aus. Ihre Funktion in der Erzählung von der Auferstehung Jesu, besonders im Johannesevangelium, deutet darauf hin, dass die ersten Generationen der Urkirche mit tiefem Respekt ihrer gedachten. Darüber hinaus finden wir nicht sehr viel. Lukas' Worte, dass Jesus sie von einer Anzahl Dämonen befreit habe, lassen sich nicht weiter deuten, als dass offenbar etwas Großes eingetroffen ist, das sie bewog, ihre Heimat zu verlassen und dem Meister zu folgen. Er hat sie gesund gemacht, und sie wurde bekehrt.

Diese Auffassung von Maria Magdalena als einer frommen Frau, einer treuen Jüngerin, die hingeht, ihren Meister zu balsamieren, nachdem er hingerichtet worden war, ist auch die erste, die uns in der Kunst begegnet. Das älteste bekannte Bild Maria Magdalenas stammt aus Dura-Europos, einer Stadt am westlichen Ufer des Euphrats in Syrien. Heute heißt der Ort Qalat as-Salihiya. Im 2. und während der ersten Hälfte des 3. Jahrhunderts war Dura-Europos eine wohlhabende Stadt im östlichsten Teil des römischen Imperiums, bis sie Mitte des 3. Jahrhunderts der Okkupation durch die Perser ausgesetzt war und später verlassen wurde. Der Niedergang beruhte nicht nur auf den Verwüstungen des Krieges, sondern auch darauf, dass die günstige Lage der Stadt an einem Karawanenweg sich verschlechterte, weil der Euphrat seinen Lauf veränderte.

Umfassende Ausgrabungen, die im 20. Jahrhundert in Dura-Europos vorgenommen wurden, haben eine antike Stadt mit rechtwinkligem Straßennetz und zahlreichen Heiligtümern freigelegt, darunter eine Synagoge und eine Kirche, die beide in private Häuser hineingebaut worden waren und die sich durch Fresken mit biblischen Motiven auszeichnen. Die christlichen Fresken, die etwa aus dem Jahr 240 stammen, wurden 1929 entdeckt und werden nunmehr in der Yale University Art Gallery in New Haven aufbewahrt. Hier sehen wir Maria Magdalena schön gekleidet in einen langen weißen Schleier und mit seitlich fallendem Haar gemäß dem Stil, der von Julia Mamaea, der Mutter Kaiser Alexander Severus' (222–235), bevorzugt und dadurch populär geworden war. Maria Magdalena erscheint in ihrer Eigenschaft als Balsamträgerin: Sie und zwei andere Frauen sind auf dem Weg zum Grab Jesu, um ihre Pflicht an jenem Leichnam zu erfüllen, von dem sie glauben, dass es seiner sei. Doch bald darauf geht ihnen die wundersame Wahrheit auf.[105]

Dies also ist das Bild von Maria Magdalena im Neuen Testament, der ältesten Sammlung von Quellen zu ihrer Personengeschichte, und in der Urkirche. In späteren Epochen wird jedoch das Bild von der Frau aus Magdala radikal verändert. Vom »frommen, aber weiblichen Jünger«, entwickelt sie sich zu einer ebenso sonderbaren wie widerspruchsvollen Figur, zum Stereotyp »des leichten Mädchens, das seine Sünden bereut«. Wie kam es dazu?

Der erste Schritt auf dem Weg der eigentümlichen posthumen Persönlichkeitsveränderung Maria Magdalenas bestand darin, dass drei Frauen zu einer wurden. Maria aus Magdala verschmolz mit zwei anderen Frauen, mit denen sie ursprünglich nicht mehr als das Vorkommen im Neuen Testament gemeinsam hatte. Sie wurde mit Bibelstellen verknüpft, die ganz losgelöst waren von der Erzählung, in der Maria aus Magdala selbst unter ihrem eigenen Namen vorkam. Damit konnte was auch immer geschehen.

Eine Episode von großer Bedeutung für Maria Magdalenas spätantike und frühmittelalterliche Persönlichkeitsveränderung ereignet sich in Nain, in einem Haus, in das Jesus von einem Pharisäer namens Simon eingeladen wurde. Der Evangelist Lukas gibt eine ausführliche Darstellung des Geschehens (7:37–50):

> *»Als nun eine Sünderin, die in der Stadt lebte, erfuhr, dass er im Haus des Pharisäers bei Tisch war, kam sie mit einem Alabastergefäß voll wohlriechendem Öl und trat von hinten an ihn heran. Dabei weinte sie und ihre Tränen fielen auf seine Füße. Sie trocknete seine Füße mit ihrem Haar, küsste sie und salbte sie mit dem Öl. Als der Pharisäer, der ihn eingeladen hatte, das sah, dachte er: Wenn er wirklich ein Prophet wäre, müsste er wissen, was das für eine Frau ist, von der er sich berühren lässt; er wüsste, dass sie eine Sünderin ist. Da wandte sich Jesus an ihn und sagte: Simon, ich möchte dir etwas sagen. Er erwiderte: Sprich, Meister! (Jesus sagte:) Ein Geldverleiher hatte zwei Schuldner; der eine war ihm fünfhundert Denare schuldig, der andere fünfzig. Als sie ihre Schulden nicht bezahlen konnten, erließ er sie beiden. Wer von ihnen wird ihn nun mehr lieben? Simon antwortete: Ich nehme an, dem er mehr erlassen hat. Jesus sagte zu ihm: Du hast recht. Dann wandte er sich der Frau zu und sagte zu Simon: Siehst du diese Frau? Als ich in den Haus kam, hast du mir kein Wasser zum Waschen der Füße gegeben; sie aber hat ihre Tränen über meinen Füßen vergossen und sie mit ihrem Haar abgetrocknet. Du hast mir (zur Begrüßung) keinen Kuss gegeben; sie aber hat mir, seit ich hier bin, unaufhörlich die Füße geküsst. Du hast mir nicht das Haar mit Öl gesalbt; sie aber hat mir mit ihrem wohlriechenden Öl die Füße gesalbt. Deshalb sage ich dir: Ihr sind ihre vielen Sünden vergeben, weil sie (mir) so viel Liebe gezeigt hat. Wem aber nur wenig vergeben wird, der zeigt auch nur wenig Liebe. Dann sagte er zu ihr: Deine Sünden sind dir vergeben. Da dachten die anderen Gäste: Wer ist das, dass er sogar Sünden vergibt? Er aber sagte zu der Frau: Dein Glaube hat dir geholfen. Geh in Frieden!«*

Unmittelbar nach diesem Text führt Lukas die wirkliche Maria Magdalena ein (siehe oben), aber er tut dies, ohne sie direkt mit der anonymen Sünderin zu verbinden. Beide Textpassagen gehen in eine gemeinsame Rahmenerzählung ein.

Ähnliche Geschichten erzählen die anderen drei Evangelisten, jedoch ohne die Frau »Sünderin« zu nennen oder die Vergebung ins Bild zu setzen. Stattdessen konzentriert sich das Interesse auf das kostbare Öl, mit dem die

Frau Jesus salbt, jenes Öl, das – ging es nach den Jüngern – besser hätte verkauft werden sollen zu Gunsten der Armen. Matthäus und Markus (Matthäus 26:6–13; Markus 14:3–8) verlegen die Geschehnisse in das Haus Simons des Aussätzigen nach Betanien. Johannes (11:2; 12:1–8) siedelt sie auch in Betanien an, zeigt dabei aber eine namentlich genannte Person als verantwortlich auf – Maria, die Schwester von Marta und Lazarus:

> *»Maria ist die, die den Herrn mit Öl gesalbt und seine Füße mit ihrem Haar getrocknet hat, deren Bruder Lazarus war krank.*
>
> *Sechs Tage vor dem Paschafest kam Jesus nach Betanien, wo Lazarus war, den er von den Toten auferweckt hatte. Dort bereiteten sie ihm ein Mahl; Marta bediente und Lazarus war unter denen, die mit Jesus bei Tisch waren. Da nahm Maria ein Pfund echtes, kostbares Nardenöl, salbte Jesus die Füße und trocknete sie mit ihrem Haar. Das Haus wurde vom Duft des Öls erfüllt. [Darauf folgt Judas Iskariots quengelnder Hinweis auf diese Verschwendung.] Jesus erwiderte: Lass sie, damit sie es für den Tag meines Begräbnisses tue. Die Armen habt ihr immer bei euch, mich aber habt ihr nicht immer bei euch.«*

Zu irgendeinem für uns unbekannten Zeitpunkt begannen die Christen diese drei Frauen miteinander zu identifizieren – Maria aus Magdala, Maria von Betanien und die anonyme Sünderin aus dem Lukasevangelium. Warum?

Die Handlung selbst, die Salbung, hat dazu beigetragen. Maria Magdalena bereitete sich darauf vor, Jesus nach der Grablegung zu balsamieren. Die anonyme Sünderin und Maria von Betanien salbten ihn vor seinem Tod. Eine andere Ursache ist wahrscheinlich Lukas' Anmerkung zu Maria Magdalenas unglücklicher Vergangenheit, dass sie von Dämonen besessen gewesen sei. Sehr frei gedeutet ließe sich dies so auffassen, dass sie eine Sünderin gewesen war, insbesondere vor dem Hintergrund, dass die beiden Textpassagen im Evangelium nebeneinander stehen.

Bevor wir weitergehen, ist es die Mühe wert, Maria von Betanien etwas näher zu betrachten, die Schwester von Marta und Lazarus. Im Johannesevangelium spielt sie nicht nur durch die Salbung eine herausragende Rolle, sondern auch im Zusammenhang mit einem der berühmtesten Wunder

Jesu, der Auferweckung des Lazarus von den Toten (Johannes 11:1–45). Von Jesus wird gesagt, er habe sehr an den drei Geschwistern gehangen, und als sie ihm die Botschaft sandten, Lazarus sei krank, entschloss er sich, nach Betanien zu gehen. Bei seiner Ankunft war Lazarus jedoch schon tot und seit vier Tagen begraben. Marta eilte hinaus, um Jesus zu treffen, während Maria zu Hause blieb. Jesus erfuhr, was geschehen war, und erklärte Marta, dass ihr Bruder auferstehen würde. Marta bekannte da ihren Glauben an Jesus als Messias und hastete dann heim zu Maria:

> *»Nach diesen Worten ging sie weg, rief heimlich ihre Schwester Maria und sagte zu ihr: Der Meister ist da und lässt dich rufen.*
> *Als Maria das hörte, stand sie sofort auf und ging zu ihm.*
> *Denn Jesus war noch nicht in das Dorf gekommen; er war noch dort, wo ihn Marta getroffen hatte. Die Juden, die bei Maria im Haus waren und sie trösteten, sahen, dass sie plötzlich aufstand und hinausging. Da folgten sie ihr, weil sie meinten, sie gehe zum Grab, um dort zu weinen. Als Maria dorthin kam, wo Jesus war, und ihn sah, fiel sie ihm zu Füßen und sagte zu ihm: Herr, wärst du hier gewesen, dann wäre mein Bruder nicht gestorben. Als Jesus sah,*
> *wie sie weinte und wie auch die Juden weinten, die mit ihr gekommen waren, war er im Innersten erregt und erschüttert. Er sagte:*
> *Wo habt ihr ihn bestattet? Sie antworteten ihm: Herr, komm und sieh!«*

Auch im Lukasevangelium taucht Maria von Betanien in einer denkwürdigen Episode auf (10:38–42):

> *»Sie zogen zusammen weiter und er kam in ein Dorf. Eine Frau namens Marta nahm ihn freundlich auf. Sie hatte eine Schwester, die Maria hieß. Maria setzte sich dem Herrn zu Füßen und hörte seinen Worten zu. Marta aber war ganz davon in Anspruch genommen, für ihn zu sorgen. Sie kam zu ihm und sagte: Herr, kümmert es dich nicht, dass meine Schwester die ganze Arbeit mir allein überlässt? Sag ihr doch, sie soll mir helfen! Der Herr antwortete: Marta, Marta, du machst dir viele Sorgen und Mühen. Aber nur eines ist notwendig. Maria hat das Bessere gewählt, das soll ihr nicht genommen werden.«*

Das Wenige, das uns die Evangelien von Maria aus Magdala und Maria von Betanien sehen lassen, deutet kaum darauf hin, dass sie etwas gemeinsam haben könnten, nicht mehr, als dass beide den gleichen Namen tragen und Anhänger Jesu sind. Darüber hinaus sind die Unterschiede bedeutend. Maria Magdalena folgt Jesus auf seinen Wanderungen nach, während Maria mit ihrer Schwester und ihrem Bruder in Betanien wohnt. Magdala liegt in Galiläa, Betanien in Judäa. Dennoch fügt die katholische Tradition sukzessive beide Marien und die anonyme Sünderin zusammen.

Wahrscheinlich begann die Ineinssetzung bereits in der ersten Zeit der Christenheit, aber es dauerte einige Jahrhunderte, ehe dieser Prozess vollendet war. Dann war die Zusammenkopplung in der katholischen Christenheit während des ganzen Hoch- und Spätmittelalters allgemein als Wahrheit akzeptiert.

Der Gedanke war besonders lockend, weil er sich mit der Vorstellung von der Urfrau Eva als unglücklicher Hauptakteurin des Sündenfalls kombinieren ließ. Der Kirchenvater Gregor von Nyssa (ca. 335–ca. 395) hielt es für ganz folgerichtig, dass es gerade eine Frau war, die als Allererste dem auferstandenen Jesus begegnete; diese Frau musste ja den Schaden wiedergutmachen, den die Menschheit durch Eva erlitten hatte. Bischof Ambrosius von Mailand (geb. ca. 339, gest. 397) war derselben Ansicht.

Bereits in den Schriften, die von Hippolyt von Rom (geb. vor 170, gest. etwa 235) erhalten sind, findet sich die Vorstellung von Maria Magdalena als einer guten Anti-Eva wieder, einer Frau, die die Rolle des Hohenlieds als Christi Braut, lat. *sponsa Christi*, ausfüllte. Hippolyt hat einen eigenen Kommentar zum Hohenlied hinterlassen, in welchem er die Braut, »das Mädchen von Shulem«, die in den Schriften genannt wird, als Maria Magdalena deutet, Christus im Garten suchend, in der Absicht, ihn zu salben. Die Frauen, die hingingen und Jesus suchten, kompensierten so Evas ursprüngliche Sünde: Eva war ein Apostel geworden! Und wenn Maria Magdalena, bevor sie dieses gute Werk vollbrachte, eine wirkliche Eva gewesen war, also eine Gott missfallende Sünderin – umso besser!

Die Ineinssetzung der drei Frauen forderte indessen Arbeit, Gedankenkraft und Zeit, und längst nicht alle gelehrten Männer waren bereit, sich solche Fehler zu Schulden kommen zu lassen. In seiner umfassenden Untersuchung der Sichtweisen der Kirchenväter in dieser Sache hat Richard Atwood (1993) gezeigt, wie die allermeisten – darunter Irenäus, Origenes, Eusebius, Hilarius, Ambrosius, Johannes Chrysostomus und Hieronymus – anscheinend nicht auf den Gedanken gekommen sind, die drei Frauen zu einem einzigen Individuum zusammenzuschmelzen. Augustinus' Ansicht ist unklar, aber ihm kann nicht nachgewiesen werden, dass er es getan hätte. Der erste westliche Kirchenvater, der ohne Zweifel die drei Frauen miteinander identifizierte, war eher Papst Gregor I., »der Große« (gest. 604), der in einer erhaltenen Predigt, gehalten in der Kirche San Clemente in Rom im September 591, die Individuen ausdrücklich zusammenkoppelt. Der lat. Text lautet: *Han vero quam Lucas peccatricem mulierem, Joannes Mariam nominat, illam esse Mariam credimus de qua Marcus septem daemonia ejecta fuisse testatur.* »Wir glauben, dass sie, welche Lukas eine Sünderin, Johannes aber Maria nennt, dieselbe Frau ist, aus der laut Markus sieben Dämonen ausgetrieben wurden.«[106]

Damit begann die Formung einer neuen Heiligen. Aus dem gängigen Bild der Maria von Betanien erhielt Maria Magdalena einen kontemplativen, nach innen gerichteten Zug, während die anonyme Sünderin sie mit einer dunklen, aufregenden Vergangenheit versah. Ihre eigenen Funktion als Botschafterin Jesu und Zeugin der Auferstehung war sicherlich aus kirchlicher Sicht und nach christlicher Meinung sehr viel stärker und wichtiger, aber so sollte es nicht immer bleiben.

Maria Magdalena entwickelte sich so, Schritt für Schritt, zur Reumütigen Sünderin, der neuen Eva, die den Fluch bricht, der durch Evas ursprüngliches Handeln auf der Welt lastet. Die westliche Kirche nahm diese Ineinssetzung als evangeliare Wahrheit an mit dem 22. Juli als Feiertag der dreifaltig kombinierten weiblichen Heiligen bis in das Jahr 1969. Obwohl das Identitätsproblem in erneuten Debatten einige Male aufgenommen wurde, besonders seit den kirchlichen Umwälzungen des 16. Jahrhunderts, hat sich die Auffassung von Maria Magdalena als reumütiger Sünderin auffallend gut bis in unsere Tage gehalten, sowohl in der katholischen als auch der protestantischen Welt. Es ist deshalb nicht verwunderlich, dass diese zusammengemischte Version Maria Magdalenas uns beispielsweise im Musical *Jesus Christ Superstar* oder in Evangelienverfilmungen wie *Jesus von Nazaret* begegnet.

Es muss darauf hingewiesen werden, dass einige mittelalterliche Kirchenmänner versuchten, die Widersprüche in der Geschichte Maria Magdalenas zu lösen, indem sie die Hypothese vorbrachten, es habe vielleicht mehrere Personen dieses Namens gegeben, eine Auffassung, die jedoch nicht besonders verbreitet war.[107] Die östliche Kirche war konsequenter und ließ die drei Frauen ihre je eigene Identität behalten. Nach dem orthodoxen Kalender wird Maria Magdalena am 22. Juli, Maria von Betanien am 18. März oder am 4. Juni und die anonyme Sünderin des Lukasevangeliums am 31. März gefeiert. Die Tatsache, dass die katholische und die orthodoxe Welt unterschiedliche Auffassungen über Maria Magdalenas Identität besessen hat, scheint hier und da zu Diskussionen geführt zu haben, besonders wenn Repräsentanten beider Kirchen in der Folge der westeuropäischen Kreuzzüge in den Vorderen Orient miteinander konfrontiert waren. Gerard von Nazaret, katholischer Bischof in Laodicea in der Mitte des 12. Jahrhunderts, ließ solchermaßen einen Text verfassen, der die Zusammenfügung der drei Frauen zu einer verteidigte, *De una Magdalena contra Graecos* (»Über die eine Maria Magdalena, gegen die Griechen«).[108]

Eine fromme Frau in den Ländern des Ostens

Während die Zusammenfügung der drei Frauen vor sich ging und während die westliche und die östliche Kirche noch vereint waren durch ökumenische Bande, die noch nicht zerschnitten waren in der sich anbahnenden Teilung in das orthodoxe und das katholische Christentum, nahm die Legende von der heiligen Maria Magdalena ganz sacht Gestalt an.

Das Volk wollte wissen. Es wollte die Fortsetzung erfahren, das, was sie nach der Auferstehung getan hat, wo sie sich befand, als die Apostel predigten und die ersten Christenverfolgungen ausbrachen. Im Unterschied zu Judas gibt ja die Bibel keinerlei Leitfaden zu Maria Magdalenas Lebenslauf nach Jesu Tod und Auferstehung. Nicht einmal die Apostelgeschichte bietet irgendeine Hilfe. Also begann man, sich etwas auszudenken. Traditionen wurden entwickelt und von Dorf zu Dorf, von Land zu Land weitergetragen.[109]

Wohl ist anzumerken, dass es recht lange dauerte, bis die Einflüsse Marias von Betanien und der anonymen Sünderin in der Legende markante Spuren hinterließen, auch nachdem die Zusammenfügung erfolgte. Während des ganzen frühen Mittelalters wurde Maria Magdalena, zusammengekoppelt oder nicht, hauptsächlich als ein Vorbild für eine fromme Lebensführung verstanden. Sie war nicht die reumütige Sünderin, auch nicht die meditierende Mystikerin. Man sah sie als die Frau, die die Auferstehung bezeugen sollte. Sie war die Apostelin der Apostel, die glückliche Person, der die Ehre zuteil wurde, den Jüngern die frohe Botschaft zu überbringen, auf dass sie sie in der Welt verbreiteten.

Die ältesten Legenden, die wir über Maria Magdalenas Geschichte nach der Auferstehung kennen, verlegen ihr Leben und Wirken in das östliche Mittelmeergebiet. Das ist nicht verwunderlich. Etwas anderes wäre merkwürdig gewesen, einmal, weil sie aus Galiläa stammte, und zum anderen vor dem Hintergrund, dass dieses Gebiet lange das Kernland des Christentums war. Das letzte Mal, wo uns Maria Magdalena in der Bibel begegnet, befindet sie sich außerdem in Jerusalem, und was wäre wohl natürlicher, als ihr Leben dort weitergehen zu lassen, wo die Evangelisten enden?

Wir können davon ausgehen, dass ein großer Teil der Geschichten, die einmal über Maria Magdalenas Leben in Palästina nach dem Tod Jesu zirkulierten, verloren gegangen ist. Einige sind erhalten, und diese sind untereinander widersprüchlich. Eine solche Erzählung von großem Interesse ist in einem koptischen Text aus dem 4. oder 5. Jahrhundert überliefert, der wahrscheinlich auf ein griechisches Original zurückgeht. Aus wahrscheinlich fehlerhaften Gründen ist er Kyrillos von Jerusalem zugeschrieben worden. Ausgangspunkt dieses Textes ist, dass Maria Magdalena eigentlich eine Verwandte der Jungfrau Maria sei. Nachdem die Mutter der Jungfrau Maria, Anna, gestorben war, heiratete der Vater nach der wenig wahrscheinlichen Geschichte eine Frau namens Synkletike, Tochter eines reichen Beamten aus Magdala, die Maria Magdalenas Mutter werden sollte (daher der Name Magdalena). Maria sei zu einer frommen und energischen Frau herangewachsen, offenbar Jungfrau ihr Leben lang, die ihrer heiligen Verwandten nahestand und mit Erfolg brieflich bei Kaiser Tiberius interveniert habe. Nach dem Tod Jesu sei es Maria Magdalena gewesen, die Nikodemus und Josef von Arimathäa gebeten habe, zu Pilatus zu gehen und die Erlaubnis zu erwirken, den Gekreuzigten zu begraben. Zunächst waren die beiden Männer unwillig, denn sie glaubten, Maria Magdalena – die ja Tiberius kannte – habe größere Chancen als sie selbst, ihren Willen bei Pilatus durchzusetzen. Doch Maria Magdalena habe ihnen erwidert, dass es einer Frau nicht angemessen sei, in dieser Angelegenheit zum Gouverneur zu gehen, worauf sie die beiden endlich entsandte. Sie habe sie auch instruiert, Pilatus Geld zu schenken, um das Ansinnen zu erleichtern, aber das erwies sich als unnötig. Nachdem man ihnen den Leichnam überlassen hatte, salbte Maria Magdalena ihn mit Öl, worauf die drei das Begräbnis gemeinsam vornahmen.

Danach sei Maria Magdalena, genau wie in der Bibel, die prominenteste Zeugin der Auferstehung Jesu geworden. Fünfzehn Jahre später sei dann die Jungfrau Maria gestorben. Auf dem Sterbebett, vor allen Aposteln, habe sie Maria Magdalena zur neuen Führerin der christlichen Kirche ernannt und die Versammelten ermahnt, ihr von nun an zu gehorchen. Während die Apostel die christliche Lehre verbreiteten, sei sie in Jerusalem geblieben und habe die Offenbarungen über verborgene Dinge von Christus empfangen.[110]

Wie weit die Auffassung, Maria Magdalena sei eine Verwandte Jesu gewesen, verbreitet war, ist unbekannt; in der weiteren Legendenentwicklung sollte diese Idee keine weiteren Spuren hinterlassen. Vermutlich gab es diese Ansicht hier und da in Syrien, Palästina und Ägypten während des 4. und 5. Jahrhunderts, um dann der Konkurrenz anderer Legenden zu erliegen. Wir wissen aber umso mehr über die Vorstellung, dass Maria Magdalena eine Führungsrolle innerhalb der Urkirche eingenommen und himmlische Botschaften empfangen habe; diese Auffassung erhielt nicht zuletzt im Gnostizimus große Bedeutung.

Der älteste Kult Martas und Marias, mit der Maria Magdalena verwechselt wurde, entstand ebenfalls in Palästina. Aus Briefen und Pilgerdarstellungen des 4. Jahrhunderts geht hervor, dass beide Schwestern als Heilige in Betanien verehrt wurden, an jenem Ort, an dem sie auch im Neuen Testament lokalisiert werden.[111]

Bis dahin gibt es keine Probleme: Sowohl Maria Magdalena als auch Maria von Betanien waren in der Zeit der Urkirche im Land Jesu fest verwurzelt. Bald kamen jedoch Traditionen auf, die Maria Magdalena mit den Wurzeln aus ihrer Heimat rissen und sie in andere Länder des Mittelmeergebietes verlagerten. Ein solches Land war Italien. Paulus war nach Rom gereist, der Kaiser residierte hier, viele Christen erlitten in dieser Stadt den Märtyrertod. Warum konnte sich nicht auch Maria Magdalena hierher begeben haben? Manche Verfasser führen hierzu an, sie habe Rom aufgesucht in der Absicht, Pontius Pilatus vor dem Kaiser anzuklagen.[112] Ein frühes Beispiel ist das Nikodemusevangelium. In einer Version lässt der anonyme Verfasser Maria Magdalena bei der Grablegung Jesu in die Klage ausbrechen:

> *»Wer wird dies in der ganzen Welt bekannt machen? Allein werde ich nach Rom fahren zum Kaiser. Ich werde ihm aufzeigen, welches Böse Pilatus getan hat, indem er dem bösen Begehren der Juden willfährig nachgab.«*[113]

Diese Geschichte blieb in der Ostkirche während des ganzen Mittelalters populär. Als Beispiel kann angeführt werden, dass der Byzantiner Nikephoros Kallistos noch so spät wie im Jahr 1300 behauptete, Maria Magdalena sei nach dem Tod Jesu zu Kaiser Tiberius nach Rom gefahren und habe ihm von der unrechtmäßigen Hinrichtung berichtet, die auf Golgota geschehen war, was in eine flammende Abrechnung mit Pilatus, Kajaphas und Hannas mündete. Danach, behauptet Nikephoros Kallistos, habe sich Maria Magdalena auf lange Missionsreisen begeben, um das Evangelium in der Welt zu verbreiten. Am Ende habe sie sich in Ephesus, im westlichen mittleren Asien, niedergelassen, wo sie auch starb.[114]

Der Tod in Ephesus wurde in der Spätantike und dem frühen Mittelalter zu einem der stärksten Elemente in der ostkirchlichen Überlieferung zu Maria Magdalena. Einer der frühesten Zeugen dieses Ereignisses war Bischof Gregor von Tours, der in der zweiten Hälfte des 6. Jahrhunderts im Frankenreich wirkte. Er notierte in einem seiner Bücher, *De gloria martyrium* (Kap. 30), geschrieben etwa um 590, dass Maria Magdalena in Ephesus ruhe und »dass nichts sie bedeckt« (lat. *nullum super se tegumen habens*), was dahingehend gedeutet wurde, dass das Grab die Form eines Oratoriums besessen habe, das zum Himmel hin offen war. Der Patriarch Modestus von Jerusalem (gest. 634), der einer späteren Generation angehörte, behauptete, Maria Magdalena habe sich in Ephesus zusammen mit Maria, der Mutter Jesu, und seinem Jünger Johannes niedergelassen. Nach dieser schnell heranwachsenden Legende war es auch in Ephesus, wo sie den Märtyrertod erlitten habe, und es war hier, wo ihr erster großer Heiligenkult im 6. Jahrhundert blühte. Modestus führt an, dass Maria Magdalena die Lehrerin anderer heiliger Frauen gewesen sei und bis zu ihrem Tod im Zölibat gelebt habe. Ihr Grab, so erzählt er, lag ganz in der Nähe der Siebenschläfergrotte, welche mit einem schaurigen Ereignis aus der Zeit der Christenverfolgungen Kaiser Decius' in der Mitte des 3. Jahrhunderts verknüpft wird. Sieben junge Männer sollen dort lebendig begraben worden und 200 Jahre später während der Regierungszeit Theodosius' II. aufgewacht sein; die Geschichte ist seit Mitte des 5. Jahrhunderts bekannt.[115]

Doch ist dies nicht der geeignete Ort, eine längere Darstellung der Siebenschläferlegende einzufügen. Es mag genügen, darauf hinzuweisen, dass sie im Christentum und auch im Islam – sie kommt in der 18. Sura vor – große Popularität genoss und dass die Länge des Schlafs in den unterschiedlichen Legendenversionen variiert (eine übliche Angabe ist die Zeit von 309 Jahren). Die geografische Nähe zur heiligen Siebenschläfergrotte begünstigte zweifellos das Aufkommen eines Maria-Magdalena-Kultes, der irgendwann in der Zeit von der Mitte des 5. bis Ende des 6. Jahrhunderts entstanden sein dürfte.[116]

Nichts deutet darauf hin, dass es vor dieser Zeit eine entwickeltere lokale Tradition in Ephesus oder anderswo in Kleinasien um die Heilige aus Magdala gegeben habe. Auch das Datum für Maria Magdalenas Festtag, der 22. Juli, stammt aus Ephesus. Es setzte sich auch in Westeuropa durch, wenngleich es bis dahin einige Jahrhunderte dauerte. Nach einem fragmentarisch erhaltenen sogenannten Martyrologium aus dem merowingischen Frankenreich wurde Maria Magdalena in Westeuropa am 28. März gefeiert. Ein alternativer Festtag war der 19. Januar, wahrscheinlich weil Maria Magdalena leicht mit den persischen Märtyrern Marius und Marthe verwechselt wurde. Doch der 22. Juli schlug schließlich alle konkurrierenden Daten in Westeuropa. Der älteste Beleg stammt aus der Zeit um 720, als er von dem angelsächsischen Schriftsteller Beda Venerabilis genannt wird. Beda wirkte in der nordwestlichen Peripherie des Christentums, im Königreich Northumbria, welches heute in Nordengland und Südschottland aufgeht. Die ältesten unserer erhaltenen Gebete zu diesem Fest gehören ins 9. Jahrhundert zum Heiligtum des Martin im französischen Tours. Die älteste westeuropäische Messe, die Maria Magdalena zugeeignet ist, stammt aus dem 11. oder 12. Jahrhundert.[117]

Es ist kein Zufall, dass die erste abendländische Notiz zum 22. Juli als Festtag aus Nordengland herrührt. Aus unbekanntem Anlass scheinen die britischen Inseln ein ungewöhnlich frühes Verbreitungsgebiet des Maria-Magdalena-Kultes im Westen gewesen zu sein. Auf dem großen Ruthwellkreuz aus dem 7. oder 8. Jahrhundert, eines der imponierendsten northumbrischen Kunstwerke überhaupt, sehen wir die anonyme Sünderin des Evangelisten Lukas mit ihrem Haar die Füße Jesu trocknen. Auf dem Gosforthkreuz, ebenso auf northumbrischer Erde errichtet, kommt Maria Magdalena in der Kreuzigungsszene vor, und auf einer angelsächsischen Elfenbeinarbeit (heute im Musée de Cluny in Paris) aus dem 8. Jahrhundert begegnet sie Jesus nach der Auferstehung. Wie wir bald sehen werden, ist auch eine frühe Version der Eremitengeschichte Maria Magdalenas im angelsächsischen England geschrieben worden. Engländer und Iren trugen die Heilige aus Magdala in ihren Herzen, bevor sie zum Gegenstand eines größeren Kultes auf dem westeuropäischen Kontinent wurde.[118]

In byzantinischem Quellenmaterial gibt es zahlreiche Beispiele von gelehrten Männern, die Ephesus besuchten, um die Heilige zu ehren.[119] Noch im 12. Jahrhundert begaben sich Pilger in den kleinasiatischen Ort, um Maria Magdalenas Grab aufzusuchen, darunter der russische Mönch Daniel im Jahre 1106. Heute bestehen keine sichtbaren Reste des Kultes mehr, und dafür gibt es zumindest einen spezifisch ostkirchlichen Grund. Laut liturgischen Texten des 10. Jahrhunderts verlegte nämlich der byzantinische Kaiser Leo VI., der von 886 bis 912 regierte, Maria Magdalenas sterbliche Überreste von Ephesus nach Konstantinopel, wo sie neben den Reliquien des Lazarus in einem neuen und schön ausgeschmückten Kloster am Bosporus zur Ruhe gebettet wurden.

Die Umsiedlung in die kaiserliche Hauptstadt brachte unglücklicherweise mit sich, dass Maria Magdalena im Jahre 1204 Gefahr lief, den Plünderungen des Vierten Kreuzzuges ausgesetzt zu werden. Es gibt gute Gründe dafür anzunehmen, dass ihr Leichnam aus dem Heiligtum entfernt und in das deutsche Halberstadt gebracht wurde. Dass wir dies zu wissen glauben, beruht auf einer Notiz in der lokalen Bischofschronik, *Gesta episcoporum Halberstadiensum*, die auf ein Fragment des Schädels Maria Magdalenas anspielt. Für den Diebstahl verantwortlich wäre in diesem Fall Konrad von Krosik, Bischof in Halberstadt von 1201 bis 1209. In diesen Zusammenhang gehört auch, dass die Bewohner von Halberstadt aus unbekanntem Grund sich seit langem in der Verehrung gerade Maria Magdalenas ausgezeichnet hatten; schon am 5. November 974 hatte man ihr einen Altar in der Sankt-Stephans-Klosterkrypta nahe der Stadt geweiht. Hinzuzufügen ist, dass die Laterankirche in Rom im 13. Jahrhundert Maria Magdalena einen Altar geweiht hat, indem man geltend machte, dass hier ihr Körper – ohne den Schädel – ruhte. Eine mögliche Erklärung könnte sein, dass Rom und Halberstadt sich die Überreste teilten, nachdem der Leichnam der Heiligen von den Kreuzfahrern in Konstantinopel erbeutet worden war.[120]

Die Jagd nach Reliquien hatte begonnen. Außer für die erwähnten Städte gibt es Belege dafür, dass die Kathedrale im südenglischen Exeter sich bereits im 10. Jahrhundert im Besitz einer Reliquie – eines Fingers – Maria Magdalenas glaubte. Offenbar war diese von König Athelstan der Kathedrale gestiftet worden.[121] 1039 behaupteten Priester in Echternach im heutigen Luxemburg, eine Reliquie zu besitzen. In einem Reliquienkatalog des 11. Jahrhunderts über Reliquien im spanischen Oviedo finden wir Maria Magdalenas Haar. Kurze Zeit nach der normannischen Eroberung Englands 1066 wurde das erste eigene Heiligtum Maria Magdalenas in England, in Barnstaple in Devon, eingeweiht. Das Land jedoch, in dem Maria Magdalena während des Hoch- und Spätmittelalters die größte Bedeutung gewinnen sollte, war Frankreich, und auch hier konnte sie sich bereits im 11. Jahrhundert durchsetzen. Im Jahre 1024 wurde eine Maria-Magdalena-Kirche in Verdun geweiht, und einige Jahre später ist ein Kult ihr zu Ehren in Bayeux belegt. Dasselbe gilt für die Orte Bellevault (1034), Le Mans (ca. 1040), Reims (ca. 1043) und Besançon (1049). [122]

Gleichwohl wurde der größte Teil der oben erwähnten Reliquiengeschichte auf französischsprachigem Boden ignoriert. Was Griechen, Deutsche, Italiener, Spanier und Engländer taten, als sie sich angebliche Knochen und Haarsträhnen Maria Magdalenas beschafften und verehrten, scheint den Menschen in der Bourgogne und der Provence egal gewesen zu sein. Hier entstanden im Hochmittelalter zwei blühende Maria-Magdalena-Kulte, die allein durch ihre bloße Existenz alles, womit sich Ephesus, Konstantinopel, Halberstadt, Exeter, Oviedo, Echternach und Rom rühmten, in den Schatten stellten.

Auf diese Weise verbreitete sich der Kult Maria Magdalenas langsam über Länder und Meere, zuerst im östlichen Mittelmeerraum und dann immer weiter nach Westen. Es muss betont werden, dass dies sehr lange Zeit dauerte. Wir haben Belege dafür, dass der Personenname Magdalena in Westeuropa im 9. Jahrhundert allmählich aufkam, aber es bedurfte weiterer Jahrhunderte, ehe er populär wurde.[123] Während des größten Teils des ersten Jahrtausends unserer Zeitrechnung war der Kult nicht mit besonderen Kultplätzen und allgemein anerkannten Reliquien in Westeuropa verknüpft, sondern vielmehr durch seinen lokalen Charakter, gebunden an eine kleine Zahl von Kirchen, gekennzeichnet. Erst nachdem Maria Magdalena zu einer Heiligen entwickelt worden war, die die neutestamentliche Botschaft verkörperte, die eine deutliche Kontur im christlichen Glauben als Zeugin der Auferstehung erhielt und der dafür ein allgemein akzeptierter Festtag zuerkannt war, begannen Halberstadt, Exeter, Rom und später Vézelay und Saint-Maximin sich um das Anrecht auf die Frau aus Magdala zu streiten.

Der Hauptteil der Forschung zur Entwicklung von Kult und Legende Maria Magdalenas konzentriert(e) sich auf das mittelalterliche Westeuropa, die katholische Welt. Das bedeutet nicht, dass nicht auch im Osten Geschichten um die Heilige entwickelt und niedergeschrieben wurden.

Als leuchtendes Beispiel kann die äthiopische Legende um Marias Öl genannt werden, das Öl, mit dem sie als auserwählte Sünderin die Füße Jesu salbte. Die Legende erzählt, wie sie sich zu einem Kaufmann namens Hadnok begab, von dem sie wohlriechendes, eines Königs würdiges Öl zu kaufen wünschte. Das Öl, das sie hier fand, war nicht irgendein Öl: Es war Mose von Gott geschenkt worden, um fortan zur Salbung der Könige, Priester und Propheten Israels verwendet zu werden. Hadnok kannte diesen Hintergrund nicht, doch trotzdem war er lange unwillig, das Öl herzugeben. Es duftete so gut, dass er es selbst behalten wollte – aber er verkaufte es dann doch Maria.[124]

Maria Magdalena wird Eremitin

Während der Spätantike und dem frühen Mittelalter glich das Bild Maria Magdalenas, wie es beim Studium von Predigttexten hervortritt, doch sehr dem Bild der vier kanonischen Evangelisten. Maria Magdalena war die Frau, die den Leib Jesu salben sollte, die Frau, die dem Volk Christi wahres Wesen zeigte, die Auferstehungszeugin. Kombiniert man sie mit den Gestalten der anonymen Sünderin und Marias von Betanien, wird diese Rolle zu Beginn noch deutlicher. In den Augen der Priester war Maria Magdalenas wesentliche Funktion, allen die Göttlichkeit, das Erbarmen und die Erlöserkraft Christi zu offenbaren.[125]

Parallel zur Ausbreitung des Kultes im Mittelmeerraum wurde die Vermengung biblischer und nach-biblischer Gestalten jedoch entwickelt und vertieft, die mit der Ineinssetzung von Maria Magdalena, der Sünderin im Lukasevangelium und Maria von Betanien eingeleitet worden war.

Im 7. Jahrhundert begann man auch, sie mit weiteren Frauen zu assoziieren, mit denen sie jedoch noch weniger gemeinsam hatte.

Dazu gehörte die samaritische Frau, die im vierten Kapitel des Johannesevangeliums erwähnt und als eine promiskuitive Person mit fünf Männern dargestellt wird. Dass die Samariterin allmählich mit Maria Magdalena identifiziert wurde, beruht allein darauf, dass die Letztere schrittweise mit sexuellen Sünden in Verbindung gebracht wurde, obwohl die Bibel keinerlei Anhaltspunkt dafür bietet. Eine solche Verwechslung erfolgte auch zwischen Maria Magdalena und der anonymen Ehebrecherin, die uns im achten Kapitel des Johannesevangeliums begegnet.[126]

Je mehr von ihr erzählt und je populärer sie wurde, desto mehr weibliche Sünderinnen konnte Maria Magdalena absorbieren und ihrer Heiligengestalt einverleiben. Ihre eigene Geschichte, ihr eigener Charakter, wurde natürlich in dem Maße, wie eine verführte Frau nach der anderen in ihre Persönlichkeit inkorporiert wurde, verändert. Der wichtigste frühmittelalterliche Beitrag dieser Art war die äußerst sündige Frau, die man Maria Aegyptiaca zu nennen pflegt, Maria aus Ägypten.

Die ägyptische Maria sollte in der frühmittelalterlichen Kirchentradition als die große reumütige Sünderin hervortreten. Sie blieb auch während des Hoch- und Spätmittelalters populär, und ihre Legende ist auch innerhalb des schwedischen Sprachraumes bekannt.[127] Maria Aegyptiaca antwortete auf einen ausgeprägten kirchlichen und gesellschaftlichen Bedarf, ebenso stark in der Ostkirche wie in der Westkirche. Im Osten blieb sie die ganze Zeit eine separate Heilige, die fest auf eigenen Füßen stand, während sie im Westen sukzessive mit Maria Magdalena verknüpft wurde – und in der Folge ihre Legende auf diese übertrug.

Warum wurde sie überhaupt eingeführt? Weil die reumütige Sünderin als frommes Stereotyp gesellschaftlich notwendig war. Geschichten von schrecklichen Wesen weiblichen Geschlechts, die sich mit offenkundigem Wohlbehagen im fleischlichen Sumpf wälzen, um danach das Licht zu erblicken und auf den richtigen Weg zurückgebracht zu werden, waren von dem Typus, den das Volk begehrte und den Priester mit Freude an die interessierte Öffentlichkeit weitergaben. Die Sünderinnen waren gute Beispiele für Gottes gnadenreiche Kraft und zugleich für das allgemeine Elend der Frauen. Das Letztere behaupteten die Kirchenväter mit Bestimmtheit, doch war es schwer, es empirisch zu belegen, ohne mit gewichtigen und richtigen Gegenargumenten konfrontiert zu werden. Die Sünderinnen der Heiligenlegenden waren außerdem in ihren Verfehlungen gegen Gottes Gesetze sehr viel schlechter als die christlichen Zuhörer selbst, weshalb diese sich leicht zurücklehnen konnten in der Gewissheit, dass Gottes Reich trotz allem nicht besonders schwer zu erlangen war. Wenn die schlimmstmöglichen Sünderinnen dorthin gelangten, dann bestand Hoffnung. Außerdem: Mit den ausführlichen Schilderungen der widrigen Sünden dieser Frauen erhielten die mittelalterlichen Menschen genügend Stoff pikanter Skandale. Es sind nicht nur die heutigen Konsumenten von Boulevardzeitungen, TV-Soaps und Groschenromanen, die meinen, dass Geschichten von besonderen sexuellen Heldentaten und maßlosen Orgien fesselnd seien. In diesem Punkt sind sich die Menschen aller bekannten historischen Gesellschaften auffallend gleich.

Die Legende von Maria Aegyptiaca, die – wahrscheinlich irrtümlich – einem griechischen Autor des 7. Jahrhunderts namens Sophronios zugeschrieben wird, erzählt, wie der Abt Zosimas während einer Wanderung in der Wüste einer Frau begegnet. Er gibt ihr Kleider, denn sie war nackt und von der Sonne verbrannt. Danach betet die Frau, und nach dieser Gebetsstunde erzählt sie dem Abt ihre Geschichte. Siebzehn Jahre lang habe sie in Alexandria als Prostituierte gearbeitet, bevor sie sich entschloss, eine Pilgerreise ins Heilige Land zu unternehmen. Sie bezahlte für die Überfahrt, indem sie der gesamten Besatzung als Hure diente – dies war ja die einzige Arbeit, die sie konnte, und außerdem besaß sie kein Geld. Als sie schließlich bei der ersehnten Kirche angekommen sei, konnte sie nicht hineingehen, bevor sie Buße getan und der Jungfrau Maria gelobt hatte, nicht mehr zu sündigen. Dann konnte sie eintreten und das Kreuz küssen. Eine Stimme habe ihr gesagt, sie solle hinaus in die Wüste gehen, wo sie nun seit 47 Jahren lebe. Da ihre Kleider verschlissen seien, könne sie ihren Körper nur mit ihren langen Haaren schützen. Nachdem Zosimas die Geschichte gehört hatte, erkannte er, dass Maria göttliche Weisheit erlangt hatte. Er pries Gott und reichte ihr das Abendmahl, worauf Maria starb und in der Wüste begraben wurde.[128]

Spätestens Mitte des 9. Jahrhunderts ist diese Erzählung mit Maria Magdalenas Geschichte verwoben worden. Wahrscheinlich erfolgte die Zusammenfügung in jenem Teil des südlichen Italiens, der vom Byzantinischen Reich kontrolliert wurde. Dies muss vor dem Hintergrund betrachtet werden, dass viele griechische Mönche während dieser Epoche in Süditalien wirkten und die neuen Elemente der Legende aus dem Osten mit sich führten. Einige dieser Mönche waren Inspirationsquellen der ältesten bekannten Biografie Maria Magdalenas. Auf sie wird unter dem lateinischen Titel *Vita eremitica*, »Eremitenbiografie«, verwiesen.

In der Eremitenbiografie wird geschildert, wie Maria in die Wüste flieht, nachdem Jesus gen Himmel gefahren ist. Hier habe sie ohne Nahrung und Kleidung 30 Jahre lang gelebt. Manchmal seien Engel gekommen, um sie zum Himmel zu heben. Als ihr Ende nahte, sei sie einem Priester begegnet, den sie fromm um Kleider bat, damit sie sich nicht schämen müsse. Nachdem ihre Bitte erfüllt war, habe er sie zu seiner Kirche geführt, wo Maria starb und begraben wurde. Bevor sie starb, gelang es ihr aber noch, von ihrer Vergangenheit und dem langen, harten Aufenthalt in der Einöde zu erzählen.[129]

Die Ähnlichkeit mir Maria Aegyptiacas Geschichte ist zu deutlich, als dass es sich um einen Zufall handeln könnte. Tatsächlich gab es im Mittelalter Gelehrte, die ausdrücklich auf diese Ähnlichkeit verwiesen und ausgehend davon behaupteten, Maria Magdalenas Eremitendasein könne nicht ernst genommen werden.[130] Gleichwohl gab es auch große Unterschiede zwischen den Persönlichkeiten beider Heiligen. Die Maria Magdalena des 9. Jahrhunderts ist keine Buße tuende Sünderin im eigentlichen Wortsinn. Sie weilt in der Wüste aus Trauer, aus Liebe und nicht zuletzt aus dem Bedürfnis nach Kontemplation. Einige Jahrhunderte später sollte diese Situation in Richtung Buße tun verändert werden, sodass die Ähnlichkeit mit Maria Aegyptiacas Geschichte noch deutlicher wird. Soweit war man im 9. Jahrhundert noch nicht gekommen.

Die Erzählung wurde im ganzen christlichen Westeuropa verbreitet. In einer angelsächsischen Märtyrererzählung des 9. Jahrhunderts lesen wir, Maria Magdalena habe sich nach Jesu Himmelfahrt so sehr nach ihm gesehnt, dass sie hinaus in die Einöde ging und dort in Einsamkeit lebte und fastete, ohne zu essen oder zu trinken. Zur Gebetsstunde hoben die Engel sie hinauf zum Himmel und gaben ihr geistige Nahrung, worauf sie zu ihrer Felsenhöhle zurückkehrte. So habe Maria Magdalena 30 Jahre lang gelebt, bis sie von einem Priester entdeckt wurde, der verwundert ihre Höhle aufsuchte und erfuhr, wer sie war. Sie erzählte, dass sie niemand anders sei als die unglückliche und sündige Frau mit Namen Magdalena, erwähnt im Evangelium, aus welcher der Herr sieben Dämonen ausgetrieben habe. Nachdem sie ihr Eremitenleben dargestellt hatte, beschaffte der Priester auf ihre Bitte hin angemessene Kleider und führte sie zurück in die Gesellschaft, auf dass sie ihr Leben unter Menschen abschließen konnte. Nachdem Maria Magdalena in der Kirche des Priesters das Abendmahl empfangen habe, sei sie gestorben und im selben Gebäude begraben worden. Große Mirakel hätten sich an ihrem Grab ereignet.[131]

Von der Eremitenbiografie hieß es während des Mittelalters, sie sei von keinem Geringeren als Flavius Josephus (ca. 37–100) verfasst worden, einem hervorragenden jüdischen Autor, mit dem wir im Kapitel zu Pontius Pilatus weitere Bekanntschaft machen werden. Die Erzählung wurde im 11. und 12. Jahrhundert besonders populär, als sie zu bedeutenden Veränderungen in der Sichtweise von Marias Person, auch rein physisch, inspirierte. In literarischen und künstlerischen Schilderungen der Heiligen begann man, früher unbekannte Eigenschaften zu betonen, beispielsweise, dass sie nackt gewesen sein soll und ihr langes goldenes Haar ihren Körper vor lüsternen Blicken schützte.

Eben diese Details stammen eigentlich aus der im 5. Jahrhundert entstandenen Legende von der heiligen Agnes. Agnes soll eine schöne römische Jungfrau gewesen sein, die aus Liebe zu Gott einen Freier abgewiesen hatte. Aus diesem Grund sei sie von den die Christen verfolgenden römischen Behörden als Christin erkannt worden; das Ereignis soll um 310 stattgefunden haben. Agnes habe danach hart und erfolgreich für ihre Keuschheit gekämpft, denn sie verstand sich als Braut Christi. Als die Heiden ihr die Kleider vom Leib gerissen und sie nackt in ein Bordell sperrten, sei ihr Haar auf rätselhafte Weise gewachsen, um sie vor schamlosen Blicken zu schützen. Außerdem zog ein Engel in das Bordell ein und verwandelte diesen Ort der Sünde und Scham zu einem frommen Gebetshaus, das in göttlichem Glanz erstrahlte. Als die Behörden danach versuchten, Agnes zu verbrennen, weigerte sich das Feuer sie zu fassen und schluckte stattdessen die boshaften Zuschauer. Am Ende erlitt Agnes den Märtyrertod, indem man ihren Hals mit einem Dolch durchbohrte. Die Details von Agnes' Nacktheit und von ihrem langen Haar wurden später in die Legenden von Maria Aegyptiaca und Maria Magdalena eingeflochten.[132]

Zu einem nicht bekannten Zeitpunkt nach der Zusammenstellung der Eremitenbiografie wurden die verschiedenen Erzählfäden der Evangelien in der Schilderung der Heiligen zu einer erklärenden und moralisierenden Ganzheit zusammengezogen, der berühmten Predigt mit dem Titel *Sermo in veneratione Sanctae Mariae Magdalenae.* Dieser Text sollte in den nachfolgenden Jahrhunderten große Bedeutung für die Interpretation der Frau aus Magdala erlangen und ist deshalb von heutigen Forschern umfassend analysiert worden.

Der Verfasser des *Sermo* ist unbekannt. Früher pflegte man nachlässig zu behaupten, der Text sei im 10. Jahrhundert von dem großen Kirchenmann Odo von Cluny geschrieben worden, doch kann es sich ebenso gut um eine Arbeit aus dem 11. Jahrhundert handeln, möglicherweise in Vézelay entstanden. In der Predigt, die manchmal auch »Evangelienbiografie« genannt wird, finden wir zum ersten Mal alle die Auszüge aus dem Neuen Testament, die man zu dieser Zeit mit Maria Magdalena in Verbindung brachte, das heißt auch Textpassagen zu Maria von Betanien und der anonymen Sünderin bei Lukas. Der Verfasser gibt außerdem persönliche Deutungen und zieht eigene Schlussfolgerungen aus seiner Synthese. Eine dieser Schlussfolgerungen, der wichtigste neue Beitrag zum Bild der Heiligen, betrifft ihren sozialen Hintergrund. Der anonyme Predigtverfasser stellt sich Maria Magdalena als eine sehr reiche Frau vornehmer Herkunft vor, was von da an vielfach variiert in mittelalterlichen Texten vorkommt.[133]

Das heterogene Bild Maria Magdalenas als einer wohlhabenden Sünderin, die bereut, sich durch göttliche Gnade in eine gute Christin verwandelt, als Jüngerin Jesus nachfolgt und schließlich Zeugin der Auferstehung wird, war mit der Entstehung dieser Predigt theoretisch und theologisch sanktioniert. Sämtliche neutestamentliche Themen werden präsentiert und im Detail erklärt. Die Predigt ist mit einem veritablen Kompendium magdalenischer Elemente verglichen worden, fertig zum Gebrauch für jeden frommen Kirchenmann, der es wünschte.

Hiermit war die vielhundertjährige Vorbereitungsarbeit vollendet. Das Hochmittelalter begann und Maria Magdalena wurde verwandelt.

Maria Magdalena in Vézelay

Am Heiligabend 1144 fiel Edessa, der östlichste Außenposten der katholischen Christenheit im Nahen Osten, durch Imad al-Din Zangi, Herrscher über Aleppo und Mosul. Dies war die erste größere Niederlage der christlichen Kreuzfahrer in den Kämpfen, die mit kurzen Unterbrechungen gegen Syriens muslimische Machthaber geführt wurden. Die Katastrophe hatte ein Echo in ganz Westeuropa und wurde zum Signal einer großen Kräftesammlung, dem so genannten Zweiten Kreuzzug. In der Osterzeit 1146 wurde die Expedition gen Osten durch Bernhard von Clairvaux, einem der charismatischsten Kirchenmänner des Mittelalters, mit einer Predigt im burgundischen Kloster in Vézelay eingeleitet. Die Zahl der Zuhörer war so groß, dass Bernhard gezwungen war, sich draußen auf dem Feld aufzuhalten, wo so viele Menschen wie möglich ihn sehen und hören konnten. Der französische König Ludwig VII. und seine Vasallen zogen willig nach Osten und trugen das Kreuz mit Enthusiasmus. Wer die Kreuzzugsgeschichte kennt, weiß, dass der Feldzug im größten Fiasko des Jahrhunderts endete, in der demütigenden Niederlage der Christen gegen die Muslime und in einen noch demütigenderen Rückzug aus Damaskus. Seine Einleitung war, ungeachtet des nachfolgenden Scheiterns, eine spektakuläre Manifestation frommer Massenpsychose. Aber warum gerade in Vézelay?

Papst Eugenius III. hatte den Ort für Bernhards Kreuzzugspredigt nicht zufällig gewählt. Dass es gerade Vézelay werden sollte, beruhte auf Maria Magdalena. Der Kreuzzug wurde unter ihrem Schutz eingeleitet. Für viele Westeuropäer des 12. Jahrhunderts war es selbstverständlich, dass Maria Magdalenas sterbliche Überreste in der romanischen Kirche von Vézelay ruhten. Ursprünglich war sie zwar eine Jungfrau-Maria-Kirche, aber seit Mitte des 11. Jahrhunderts war das Gebäude der heiligen Maria Magdalena geweiht. Wie ist das zugegangen?[134]

Das Kloster von Vézelay wurde etwa 860 von dem Grafen Girart von Roussillon und seiner Gemahlin Berthe gegründet. Es wurde der Jungfrau Maria geweiht und 863 dem Papst formell geschenkt. Diese Maßnahme war von großer Bedeutung für die junge Einrichtung, denn sie garantierte fiskalische und juristische Immunität gegenüber lokalen Grundbesitzerinteressen sowie den Forderungen der Grafen von Nevers und der Bischöfe von Autun, die diese – die beiden nächsten weltlichen und geistlichen Machthaber – ansonsten gestellt hätten. Das Einzige, was die Mönche als Gegenleistung zu erbringen hatten, war die symbolische Erlegung eines jährlichen Tributs an Rom.

Die in unserem Zusammenhang interessante Geschichte beginnt sehr viel später, im Jahre 1026. Die Mönche waren inzwischen in Vézelay verwurzelt, doch nicht so ordentlich, wie man meinen könnte: es begann sich herumzusprechen, dass das Klostervolk nicht so lebte, wie es lehrte. Das Gerücht war nicht ungewöhnlich und dürfte nicht allzu viele Prälaten veranlasst haben, die Stirn zu runzeln – es ist eine Tatsache, dass zahlreiche mittelalterliche Mönchs- und Nonnenorden verschiedentlich Anlass für Klagen (nicht selten wohlbegründet) über moralischen Verfall gaben, was zum Ruf nach Reformen führte. Für Vézelay bedeutete dies, dass es 1026 dem Kloster von Cluny unterstellt wurde. Als der Abt dort einige Jahre später umfassende Kenntnis von den Gerüchten erhielt, die im Umlauf waren, beschloss er, hart durchzugreifen. Die 1030er Jahre wurden zu einer lokalen Krisenphase, in der Cluny von oben intervenierte, um das Leben in Vézelay zu reorganisieren und zu verbessern. Der Mann, der mehr als irgendein anderer das neue Kloster und den neuen Geist symbolisierte, war Geoffroi, ein reformwilliger Mönch aus Cluny, der sein Amt als Abt in Vézelay im Jahre 1037 antrat. Ihm sollte auch Maria Magdalena folgen.

Das erste Mal hören wir vom Maria-Magdalena-Kult in Vézelay in einer Papstbulle Leos IX., datiert vom 27. April 1050. Hier wird ihr Name zusammen mit den übrigen Beschützern des Klosters aufgezählt. Acht Jahre später, am 6. März 1058, bekräftigte Papst Stefan IX. ihre Rolle als alleinige Beschützerin des Klosters. Der Papst tat mehr als dies: Er stellte sich offen hinter die Behauptung, dass die Reliquien der Heiligen im Kloster von Vézelay verwahrt würden.[135]

Urheber dieser Entwicklung kann kaum jemand anderes als der neue Abt, Geoffroi von Cluny, gewesen sein. Warum Geoffroi gerade Maria Magdalena wählte, ist ein Rätsel, aber gleichwohl eine Tatsache. Man hat darüber spekuliert, ob der Aufschwung des Kultes mit der Einverleibung des Königreichs Burgund in das römisch-deutsche Reich in den 1030er Jahren zu tun haben könnte, aber dies sind kaum mehr als gelehrte Spekulationen.[136] In den Legenden, die die Mönche von Vézelay von nun an verbreiteten, wird ausführlich erzählt, wie Maria Magdalena zur Ehre des Abtes und des Klosters Wunder tat. Wir können in den Klostermaterialien lesen, wie befreite Gefangene, deren Fesseln die Heilige gesprengt hatte, zum Heiligtum kamen, um dort die alten Ketten abzulegen. Der dankbaren Pilger, die auf diese Weise Vézelay ehrten, waren so viele, erfahren wir, dass Geoffroi das Metall dieser Ketten für die Herstellung neuer Eisenschranken für den Hochaltar verwenden konnte.[137]

So begann Vézelays Blütezeit, die sich von der Mitte des 11. bis zur Mitte des 12. Jahrhunderts erstreckte. Die Kirche, die man 1096 vor Ort zu bauen begann und die ein halbes Jahrhundert später fertig wurde, wird zu den größten noch existierenden romanischen Kirchen Frankreichs gerechnet. Im 12. Jahrhundert war das Kloster eines der prestigeträchtigsten Pilgerziele Westeuropas, ein heiliger Zentralort von großer Bedeutung für die katholische Kultursphäre. Den Reliquien sagte man nach, sie würden zahlreiche Wunder vollbringen. Zu den Fähigkeiten, die man der Heiligen zusprach, gehörte die Kraft, Gefangene zu befreien, Tote zu erwecken und bei Entbindungen zu helfen. Sowohl gewöhnliche Menschen als auch Erzbischöfe und Monarchen begaben sich eifrig nach Vézelay. Es war also kein Zufall, dass Bernhard von Clairvaux ausgerechnet hier im Jahre 1146 den Zweiten Kreuzzug predigte. Immer wieder begegnet uns Vézelay in Untersuchungen zur politischen und kirchlichen Geschichte dieser Epoche. Im Jahre 1166 reiste der landsflüchtige Erzbischof von Canterbury, Thomas Becket, nach Vézelay in der Absicht, den Bann über König Heinrich II. von England zu sprechen. Im Juli des Jahres 1190 trafen sich die Könige Philipp von Frankreich und Richard Löwenherz von England in Vézelay, um den Dritten Kreuzzug gegen Saladins Sarazenen einzuleiten und damit die kirchliche Manifestation von 1146 zu wiederholen. Vézelay war der mentalen Weltkarte der christlichen Könige eingeprägt.[138]

Das größte dauerhafte Problem der burgundischen Mönche war, dass sie keinen Heiligenleichnam aufzuweisen hatten. Während des 11., 12. und 13. Jahrhunderts gelang es sicherlich, mit Hilfe der Macht der Tradition unzählige Westeuropäer davon zu überzeugen, dass Maria Magdalena tatsächlich in Vézelay ruhte, doch für den, der ausdrückliche Beweise forderte, gab es nichts dergleichen. Das wichtigste Argument der Mönche war das des reinen Glaubens: Sie meinten, die Pilger sollten sich mit der Gewissheit des Gedankens begnügen, mit Maria Magdalenas unsichtbarer Gegenwart. Das reichte für viele, aber nicht für alle.

Ein großes Problem, auch für Vézelays loyale Anhänger, bestand in der Geografie. Man bedenke die einfache Tatsache, dass die Entfernung zwischen Palästina und der Bourgogne mit mittelalterlichem Maß gemessen ungemein groß war. Wie sollte Maria Magdalena überhaupt in das für sie extrem abgelegene Vézelay gelangt sein? Jene, die sich nicht allein vom Glauben überzeugen ließen, forderten Antwort. Überzeugende Antwort.

Wir wissen, wie die Antwort, genauer gesagt die Antworten, ausgesehen haben. Besonders im 13. Jahrhundert sahen sich die Mönche gezwungen, eine Menge hagiografischen Materials zu produzieren, das geeignet war, ihre Argumente zu stützen, und hier erhielt die fromme Fantasie freien Spielraum. Etwas zu frei, denn die Legenden, wie Maria Magdalenas Leichnam von Palästina zur Bourgogne gelangte, sind nicht selten untereinander widersprüchlich.

Der Schlüssel zur Argumentation Vézelays lag in der Provence. Nach geografischer Logik sollte die Heilige dorthin gekommen sein, vermutlich in die Hafenstadt Marseille, bevor sie auf verschiedenen Wegen nach Norden in Richtung Bourgogne gefahren oder befördert worden ist. Wahrscheinlich, so glaubte man in Vézelay, war Maria Magdalena in der Provence begraben, später aber nach Norden umgesiedelt worden, weil die Provence nicht sicher genug gewesen sei. Damals wurden die Mittelmeerküsten von sarazenischen Piraten heimgesucht, die nicht nur für die lebende Bevölkerung, sondern auch für die Reliquien der christlichen Heiligen eine Gefahr waren. Aber wie und wann war die heilige Überführung, die »Translation« erfolgt?

Nach einer Version wurden die Reliquien von einem gewissen Aléaume nach Vézelay befördert. Aus unbekanntem Anlass entschied das Klostervolk, dass diese Überführung zwischen 882 und 884 stattgefunden habe, als König Karlmann das Westfränkische Reich regierte. Nach einer anderen Version kam Bischof Adalgar von Autun zusammen mit seinem Ritter Adelelme nach Vézelay und enthüllte dem Abt Odo, wo die Beschützerin des Klosters begraben lag. Der Ritter wurde darauf nach Arles gesandt, um die Kirche mit Maria Magdalenas Leichnam zu lokalisieren, eine gefährliche Mission, denn gerade da befand sich die Provence im eisernen Griff der plündernden Sarazenen. Adelelme führte jedoch den Auftrag wie vorgesehen aus und brachte überdies den Leichnam des heiligen Maximus nach Vézelay.

Die Erzählung, die sich schließlich durchsetzte, war jedoch eine andere Version, nach der die Überführung der Reliquien schon im 8. Jahrhundert stattgefunden haben soll. Ein Mönch namens Badilus soll im Jahre 749 in die Provence geschickt worden sein, genauer gesagt in die Gegend von Aix, um Maria Magdalenas Reliquien vor der Bedrohung durch sarazenische Räuber zu retten. Der Mönch fand nur Ruinen vor, wo ehedem Bauwerke standen, aber die Reliquien waren unversehrt. Die Heilige, in ein weißes Gewand gekleidet, habe sich ihm in der Nacht offenbart und verkündet, dass er sich nicht fürchten solle, denn seine Reise sei die Frucht einer göttlichen Eingebung. Am Tag danach führte Badilus Maria Magdalenas Reliquien in die Bourgogne.[139] Mit der Ausarbeitung dieser Legenden, die Vertrauen gewannen durch die Erzählung selbst, musste Maria Magdalena natürlich auch eine provenzalische Geschichte erhalten. Was hat sie eigentlich auf südfranzösischem Boden gemacht? Wo hat sie sich aufgehalten? In dieser Lage kam die oben erwähnte Eremitenbiografie zu Hilfe. In ihr wird nämlich nicht gesagt, wohin genau in welche Wildnis Maria Magdalena geflüchtet war, um 30 Jahre lang in einsamer Kontemplation und Buße zu leben. Doch nun kam die Antwort. In einer Handschrift des späten 12. Jahrhunderts wird ihre Eremitenhöhle an einem Ort östlich von Marseille ausgemacht. Es war natürlich die Provence, in der sie Gottes Gnade gesucht hatte! Nach jener Version von Maria Magdalenas post-palästinischen Lebens, die vom burgundischen Klostervolk akzeptiert wurde, hatte sie ihre letzten Tage in einer Höhle in Sainte-Baume in der Provence zugebracht. Danach sei sie von Bischof Maximus von Aix an dem Ort begraben worden, an dem Badilus sie später fand, um ihre Reliquien heim nach Vézelay zu befördern.[140]

Damit hatten die Mönche die Endphase geklärt, Maria Magdalenas Reise von der Küste des Mittelmeers in das Inland der Bourgogne. Die Reise über das Meer stand noch aus. Wie gelangte die Heilige nach Westeuropa?

Auch an diesem Punkt bedurfte es einer längeren Legendenentwicklung mit mehreren unterschiedlichen Versionen, bevor eine abschließende Erzählung vorlag. Die Tatsache, dass die Mönche in Frankreich nur schlecht über Maria Magdalenas östliche Geschichte mit ihren zentralen Kultplätzen in Ephesus und Konstantinopel informiert waren, dürfte zweifellos hilfreich gewesen sein. Natürlich war es im mittelalterlichen Frankreich leichter, eine glaubwürdige Geschichte zu konstruieren, wenn man einfach nur an die Linie Palästina-Provence-Bourgogne anknüpfen und nicht entlang einer verschlungenen Route Palästina-Ephesus-Konstantinopel-Provence-Bourgogne spekulieren musste. Laut der Chronik der Bischöfe von Cambrai, *Gesta episcoporum Cameracensum*, die in der Mitte des 11. Jahrhunderts geschrieben wurde, war Maria Magdalena in Jerusalem begraben worden, von wo ihr Leichnam nach Vézelay gebracht wurde. Eine ähnliche Geschichte wird in einer weltlichen Dichtung aus dem 12. Jahrhundert erzählt, einem so genannten *Chanson de geste*. Die gesamte Reise von Palästina in die Bourgogne soll also in Gestalt einer einzigen langen Leichenfahrt geschehen sein ... Doch damit begnügten sich die Franzosen nicht. Sobald wir das 13. Jahrhundert erreichen, ist Maria Magdalena nicht nur vor ihrer Seereise wieder zum Leben erweckt worden, sondern sie hat auch ihr Predigertum bedeutend entwickelt. Frankreich hatte eine neue Apostelin bekommen.[141]

Nach jener Legende, die Vézelay zu der seinen machte und die im hoch- und spätmittelalterlichen Westeuropa höchst populär war, war Maria Magdalena in Begleitung Maximus' per Schiff in Marseille angekommen. Sie hatte das Evangelium Christi in der Stadt und ihrer Umgebung verbreitet, wobei sie den Fürsten von Marseille überzeugte, das Heidentum aufzugeben und die neue Lehre anzunehmen. Maximus sei später Bischof von Aix geworden und habe Maria Magdalena überlebt, die er persönlich begrub.[142]

Um diesen Kern erfundener Information entwickelte sich im 12. und 13. Jahrhundert eine wildwüchsige Legendenflora. Maria Magdalenas und Maximus' Gemeinschaft wurde durch Marta und ihren Bruder Lazarus erweitert sowie einer Dienerin, genannt Macella, Marcelle oder Martilla, die aus Betanien ans Meer geflohen seien, um der Christenverfolgung in Palästina zu entkommen. Nach einer verbreiteten Version seien sie in ein Boot ohne Ruder gesetzt und aufs Meer hinaus geschickt worden. Gott habe das Boot in die Provence gelenkt, wo dessen Passagiere in Marseille zu predigen begonnen haben. Maria Magdalena und Maximus verbreiteten später das Evangelium in Aix, wo Maximus Bischof geworden sei. Lazarus sei in Marseille geblieben und auch er wurde Bischof in seiner Stadt. Marta sei über das Rhonetal nach Tarascon gekommen, wo sie auf Begehren des Volkes mit einem Drachen aus Galatien – halb Landtier, halb Seeungeheuer – konfrontiert worden sei. Sie begegnete dem Untier in einem Wald, während es gerade dabei war, einen Menschen zu verschlingen. Indem sie das Tier mit geweihtem Wasser besprühte und ein Kreuz hochhielt, erlahmte es und konnte so leicht von den der Szene beiwohnenden Menschen mit Steinen und Lanzen getötet werden. Marta habe sich dann nicht weit entfernt niedergelassen und eine große Gruppe christlicher Frauen um sich versammelt. In den darauf folgenden Jahren soll sie ein weiteres bedeutendes Wunder getan haben: Sie erweckte einen ertrunkenen Mann zum Leben. Als sie schließlich gestorben war, verließ die Dienerin Martilla Tarascon, um während ihrer letzten zehn Jahre im Lande der Slawen das Evangelium verbreiten.[143]

Die Reliquien von Lazarus und Maria Magdalena sollen später in die Bourgogne überführt worden sein, während Martas Leichnam in der Provence blieb, wo er im Jahre 1187 »wiederentdeckt« und über den Reliquien eine schöne Kirche errichtet wurde.[144]

Im Laufe des 13. Jahrhunderts zirkulierten unzählige Legenden zu diesem Thema in Frankreich, Legenden, in denen Maria Magdalenas Begleiter zahlenmäßig sehr variierten (zuweilen finden wir auch Salome, Jakobus' Mutter Maria und deren Dienerin Sara unter den Christen, die in das Schiff gelangten, ebenso Trophimus, den künftigen Bischof von Arles), in denen aber das Endergebnis immer dasselbe ist: Maria Magdalenas Reliquien gelangen dank Badilus' Eingreifen nach Vézelay. Die Geschichte um das Predigertum in der Provence ließ sich außerdem leicht mit den Informationen kombinieren, die die Eremitenbiografie bot. Man verknüpfte die

Erzählungen miteinander. Nach längerer Wirksamkeit als Apostelin in der Provence habe sich, so meinte man, Maria Magdalena in die Höhle nach Sainte-Baume zurückgezogen, wo sie die noch verbleibenden Tage ihres Lebens in frommer Askese verbrachte.[145]

Die Maria Magdalena, die in diesen Geschichten vorkommt, ist ihrem Charakter nach eine ganz andere Heilige, als wir sie in früheren Kapiteln kennengelernt haben. Die Veränderung ist nicht nur in der lokalen Überlieferung und den fiktiven Biografien spürbar, sondern auch in der allgemein christlichen Lyrik und Dramatik. In Gedichten und Osterschauspielen des 10. Jahrhunderts war es nach wie vor ihre Rolle als Zeugin der Auferstehung, die Maria Magdalena interessant machte. Man richtete Gebete an sie in dem Wunsch, das Osterwunder zu erleben und teilzuhaben an der Gnadenbotschaft dieses Festtages. Im 11. und 12. Jahrhundert, der Blütezeit Vézelays, war Maria Magdalena indessen nicht nur eine hervorragende Zeugin dieser Möglichkeit zur Erlösung. Nun war sie in ein konkretes Vorbild für die Liebe zu Gott übergegangen, eine Idealgestalt, die ihretwegen geehrt und gepriesen wurde und nicht wegen der Auferstehung. Dieses Bild erscheint auch in den Predigten der Epoche, nicht zuletzt bei Bernhard von Clairvaux.[146]

Es gibt eine interessante Verbindung zwischen den schriftlichen Produktionen der französischen Maria-Magdalena-Legenden und den ökonomischen und alltagspolitischen Schwierigkeiten, mit denen die Mönche in der Bourgogne zu kämpfen hatten. Während des 13. Jahrhunderts, als die Legenden sich am weitesten verbreiteten, wurde Vézelay von einer Folge schwerer Krisen getroffen. Das Kloster war verwundbar. Der Abt, die französische Krone und der Graf von Nevers stritten um die Kontrolle über das Heiligtum Maria Magdalenas. Dass der Abt und die Mönche in keinem guten Verhältnis standen, machte die Sache nicht gerade besser. Mitunter herrschte geradezu eine rebellische Stimmung im Kloster. Außerdem versiegten die Ressourcen: Die Zahl der Pilger wurde kleiner, die Einkünfte verminderten sich. Nach dem Urteil der Mönche selbst beruhte dies darauf, dass die Menschen Beweise forderten. Man wollte Maria Magdalenas Reliquien mit eigenen Augen sehen. Unsichtbare Reliquien bedeuteten immer weniger Besucher und immer weniger Einnahmen.

Die Krise führte zu einem drastischen Reformversuch, der in der Nacht vom 4. auf den 5. Oktober 1265 kulminierte. In Gegenwart päpstlicher Gesandter wurden Maria Magdalenas sterbliche Überreste in Vézelay »wiederentdeckt«. Im Bericht der Delegierten können wir lesen, wie Zeugen an den Platz geführt wurden, von dem man sagte, hier sei Maria Magdalena begraben. Dort traf man einen rechteckigen Bronzesarg an, der die versprochenen Menschenknochen enthielt, sorgfältig in Seidentuch eingeschlagen und eingehüllt in ungewöhnlich viel Frauenhaar.[147]

Der Fund stärkte Vézelays Stellung unter den bereits Gläubigen und sicher unter vielen Zweifelnden, aber alle kritischen Zweifler wurden nicht überzeugt. Heute erscheint es unwahrscheinlich, dass der Fund von 1265 irgendetwas anderes als die reinste Fälschung gewesen sein kann, die im Auftrag der Klosterleitung durchgeführt worden ist, um etwas vorweisen zu können, als der Papst nun begann, bevollmächtigte Vertreter auszusenden, die überprüfen sollten, wie es denn eigentlich mit Maria Magdalenas Überresten stand. Die Franzosen des 13. Jahrhunderts waren nicht so dumm, als dass nicht der eine oder andere scharfe Verstand die Echtheit des Fundes bezweifelt hätte. Wir wissen, dass sich die Mönche gezwungen sahen, Dokumente zu fälschen, um die Authentizität der Reliquien zu bekräftigen. In der Absicht, die Botschaft ein weiteres Mal dem Glauben der Franzosen einzuprägen, trat Vézelay an Ludwig IX., »den Heiligen«, heran, um ihn und seine Autorität für den Klosterkult zu rekrutieren.

König Ludwig erhörte den Ruf. Am 24. April 1267 nahmen er und ein großer Teil seiner Familie, umgeben von einem bedeutenden Gefolge, an einer prächtigen Zeremonie in Vézelay teil. Die Reliquien wurden feierlich präsentiert und dann aus ihrem alten in einen neuen Sarg aus Silber gebettet. Ludwig der Heilige erhielt einen großen Teil der Reliquien als Geschenk und antwortete in den folgenden Jahren mit der Schenkung anderer Reliquien sowie kostbarer Reliquiare an Vézelay. König und Kloster waren so in der Verehrung Maria Magdalenas vereint.[148]

Damit fühlten sich die Mönche beruhigt und sicher in der Überzeugung, alles, was möglich war, getan zu haben. Sie hatten die Autorität des Papstes mobilisiert, die des Königs und nicht zuletzt die autorisierende Kraft der Legende – der Erzählung –, die Macht des Wortes, um ihren Willen durchzusetzen. Vézelay stand auf dem Höhepunkt seines Einflusses und seines Ruhms. Das Kloster glaubte sich auf den Papst und den König verlassen zu können, die alles zu gewinnen hatten, indem sie sich selbst so nahe wie möglich an Maria Magdalena und ihr Heiligtum anlehnten. Die Zukunft war gesichert. Glaubte man.

Aber man irrte sich. Wenn es nur um König und Papst gegangen wäre, hätte die Geschichte vielleicht auf eine für Vézelay vorteilhafte Weise enden können. Der dritte Pfeiler, die Erzählung, war jedoch noch mächtiger und – eben weil sie ganz und gar auf dem eigenen Willen und der Fantasie des Menschen gründete – sehr viel unzuverlässiger und unberechenbarer als die Absichten von König und Papst. Nur zwölf Jahre nach König Ludwigs Zeremonie wurde Vézelay durch die Kraft der Erzählung auf verheerende Weise geschwächt.

Maria Magdalena in der Provence

Am 9. Dezember 1279 wohnte Fürst Karl von Salerno, Sohn des Grafen der Provence, einem spektakulären religiösen Ereignis in der Krypta der Saint-Maximilian-Kirche nahe Aix-en-Provence bei. Ein alter Sarkophag wurde geöffnet und enthüllte wie erwartet die Überreste eines toten Körpers. Die gelehrten Experten, die der Fürst zu diesem Zweck zusammengerufen hatte, nahmen eine nach damaligem Maß ausreichend kompetente Untersuchung der Gebeine vor und kamen zu dem Schluss, dass es sich um Maria Magdalenas Reliquien handele.

Am 5. Mai 1280 wurden die Gebeine der Heiligen in Gegenwart der Erzbischöfe von Narbonne, Arles und Aix-en-Provence in standesgemäßere Reliquiare überführt. Franziskaner wie Salimbene und Dominikaner wie Bernhard Gui sollten in den folgenden Jahrzehnten geradezu wetteifern um die frommste und geschickteste Weise der Beschreibung und Verehrung dieses Ereignisses. 1295, als Fürst Karl König Karl II. von Sizilien und Graf der Provence geworden war, gab er den Dominikanern den offiziellen Auftrag, Maria Magdalenas Heiligtum zu pflegen und zu schützen. Die Provence jubelte. Die Bourgogne nicht.

Der Fund von 1279 war für Vézelay eine Katastrophe. Wie konnte das geschehen? Alle wussten doch, oder sollten zumindest wissen, dass Maria Magdalena in dem burgundischen Kloster ruhte. Der König hatte dies bekannt, ebenso der Papst. In diesem Punkt waren sich die Legenden einig, wenn auch in vielen anderen nicht. Und wie konnten die Provenzalen so eitel und frech sein, eine eigene Geschichte zusammenzulügen und einen eigenen Leichnam zu entdecken nur wenige Jahrzehnte, nachdem den Bewohnern Vézelays die eigenen Lügen und Gebeine von den vornehmsten weltlichen und kirchlichen Führern der katholischen Christenheit bestätigt worden waren? Hätten sie nicht stattdessen eine andere alte Heilige finden können, wenn sie denn schon unbedingt eine entdecken mussten?

Das Problem war, dass die Mönche von Vézelay in eigener Sache zu produktiv gewesen waren. Sie hatten eine Legendenflora herangezogen, die so wild und blühend wuchs, dass sehr viel mehr als nur sie selbst die Früchte ernten wollten. Vézelay wurde ein Opfer seines eigenen Erfolgs. In der Provence begannen Priester, Mönche, Adlige und das gewöhnliche Volk an all die Legenden zu glauben, die Vézelay verbreiten ließ, und weil die Provence überall in diesen Geschichten auftauchte, war es leicht, eigene Ideen über die Bedeutung der heimatlichen Landschaft zu entwickeln.

Warum sollten sich Marseille, Aix, Tarascon und manch anderer Ort damit begnügen, Transitstation für den Heiligenverkehr zwischen Palästina und der Bourgogne zu sein? Warum sollte Vézelay über eine Heilige verfügen, die rechtmäßig in die Provence gehörte, das wunderschöne Land, in dem die Heilige gelebt und gewirkt hat? Mehr und mehr Provenzale stellten sich solche Fragen. Die Tatsache, dass die Umstände um Maria Magdalenas Reliquien in Vézelay obendrein so vage waren, tat das Ihre, um das Selbstvertrauen im Süden zu stärken.

Zuerst war es Tarascon. Hier »entdeckte« man, wie bereits erwähnt, im Jahre 1187 Martas Reliquien. Zehn Jahre später wurde ihr die Kirche von Tarascon geweiht. Dann kam Marseille, und nun ging es um Martas und Marias Bruder Lazarus, jenen Mann, den Jesus von den Toten auferweckt hatte. Spätestens in der ersten Hälfte des 12. Jahrhunderts hatte sich das Gerücht verbreitet, seine Reliquien ruhten in Autun in der Bourgogne, doch zur selben Zeit beschlossen die Bewohner Marseilles, er habe in ihrer Stadt den Märtyrertod erlitten, nachdem er eine Zeit lang als erster Bischof der Stadt amtiert hatte – Letzteres war ja ausdrücklich in einer der Legenden um Maria Magdalenas Wirksamkeit in der Provence hervorgehoben worden. Also befanden sich seine Reliquien vermutlich noch in Marseille, räsonnierten die Stadtbewohner, denen es ungemein schwer fiel zu verstehen, was die Gebeine so weit entfernt in Autun zu suchen hatten. Als dritter Ort kam Saint-Baume, die Höhle, in der Maria Magdalena der Legende nach ihr Eremitenleben gelebt hatte. Im 13. Jahrhundert war die Grotte ein etabliertes Pilgerziel.[149]

Beiläufig sei noch einmal betont, dass all dies trotz der – oder als Folge von Unkenntnis über die – Heiligenkulte geschah, die sich bereits im Mittelmeerraum entwickelt hatten. Wir haben schon gesehen, wie Maria Magdalena während des frühen Mittelalters zunächst mit Ephesus, dann mit Konstantinopel verknüpft worden war. Lazarus durchlief eine ähnliche Heiligenentwicklung. Nach östlichen Legenden sei Lazarus gezwungen gewesen, der Bedrohung durch die Juden zu entfliehen, indem er sich auf der Insel Zypern niederließ, wo er Bischof von Kition (Larnaka) wurde. Hier soll er auch begraben worden sein, 30 Jahre nach seiner ersten Grablegung und Auferstehung. Die Grabkirche mit ihrem prachtvollen Marmorsarkophag war spätestens im 10. Jahrhundert Zentrum eines blühenden lokalen Heiligenkultes. Sankt Lazarus wurde einer der wichtigsten Heiligen Zyperns und kam solchermaßen in vielen Bilddarstellungen vor. Auch in Konstantinopel und dem Iviron-Kloster auf dem Athosberg in Griechenland wurden während des Mittelalters Reliquien des Lazarus verehrt. Als westeuropäische Gelehrte im 17. Jahrhundert mit dem Problem zweier Lazaruskulte – einem auf Zypern und einem in der Provence – konfrontiert waren, suchte man die Lösung in dem Vorschlag, es handele sich um zwei verschiedene Personen. Vielleicht, so rätselte man, war Lazarus auf Zypern ein ganz anderer als der in der Bibel genannte. Heute erscheint es jedoch völlig klar, dass die westeuropäische Lazarus-Tradition gegenüber der östlichen sekundär ist. Im Westen war Lazarus ein Anhang von Maria Magdalena. Seine Kulte entstanden in Autun und Marseille, nachdem sie ihre Heiligtümer in der Bourgogne und der Provence erhalten hatte.[150]

Wir wissen nicht, wer eigentlich für die »Entdeckung« der Reliquien Maria Magdalenas im Jahre 1279 verantwortlich war. Vielleicht war es Fürst Karl selbst, der auf die Idee kam. Oder vielleicht die Mönche von Saint-Maximin? Wie auch immer, in jedem Fall waren der Fürst und die Mönche erfolgreich. Im Jahre 1295 stellte sich auch Papst Bonifaz VIII. auf ihre Seite: Er deklarierte offen, dass Saint-Maximin und nicht Vézelay über Maria Magdalenas Leichnam verfügten. Das Klostervolk in der Bourgogne ging natürlich zur Gegenoffensive über. Es stellte einige Jahre später eine umfassendes Dokumentensammlung zusammen, die man dem Papst zu überreichen und damit den, wie man glaubte, rechtmäßigen Anspruch des Klosters zu stärken gedachte. Hier wird eine der vielen burgundischen Versionen der posthumen Geschichte der Heiligen erzählt, freilich mit dem Schwerpunkt, wie die Reliquien nach Vézelay überführt wurden. Saint-Maximins Gegenzug ließ nicht lange auf sich warten. Etwa um 1315 lag eine große Mirakelsammlung vor, deren Spitze scharf gegen Vézelay gerichtet war (siehe unten S. 163.[151]

Sehr viel später ließen die Dominikaner, die den Auftrag erhalten hatten, das Heiligtum zu pflegen, eine eigene Version darüber niederschreiben, wie es zugegangen sei, als Karl Maria Magdalena fand. Die Konkurrenz Vézelays, das nicht freiwillig kapitulieren wollte, forderte, dass ihr göttliches Mandat auf alle nur denkbare Weise gestärkt wurde. Nach der spätmittelalterlichen provenzalischen Legende war Karl im Krieg, der 1279 zwischen dem Hause Anjou und der Aragonischen Krone geherrscht hat, in Gefangenschaft geraten. Die Feinde hatten ihn in ein Gefängnis in Barcelona gesperrt. Verzweifelt suchte er Hilfe bei der ihm wichtigsten Heiligen, Maria Magdalena. Während der nächtlichen Gebete habe sich die Heilige ihm plötzlich offenbart, und Karl bat sie um Hilfe, aus dem Gefängnis zu entkommen. Die Heilige vollbrachte unmittelbar das Wunder, das Karl auf übernatürliche Weise nach Narbonne verbrachte, auf die andere Seite der Pyrenäen. Maria habe nun Karl gebeten, die Saint-Maximin-Kirche aufzusuchen, um dort ihre echten Überreste zu finden, die sich entgegen der Behauptung etablierter Legenden eben nicht in Vézelay befänden. Karl würde die Reliquien mit Hilfe eines besonderen Zeichens erkennen. Er würde eine Inschrift finden, die da lautet: »Hier ruht der Körper der seligen Maria Magdalena«. Sie erzählte auch, dass er die berühmte *noli-me-tangere*-Reliquie entdecken würde, jenes Stück ihres Schädels, dessen Fleisch noch immer vorhanden war, eben weil Jesus sie genau an dieser Stelle berührt habe, als sie sich, wie es der Evangelist Johannes dargestellt hat, nach der Auferstehung begegnet waren. Karl würde auch die Amphore mit blutgetränkter Erde vorfinden, die Maria Magdalena unter dem Kreuz auf Golgota eingesammelt hatte, sowie ihr Haar (das nun zu Asche geworden sei) und einen grünen Sprössling, der auf ihrer Zunge gewachsen war. Schließlich habe Maria Magdalena dem Fürsten befohlen, der ganzen Christenheit von dem Reliquienfund zu berichten, auf dass die Verehrung ihres Heiligtums in der Provence wachsen möge. Karl sollte außerdem ihr zu Ehren eine neue Kirche bauen sowie einen Konvent für die Dominikanerbrüder.

Diese Legende, bekannt als die »dominikanische Legende« von Maria Magdalena, wurde in der Zeit nach 1458 als Anhang einer größeren Mirakelsammlung verfasst. Dadurch wurden Maria Magdalenas Reliquien in der Provence eng mit dem Hause Anjou und den Dominikanern verknüpft. Die Legende erfüllte also eine sehr spezielle Absicht. Es muss wohl kaum darauf hingewiesen werden, dass sie völlig unwahrscheinlich ist. Gewiss wurde Karl von den Truppen Aragoniens gefangen genommen, jedoch nicht vor 1284. Im Übrigen brach der Krieg erst 1282 aus, drei Jahre nach der Auffindung der Reliquien in der Provence. Doch wer kümmerte sich um solcherart Petitessen zwei Jahrhunderte nach den fraglichen Ereignissen?[152]

Die Goldene und andere Legenden

Als Jacobus de Voragine in den 1260er Jahren die *Legenda aurea* zusammenstellte, »Die Goldenen Legende« (siehe oben S. 57), hatte Karl von Salerno Maria Magdalenas provenzalisches Grab bei Saint-Maximin noch nicht gefunden. In dem Kapitel, das von Maria Magdalena handelt – und das ins Schwedische übersetzt worden ist und sich im *Fornsvenska legendariet*[153] wiederfindet – ging er deshalb von Material aus, das im Geist von Vézelay entstanden war. So sollte die Saga der burgundischen Mönche für die Geschichten verschlingende Nachwelt die klassische Version der Legende Maria Magdalenas werden. Aber sie war, wie bereits deutlich wurde, nicht die einzige Geschichte über diese Heilige.

Beim Lesen all dieser Erzählungen erscheint es frappierend, wie viele verschiedene Puzzleteile zu einer Einheit zusammengesetzt wurden, eine Einheit, die mit ihrer sammelnden Kraft noch mehr Erzählungen heraufbeschwor. Hier gibt es Evangelienstücke, Eremitenstücke, Missionsstücke, Verwechslungen verschiedener neutestamentlicher Frauen und vieles mehr, all dies zusammengefügt, um eine einzige heilige Frau zu formen: Sancta Maria Magdalena.

In der *Legenda aurea* wird Maria Magdalena als eine Frau aus gutem Hause geschildert, als Tochter von Syrus und Eucharia. Ihre Schwester Marta besitzt die Stadt Betanien und ihr Bruder Lazarus einen großen Teil Jerusalems, während sie selbst über Magdala verfügte. Maria, die reich und schön ist, verschwendet jedoch ihre Tage mit allerlei Vergnügungen, Lazarus ist von militärischen Angelegenheiten in Anspruch genommen und Marta versieht den Haushalt des Geschwistertrios. Marias ausschweifendes Leben ließ sie ganz einfach als die »Sünderin« bekannt werden. Eines Tages begegnet sie jedoch Jesus im Haus des aussätzigen Pharisäers Simon, wusch seine Füße mit ihren Tränen, trocknete sie mit ihrem Haar und salbte sie. Maria durchlief eine Persönlichkeitsveränderung und wurde zur vorbildlich bereuenden, asketischen und demütigen Frau. Sie folgte Jesus und den Jüngern auf ihrer Wanderung durch das Heilige Land. Sie wurde eine der treuesten Helferinnen Jesu, in der Praxis seine Haushälterin. Jesu dankt ihr diese Treue auf beste Weise; er hat sie sehr lieb und verteidigt sie gegen alle, die sie mit Einwendungen und Vorwürfen angreifen, die Pharisäer inbegriffen, ebenso Judas Iskariot und ihre eigene Schwester Marta. Aus Liebe zu Maria erweckt er Lazarus vom Tode und vollbringt weitere Wunder. Als Jesus später hingerichtet wird und vom Reich der Toten aufersteht, verkaufen die drei Geschwister ihren Besitz und schenken das Geld den Aposteln.

Dann setzt die Geschichte ein, die von den hochmittelalterlichen Franzosen so geschätzt wurde. Vierzehn Jahre nach dem Tod Jesu ziehen die Apostel aus, um die Welt zu christianisieren, einige gezwungen dazu, weil das Volk in Palästina sie verfolgt und aus dem Land vertreibt. Zu diesen Aposteln gehört Maximinus, der von Petrus den Auftrag erhalten hat, sich um Maria Magdalena zu kümmern und für sie zu sorgen. Eine wütende Gruppe von Heiden zwingt Maximinus und Maria an Bord eines Schiffes ohne Ruder zu gehen, in der Hoffnung, sie würden in den Wogen des Meeres untergehen. Auf dem Schiff befinden sich auch Marta, Lazarus, Martas Dienerin Martilla und ein gewisser Cedonius, den Jesus von seiner Blindheit geheilt hatte, und viele andere Christen. Doch das Boot sinkt nicht, sondern wird von Gott bis nach Marseille gerettet, wo die unfreiwilligen Seefahrer an Land gehen und beginnen, die christliche Lehre durch Predigten und Wunderwerke zu verbreiten. Maria Magdalena selbst leitet das Predigertum ein, indem sie Menschen, die sich bei einem heidnischen Heiligtum nahe der Stadt versammelten, überzeugend das Evangelium verkündet.

Während Maria dem Volk predigt, erscheinen der Gouverneur und seine Frau am Tempel, weil sie die Götter bewegen wollen, ihnen Kinder zu schenken. Sie wendet sich ihnen zu und tut alles, was sie kann, damit sie dem Heidentum den Rücken kehren. Einige Tage später offenbart sie sich der Ehefrau des Gouverneurs in einem Traum und ermahnt diese, den Neuankömmlingen zu helfen, denn sie leiden schwer unter Hunger und Kälte. Da nichts geschieht, erscheint sie auch in den folgenden Nächten und schließlich dem Gouverneur selbst, der nach Marias heiliger Androhung von Repressalien nichts anderes wagt, als den Flüchtlingen zu helfen. Kurze Zeit später bittet der Gouverneur Maria um Gottes Hilfe, auf dass er und seine Frau die ersehnten Kinder bekommen, und durch Marias Fürsprache wird die Gouverneursfrau tatsächlich schwanger.

Das Paar entschließt sich nun, nach Rom zu fahren und dort Petrus zu konsultieren, inwieweit die Botschaft, die Maria von Christus verkündet wirklich wahr sei. Maria segnet die beiden und bleibt selbst in Marseille. Während der Seereise geraten sie in einen heftigen Sturm, die Wehen setzen ein und die Frau des Gouverneurs bringt einen Sohn zur Welt, doch überlebt sie die Geburt nicht. Die abergläubische Besatzung will die Frau über Bord werfen, um die Mächte zu besänftigen und dem Sturm zu entgehen, doch dem Gouverneur gelingt es, sie durch inständiges Flehen zu bewegen, sie stattdessen an der Küste an Land zu setzen. Hier richtet er ein bitteres Gebet an Maria, sie anklagend, für dieses Elend verantwortlich zu sein, sie anflehend, sowohl dem Säugling als auch der Seele der Mutter zu helfen.

In Rom angekommen, sucht der Gouverneur Petrus auf und berichtet, was geschehen ist. Petrus tröstet ihn damit, das Gott Vater noch alles zum Besten wenden kann, worauf er mit dem Gouverneur eine Reise nach Palästina unternimmt und ihn während zweier Jahre in der christlichen Lehre unterweist. Auf dem Heimweg besucht der Gouverneur die Küste, an der er die tote Frau und das neugeborene Kind zurückgelassen hat, und wie durch ein Wunder des Herrn trifft er beide gesund und munter an. Die Ehefrau erklärt, dass Maria ihr geholfen habe und im Geist mit ihr gewesen sei, dass sie solchermaßen ihrem Mann auf seiner Pilgerreise nach Osten gefolgt sei und das, was er gesehen habe, nun auch in ihrem Gedächtnis liege.

Wieder in Marseille, begibt sich der Gouverneur sofort zu Maria Magdalena, die mit ihren Jüngern gerade in der Stadt predigt. Nach zahllosen Freudentränen empfängt die Familie des Gouverneurs aus den Händen Maximinus' die Taufe. Dies bedeutet das Ende des Heidentums in Marseille. Der Tempel und die gottlosen Heiligtümer werden zerstört und Gottes Wort wird allen Menschen in neu errichteten Kirchen verkündet. Lazarus wird zum Bischof von Marseille gewählt, während die anderen sich nach Aix begeben, wo Maximinus Bischof der rasch christianisierten Stadt wird.

Der Mühen des öffentlichen Lebens müde, zieht sich Maria Magdalena nun in eine Berghöhle in der Wildnis zurück, die die Engel für sie geschaffen haben. 30 Jahre lang lebt sie dort ohne andere Speis und Trank als die himmlischen Gesänge, an denen die Engel sie sieben Mal am Tag teilhaben lassen, indem sie sie zum Himmel emporheben. In der Wildnis widmet sich Maria Magdalena geistlicher Kontemplation, der Suche nach Gott in zurückgezogener Einsamkeit. Als sie das Ende nahen fühlt, bittet sie einen Priester (der sie auf wundersame Weise entdeckt), Maximinus zu rufen, auf dass er ihr das letzte Abendmahl gebe. So geschieht es, und Maria Magdalena stirbt.[154]

Soweit die *Legenda aurea*. Nach der Darstellung des Lebens Maria Magdalenas berichtet Jacobus auch davon, wie die Reliquien der Heiligen während des frühen Mittelalters nach Vézelay gelangten und wie Wunder geschahen. Auch in die mittelalterliche schwedische Übersetzung ist die Reliquienüberführung aus der Provence in die Bourgogne eingefügt.

Auf dem Kontinent und den britischen Inseln wurden zahlreiche literarisch ausgeschmückte Varianten der Geschichte niedergeschrieben.[155] In einer dieser alternativen Legenden unternimmt Maria Magdalena eine Pilgerfahrt nach Rom, erleidet jedoch Schiffbruch. Das Schiff strandet an einer verlassenen Insel, wo Maria einem Säugling das Leben rettet, indem sie vollbringt, dass das Kind über zwei Jahre von der Brust der toten Mutter gestillt wird. Am Schluss wird Maria Magdalena von Maximinus gefunden, der ihr das Abendmahl spendet, bevor sie stirbt. Als ein weiteres Beispiel dafür, wie sehr die Heilige von Magdala die Erzählflora Südfrankreichs beeinflusst hat, ist eine lokale Legende zu erwähnen, auch sie handelt davon, wie Maria Magdalena und nunmehr zwei andere Frauen, die ebenfalls Maria heißen, an der Küste Schiffbruch erleiden. Die beiden anderen Marien ertrinken zwar, aber sie werden während des Spätmittelalters Gegenstand der Verehrung, und der Ort Les Saintes Maries de la Mer (»Die heiligen Marien des Meeres«), wo ihre Reliquien verwahrt werden, ist nach ihnen benannt.

Die zuletzt erwähnte Geschichte ist typisch für die volkstümliche Legendenbildung des Hoch- und Spätmittelalters, aber auch in der gelehrten Welt übte Maria Magdalena eine große Anziehungskraft auf zahlreiche Erzähler aus. In einem zisterziensischen Text des 12. Jahrhunderts, der irrtümlich einem Schriftsteller des 9. Jahrhunderts, nämlich Hrabanus Maurus (Erzbischof von Mainz, gest. 856) zugeschrieben wurde, wird Maria Magdalenas Biografie erheblich ausgeweitet. Außer zahlreichen früher erwähnten Details ihres lasterhaften Luxuslebens, ihrer Bekehrung und ihres Lebens als Christin erfahren wir nun sehr viel mehr über ihre Eltern. Maria Magdalenas, Martas und Lazarus' Mutter heißt Eucharia, eine Angabe, die Jacobus de Voragine später in die *Legenda aurea* aufnahm. Eucharia soll dem alten israelischen Königshaus angehört haben; die Heilige ist also von edelstem biblischen Blut. Ihr Vater, auf Theophilus getauft und von syrischer Herkunft, soll seinerseits von edlen Satrapen herstammen und Gouverneur von Syrien samt einiger maritimer Provinzen gewesen sein. Dieser Theophilus wurde später einer der Jünger Jesu und verzichtete damit auf seine weltliche Machtstellung. Zu den Besitztümern gehörte ein Teil Jerusalems, über den Lazarus herrschte, Betanien, wo Marta regierte, und die Burg Magdala, von der Maria ihren Namen hatte. Nach dem Tod Jesu schenkten die Geschwister all ihren Besitz der christlichen Gemeinde.[156]

In einem interessanten quellenkritischen Exkurs wendet sich der anonyme zisterziensische Verfasser bestimmt gegen die Vermischung Maria Magdalenas und Maria Aegyptiacas und klagt die, die die Eremitenbiografie verbreiteten, der Lüge an. Vor allem erregt ihn die Behauptung, Flavius Josephus habe ursprünglich diese Geschichte geschrieben (siehe weiter oben S. 132). In keiner einzigen seiner Schriften erwähne Josephus Maria Magdalena![157]

Zahlreiche mittelalterlichen Legenden und biografischen Abschweifungen über die Frau aus Magdala ließen sich aufzählen. Eine davon, eine besondere italienische Geschichte aus dem 14. Jahrhundert, wahrscheinlich mit Ursprung in Florenz, verlegt das Leben und Wirken der Heiligen im Verhältnis zu Jesu Aufwachsen vor. Hier wird geschildert, wie eine wunderschöne Maria Magdalena, sowohl Prinzessin als auch Kurtisane, in den Wäldern herumwandert, auf der Suche nach jemandem, der noch schöner ist als sie. Die Frau hat kein anderes Kleid als ihr langes goldenes Haar. Sie begegnet Hilarion, verantwortlich für ein Haus mitten im Wald. Dahin kommen später Josef und die Jungfrau Maria, die hochschwanger ist. Als das Jesuskind geboren ist, erfreut sich Magdalena darüber, endlich den gefunden zu haben, den sie suchte.[158]

Predigen oder nicht predigen

Mit dem Aufschwung des Maria-Magdalena-Kultes zuerst in der Bourgogne und dann in der Provence erfuhr die Persönlichkeit der Heiligen eine starke Veränderung. Jene Maria Magdalena, die in den Erzählungen des 13., 14. und 15. Jahrhunderts hervortritt, ist bedeutend facettenreicher als die Heilige, mit der wir im frühen Mittelalter Bekanntschaft gemacht haben. Am wichtigsten war die Veränderung, die Maria Magdalena in Richtung auf eine sexuell befreite Sünderin mit der darauf folgenden Bekehrung und Buße durchlief, eine Veränderung, auf die wir noch zurückkommen werden. Eine andere Entwicklung, zwar nicht genauso hervorstechend in den Quellen, aber doch ebenso wesentlich für unsere Geschichte, lag auf einer ganz anderen Ebene und hat – im Unterschied zu der Idee von der reuevollen Sünderin – zumindest einen gewissen Rückhalt in den Evangelien. Maria Magdalena wird Predigerin.

In der Bibel spielt Maria Magdalena die Rolle der von Gott gesandten Botschafterin, eine Rolle, die ihr auch von den Kirchenvätern zuerkannt wird. Sie übermittelt die frohe Botschaft aus dem Munde Jesu den männlichen Jüngern. Eine Frau tritt als Apostel auf, eine Tatsache, mit der, wie wir wissen, die Kirche Probleme hatte. Weibliche Prediger haben selten in der katholischen Lehre hoch im Kurs gestanden, besonders nicht im Hoch- und Spätmittelalter, als die Männer der Kirche weibliche Verkünder von Gottes Wort in der Ketzerbewegung heftig angriffen. Deshalb ist es umso aufsehenerregender, dass Maria Magdalenas Predigerrolle während des 13. und 14. Jahrhunderts faktisch gestärkt wurde.[159]

Franziskaner und Dominikaner, die großen Prediger und geistlichen Idealfiguren des Spätmittelalters, formten während dieser Epoche sukzessive ein Bild von Maria Magdalena als einer Vorgängerin ihrer selbst und ihres eigenen Wirkens. Die Heilige wird als eine dynamische und fromme Predigerin dargestellt, die das Evangelium unter den Menschen verbreitet, gleichzeitig in den Spuren Jesu wandelt und sich nicht scheut, an der alltäglichen aktiven Arbeit in der christlichen Gemeinde teilzunehmen. Mit anderen Worten: Sie folgte derselben Lebensweise wie Dominikaner und Franziskaner. Dies ging soweit, dass Maria Magdalena zuweilen als eine wirkliche Dominikanerschwester Jahrhunderte vor deren Zeit beschrieben wurde. So geschehen beispielsweise in einer Magdalena-Schrift, die etwa um 1500 ins Deutsche übersetzt wurde. Hier sagt die Heilige geradewegs, sie hege eine große Vorliebe für die Dominikaner und betrachte sich als eine der Ihren. Sie nennt sich ausdrücklich Predigerin und Apostelin.[160]

Aus unserer besser informierten Gegenwartsperspektive ist es am sonderbarsten, dass dieselben Dominikaner, die auf diese Weise Maria Magdalena huldigen, zur selben Zeit jene Ketzer angreifen, die die Heilige auf die gleiche Art benutzen. Zu diesen christlichen Extremgruppen gehörten die Waldenser, eine Bewegung, die von dem ehemaligen Kaufmann Pierre Valdo (ca. 1140–1217) aus Lyon gegründet wurde. Valdo hatte all seinen Besitz weggegeben, predigte das Armutsideal und ließ die Evangelien in die Volkssprache übersetzen. Im Jahre 1184 erhielten die Waldenser den Ketzerstatus, doch trotz aller Verfolgungen verbreiteten die männlichen und weiblichen Prediger die Bewegung in Südfrankreich, Norditalien und den angrenzenden Ländern. Allen Scheiterhaufen zum Trotz überlebte die Waldenserbewegung und existiert heute in Europa und Amerika. In einem Text von etwa 1241 greift der dominikanische Inquisitor Moneta da Cremona die waldensischen Predigerinnen, die sich ausdrücklich in der Nachfolge Maria Magdalenas sehen, scharf an. Moneta verweist darauf, dass die Heilige nur den Aposteln von der Auferstehung berichtet hat; sie habe ihnen definitiv nicht gepredigt. Die Dominikaner hatten demnach bedeutende Probleme damit, Maria Magdalena als Predigerin zu akzeptieren, als die Ketzer gerade ihr Wirken als Apostelin betonten. Aber sie hatten keinerlei Probleme, ihrer Predigerinnenrolle zu huldigen, als sie selbst das Wort führten.

Die an sich sehr verschiedenen Aspekte, die in Maria Magdalenas Persönlichkeit bereits zusammengewebt wurden, konnten von den Bettelmönchen sinnreich benutzt werden. Man betrachte nur die Funktion Maria von Betaniens. Sie war seit langem als Urtyp der kontemplativen christlichen Mystikerin, kombiniert mit einem stillen, zurückgezogenen Leben in frommer Barmherzigkeit und Predigt gedeutet worden. Weil sie mit Maria Magdalena identifiziert wurde, konnte diese Deutung für die weitere Bekräftigung des Predigerinnenstatus der Heiligen verwendet werden. Maria von Betanien lässt Maria Magdalena noch dominikanischer erscheinen, als sie bereits war. Von größtem Gewicht ist in diesem Zusammenhang jedoch die Geschichte von Maria Magdalenas Wirken als Apostelin in der Provence, diese weit verzweigte Erzählung, die auf die Legendenbildung des 11. und 12. Jahrhunderts in Vézelay zurückgeht.

Maria Magdalenas Predigen vor den provenzalischen Heiden wurde ein sehr populäres Thema, nicht nur für die Bettelmönche in ihren eigenen Predigten, sondern auch für Künstler – Maria Magdalenas Wirken malten sie in großen Fresken – und für Komponisten jenes Typs geistlicher Lieder, die man *laude* zu nennen pflegt. Sie wurden seit dem 13. Jahrhundert in Norditalien gesungen, wo sie bis ins 19. Jahrhundert hinein lebendig blieben. Die Predigerin Maria Magdalena taucht auch in religiösen Schauspielen auf, in welchen sie durch die Schauspieler wiederum aufs Neue predigt. Tatsächlich wird Maria Magdalena *apostolorum apostola*, eine Apostelin der Apostel, ein Titel, der in größerem Ausmaß vom 12. Jahrhundert an auch für die Heilige angewendet wird.

Ein leuchtendes Beispiel dafür, wie wichtig Maria Magdalena in der Rolle der Predigerin war, ist in den unteren Kirchengebäuden des San Franceso-Komplexes in Assisi zu betrachten. Bischof Theobaldo Pontano von Assisi, der Mitglied des Franziskanerordens war, ließ hier eine Kapelle zu Ehren Maria Magdalenas einrichten. Sie wurde im Jahre 1313 fertig gestellt. Außer Bildern mit Szenen aus Maria Magdalenas Leben wurden zwei besondere Donatorenporträts gemalt, in welchen Bischof Pontano den Künstler die geistige Vision, die ihn selbst leitete, abbilden ließ. Das eine Porträt zeigt Pontano in seinem prachtvollen bischöflichen Gewand, kniend zu Füßen Sankt Rufinus' (Rufinus war Assisis erster Bischof). Auf dem anderen Bild trägt Pontano die Franziskanertracht, eine bedeutend demütigere Kleidung als das Bischofsgewand, und Rufinus ist verschwunden. Stattdessen kniet Pontano vor Maria Magdalena. Daran sehen wir, dass Theobaldo Pontano sich mit Rufinus identifizierte, wenn er sich selbst als Bischof sah, dass er sich jedoch als einen wahren Nachfolger Maria Magdalenas betrachtetet, wenn er sich in der Rolle des Bettelmönchs Fra Theobaldo dachte.[161]

Neben der Huldigung Maria Magdalenas in ihrer Funktion als Predigerin zogen die Franziskaner und Dominikaner sie auch als ein gutes Modell dafür heran, wie ein wahrer Christ sich gegenüber Mitmenschen mit weniger glücklichem Schicksal verhalten solle. Man betonte Maria Magdalenas Frömmigkeitsarbeit in besonderer Weise. Dass Maria Magdalena an solchen Dingen interessiert war, wurde ja – so meinte man – nicht zuletzt dadurch bewiesen, dass sie den Körper Jesu nach dessen Tod salbte. Folglich wurden viele mittelalterliche Barmherzigkeitsinstitutionen mit Maria Magdalenas Namen verknüpft. Zahlreiche Hospitäler – Einrichtungen, welche je nach Bedarf als Krankenhaus, Armenhaus und Altenheim fungieren konnten – wurden ihr geweiht. Allein in England gab es 63 Maria-Magdalena-Hospitäler.

Einige dieser Einrichtungen waren besonders dafür gedacht, Menschen, die an Lepra litten, aufzunehmen. Diese Krankheit war im hochmittelalterlichen Europa eine gefürchtete Plage. Lepra konnte sich auf verschiedene Art und Weise äußern, je nachdem, an welcher Variante der Krankheit man litt – Gefühllosigkeit, große Narben, Gestank und – was die Menschen besonders erschreckte – der Verlust von Gliedern und grobe Veränderungen des Gesichts. Dass Maria Magdalena mit dieser Krankheit verknüpft werden sollte, beruhte nicht auf ihrer eigenen Heiligenpersönlichkeit, sondern darauf, dass sie durch die Assoziierung mit Maria von Betanien zu Lazarus' Schwester befördert wurde. Im Neuen Testament kommen zwei Personen mit diesem Namen vor. Der berühmte Lazarus ist der Mann, den Jesus vom Tod auferweckt haben soll (Johannes 11:1–44). Während des Mittelalters sollte dieser jedoch mit einem anderen Lazarus identifiziert werden, einem armen Mann im Lukasevangelium (Lukas 16:19–31). Wir erfahren über diesen nur, dass er vor dem Tor eines reichen Mannes bettelte, dass sein »Leib voller Geschwüre war«. Er »hätte gern seinen Hunger mit dem gestillt, was vom Tisch des Reichen herunterfiel«. Im Mittelalter deutete man dies als Indikator dafür, dass Lazarus aussätzig gewesen sei, weshalb auch Maria Magdalena schließlich eine Aussätzigenheilige wurde.[162]

Die Bettelmönche betrachteten Maria Magdalena auch als eine Pionierin auf dem Gebiet der Mystik. Sowohl Maria von Betanien als auch Maria Aegyptiaca, mit denen sie identifiziert wurde, verknüpfte man mit stiller Kontemplation und dem Streben nach Vereinigung mit Gott. Die Schilderung Maria von Betaniens im Neuen Testament ist leicht als eine kontrastreiche Zeichnung des Familienlebens zu lesen, in der Maria die nach innen gewandte Mystikerin und ihre Schwester Marta der nach außen gerichtete Mensch der Tat ist. Die ägyptische Maria soll der Legende nach viele Jahrzehnte in der Wüste gelebt haben, und was kann sie dort wohl anderes gemacht haben, als sich stiller Kontemplation zu widmen?

Auch in diesem Punkt resultierte die Assoziierung Maria Magdalenas mit andern Frauengestalten darin, dass sie ein Idealmodell für Menschen wurde, die ihr sonst kaum einen Gedanken gewidmet hätten. Schon im 12. Jahrhundert gab es zahlreiche Maria Magdalena geweihte benediktinische, prämonstratensische und zisterziensische Nonnenklöster sowohl in Europa als auch in den lateinischen Teilen des Nahen Ostens. Die Franziskaner entnahmen der Maria Magdalena zugesprochenen Hingabe an Gott in der Wildnis oft und gern ihre Predigtmotive. In Hymnen, *laude* und Malereien schuf man ein Bild Maria Magdalenas als einer mystischen Wüstenheiligen, deren Körper von ihrem eigenen Haar verhüllt war.

Mystik und Predigt in allen Ehren, aber es war ein anderer Aspekt Maria Magdalenas, der die spätmittelalterliche Frömmigkeit dominieren sollte. Denn in dieser Epoche trat das Individuum in den Vordergrund geistlicher Mentalität, besonders seine persönlichen Schwächen und die Beweggründe seines Handelns. Maria Magdalena wurde eine der Zentralgestalten eines neuen Frömmigkeitstyps, allerdings nicht in der Rolle der salbenden Frau oder Auferstehungszeugin. Ihre Rolle wurde die der reuevollen Sünderin, die Rolle der gefallenen Frau, die sich von der Welt ab- und dem Leben für Gott zuwendet.

Vor allen anderen wird sie zur Bußheiligen entwickelt. Am deutlichsten spüren wir dies in der Provence und Italien, wo die Grafen, Könige und Königinnen des Hauses Anjou – die Nachfolger Karl von Salernos – mit allen zu Gebote stehenden Mitteln versuchten, Maria Magdalena zu ihrer eigenen Schutzheiligen zu machen. Aber auch im übrigen Westeuropa ist das Bild klar: Maria Magdalena verkörperte die Bußfrömmigkeit, die im 14. und 15. Jahrhundert einen bedeutenden Teil geistigen Lebens und geistiger Ideale von Adel und Bürgertum kennzeichnete. In Schweden hob die heilige Birgitta in der Mitte des 14. Jahrhunderts Maria Magdalena als ein Paradebeispiel menschlichen Vermögens zur Umkehr von der Sünde zur Tugend hervor.[163] In einer ihrer Offenbarungen hört Birgitta Jesus sagen: »Da waren drei Heilige, die mir mehr als andere behagten, nämlich meine Mutter Maria, Johannes der Täufer und Maria Magdalena. [...] Als Maria bekehrt wurde, sagten die Teufel: ›Wie sollen wir sie zurückbekommen? Nun haben wir eine gute Beute verloren. Sie wäscht sich so eifrig mit Tränen, dass wir nicht wagen, sie anzusehen. Sie umhüllt sich so sehr mit guten Taten, dass keine Versuchung sie erreichen kann. Sie ist so glühend und entschieden in Gottesdienst und Heiligkeit, dass wir nicht wagen, uns ihr zu nähern.‹«[164]

Das Bußetun als solches rückte seit dem 13. Jahrhundert im christlichen Leben auf eine ganz andere Art als zuvor in den Blickpunkt, nicht nur in der Folge einer Mentalitätsveränderung, sondern auch als Resultat kirchlicher Gesetzgebung. Gemäß den Beschlüssen des Vierten Laterankonzils im Jahre 1215 war es für jeden Christen obligatorisch, jährlich einem Priester zu beichten. Der Beichte folgte die Buße, und der Buße folgte der Bedarf an neuen geistlichen Helden, zu denen man aufschauen, die man idealisieren und mit denen man sich vergleichen konnte. Dies sollte nun ein Sünder sein, der garantiert schlechter war als der Durchschnittseuropäer, aber gleichwohl den Sprung von der Sünde zur Tugend bewerkstelligt hatte. Man wollte jemanden, dem man relativ leicht nacheifern konnte. Die Jungrau Maria war allzu heilig und jungfräulich, um als dieses Vergleichsobjekt fungieren zu können, aber Maria Magdalena erwies sich als perfekt. Die Erzählung ihres Lebens erscheint als Vorbild dafür, wie man andere demütige Bußheilige schildern sollte.[165]

Diese Entwicklung lässt sich in verschiedenen literarischen Genres und in vielen religiösen Arenen verfolgen. Als Beispiel können wir uns der Dramatik zuwenden, besonders der Entwicklung des Passionsspiels seit dem 13. Jahrhundert mit Werken etwa aus Benediktbeuern oder Wien. Hier tritt Maria Magdalena verführerisch auf. Sie tanzt und singt, erzählt dem Publikum von ihrer Lust auf die sinnlichen Freuden dieser Welt, dass sie nichts sehnlicher wünscht, als sich feine Öle und Parfüms zu kaufen, um junge Männer anzulocken. Sie wälzt sich im Pfuhl der Sünde! Im Passionsspiel von Arras, geschrieben etwa 1430, streicht Maria sich über ihre »stolze kleine Brust« und erklärt dem Publikum, wie rosig und weiß ihre Haut sei, so wie die einer Elfe, und wie sie zugänglich sei für alle, die sie haben wollen. Als Simon der Aussätzige Marta und Lazarus zu einer Mahlzeit mit Jesus einlädt, weigert er sich, auch Maria Magdalena einzuladen – er habe ja an seinen Ruf und den seines Hauses zu denken!

Dann erfolgt die Bekehrung. Maria Magdalena verändert sich völlig. Sie wird eine gute Christin. Sie weint. Sie bereut tief und betrachtet ihr bisheriges Leben mit offenkundiger Bitterkeit. Als sie eine kurze Zeit später erneut ihren Kaufmann aufsucht, ist es nicht länger ihre Absicht, Öle zu kaufen, um sich schön zu machen. Nein, sie will Öl einkaufen, um Christi Leib zu salben. Die liederliche Sünderin verwandelt sich in eine fromme Büßerin. In der spätmittelalterlichen Theaterwelt symbolisiert Maria Magdalena auf diese Weise die sündige Menschheit, die durch das Eingreifen Jesu Christi erlöst wird. Sie erfüllt auch andere dramatische Funktionen – in bestimmten Schauspielen agiert sie zum Beispiel als Antisemitin –, doch es war die Rolle der reumütigen Sünderin, die in breiten Volksschichten populär wurde.[166]

Dieselbe Veränderung, die uns beim Studium der mittelalterlichen Dramatik entgegentritt, findet sich auch in der Analyse poetischer Hymnen für und über Maria Magdalena. In diesem Genre gleicht sie nicht selten einem

Menschen, der eine Reise von Babylon nach Zion tat, von der Sünde zur Heiligkeit.[167] Wenn wir den Blick auf spätmittelalterliche Gebete werfen, ist das Bild das gleiche. Es kam vor, dass Verfasser bereits existierende Gebete, inklusive das bekannteste von allen, das *Ave Maria*, zu neuen Gebeten umarbeiteten, die speziell Maria Magdalenas Rolle als Bußheiliger angepasst waren.[168]

Mit noch genauerer analytischer Schärfe können wir in erhaltenen Predigttexten des 13., 14. und 15. Jahrhunderts die Entwicklung Maria Magdalenas als Vorbild und Identifikationsfigur für Sünder, die der Reue und Besserung bedürfen, verfolgen. Die Prediger, insbesondere Dominikaner und Franziskaner, verkündeten die Botschaft davon, wie leicht der Mensch im Allgemeinen – und die Frau im Besonderen – wie Maria Magdalena vom Teufel umgarnt werden kann, wie er aber auch vermag, sich daraus zu befreien und erlöst zu werden.[169]

In ihrer umfassenden Monografie über Maria Magdalenas Verwandlung in eine Bußheilige betont Katherine Ludwig Jansen (2000) gerade die wichtige Predigerrolle der Dominikaner und Franziskaner. Diese Bettelmönche, das kirchliche Gewissen des 13. Jahrhunderts, nahmen Maria Magdalena mit Enthusiasmus an. In der Arbeit an ihrer Verwandlung in eine reumütige Sünderin setzten sie sich ganz von selbst an die Spitze.[170] Dominikaner und Franziskaner machten sie zum Symbol für Vieles, was sie instinktiv an der zeitgenössischen weiblichen Kultur der höheren Stände missbilligten: Eitelkeit, sexuelle Freiheit und weltlichen Reichtum. Indem sie die Aufmerksamkeit auf Maria Magdalenas erfundene Geschichte lenkten, versuchten sie, diese negativen Aspekte des weiblichen Geschlechts zu kontrollieren und zu unterdrücken. Die Heilige wurde zu einem anwendbaren Instrument auf den Pergamentblättern misogyner Denker.

Niemand scheint den Mangel an biblischen Belegen reflektiert zu haben. Wie wir bereits feststellen konnten, wurde die Maria Magdalena des Neuen Testaments niemals mit Eitelkeit, Lust, Prostitution oder einer der anderen Sünden, die die Bettelmönche des 13. und 14. Jahrhunderts ihr so gern zuschrieben, verknüpft. In der Bibel ebenso wie in allen spätantiken und frühmittelalterlichen Schriften ist Maria Magdalena vor allem die fromme Frau an Jesu Grab. Im 13. Jahrhundert stand jedoch die Balsamträgerin nicht länger im Zentrum der Heiligenauffassung. Sie wurde von der anonymen Frau des Lukasevangeliums verdrängt, jene, die in den lateinischen Bibelübersetzungen nur *peccatrix* genannt wird, Sünderin.

Nicht nur ihr Name, sondern auch ihre Sünde sind in der Bibel andere. Die Dominikaner und Franziskaner jedoch sahen es als selbstverständlich an, dass ihr Name Maria Magdalena und dass ihre Sünde fleischlich, von sexueller Natur war – *luxuria*, Lust. Warum? Deshalb, weil Frauen als solche im mittelalterlichen kirchlichen Denken besonders geneigt waren, sexuell zu sündigen. Sowohl der Name als auch die Sünde sind im 13. Jahrhundert zu selbstverständlichen Teilen in der Konstruktion von Maria Magdalenas Gestalt geworden.[171]

Die Prediger gingen gern von den fiktiven Details aus, die in den oben genannten Maria-Magdalena-Biografien zu finden waren. Danach stammte sie aus einer vermögenden Familie. Sie war also reich. Außerdem war sie schön. Schönheit und Reichtum waren die Wurzeln des bösen, sündhaften Lebens, das sie führte, verkündeten die Dominikaner und Franziskaner ihrem spätmittelalterlichem Publikum. Das Geld ermöglichte es Maria Magdalena, sich den Genüssen der Schwelgerei zu ergeben und ihre Tage in tatenloser Leichtigkeit zu verbringen. Überdies war sie nicht durch soziale Zwänge gebunden und konnte ein Leben in völliger Freiheit führen. Sie hatte keinen Mann; sie war eine selbständige Frau. Genau diese Aspekte – Schönheit, Reichtum und Freiheit – wurden fortwährend von Predigern wie Ubertino da Casale hervorgehoben. Die Botschaft war eindeutig: Die Frauen, die ein solches Leben führten, lebten gefährlich und liefen ständig Gefahr, den böswilligen Ränken des Satans ausgesetzt zu sein. Gebt acht, Frauen! Tut Buße und bessert euch!

Das Fehlen eines Ehemannes war ein Detail, bei dem sich die Prediger mit Begeisterung aufhielten. Nach mittelalterlichem Ideal sollte man verheiratet sein, sofern man nicht dem geistlichen Stand angehörte und so mit der Kirche und Gott verheiratet war. Aber Maria Magdalena war frei. Warum? Laut einer Version, erdichtet von Honorius von Autun im 12. Jahrhundert, soll sie mit einem führenden Mann in Magdala die Ehe eingegangen sein, habe ihn aber verlassen und sei in das schöne Leben von Jerusalem geflohen, wo sie Prostituierte wurde. Mehr als das – sie gründete ein eigenes Bordell, in das die sieben Dämonen augenblicklich einzogen, bereit, sie mit allerlei Gott unbehaglichen Lüsten zu verführen.[172]

Andere Prediger erzählten andere Geschichten. Es war nicht ungewöhnlich, dass man sie damit in eine weitere der Evangeliengeschichten einführte, nämlich der von der Hochzeit in Kana, bei der Jesus Wasser in Wein verwandelt haben soll. Laut dieser Geschichte war Maria Magdalena die

Braut und der Evangelist Johannes der Bräutigam. Jesus erschien auf dem Fest und sorgte nicht nur für alkoholische Getränke, sondern lockte Johannes von der bevorstehenden Ehe fort in ein neues Leben als Jünger des Herrn. Maria Magdalena wird am Altar verlassen, enttäuscht, aber frei … Nachweislich akzeptierten nicht alle mittelalterlichen Kirchenmänner diese Geschichte; zu ihnen gehört Jacobus de Voragine, der in der *Legenda aurea* heftig dagegen argumentiert. Die Erzählung von Maria Magdalenas und Johannes' abgebrochener Hochzeit taucht jedoch in etlichen Quellen auf, unter anderem in dem deutschen Gedicht *Der Saelden Hort* aus dem späten 13. Jahrhundert, sodass wir sicher sein können, dass sie unter gelehrten Geistlichen und Laien verbreitet war.[173]

Dominikaner und Franziskaner unterstrichen freudig, wie eitel und sexhungrig die junge Maria Magdalena gewesen war, und sie verbanden diese Sünden in einer für sie natürlichen Weise miteinander. Sie assoziierten Maria Magdalenas eitle Kleidung mit den Kleidern, die Huren gewöhnlich trugen, und viele sahen es als selbstverständlich an, dass sie als Prostituierte gearbeitet hat, bevor sie von Jesus bekehrt wurde. Die Sünderin, *peccatrix*, wurde zur Hure, *meretrix*. Dass sie überdies mit der Krankheit Lepra in Verbindung gebracht wurde, machte die Sache nicht besser. Viele Mittelaltermenschen waren nämlich der irrigen Ansicht, Lepra sei eine Geschlechtskrankheit.

Maria Magdalenas Verwandlung zur Hure sollte eine ebenso unerwartete wie interessante Folgewirkung auf die mittelalterliche Philanthropie haben. Sie wurde zur offiziellen Symbolgestalt eines speziellen Typs von Barmherzigkeitsarbeit: der Rehabilitation gefallener Frauen. In England und Deutschland nannte man jene Häuser, die für reumütige Prostituierte errichtet wurden, »Magdalenenhäuser«. Die Erscheinung als solche kann bis an den Anfang des 12. Jahrhunderts zurückverfolgt werden, als französische Prediger die Initiative zur Rehabilitation von Prostituierten ergriffen. Während der nachfolgenden Jahrhunderte führten diese immer intensiveren Anstrengungen zur Begründung förmlicher Institutionen für ehemalige Prostituierte. Als Beispiel seien hier die französischen Häuser in Paris (1225), Avignon (ca. 1275), Marseille (ca. 1272), Aix-en-Provence (13. Jahrhundert), Toulouse (ca. 1300), Carcasonne (ca. 1310), Narbonne (ca. 1321) und Montpellier (ca. 1328) genannt.

Die Mehrzahl dieser Häuser war Sancta Maria Magdalena geweiht und im Einklang mit den augustinischen Klosterregeln eingerichtet. In Deutschland ging man indessen im Jahre 1224 noch einen Schritt weiter. Die Institutionen wurden zu einem gemeinsamen Orden Buße tuender Frauen vereinigt, *Sorores Poenitentes Beatae Mariae Magdalenae*, »Büßende Schwestern der heiligen Maria Magdalena«. Die Ordensgesellschaft, die von Rudolf von Worms, einem Kanoniker in Hildesheim, gegründet wurde, erhielt die formelle päpstliche Sanktion von Gregor IX. Die Schwestern kleideten sich in weiße Gewänder und trugen deshalb die volkstümliche Bezeichnung *Weißfrauen*. Im Laufe des 13. Jahrhunderts wurden mehr als 40 solcher Schwesternkonvente in Deutschland, den Niederlanden und Böhmen eingerichtet.[174]

Südlich der Alpen war die Entwicklung nicht so gut organisiert. Die italienischen »Magdalenenhäuser« gründeten hauptsächlich auf privater Initiative, die mitunter von den Predigern selbst ausging. Im Jahre 1240 entstand ein solches Haus in Pisa, 1243 in Viterbo, etwa um 1250 in Bologna und in Messina, 1255 in Rom, spätestens 1257 in Florenz, etwa um 1300 ein weiteres in Pisa sowie eins in Genua, 1338 ein zweites Haus in Florenz, 1342 zwei Häuser in Neapel und 1353 ein Haus in Venedig.

Die Entwicklung in Neapel kann als erhellendes Beispiel dienen. Hier regierte das Haus Anjou, dieselbe Familie, auf die der Fund der Reliquien in Saint-Maximin zurückging. Den angevinischen Königen und Königinnen bedeutete Maria Magdalena mehr als anderen Monarchen – sie verstanden die Heilige als ihre persönliche Beschützerin. Im Jahre 1342 gründete Königin Sancia, Gemahlin König Roberts des Weisen, den Santa Maria Maddalena-Konvent für reumütige Prostituierte. Im November desselben Jahres anerkannte und sanktionierte Papst Clemens VI. die Institution und nahm sie in seinen Schutz. In der Bulle lesen wir, dass der Konvent zu dieser Zeit, wenige Monate nach seiner Gründung, bereits aus 340 Schwestern bestand, von denen einige das feierliche Gelöbnis zur Keuschheit, zur Armut, zum Gehorsam und ewiger Abgeschiedenheit von der Außenwelt abgelegt hatten. Vor dem Hintergrund der zahlenmäßigen Größe des Konvents ist es leicht nachvollziehbar, warum Königin Sancia im selben Jahr noch einen zweiten Konvent mit gleicher Zielsetzung gründete, diesmal Maria Aegyptiaca geweiht – jener Heiligen des Ostens, deren Geschichte so oft mit der Maria Magdalenas vermischt worden war. Für Sancia waren diese Konvente unerhört wichtig. Ihr ganzes Leben lang lagen sie ihr am Herzen und sie bedachte sie großzügig in ihrem Testament. Aber es sollten sich Probleme einstellen. Manche Schwestern bereuten, dass sie den schönen Hort der Sünde verlassen hatten und ins Kloster gegangen waren. Ein anonymer franziskanischer Chronist hat berichtet, dass viele Schwestern von einer teuflischen Inspiration ergriffen worden seien und den schmalen Weg verworfen hätten. Sancia wandte sich da an den Franziskaner Philipp von Aix, dessen Predigtkunst schon bald die rebellischen Schwestern bewegen konnte, zu Tugend und Buße zurückzukehren.

Weil Maria Magdalenas Sünde vor der Begegnung mit Jesus so groß und ihre Frömmigkeit danach ebenso imponierend auf der anderen Seite der Werteskala war, sollte Sancta Maria Magdalena als die größte katholische Bußheilige überhaupt hervortreten.

Der Wechsel von extremer Sünde zum extrem Guten konnte nur vor dem Hintergrund tiefster Reue begreiflich gemacht werden. Maria Magdalena, die ja der Legende nach unerhört gründlich bereute, konnte darum alle anderen heiligen Büßer leicht verdrängen, darunter Petrus (der Buße tat und Besserung gelobte, weil er Jesus verleugnet hatte), Paulus (weil er Christen verfolgt hatte), Maria Aegyptiaca (weil sie eine Hure gewesen war), David (wegen Ehebruchs) und Matthäus (weil er ein Zöllner gewesen war). Dominikaner und Franziskaner legten großes Gewicht auf Maria Magdalenas Tränen und ihren Schmerz über frühere Sünden – man wies gerne auf sie als *beata peccatrix*, »selige Sünderin« – und hielt sich mit Vorliebe bei ihren Bekenntnissen alles Bösen, das sie getan hatte, auf.

Aber war Maria Magdalena eigentlich eine Büßerin? Nein, nicht, wenn wir von unseren Quellen ausgehen. In der Bibel deutet nichts darauf hin. Nirgendwo in den Evangelien können wir lesen, was Maria Magdalena zu Jesus gesagt haben könnte, als sie ihm ihre Sünden bekannte, wenn sie denn überhaupt solche zu bekennen hatte. Die gesamte Geschichte von Maria Magdalena als der großen Büßerin war ein Bluff. Also waren die Menschen des Spätmittelalters gezwungen, ihre Sünden und Bekenntnisse zu erfinden. Als Beispiel sei ein Text von etwa 1474 genannt, in dem Maria Magdalena bei der Höhle in Saint-Baume – der Text ist in der Ich-Form geschrieben – in siebzehn Versen kurzum alle Sünden bekennt, die einem Menschen des 15. Jahrhunderts bekannt sein konnten. Sündiger konnte niemand sein! Aber so konnte auch niemand bereuen![175]

Vor allem aber appellierte ihre vergleichsweise realistische Hinwendung zur Erlösung an die volkstümliche Religiosität. Sie war die Büßerin, die in den Genuss der Gnade kam, nicht die perfekte Unschuldige, die kaum einer solchen bedurfte. Der spätere Weg, jener, der mit der Jungfrau Maria verbunden wurde, war für die überwältigende Mehrheit der gewöhnlichen Menschen unmöglich zu beschreiten, heute genauso wie damals. Alle sind wir Sünder, und Sünder müssen Buße tun und Besserung. Maria Magdalena, diese sehr menschliche – und außerdem besonders attraktive – Sünderin, bewies durch ihre Bekehrung, dass alles möglich war, selbst für den spätmittelalterlichen Schurken, der im übelsten Abgrund der Sünde lag.

Heilige des Volkes

Zu den wichtigsten Quellen hinsichtlich volkstümlichen Verhaltens gegenüber Heiligen gehören die Mirakelsammlungen. Eine Mirakelsammlung besteht aus Angaben über Wunderwerke, die zu einem spezifischen Zweck aufgezeichnet wurden, im Allgemeinen, um eine Kanonisierung zu erleichtern oder einen bestimmten Kultplatz im Verhältnis zu rivalisierenden Orten hervorzuheben oder zu bestärken. Einer nach dem anderen erzählen Menschen aus unterschiedlichen sozialen Schichten, sowohl Männer als auch Frauen, wie der oder die betreffende Heilige ihnen geholfen hat. Für den Forscher ist weniger interessant, ob die Mirakel wirklich eingetroffen sind oder nicht, inwieweit die Aufzeichnungen lügen oder die Wahrheit sagen, vielmehr interessiert ihn der historische Zusammenhang hinter den Erzählungen. Wie mächtig, glaubte man, war der oder die Heilige? Welche Mirakel, nahm man an, konnte er oder sie vollbringen? Welcher Typ von Mensch nahm den Heiligen oder die Heilige in seinem Herzen auf und behauptete, ihm sei geholfen worden? Und vor allem: Was wollte man schließlich mit der Sammlung dieser Mirakelerzählungen wirklich erreichen?

Die letzte Frage ist ungewöhnlich leicht zu beantworten, wenn es sich um die Sammlung von Geschichten handelt, die der Dominikaner Jean Gobi d. Ä. etwa um 1315 bearbeitet hat, ein Werk mit dem Titel *Liber miraculorum beatae Mariae Magdalenae*, »Mirakelbuch der seligen Maria Magdalena«.[176] Jean Gobi war ein Dominikaner aus Alés in Languedoc. Weil er sich wie viele Kirchenmänner der strengen Politik des französischen Königs Philipp IV. »des Schönen« widersetzte, war er im Jahre 1303 gezwungen, aus Frankreich in die noch nicht reichsfranzösische Provence zu fliehen. Hier begab er sich nach Saint-Maximin, wo die angeblichen Reliquien Maria Magdalenas nun von den Dominikanern gepflegt wurden. Freundlich empfangen, war Jean Gobi Prior des Konvents von 1304 bis zu seinem Tod im Jahre 1328, jedoch mit einer Unterbrechung von 1313–1314, als er ein anderes Amt inne hatte.

Was der Prior mit seiner Mirakelsammlung bezweckte, steht außer allem Zweifel. Das Ziel der Arbeit war, den großen Plan Gottes zu preisen, der Glanz und Ehre über Maria Magdalenas Saint-Maximin – und nirgendwo anders – zu verbreiten gedachte. Der Kult am eigenen Ort sollte durch die Kraft der Mirakel gegenüber Vézelay gestärkt werden. In die Mirakelerzählungen geht daher in der Regel eine Bitte um Hilfe sowie ein Versprechen ein, den Kultplatz in Saint-Maximin zu besuchen, wenn die Bitte erhört worden war. Manche dankbare Hilfesuchende gelobten eine Pilgerfahrt zu Fuß, mitunter sogar barfuß.

Jean Gobis Mirakelsammlung formt sich zu einem veritablen Katalog aller möglichen Unglücke, denen man am Beginn des 14. Jahrhunderts begegnen konnte. Hier gibt es Geschichten über Kriegsgefangenschaft, Gefangenschaft bei den Sarazenen, über Kaufleute, die für Spione gehalten wurden, über Kriminelle, die man ergriffen hatte, über Schicksalsschläge, Krankheiten, über Lepra und Behinderungen wie Blindheit oder Taubheit, über Geisteskrankheit, über Sorgen um Verwandte und Freunde und vieles mehr. Die Mehrzahl der Pilger, die in der Mirakelsammlung vorkommen, stammte aus der Grafschaft Provence, aber auch aus angrenzenden Gebieten des Königreichs Frankreich, was bedeutete, dass sie über die Rhone setzen mussten, um zum Kloster zu gelangen. Es finden sich Besucher aus Städten wie Bordeaux und Toulouse. Auch manche Italiener suchten das Heiligtum auf – sie kamen aus Piemont, Genua und dem Königreich Sizilien.

Hinter den Elendsgeschichten all dieser Pilger gab es die kirchenpolitische Realität, den Konflikt zwischen Vézelay und Saint-Maximin. Beide Kirchen behaupteten, sie verfügten über die Reliquien Maria Magdalenas. Die Dominikaner in Saint-Maximin, denen Jean Gobi vorstand, verfochten gern die Ansicht, dass die Priester in Vézelay tatsächlich den Leib des heiligen Sidonius in ihrer Kirche verwahrten, einen Leichnam, der am Beginn des 8. Jahrhunderts Maria Magdalenas Platz eingenommen hätte, weil man befürchtet habe, die Sarazenen könnten das Grab plündern. Die Mirakelsammlung sollte also vor allem als Waffe im Kampf gegen Vézelay gebraucht werden, und dies scheint im Text auch durch die Schilderung besonderer Wunderwerke hindurch.

Der Streit zwischen Vézelay und Saint-Maximin begrenzte sich nicht auf geistliches und literarisches Gebiet, sondern brach sich auch gewaltsam Bahn. Dafür gibt es in Jean Gobis Arbeit klare Belege. Betrachten wir das Mirakel Nr. 5. Hier berichtet ein gewisser Raymond aus Uzés, wie er erst kürzlich eine Pilgerfahrt nach Saint-Maximin unternommen und dort Maria Magdalenas Arm geküsst habe, der ihm als Reliquie vorgezeigt worden war. Danach hielt er sich in Marseille auf, wo er in einen heftigen Streit um die Ehre der Heiligen geraten sei. Ein gewisser Étienne, offenbar ein Anhänger Vézelays, habe ihn in seiner Darstellung der Pilgerfahrt unterbrochen und darauf verwiesen, dass er einen großen Fehler begangen habe. Niemals besitze Saint-Maximin Maria Magdalenas Körper. Die Reliquie, die er geküsst zu haben glaubte, sei in Wirklichkeit der Knochen eines Esels oder irgendeines anderen Tieres gewesen. Der Pilger wurde da so wütend, dass er Étienne mit der Inquisition drohte, aber dieser wich nicht von seiner Auffassung ab. Am Ende wurde Raymond so zornig über Étiennes üble Rede, dass er sein Schwert zog und ihn tötete. Er floh nach Saint-Gilles, wurde gefangen genommen, nach Marseille verbracht und zum Tod durch Erhängen verurteilt. Im Gefängnis betete er intensiv zu Maria Magdalena, die sich ihm offenbarte und ihn in seiner Not tröstete. Und sie tat noch mehr als dies für ihren treuen Verteidiger! Als Raymond gehängt werden sollte, sorgte sie dafür, dass der Galgen zusammenbrach, obwohl er sehr stabil gebaut war und unter normalen Umständen geeignet, den Mörder leicht ins Jenseits zu befördern. Raymond rettete sich ohne eine Schramme aus diesem Abenteuer, man ließ ihn frei, und er begab sich nach Saint-Maximin, um seiner heiligen Beschützerin zu danken.

Am Schluss des Buches (Mirakel 84) scheut sich Jean Gobi nicht, einen Dämon als Zeugen dafür anzuführen, dass die Provence recht habe und nicht die Bourgogne. Das Ereignis soll in Lausanne stattgefunden haben, wo einige Reliquien aufbewahrt wurden, die die Dominikaner des Ortes von Vézelay erhalten hatten. Die Priester von dort hatten versichert, es handele sich um Reliquien Maria Magdalenas.[177] Daraufhin wuchs ein Reliquienkult in Lausanne heran, und nun versuchte man mit Hilfe einer der angeblichen Magdalena-Reliquien Exorzismus – also die Austreibung von Dämonen. Das missglückte. Höhnisch erzählt der Dämon dem Exorzisten warum: weil die Gebeine, die er während der Prozedur hochhielt, nicht Maria Magdalena gehörten. »Und deshalb habe ich den Körper dieses Menschen nicht verlassen!« [178] Also, fasst Jean Gobi zusammen, gibt es keinen Anlass, an die Authentizität der Reliquien von Vézelay zu glauben.

Die Rivalität zwischen Vézelay und Saint-Maximin kommt in diesen Mirakelbeispielen offen zum Ausdruck, doch die Sammlung enthält noch sehr viel mehr. Als moderner Leser gewinnt man vor allem den Eindruck, Maria Magdalena habe in den Jahrzehnten um das Jahr 1300 eine phänomenale Popularität genossen. Die Heilige kannte offenbar keine Grenzen, wenn es darum ging, ihren Gläubigen zu helfen, welche auch immer dies waren. Ein typisches Beispiel ihrer Kraft war das Vermögen, Verbrecher vor dem Tod zu retten, wenn sie Maria Magdalenas Macht anerkannten und sie im Gebet aufsuchten. Raymond von Uzés war nicht der Einzige, der diese Gnade erfuhr. Eines Nachts im Gefängnis von Millau in der Provence hörte der eingesperrte Dieb Jakob, wie die Kirchenglocken Unglück bringend läuteten. Ihr Läuten bedeutete, dass jemand am folgenden Tag gehängt werden sollte. Weil er selbst auf sein Urteil wartete, glaubte er, er sei derjenige, den man hängen wollte. Verstört wandte er sich im Gebet an Maria Magdalena, um Vergebung für seine Sünden zu erhalten. Er bat inständig, sie möge vor Gott hintreten und um Vergebung für ihn bitten. Dann wurde er auf rätselhafte Weise von seinen Ketten und Fesseln befreit, sodass er fliehen konnte, ohne entdeckt zu werden. Der reumütige Dieb unternahm später Pilgerreisen zu Maria Magdalenas Heiligtümern in Saint-Maximin und Saint-Baume, um ihr Dank zu sagen.[179]

Es gibt viele Beispiele aus dem Spätmittelalter, wonach sowohl Männer als auch Frauen ihr Schicksal fromm mit Maria Magdalena identifizierten und sich von ihrem Vorbild inspirieren ließen. Sie war ein Ideal für tausende armer Sünder, die vor Eifer brannten, zu bereuen und genau wie sie – und sei es nur im übertragenen Sinn – sich Jesus zu Füßen zu werfen in der Hoffnung, Vergebung für all das Schlechte, das sie taten, zu erhalten. So ist es nicht besonders verwunderlich, dass Magdalena (Maddala) im 14. Jahrhundert in Südeuropa ein populärer Name für neugeborene Mädchen war, und es ist auch nicht übertrieben, wenn man behauptet, dass Maria Magdalena in dieser Epoche in Westeuropa zur beliebtesten Heiligen gleich nach der Jungfrau Maria avancierte. Ihr Bild sollte nun zum Standardrepertoire von Altargemälden und Kirchenmalereien gehören.[180]

Viele Institutionen und Berufsgruppen adoptierten Maria Magdalena als Schutzheilige. Eine von diesen waren die Gartenarbeiter, oberflächlich betrachtet, klingt dies zunächst merkwürdig, ist aber gemäß mittelalterlicher Logik nur folgerichtig. Maria Magdalena befindet sich ja in einem Garten – vor dem Grab Jesu –; bei der Gelegenheit tritt sie in der Bibel besonders hervor. Also haben die Gärtner sie sich zu Herzen genommen. Eine andere Gruppe waren die Apotheker, Parfümhersteller und ähnliche Berufe: Sie anerkannten Maria Magdalena als ihre Schutzheilige, weil eines ihrer wichtigsten Symbole der Salbkrug war, den sie während des Gangs zu Jesu Grab bei sich trug. Ihr weltliches Leben vor der Bekehrung und besonders die feinen Kleider, in welchen die spätmittelalterlichen Künstler sie abzubilden liebten, inspirierte allerlei Bekleidungshersteller – Handschuhmacher, Näherinnen, Schuhmacher, Weber und viele andere –, ihren Kult anzunehmen. Die Liste der Gruppen, die sich Maria Magdalena zu eigen machten, scheint endlos. In Chartres beschützte sie Wasserverkäufer, in der Gegend von Bolzano Winzer. Fügt man hinzu, dass Hospitäler, Gefängnisse, Leprakolonien und Häuser für ehemalige Prostituierte ebenso wie ein Universitätskolleg in Oxford und ein anderes in Cambridge Maria Magdalena unter allen Heiligen an die erste Stelle setzten, ist das Bild vom Magdalena-Fieber im mittelalterlichen Europa vollständig.[181]

Höhepunkt und Infragestellung

Der Höhepunkt im posthumen Leben Maria Magdalenas als Heilige wurde im 15. und zu Beginn des 16. Jahrhunderts erreicht. Nur wenige christliche Heilige traten zu dieser Zeit so bedeutend hervor wie sie. Maria Magdalena war Predigerin, Büßerin, Jüngerin, Mystikerin und Beschützerin. Sie war eine charismatische Lichtgestalt, an der kein Westeuropäer vorbeikam. Nur ein Bruchteil all dessen, was man Maria Magdalena zuschrieb, war durch die Bibel gestützt. Aber wer sollte sich darum bekümmern? Die Kraft der Erzählungen war viel stärker als der Wille zur Rechtgläubigkeit.

Auch in Schweden war Maria aus Magdala eine populäre Heilige. Ein spätmittelalterliches schwedisches Gebet, in dem sie in ihrer Eigenschaft als heilige Vermittlerin zwischen Gott und Mensch angerufen wird, hat bis in moderne Zeit überlebt. Das »Ich« des Gebets sagt zur Heiligen: »O, allerliebste Frau, ich, eine unwürdige Sünderin, bitte dich, zu erleuchten in mir, was dunkel ist, rein zu waschen, was unrein ist.« Maria Magdalenas enge

Gemeinschaft mit Jesus wird betont: »den heiligen Umgang, den du hattest mit unserem Herrn Jesus Christus«.[182]

Die herausragende Position, die Maria Magdalena innerhalb der spätmittelalterlichen Bildkunst einnahm, wurde während der Renaissance womöglich noch gesteigert. Italienische Meister des 16. Jahrhunderts waren von ihrer widersprüchlichen, charismatischen Heiligenpersönlichkeit fasziniert und bildeten sie als eine »Heilige Venus« ab, begabt mit einer seltenen Kombination von zärtlicher erotischer Ausstrahlung und religiöser Empfindsamkeit.[183]

Unter René »dem Guten« kulminierte der Gebrauch der spirituellen Kraft Maria Magdalenas in politischer Hinsicht. Dieser bemerkenswerte Mann, der von 1409 bis 1480 lebte, führte an vielen Orten Westeuropas eine ambitionierte Kriegspolitik, die ihm allerdings nur zeitweilig die gewünschten Erfolge bescherte. Mit ebenso großem Ehrgeiz widmete er sich dem damaligen Kulturleben. Von 1430 an war er Herzog von Bar, 1434 von Anjou und 1431–1453 von Lothringen; außerdem war er Graf der Provence seit 1434 und in den Jahren von 1435–1442 König von Neapel. Wie seine angevinischen Vorfahren war René ein großer Bewunderer Maria Magdalenas. Besonders in der Provence, aber auch in Anjou, förderte er ihren Kult kraftvoll in dem Bewusstsein, dass seine eigene politische Stellung durch die Bindung der Heiligen an seine Person gestärkt werden würde. René sorgte für den Kirchenbau und ordnete Messen zu Ehren Maria Magdalenas an, oft im Einverständnis mit den Päpsten. Außerdem vollbrachte er dieselbe Heldentat wie Karl von Salerno, indem er neue Heilige aus der Epoche der fiktiven magdalenischen Mission in der Provence entdeckte. Laut einer Überlieferung sollen zwei Marien und eine Dienerin Maria Magdalena, Marta und Lazarus auf der Reise über das Meer gefolgt und nach ihrem Tod in Nôtre-Dame-de-la-Mer begraben worden sein. König René befahl Ausgrabungen, durch die – selbstverständlich – die drei Leichname aufgefunden wurden.[184]

Wer heute die Vieille Major Kathedrale in Marseille besucht, kann eines kleinen Teils all dessen gewahr werden, was König René durch großherzige Generosität zur Festigung seines eigenen und des Ansehens Maria Magdalenas getan hat. In der Kirche ließ er eine Kapelle für die Reliquien des Heiligen Lazarus errichten, in welcher Maria Magdalena im Altarschmuck hervortritt. Wir sehen Lazarus, flankiert von Marta und Maria, letztere mit Salbölkrug. Wir sehen auch Szenen aus der provenzalischen Tradition, darunter ein Relief, das Maria Magdalena darstellt, wie sie vor führenden Männern Marseilles das Evangelium predigt.

Der ideologische Gebrauch der Geschichte Maria Magdalenas während des Spätmittelalters sollte auch ein feministisches Element enthalten. Dahinter verbirgt sich eine der bedeutendsten damaligen Schriftstellerinnen, Christine de Pisan (ca. 1363–1429/34), eine französische Autorin italienischer Herkunft. Nachdem sie ihre Mutter und drei Kinder versorgt, an Gerichten um ihren Besitz prozessiert und sich große persönliche Gelehrsamkeit angeeignet hatte, wurde Christine de Pisan eine geschätzte Verfasserin von Liebeslyrik sowie von religiösen, moralischen und historischen Arbeiten. Vor allem sprach sie flammend vom intellektuellen Vermögen der Frauen und von ihrem Recht auf Ausbildung, nicht zuletzt in ihrem Prosawerk *La cité des Dames* (»Stadt der Frauen«, 1405). Anhand vieler Beispiele suchte sie zu beweisen, dass Frauen den Männern auf den meisten Gebieten vollkommen ebenbürtig – und oft sogar bedeutend besser – seien. Maria Magdalena war wie geschaffen für ihre Argumentation.

Christine de Pisan wies besonders auf Maria Magdalenas konkrete Rolle in der Bibel hin, eine Rolle, die unmöglich mit der herabsetzenden Attitüde gegenüber Frauen vereinbar war, auch wenn der eine oder andere minder begabte Mann dies versuchte. Wäre es so, was viele Männer immer wieder dagegen geltend machten, dass Frauen sich weder gut noch maßgebend auszudrücken wüssten, hätte Jesus wohl kaum gerade Maria Magdalena Zeugin der Auferstehung werden lassen und überdies den Auftrag erteilt, den anderen Jüngern davon zu berichten! Christine de Pisan konnte es nicht lassen darzulegen, wie sie selbst immer wieder ob der Torheit lächeln musste, derer sich manche Männer schuldig machten, wenn sie behaupteten, der auferstandene Jesus habe sich zuerst einer Frau gezeigt, weil er wusste, dass Frauen von Natur aus nichts für sich behalten könnten – ein schwatzhaftes Frauenzimmer würde die gute Nachricht sehr viel schneller verbreiten als ein Mann …[185]

Im Übergang vom Spätmittelalter zur Renaissance, als der Kult um Maria Magdalena in Blüte stand, erfolgte indessen auch eine erste wirklich ernste Frontalattacke gegen ihre Legendenpersönlichkeit. Der Mann hinter diesem Angriff war ein französischer Dominikaner namens Jacques Lefèvre d'Étaples (lat. Jacobus Faber Stapulensis). Inspiriert von humanistischer Quellenkritik gab er 1517 eine Schrift heraus mit dem Titel *De Maria*

Magdalena et triduo Christi disceptatione (»Über Maria Magdalena und die Abreise Christi nach drei Tagen«), in der die gesamte vielhundertjährige Legendenentwicklung zurückgewiesen wird.

Hintergrund war, dass ein ehemaliger Schüler Jacques', François Moulins de Rochefort, von Louise von Savoyen den Auftrag erhalten hatte, eine Biografie Maria Magdalenas zu schreiben. Louise hatte im Jahr zuvor Saint-Baume besucht und war äußerst interessiert an der Heiligen. Nun lagen die Dinge aber so, dass auch Rochefort von humanistischer Quellenkritik beeinflusst war, die in großen Wogen von der italienischen Renaissance über die gelehrte Welt Westeuropas hereinbrach. Rochefort begnügte sich nicht mit mittelalterlichen Erzählungen, sondern ging zurück zu den Evangelien. Es dauerte nicht lange, bis er die Widersprüche zwischen Tradition und Quelle bemerkte und sich deshalb an seinen früheren Lehrer um Hilfe wandte. Die bekam er. In seiner Schrift anno 1517 erklärte Lefèvre, dass es keinerlei Anlass gebe, Maria aus Magdala, Maria von Betanien und die anonyme Sünderin des Lukas in eins zu setzen; er behauptete auch, dass einige Kirchenmänner derselben Ansicht seien. Kurz darauf publizierte ein anderer Humanist, Josse Clichtoue, eine eigene Arbeit, betitelt *Défense de la disceptation sur sainte Madeleine*, in der er Lefèvre zustimmte.

Die Mehrzahl der gelehrten Männer der Kirche weigerte sich jedoch, den Renaissancehumanisten Recht zu geben. Ein großer Disput brach aus. Unter Lefèvres Gegnern tat sich besonders John Fisher, Bischof von Rochester, hervor. Im Jahre 1521 erhielt Lefèvre einen Verweis von der theologischen Fakultät der Universität Paris und wurde der Ketzerei angeklagt. Er war 1525 zur Flucht nach Straßburg gezwungen, wurde jedoch ein Jahr später von Franz I. nach Frankreich zurückberufen und zum Lehrer der Kinder des Königs sowie zum Bibliothekar in Blois ernannt.[186]

Auch wenn er solchermaßen selbst wieder auf die Füße kam, gelang es ihm doch nicht, seine Umgebung davon zu überzeugen, dass seine quellenkritische Untersuchung Sinn mache. Die Erzählung war stärker als die Wahrheit. Die Menschen wollten ihre reumütige Sünderin, die ebenso weinende wie schöne Glaubenszeugin, die fantastische Maria aus Magdala. Ebenso großen Widerstand erfuhr Jean de Launoy, als er sich 1641 das Recht nahm, den Wahrheitsgehalt der provenzalischen Legenden anzuzweifeln, die Maria Magdalena die Ehre zukommen ließen, einen Teil Südfrankreichs christianisiert zu haben.[187] Erst am Ende des 19. Jahrhunderts glückte es Wissenschaftlern, stichhaltig zu belegen, dass der Kult der Heiligen in der Provence auf keine frühere Epoche als die Mitte des 11. Jahrhunderts datiert werden könne.

Es dauerte faktisch noch bis 1969, bevor die römisch-katholische Kirche im Zusammenhang mit einer größeren Kalenderreform offiziell Abstand nahm von der Ineinssetzung der drei evangelischen Frauen und Maria Magdalena wieder die Rolle zuwies, die sie laut Bibel de facto besaß. Das heißt: Dies ist heute der offizielle Standpunkt der Kirche. Dasselbe gilt innerhalb der evangelischen Kirche und hat schon immer in der orthodoxen gegolten. Doch damit ist nicht gesagt, dass Menschen insgesamt den Glauben an die reumütige Sünderin verloren hätten, an jene Maria Magdalena, die ihre Vorfahren im Mittelalter ins Herz geschlossen hatten. Es bedarf sicherlich einiges mehr als päpstlicher Order, um Jahrhunderte der Erzählungen aus der Vorstellungswelt der Menschen zu tilgen.

Sicherlich haben Säkularisierung, Industrialisierung und Urbanisierung das Ihre getan, um die Relevanz des Heiligenkultes für den Gegenwartsmenschen zu mindern, aber sowohl in Vézelay als auch in Saint-Maximin würdigen Lokalpatrioten nach wie vor »ihre« Maria Magdalena. Ein Großteil der Statuen und Reliquien verbrannten 1567 in Vézelay, als Hugenotten die Kirche plünderten, und weitere Schäden entstanden zwei Jahrhunderte später während der Französischen Revolution, aber die Menschen dieser Gegend können immer noch zwei kleine Reliquiare vorweisen, in denen einige der angeblichen Reliquien Maria Magdalenas liegen. Die Heilige wird am 19. März – um an die Translation der Reliquien von der Provence in die Bourgogne zu erinnern – und am 22. Juli, dem eigentlichen Festtag, gefeiert. In Saint-Maximin ruhen die vermeintlichen Gebeine Maria Magdalenas in einem Porphyrgrab, gekrönt von einer Bronzeskulptur Alessandro Algardis. Das prächtige Monument stammt aus der Mitte des 17. Jahrhunderts, als die Reliquien in Gegenwart König Ludwigs XIV. aus dem alten Reliquiar überführt worden sind. An dem Festtag im Juli feiert das Volk der Provence noch immer seine Apostelin mit Mitternachtsmessen und Reliquienprozessionen.[188]

Kindsmörderin und Braut Jesu

Maria Magdalenas hoch- und spätmittelalterliche Rolle als rehabilitierte Prostituierte ist während der letzten Jahrhunderte weitgehend unangefochten geblieben und zeigt keinerlei Zeichen, in heutiger Zeit verändert zu werden, trotz 1969. In ganz Europa wurden im 18. und 19. Jahrhundert Konvente, Institutionen und besondere Häuser für die Rehabilitierung gefallener Frauen gegründet, die mit der Frau aus Magdala assoziiert wurden. Ein heutiges Beispiel dieser Erscheinung ist *The Magdalene Centre* in Südkoreas Hauptstadt Seoul, eine Einrichtung, die geschaffen wurde, um Tausenden Mädchen zu helfen, die man aus dem Sumpf des asiatischen Sextourismus gezogen hat.[189]

Die Faszination, die Maria Magdalena auf breite Volksschichten ausgeübt hat, geht auch aus vielen Volksliedern hervor, die über große Teile Europas verbreitet sind, vom Mittelmeer bis in den Norden. Ein katalanisches Lied betont Marias sündhafte Gedanken. Sie geht in die Kirche, um der Messe beizuwohnen, weil sie Marta sagen hörte, dass ein hübscher junger Mönch predigen würde. Sie macht sich schön und schmückt sich mit Juwelen, doch die Botschaft des Predigers bewegt sie zur Umkehr auf den schmalen Weg. Sie wirft die Juwelen fort und demütigt sich vor Christus im Hause Simons. Jesus schickt sie hinaus in die Wildnis, wo sie sieben Jahre lang auf einem Berg Buße tut, sich nur von bitteren Kräutern ernährend. Nachdem sie zurückgekommen ist, wäscht sie eines Tages ihre Hände in einer Quelle und klagt, wie hässlich sie geworden seien. Dieser Rückfall in Eitelkeit bedeutet für Maria Magdalena, die Zeit der Buße um weitere sieben Jahre zu verlängern. Danach stirbt sie und fährt zum Himmel.[190]

Auch in der äußersten Peripherie der katholisch-protestantischen Welt drang Maria Magdalena in die volkstümliche Religiosität ein, und in skandinavischen Breiten weitete man ihren Sündenkatalog bedeutend aus. Warum sich mit leichten sexuellen Seitensprüngen begnügen, wenn sie sich auch zum Inzest und Kindsmord eignete? Man betrachte nur dieses einst sehr populäre Volkslied, hier eine Variante aus dem schwedischsprachigen Finnland:

Magdalena stand auf der Brücke.
Die Sonne schien hell.
Da kam Christus zu ihr
Draußen im grünen Hain.

Gib mir zu trinken von schneeweißer Hand,
wenn du frei bist von Männerhand.

Magdalena schwor beim heiligen Geist,
dass sie frei sei von Männerhand.

Diesmal schworst du falsch,
drei Kinder hast du bekommen.

Das erste hast du mit deinem Vater,
du ertränktest es im Meer.

Das zweite hast du mit seinem Bruder,
du ertränktest es im Fluss.

Das dritte hast du mit dem Kirchspielpfarrer,
du ertränktest es im See.

Magdalena fiel auf die Knie,
Christus, gib mir das Abendmahl.

Und kein anderes Abendmahl sollst du haben,
als sieben Jahre im Wald zu leben.

Und nichts anderes zu trinken,
als den Saft aus Lilienwurzeln zu saugen.

Und nichts anderes zu essen,
als die Rinde von Espen zu nagen.

Und kein anderes Bett,
als hoch oben auf dem Berg zu ruhen.

Und keine andere Musik,
als das Geheul der Wölfe zu hören.

Als die sieben Jahre gelitten waren,
kam Christus zu ihr.

Wie gefiel dir der Trank?
Mir ist, es war der beste Wein.

Wie gefiel dir die Speis'?
Mir ist, es war mein bestes Gericht.

Wie gefiel dir dein Ruheplatz?
Mir ist, es war ein Schwanenbett.

Wie gefiel dir deine Musik?
Mir ist, es war wie Orgelspiel.

Im Himmel habe ich einen Platz für dich.
Die Sonne schien hell.
Alles für deinen starken Glauben, Glauben.
Draußen im grünen Hain.[191]

Wir wissen nicht, wie alt diese Ballade ist, aber sie ist sicherlich ein Ausläufer der Maria-Magdalena-Frömmigkeit, die sich während des Spätmittelalters entwickelte. Buße und Reue sind zentrale Themen. Maria Magdalena ist darin ganz mit der samaritischen Frau des Neuen Testaments verschmolzen, und ihre Buße in der Wildnis erinnert an die Legende Maria Aegyptiacas. Die Kindesmordanklage kommt übrigens auch in einer finnischen Weise über Maria Magdalena (finnisch: Mataleena) vor: Hier sagt Jesus der Sünderin, dass sie ein Kind ins Feuer geworfen, ein zweites ertränkt und ein drittes in der Wildnis vergraben habe. Wären die Kinder am Leben geblieben und aufgewachsen, so wären Ritter, Herr und Priester aus ihnen geworden. Ähnliche Lieder hat man auch in Ingermanland (wo die Frau Mateliina heißt) und Estland (dort nennt man sie Madli) gesungen.[192]

Die Dichter und Sänger der nordischen Magdalena-Balladen scheinen es genossen zu haben, im Detail zu beschreiben, welches Elend die Heilige durchleben musste, um Gnade durch Buße zu erlangen. Meistens heißt es, Maria Magdalena habe Gras und Laub gegessen und Tau getrunken. In einer schwedischen Magdalena-Weise wird auch gesungen, wie sie auf rauen Bergen schlief und den Lauten von Schlangen und Drachen zuhörte. Auf den Färøern passte man das Bußthema den konkreten nordischen Verhältnissen an, und so finden sich Strophen, in denen Maria neun Winter lang barfuß über gefrorene Erde und eisigen Schnee zu gehen gezwungen ist.[193] In englischen Balladen zum selben Thema ist die der Strafe gleichende Buße noch fantasievoller. Hier ist die Sünderin zum Beispiel gehalten – wobei nicht ausdrücklich gesagt wird, es handele sich um Maria Magdalena – sieben Jahre von Fisch zu leben, sieben Jahre von Vögeln, weitere sieben von Steinen, sieben Jahre von Aalen und sieben Jahre als Glocke und sieben in der Hölle zuzubringen.[194]

Abschließend kann festgestellt werden, dass Maria Magdalena auch in moderner Zeit die Fantasie der Forscher und der Erzähler zu fesseln vermag. Bibelforscher, sowohl Laien als auch Fachleute, haben während der letzten Jahrzehnte die Leseeindrücke aus gnostischen Schriften mit Elementen des Neuen Testaments kombiniert mit dem Ergebnis, dass Maria Magdalenas Rolle innerhalb der Urkirche nunmehr enorm gewachsen ist, verglichen mit jener, die ihr in der traditionellen Kirchengeschichte zugewiesen wurde.

Als Beispiel sei eine eingehende Analyse von 1998 genannt, über die ich durch Zufall im Internet stolperte, während ich an diesem Buch schrieb. Ein gewisser Ramon K. Jusino führt hier an, dass Maria Magdalena identisch sei mit dem Jünger, »den Jesus liebte«, wie es im Johannesevangelium heißt. Tatsächlich sei es wahrscheinlich, meint Jusino, dass Maria Magdalena eben dies Evangelium, dass wir irrtümlich Johannesevangelium nennen würden, geschrieben (oder genauer gesagt: die ursprüngliche Tradition begründet habe, auf der der gegenwärtige Text basiert). Ihr Schicksal sei es jedoch gewesen, als Frau geboren worden zu sein. Als das christliche Patriarchat gesiegt hatte, sei Maria Magdalenas Rolle, ebenso wie die aller übrigen weiblichen Jünger, zur Bedeutungslosigkeit reduziert worden.[195]

Eine noch spekulativere Huldigung des Gedenkens an Maria Magdalena findet sich in einem der bizarrsten Bücher des späten 20. Jahrhunderts: *The Holy Blood and the Holy Grail* von M. Baigent, R. Leigh und H. Lincoln, herausgegeben in London 1982. Hier wird allen Ernstes die Theorie präsentiert, Maria sei von Jesus schwanger gewesen. Das Kind soll der Stammvater des merowingischen Königshauses in Frankreich, Westeuropas mächtigster Familie im 6. und 7. Jahrhundert, geworden sein. Aus der Perspektive eines Historikers ist diese Erzählung dümmer als erlaubt, doch unter Verzicht auf gesunde Quellenkritik ist sie von zahlreichen heutigen Zeitgenossen akzeptiert worden. Wer sich jedoch an menschlicher Vernunft erfreut, hat allerdings wenig Vergnügen an dieser Geschichte, aber für uns, die wir von Maria Magdalenas merkwürdigem Schicksal während der beiden letzten Jahrtausende fasziniert sind, ist solcherart Legendenbildung als gute Nachricht zu betrachten. Die Frau aus Magdala hört nicht auf, uns in Staunen zu versetzen.

Tatsache ist, dass Jesu höchst hypothetische Ehe mit Maria Magdalena auch seriös diskutiert wurde, unter anderem von dem amerikanischen Professor und Priester William A. Phipps in seinem Buch *Was Jesus Married?* (1970). Phipps ist davon überzeugt, dass Jesus so, wie es von ihm erwartet wurde, in seinen frühen Jahren, bevor er zu predigen begann, eine galiläische Frau geheiratet habe. Er sucht in christlichen und gnostischen Schriften nach Belegen, ohne jedoch etwas anderes als Indizien vorzuweisen. Alternative Ehevorschläge werden dem Leser präsentiert. Nach einer von Phipps' Vermutungen hätten Jesus und Maria Magdalena geheiratet, als sie noch Teenager waren, worauf sie jedoch untreu wurde und schwer sündigte, was ihr Mann jedoch verzieh. Die Liebe Jesu habe Maria Magdalena zu einem besseren Menschen gemacht, und sie sei ihm danach treu gewesen bis in den Tod.[196]

Eines der letzten geglückten Beispiele dafür, wie Maria Magdalenas Mysterium literarische Berühmtheit und ein gut gefülltes Bankkonto zu erzeugen vermochte, ist Dan Browns internationaler Bestseller *Der Da Vinci-Code (The Da Vinci Code*, 2003). Jedes Mal, wenn ich während des Jahres 2004 Vorträge über Maria Magdalena hielt, war ich mit zahllosen ebenso neugierigen wie ernsthaften Fragen von Menschen konfrontiert, die das Buch gelesen hatten, und meine ernüchternden Erklärungen haben viele wahrscheinlich enttäuscht. Inspiriert von *The Holy Blood and the Holy Grail* serviert Brown eine verwickelte Krimiintrige, nach der Maria Magdalena nicht nur Jesu Ehefrau, sondern auch mit dem Heiligen Gral identisch gewesen sei, ein wohlbekannter Gegenstand mittelalterlicher gelehrter Tradition, auf den wir noch zurückkommen werden (S. 278). Ihr gut gehütetes Geheimnis sei, so Brown, von einer supergeheimen Organisation namens

Prieuré de Sion (Priory of Sion) bewahrt worden, die 1099 in Jerusalem gegründet worden sein soll und zu deren Großmeistern Männer wie Leonardo da Vinci und Jean Cocteau gerechnet werden. Auch die Tempelritter sollen dieser geheimen Gesellschaft verbunden gewesen sein. Tatsächlich aber ist die Prieuré de Sion ein gut dokumentierter Bluff, erfunden in den 1950er Jahren von dem Franzosen Pierre Plantard, und bereits seit langem als solcher entlarvt. Aber das Volk *will* glauben. Menschen *wollen* historische und geistige Luftschlösser bauen. Ich halte es nicht für unwahrscheinlich, dass die niederschmetternden Urteile, die meine Kollegen und ich gezwungen sind abzugeben, wenn wir nach dem Wahrheitsgehalt in den Büchern Browns und anderer gefragt werden, von bestimmten Zuhörern als Beweis dafür gedeutet werden, dass wir selbst Mitglieder einer geheimen Gesellschaft seien, berufen, die Wahrheit zu vertuschen …[197]

Beim Lesen dieses Typs moderner Weiterentwicklung der Legenden um biblische Nebenfiguren stellt sich nicht selten die Frage, wie leichtgläubig Menschen eigentlich sind. Oder besser gesagt, wie gern wir uns von Lügen verführen lassen. Angenommen, ich würde behaupten, ein verstorbener älterer Kollege hätte mir kurz vor seinem Tod ein lateinisches Pergamentmanuskript geschenkt, das eine wörtliche Übersetzung eines verschwundenen griechischen oder koptischen Originals des kainitischen Judasevangeliums sowie des verschwundenen Marienevangeliums darstellt. Angenommen, ich würde damit an die Presse gehen und todernst von diesem Fund berichten, worauf ich erklärte, dass ich meine Arbeit als Professor aufgeben, die Schwedische Kirche verlassen, das Bücherschreiben beenden und stattdessen all meine Kraft darauf verwenden würde, die wahre Religion wiederherzustellen, die die drei Kinder Gottes – die Geschwister Jesus, Judas und Maria Magdalena – zu begründen versuchten, die aber von den Apostelschurken Petrus & Paulus und Co. zerstört worden sei – wie viele Menschen würden mir glauben? Die Antwort ist mit an Sicherheit grenzender Wahrscheinlichkeit: Ausreichend viele, sodass ich mich für den Rest meines Lebens als vermögender und einflussreicher Sektenführer zurücklehnen könnte. Ich müsste nicht einmal die fiktiven Pergamentblätter vorweisen. Allein mein Wort würde genügen. Denn wir *wollen* glauben.

Marjam, die Fromme, und Maria, die Sündige

Wenn die Maria Magdalena der Evangelien eine historische Gestalt ist, dann hieß sie Marjam und kam aus dem galiläischen Magdala am See Gennesaret. Irgendwann wurde sie ernsthaft krank, vielleicht geisteskrank, und traf Jesus, der sie heilte. Danach blieb sie bei ihm und den übrigen Jüngern. Sie war vielleicht bei der Kreuzigung zugegen und soll nach einer beharrlichen Überlieferung, die in den folgenden Jahrzehnten niedergeschrieben wurde, Jesus ein paar Tage nach seinem Tod begegnet sein. Maria aus Magdala nahm dabei die Rolle der Lehrerin und Deuterin von Jesu Mysterium an, was ihr in der Urkirche eine herausragende Position verlieh. Die Art und Weise, wie sie in der Bibel geschildert wird, zum Beispiel dass sie mit einem Ort und nicht mit einem männlichen Verwandten verknüpft wird, und dass sie als Zeugin der Auferstehung agiert, obwohl weibliche Zeugenschaft in der jüdischen Gesellschaft nicht anerkannte wurde, zeigt, dass sie eine bemerkenswerte Gestalt gewesen war, wahrscheinlich die bemerkenswerteste im Kreis der Jünger.

In den ersten Jahrhunderten unserer Zeitrechnung können wir die Entwicklung mindestens zweier verschiedener, aber nah verwandter Typen von Maria-Magdalena-Tradition beobachten, den orthodoxen und den gnostischen. Bei den Gnostikern – den Verlierern – war Maria Magdalena eine starke Frau, eine wichtige Apostelin, eine der Zentralfiguren, und mit aller Wahrscheinlichkeit eine wichtige Identifikationsgestalt für die Frauen der Sekten. In den orthodoxen christlichen Überlieferungen – den Erzählungen der Sieger – wurde ihre Gestalt zu Beginn so entwickelt, wie es mit dem Neuen Testament in Einklang stand, jedoch am Übergang zum frühen Mittelalter vollzog sich eine große Veränderung. Maria Magdalena wurde mit einer Frau nach der anderen identifiziert, zunächst mit Maria von Betanien und einer anonymen Sünderin, später mit weiteren Frauen, sowohl biblischen als auch nicht-biblischen. Ihr Charakter wurde vertieft. Im 9. und 10. Jahrhundert wurde sie als fromme Eremitin aufgefasst. Im 13. Jahrhundert war sie eher eine reumütige Hure. Außerdem, in der Folge einer gedeihlichen lokalen Legendenbildung, wurde sie eine erfolgreiche Missionarin in der Provence.

Das Frauenbild, das sich aus den hoch- und spätmittelalterlichen Schilderungen Maria Magdalenas herauslesen lässt, ist in den kurz gefassten Darstellungen ihrer Wirksamkeit in der Bibel überhaupt nicht erkennbar.

Aus der Frau, die den Apostelstatus erlangt und dazu das Verdienst, die erste Person gewesen zu sein, die Jesus nach der Auferstehung sah, wird Maria Magdalena allmählich in die alle anderen überragende Bußheilige verwandelt, das große Exempel für alle mittelalterlichen Sünder. Im Spätmittelalter hat die Vision der Hure die Vision der Apostelin vollständig besiegt. Es war dieses spät entwickelte Bild Maria Magdalenas, das von der Volkskultur aufgenommen wurde und in moderner Zeit weitergelebt hat.

Das Christentum brauchte in seiner Lehre die Frauen. Wollte es unter den Völkern an den Mittelmeerküsten triumphieren, durfte es kaum die Rolle der Göttinnen unbeachtet lassen. Diese Notwendigkeit begünstigte Maria Magdalena im 2. und 3. Jahrhundert, doch auf längere Sicht machte es der Druck des kirchlichen Patriarchats unmöglich, dass sie eine allzu herausragende, allzu göttliche Stellung einnehmen konnte. Vielmehr war es die Jungfrau Maria, die als die führende heilige Frau der Religion hervortrat. Die Priester bevorzugten die Mutter vor der Apostelin. Die Tatsache, dass die Gnostiker, diese Erzketzer der Antike, Maria Magdalena in ihrer Apostelrolle bevorzugten, erleichterte den Patriarchen der Urkirche ihre Wahl.

Als Maria Magdalena während des Spätmittelalters hell erstrahlte, konnten die Dominikaner auf Straßen und Plätzen für ihre Zuhörer viele Themen plastisch entfalten, indem sie auf den komplexen Charakter der Heiligen verwiesen, konstruiert Stück für Stück in Jahrhunderten intensiven Erzählens. Sie versinnbildlichte das Leben des missionierenden Apostels in den Dörfern und Städten der Heiden, des zurückgezogenen Eremiten in den Höhlen der Wildnis, das entsetzliche Leben der Sünderin in Luxus und Überfluss und nicht zuletzt die Reue des wahren Christen und den Willen zur Buße. Fürsten und verschiedene Berufsgruppen machten sie zu ihrer Schutzheiligen, ehemalige Prostituierte betrachteten sie als ein Ideal und Vorbild.

Heute ist die Kirche zum Ursprung zurückgekehrt. Maria Magdalena ist nunmehr, offiziell, »nur« eine Jüngerin Jesu, eine Salböl tragende Frau auf dem Weg, dem auferstandenen Erlöser zu begegnen. Diese Original-Maria ist in mancher Hinsicht nicht besonders spektakulär, nicht überraschend. Ihre neutestamentliche Geschichte ist noch ein Beleg dafür, dass Frauen wie Männer zu allen Zeiten von religiösen Bewegungen und Sekten angezogen wurden, hinzu kommt, dass ihr Handeln zum Teil ganz auf der Linie dessen liegt, was wir bereits über die Pflichten jüdischer Frauen im Zusammenhang mit Begräbnissen wissen. Was sie in der Bibel zu etwas Besonderem macht, ist, dass sie außerdem eine Reihe etablierter Normgrenzen übertritt: Sie erscheint als glaubwürdige Zeugin der Auferstehung Jesu, obwohl man die weibliche Zeugenschaft als wertlos erachtet. Die mittelalterliche Maria-Magdalena-Erzählung ist indessen bedeutend faszinierender. Es ist nicht verwunderlich, dass ihre Legende in Filmen und Büchern weiterlebt, egal, was katholische, orthodoxe und protestantische Theologen, die sich an diesem Punkt nunmehr recht einig sind, auch dazu sagen.

Das leichte Mädchen, das Jesus kennenlernt und sich als ein ungeschliffener Aposteldiamant erweist, ist – und wird es immer sein –, unendlich fesselnder als die Maria Magdalena der Evangelien. Es scheint, als bräuchten wir die herausgeputzte, reumütige Hure Maria und nicht die fromme Jüngerin Marjam. Und – auch dies sagt einiges über unsere Welt – wir scheinen kaum noch Bedarf an dem anti-patriarchalischen weiblichen Führertyp zu haben, der uns in Maria Magdalenas Gestalt in unterschiedlichen Schriften seit den ersten Jahrhunderten unserer Zeitrechnung begegnet, um dann später im kollektiven Vergessen der männlich geprägten Gesellschaft begraben zu werden.

Der Selbstmörder

Einer der besten Romane, die ich je gelesen habe, ist Michail Bulgakovs russisches Meisterwerk *Der Meister und Margarita*, geschrieben zwischen 1928 und 1940 und veröffentlicht in den Jahren 1966–1967. In diesem Roman voll von allerlei wunderbaren Übernatürlichkeiten wird die geistige Dimension zweier negativer Kräfte, Pontius Pilatus und Satan, dargestellt.

Der Erstgenannte ist, zumindest anfänglich, fest verwurzelt im Judäa der 30er Jahre des 1. Jahrhunderts n. Chr. Der Letztgenannte befindet sich während der Zwischenkriegszeit in Moskau, wo er für eine wunderbare Unordnung sorgt. Ich beabsichtige nicht, die Lesefreude der Glücklichen zu zerstören, die mit diesem Buch noch nicht Bekanntschaft geschlossen haben, doch so viel kann gesagt werden, dass derartige Zeitsprünge über neunzehn Jahrhunderte von geringer Bedeutung sind angesichts der kosmischen Intrige von Gut und Böse, die die Handlung des Romans kennzeichnet. Bei Bulgakov ist die Zeit nichts.

Ein Dilemma, das den Leser nie verlässt, und das mich noch heute, ein paar Jahrzehnte nach der Lektüre, mitunter heimsucht, ist gerade die Frage, inwieweit die beiden Potentaten gut oder böse seien. Dass Satan deutlich böse Charakterzüge trägt, ist vorgegeben. Doch Vieles von dem, was er ausrichtet, zeugt von einem besonderen, vielleicht unbewussten, inneren Willen zum Guten. Dass Pontius Pilatus in seiner Eigenschaft als Machthaber böse Taten ausführt, so wie er Jesus töten lässt, ist auch selbstverständlich. Doch im Roman ist er kein böser Mann. Er ist jemand wie du und ich, ein wankelmütiger Mitmensch, eine glaubwürdige Person, deren Tragödie in ihrer moralischen Feigheit liegt.

Es ist natürlich, sich Pontius Pilatus als einen Repräsentanten des Bösen vorzustellen. In den Evangelien ist er es, der den Befehl zur Kreuzigung erteilt, er, der die äußerste Verantwortung für den Tod Jesu trägt. Er missbraucht seine Position, um Jesus zu töten, den Mann, der Kranke heilt und predigt, dass man seinen Nächsten lieben solle wie sich selbst. Doch welchen Typ des Bösen repräsentiert Pontius Pilatus? Wer ist böser, er oder Luzifer?

Wenn wir Pontius Pilatus begegnen, begegnen wir der Macht in ihrem dunklen Gewand, der Macht als Richter und Henker, der Macht, die unschuldiges Blut vergießt. Das ist und das muss die zentrale Deutung des wankelmütigen Präfekten in Jerusalem sein. Er kann sich niemals der Verantwortung, die auf Herrschern mit Macht über Leben und Tod lastet, entziehen, wie viel davon er auch auf den Druck des jüdischen Großen Rates oder den Mob der Straße schieben mag. Er verurteilt Jesus zum Kreuzestod nach derselben Logik, nach der ein moderner Unternehmer einen unschuldigen Mitarbeiter entlässt, in der Absicht, seine eigene Haut zu retten oder weil es die Unternehmenspolitik so fordert. Er ist der Machtmensch, der den leichten Weg wählt, der unbequeme Beschlüsse an andere Instanzen delegiert, weil er Unannehmlichkeiten fürchtet, wenn er ernsthaft begönne, die Forderungen zu akzeptieren, die sein Amt an seine Person stellt.

Wenn wir heute mit solchem Verhalten konfrontiert werden, geschieht es allzu leicht, dass wir es nicht nur als feiges, sondern geradezu böses Handeln begreifen. Deshalb fangen wir an diesem Ende an. Beginnen wir damit, das Böse genauer zu betrachten.

Repräsentant des banalen Bösen

Ti estin aletheia? Quid est veritas? Was ist Wahrheit? So fragt Pontius Pilatus im Johannesevangelium. Keiner der Sätze, den die Evangelisten ihm in den Mund legten, ist so berühmt und so oft zitiert worden wie dieser.

Aus ihrem Zusammenhang gerissen, ist diese Frage emblematisch für den geborenen Zyniker, für den Menschen, der die Welt in einer relativierenden Grauskala sieht, in der gut und böse leere, nichtssagende Wörter sind, die wir selbst nach Bedarf füllen. Aus ihrem Zusammenhang gerissen, erzeugt diese Frage ein unheimliches Echo durch die Jahrhunderte, ein Zeugnis darüber, dass das Bewusstsein des Menschen sich letzten Endes während der letzten zweitausend Jahre nicht nennenswert verändert hat. Der Satz könnte ebenso im 20. Jahrhundert als Antwort eines Angeklagten in einem Kriegverbrecherprozess gegeben worden sein oder als Ausdruck des Gebarens eines machiavellistischen Realpolitikers in der italienischen Renaissance. Doch ist die Frage wirklich ein Ausdruck für Bosheit?

Ja, zweifellos, wenn wir sie vor dem Hintergrund der Situation, in der sie gestellt wurde, analysieren. Der römische Präfekt von Judäa agierte ja in der Rolle des rücksichtslosen Verhörleiters. Sein jüdisches Opfer war brutaler

Folter ausgesetzt und wurde kurze Zeit später hingerichtet. Die Szene hätte sich ebenso in einer modernen Diktatur abspielen können, und dann hätten wir wohl automatisch in Begriffen des Bösen gedacht. Doch wie sieht das Böse aus? Gibt es das Bösc wirklich? Ist es überhaupt relevant, den Begriff zu diskutieren? Ist das Böse nicht vielmehr ein Terminus, den wir Menschen dauernd neu schöpfen und umschaffen nach unseren eigenen Wünschen und Bedürfnissen, ein Spiegel unserer subjektiven moralischen Werteskala? Ist das Böse nicht etwas, dem sich bloß »die Anderen«, die Feinde, ergeben, wenn sie gegen uns arbeiten?

»Was ist das Böse?« ist eine legitime Frage, wenn wir Pontius Pilatus betrachten. Wie nimmt man das Böse auf? Wie erkennen wir das Böse wieder? Ist das Böse ein aufgeblähter Begriff für etwas, das wir missbilligen und das wir auf der Basis religiöser oder irgendwelcher philosophischen Werte als dem Menschen unwürdig definieren? Ist das Böse kaum mehr als ein relativer Begriff, den wir hin und her wenden, bis er uns behagt, oder gibt es die raue Bosheit in der Welt des Bewusstseins?

Wir wissen es nicht. Aber ich weiß, wie ich das Böse visualisiere. Vor mir sehe ich eine karge Landschaft mit hohen, uralten Bergen und den allerschwärzesten Tälern, eine unselige Gegend mit eigener Seele und einem eigenen niemals ruhenden eisernen Willen: Erinnerungen aus den Abenden meiner Kindheit, wenn ich im Bett lag, aber noch nicht eingeschlafen war. Es war, als wollte die Nachtlandschaft mich in all ihrer umfassenden Kühle einsaugen in namenlosen Schrecken und Körper und Geist verschlucken. Ich schwebte über die Berge wie ein Vogel, doch mit jedem Flügelschlag wurde ich einige Meter hinunter in die Dunkelheit gezogen, immer näher der verborgenen Hölle, die in der Nacht wartete. Die Landschaft war das Tor zum Königreich des Schreckens. Viel später sollte ich derselben Vision übermenschlicher Widerwärtigkeit begegnen, nun aber in literarischer Form bei Schriftstellern wie H. P. Lovecraft. Noch heute ist es die imaginäre Nachtlandschaft der Kindheit, die ich instinktiv assoziiere, wenn ich ein Bild des reinen Bösen heraufbeschwören möchte.

Dagegen assoziiere ich weder Satan noch Teufel, Fan, Lucifer, Hin Håle, den Bösen, Hornper, Beelzebub, Legion oder irgendeinen anderen der unzähligen Namen des finsteren Potentaten. Der Teufel ist für mich dieser triste Anklägertyp, der im Buch Ijob mit kleinlichen Einwendungen gegen die Menschen vor Gott auftaucht. Oder der müde Engel im Exil aus Neil Gaimans Serie über den Herrn der Träume, *Sandman*. Oder der missglückte

Oberdämon in *Der Meister und Margarita*, der so gern Böses tun will, aber zu seiner eigenen Irritation nur Gutes tut. Oder der stolze Rebell bei Milton. Oder der *man of wealth and taste*, den Mick Jagger in den 1960er Jahren besingt. Eine Kreuzung aus Trickster, rechthaberischem Besserwisser, ambitiösem Politiker des Kosmos und modebewusstem Herrn mit Sinn für Luxus. Ein kulturtragender Prometheus, ein kleiner arglistiger Loke, ein ebenso verschlagener wie rachsüchtiger Odysseus, über Länder und Meere der Erde irrend im unfreiwilligen Exil. Ein spannender Charakter. Aber nicht die Inkarnation des Bösen.

Wenn ich wirklich eine solche Inkarnation des Bösen heraufbeschwören wollte, dann wäre es vielmehr ein Machtmensch von Fleisch und Blut, der aus dem Dunkel heraustäte. Da sind Reinhard Heydrich, Arthur »Bomber« Harris, Pol Pot, Josef Stalin *et consortes*. Machthaber und Militärs mit einem weiten oder nicht-existierenden Gewissen, Personen, deren Handeln sich durch ein bewusstes destruktives Verhalten auszeichnet. Systematisch arbeitende Todesengel.

Doch sehe ich nicht nur die Personifizierung des dynamischen, Initiative ergreifenden Bösen, ich sehe auch die Bosheit des niederen Beamten, des Handlangers und Befehlsempfängers. Es war dieser Typ des Bösen, den Hannah Arendt das »banale Böse« getauft und den sie am Beispiel Adolf Eichmanns erklärt hat, dem nationalsozialistischen Helfershelfer, der im Exil festgenommen und eingehenden Verhören und Analysen unterzogen wurde, bevor die Israelis ihn zum Tode verurteilten, eine Strafe, die er mehr als andere zum Tode Verurteilte verdient hat. Das banale Böse ist ein Typ von Widerwärtigkeit, den wir alle vielleicht – wir wissen es erst mit Sicherheit, wenn es zu spät ist – in uns tragen und der gerade deshalb umso gefährlicher ist.

Im 20. Jahrhundert, als die Macht augenfälliger geworden und ihre Konsequenzen entsetzlicher als jemals zuvor waren, ist diese Variante des Bösen in den Vordergrund gerückt. Nicht die reine Bosheit Satans, die wir nur schwer logisch begreifen können, sondern die Bosheit der Mitläufer und Ja-Sager. Jene Bosheit, die uns dazu bringt, Freunde im Stich zu lassen, weil sie unseren oder den übergeordneten Ambitionen irgendeines anderen im Wege stehen, jene Bosheit, die zivilisierte Westeuropäer veranlasst, Völkermord zu verwalten und Todesurteile zu vollstrecken. An diesem Punkt sind wir weit entfernt vom Mythos Luzifer, aber dem Bild Pontius Pilatus in den Evangelien ganz nah. Eine solche Bosheit ist leicht anzunehmen, besonders wenn man feige ist oder ganz einfach der notwendigen Integrität entbehrt, wenn man sich entscheidet, keine Ansicht über das zu haben, was die Wahrheit ist.

Viele sind dem Druck des banalen Bösen ausgesetzt, auch wenn Gott sei Dank selten Anlass besteht zu wünschen, unsere Unterdrücker gegen Eichmann und seinesgleichen auszutauschen. Es gibt auch in den Domänen des Widerwärtigen graduelle Unterschiede. In jedem bürokratischen System ist es leicht zu sagen: »Das ist nicht meine Angelegenheit« und die Sache jemand anderem zuzuspielen, meist ohne darüber nachzudenken oder sich darum zu kümmern, welche Konsequenzen dies für den Einzelnen hat. Dies Verhalten lässt sich sehr verschieden bezeichnen. Man kann es Mangel an Zivilcourage nennen. Aber man kann es auch Bosheit nennen. Einen Angestellten, einen Kollegen durch passives Nichtagieren in eine absurde Josef K.-Wirklichkeit zu versetzen und gleichzeitig seine Hände in Unschuld zu waschen mit den Worten »Was ist Wahrheit« auf den Lippen, ist ein Handeln, das den Henkern von Auschwitz ebenso wie dem Richter Jesu Christi zueigen ist.

Auf diese Weise drehen und wenden wir heute instinktiv die Figur des Pontius Pilatus. Wir deuten ihn im Licht unserer eigenen Zeit auf dem Hintergrund persönlicher Erlebnisse mit unseren eigenen ebenso feigen wie Macht missbrauchenden Vorgesetzten. Wir tun dies, weil wir das 20. Jahrhundert hinter uns haben, ein Jahrhundert, das von befehlsgläubigen Chefs geprägt war, die sich, nachdem sie sich allerlei gemeiner Taten schuldig gemacht hatten, von jeder Verantwortung freisprachen, indem sie auf bürokratische Regelwerke verwiesen.

Im Mittelalter deutete man Pilatus anders. Gewiss ist er auch in mittelalterlichen Erzählungen ein hart gesottener Machtmensch, aber gerade dies wurde nicht als problematisch empfunden. Die Macht war offenkundig und selbstverständlich, wie sie es heute nicht ist. Macht war etwas, wonach man strebte und das man annahm, was man respektierte und nicht ständig in Frage stellte, so wie wir es heute tun. Heute ist Macht eingewebt in Institutionen, Netzwerken, Behörden und Gemeinden. Im Mittelalter war Macht persönlich. Es war selbstverständlich, dass der, der die Macht innehatte, auch die Verantwortung für sein Handeln trug, im Guten wie im Bösen. Wenige Machtmenschen – und besonders nicht die im weltlichen Bereich wirksamen – rechneten damit, sich hinter administrativen Vorhängen verstecken zu können, wenn ihre Beschlüsse gefährliche Konsequenzen für sie selbst nach sich zogen. Sicherlich wurde Macht im Mittelalter willkürlicher ausgeübt als heute, aber sie war doch ein natürlicher Teil des Lebens, der kein Grübeln hervorrief. Das banale Böse war noch nicht erfunden worden.

Als die Menschen der Antike und des Mittelalters Pontius Pilatus betrachteten, geschah dies also aus einer anderen Perspektive, als wir sie heute anlegen. Wenn Pilatus Jesus zum Tode verurteilte, geschah es, weil er selbst wollte, dass Jesus starb. Er verfolgte mit dem Todesurteil in seiner Eigenschaft als Machtmensch eine persönliche Absicht. Ein alternatives Szenario – wenn ein Mensch des Mittelalters sich entschieden hatte, an Pilatus' Güte mehr als an seine Bosheit zu glauben – ging davon aus, dass Pilatus tatsächlich alles getan hätte, was er konnte, um Jesus vor dem Todesurteil zu retten, dass er ein Anwalt der Verteidigung gewesen sei, der verloren habe, oder möglicherweise ein schwacher Herrscher, der vom mörderischen jüdischen Mob besiegt worden sei. Aber er war unter keinen Umständen ein wankelmütiger Feigling, der seinem bürokratischen Regelwerk gefolgt ist und Verantwortung delegiert hat.

Ein verfluchter Selbstmörder

Was die Menschen des Mittelalters wirklich faszinierte, aber heute selten oder nie diskutiert wird, ist das Ende der Geschichte des Pilatus. Wie im Falle Judas' und Maria Magdalenas ist Jesu Richter in seiner Zeit mit ausführlichen Geschichten über Kindheit, Karriere und Tod bedacht worden. Spanische Überlieferungen heben hervor, dass Pilatus aus Sevilla oder Tarragona stammte. Nach anderen mittelalterlichen Legenden sei er aus Deutschland gekommen, entweder aus Forschheim oder Mainz, nach weiteren aus Lyon oder Vienne an der Rhone.[198] Der Schluss der Geschichte ist ebenso variierend, aber nach vielen mittelalterlichen westeuropäischen Legenden beging Pontius Pilatus Selbstmord. Er habe sich das Leben genommen, um einem noch schlimmeren Schicksal zu entgehen, das heißt er gab sich derselben verzweifelten Todsünde hin, die Judas Iskariot in die Hölle geschickt hatte. Pontius Pilatus wurde in der abendländischen christlichen Tradition einer der großen Selbstmörder.

Ein typisches Beispiel dafür ist die Version der Pilatuslegende, die Jacobus de Voragine in der *Legenda aurea* erzählt. Zu den für uns unwesentlichen, aber für die Menschen des Mittelalters wichtigen Details der Legende gehören die Natureffekte, zu denen Pilatus' Leichnam fähig gewesen sein soll. Selbstmörder waren nach mittelalterlicher Auffassung verflucht. Der Fluch konnte auf die Umwelt übergehen, indem er, wenn er hinreichend stark war, Dämonen anzog und dadurch Donner, Blitz, Sturm und Hagel heraufbeschwor. Wohin man auch den toten Körper Pilatus' brachte – vom Tiber an die Rhone, an den Genfer See, in eine Höhle hoch in den Alpen –, immer folgten ihm Naturkatastrophen nach. Verdammung und Verfluchung schwebten über Pilatus und sollten weiter über ihm schweben wie eine dunkle Wolke göttlicher Ungnade in Ewigkeit.

Pilatus war also im Mittelalter, zumindest in Westeuropa, eine besonders negative Gestalt, nicht nur, weil er Jesus verurteilt, sondern vor allem, weil er sich das Leben genommen hatte. Der Oxfordprofessor Alexander Murray hebt in seiner gewichtigen Analyse *Suicide in the Middle Age: Vol. 2, The Curse on Self-Murder* (2000) Pilatus als Beispiel für die Schöpfung und Aufrechterhaltung mittelalterlicher Selbstmördersymbolik hervor. Er behauptet emphatisch, dass die negativen Attitüden der Mittelalterwelt gegenüber Selbstmord in Gedankengängen gründen, die sehr viel älter als die Kirche und die christliche Lehre seien. Selbstmord ist eine sozial bedeutungsvolle Handlung, die es in der Gesellschaft gibt; also sind wir gezwungen, uns zu dieser Erscheinungsform zu verhalten und einen allgemein akzeptierten Deutungsrahmen zu etablieren. Wir können entweder gleichgültig sein und in der Folge dessen danach streben, Selbstmord unsichtbar zu machen, oder wir können gewisse Typen des Selbstmords ritualisieren und ihnen eine sakrale Prägung verleihen. Doch unsere europäischen Ahnen entschlossen sich zu einem anderen Weg: sie entschieden sich dafür, Selbstmord zu tabuisieren und die zu verfluchen, die sich das Leben nahmen. Die Strafe, Verdammung, erscheint in den historischen Quellen umso schlimmer, als es ja niemanden gibt, den man bestrafen könnte. Der Schuldige ist ja der menschlichen Gerechtigkeit durch seinen Tod entkommen; also fällt die posthume Strafe umso schrecklicher aus. Vieles deutet darauf hin, dass bereits die allerersten Autoritäten der Urkirche eher den Weg der Verdammung als den der Gleichgültigkeit eingeschlagen haben. Im Spätmittelalter fanden die Führer der siegreichen Kirche diese Stellungnahme selbstverständlich und natürlich. In der Konsequenz kostete dies Pontius Pilatus die Seligkeit seiner Seele.

Durch die Verdammung sollte der Selbstmord in der Praxis zu einer negativen, verbotenen Handlung werden. Die Verdammung war der Beweis dafür, dass Pontius Pilatus falsch gehandelt hat. Den Selbstmord als einen ehrenhaften Weg zur Vermeidung von Schande aufzufassen – wie in der Tradition der Samurai oder des alten Bankdirektors – oder in ihm eine existenzialistische Manifestation des freien menschlichen Willens zu sehen – das war unmöglich in einer Welt, deren Wertesystem und Moral in einer allgemein akzeptierten Selbstmordverdammung reflektiert wurden.

Wenn wir den Selbstmörder als den Verbrecher betrachten, als den die Menschen des Mittelalters ihn ansahen, so muss ihnen sein Leben »danach« als das denkbar schlechteste Szenario erschienen sein. Im Kielwasser der Verdammung gab es eine Unmenge von Regeln und Vorschriften bezüglich der physischen Überreste der Tat. Die Leiche eines Selbstmörders durfte im alten Schweden nicht auf dem Friedhof bestattet, sondern musste im Wald vergraben werden, was nur der Scharfrichter des Ortes tun durfte (sofern der Selbstmord nicht in geistiger Verwirrung geschah: dann war es auch anderen als dem Scharfrichter erlaubt). Es dauerte in Schweden bis 1864, dass Versuch und Vorbereitung eines Selbstmordes entkriminalisiert wurden; erst von da an durfte ein Selbstmörder »in aller Stille« auf den Friedhöfen beerdigt werden. Den Hinterbliebenen blieb die Schande und nicht selten die ökonomische Misere. Die geistigen Überreste des Verbrechens gingen einem sehr viel schlimmeren Schicksal entgegen: Sie wurden geradewegs in Gehennas heiße Folterkammern verschlagen. Hoffnung gab es nicht, Gebete halfen nichts. Wer einmal in der Hölle ist, bleibt dort für immer in einer unsäglichen, von Schrecken erfüllten Existenz, gequält von den Teufeln Satans bis zum absoluten Ende der Zeit.

Nichts konnte schlimmer gewesen sein, als von dieser posthumen Strafe betroffen zu werden, jener Verdammung, die Pontius Pilatus traf. Für jedes logisch denkende Individuum, das das mittelalterliche christliche Weltbild teilte, muss darum ein Selbstmord so hoffnungslos idiotisch erschienen sein, dass die bloße Idee zu einer solchen Handlung dem Verstand fremd war. Und dennoch begingen Menschen Selbstmord, damals wie heute. Warum? Glaubten die Menschen nicht an die Existenz der Hölle? War die posthume Strafe eher als gigantischer Fluch der Gesellschaft zu betrachten, blasse Reflexionen der etablierten Moral? Vielleicht. In diesem Fall erfüllte die Erzählung über Pontius Pilatus eine didaktische Funktion. Macht es nicht so wie der Richter Jesu! Wenn ihr euch das Leben nehmt, werdet ihr dasselbe bittere Schicksal erfahren wie der Mann, der Jesus auf Wunsch der Juden zur Kreuzigung verurteilt hat.

In unseren Tagen ist diese Funktion jedoch vergessen. Obwohl Pontius Pilatus oft in modernen Romanen und Filmen auftaucht, denken wir niemals an ihn in der Rolle des Selbstmörders. Die meisten von uns haben überhaupt keine Ahnung von der Verdammung, von der man im Mittelalter annahm, dass sie einem Menschen anhaftete, der sich das Leben genommen hatte. Es gibt viele Beispiele moderner Schurken, die den Weg des Selbstmordes gewählt haben – unlautere Geschäftsmänner wie Kreuger, Tyrannen wie Hitler und Himmler und andere mehr – doch ohne dass gerade diese Handlung sie aus der Perspektive der Gesellschaft zu stigmatisieren vermochte. Der Selbstmord brannte nicht länger dieses unauslöschliche Zeichen in das tote Individuum. Demnach gab es keinen Anlass, Pilatus weiterhin mit dieser Tat zu verknüpfen. Heute erfüllt seine Gestalt folglich dieselbe grundlegende narrative Funktion, wie sie es zu Zeiten der Urkirche tat, bevor der Selbstmord die Szene betrat. Pilatus ist der Mann, der Jesus verurteilte, nicht mehr und nicht weniger.

Der Gouverneur unter der Lupe des Forschers

Anders als im Falle Jesu und seiner Jünger wissen wir auffallend viel über Pontius Pilatus. In seiner Eigenschaft als römischer Statthalter hinterließ er reelle Spuren in der zeitgenössischen schriftlichen Kultur, sowohl in Form eigener Inschriften als auch in Form hasserfüllter Personenschilderungen von feindlich eingestellten jüdischen Verfassern.

Die Folge ist, dass viele Forscher sich mit Pilatus befasst haben. Mit ihm gibt es eine bekannte Persönlichkeit des Evangeliums, der man tatsächlich näher kommen kann. Der Mann, der Jesus verurteilte, besaß ein Leben und eine Karriere vor und nach der Kreuzigung, eine Welt, die wir in bestimmten Teilen rekonstruieren können. Pilatus ist damit auch zu einem spannenden Puzzlestück in der Erforschung der römischen Provinzverwaltung geworden, was ihn aus bedeutend mehr Blickwinkeln als nur der Kirchengeschichte interessant macht.

Das Bild der Historiker von Pontius Pilatus wurde gefärbt von der Wahl des Objekts, inwieweit man sich entschied, die christlichen Schriften (die

Evangelien) oder die jüdischen Quellen zu bevorzugen. Erstgenanntes dominierte lange. Im 19. und zu Beginn des 20. Jahrhunderts war ein ebenso christliches wie positives Bild vorherrschend. Man sah Pontius Pilatus durchweg als den kompetenten Gouverneur, der seine administrativen Pflichten, so gut er es vermochte, erfüllte.[199] Dies Auffassung war jedoch in den Jahren nach dem Zweiten Weltkrieg, als die jüdischen Quellen – Schriften von Philon von Alexandria und Flavius Josephus – stärker in den Blickpunkt gerieten, harten Angriffen ausgesetzt. In Ethelbert Stauffers Buch *Christus und die Caesaren* (1948) verdunkelte sich das Bild Pontius Pilatus' deutlich. Stauffer vermutete, Pilatus sei von Sejanus berufen worden, der im zweiten Jahrzehnt des 1. Jahrhunderts Roms starker Mann gewesen und bestimmten Deutungen zufolge den Juden gegenüber feindlich gesinnt war. Laut Stauffer versuchte Pilatus bewusst, vermutlich auf Initiative Sejanus', Judäas Bevölkerung zum Aufruhr zu provozieren, was den Römern einen legitimen Anlass verschafft hätte, ihre Truppen zu senden und die Juden ein für allemal niederzuwerfen. Nach Sejanus' Fall im Jahre 31 wurde Pilatus' Position unsicher, was sein unschlüssiges, schwaches Handeln gegenüber den Juden im Neuen Testament erklären könnte.

Ethelbert Stauffer fand Unterstützung bei Forschern wie Paul Winter (*On the Trial of Jesus*, 1961) und Haim Cohn (*The Trial and the Death of Jesus*, 1971, hebräisch 1968), aber er erfuhr auch massiven Widerstand. Beispielsweise erwies es sich als unmöglich, Pilatus mit Sejanus zu verbinden, dessen vorgeblich ausgeprägt antijüdische Haltung im Übrigen nicht belegt werden kann. Mit Blick darauf, dass Sejanus von Kaiser Tiberius gestürzt wurde, müsste auch Pilatus in die allgemeinen Säuberungen des Jahres 31 hineingeraten sein, doch stattdessen blieb er noch weitere fünf Jahre Statthalter. Dies zeugt kaum von kaiserlicher Ungnade, auch nicht von einem unpopulären Regime in Judäa. Tiberius muss plausible und gute Gründe gehabt haben, Pilatus auf seinem Posten zu belassen. Doch die Frage steht vielleicht gar nicht zur Diskussion, weil Pilatus keine Verbindungen zum sejanischen Regime in Rom besaß.

In *Pilate et le gouvernement de la Judée* (1981) behauptet Jean-Pierre Lémonon, dass die Probleme, mit denen Pilatus während seiner Amtsperiode konfrontiert war, nicht mit Sejanus oder Tiberius verkettet waren, sondern dass sie in der Auffassung gründeten, die er selbst von seiner Herrscherrolle besaß. Als er versuchte, kaiserliche Gewalt in Judäa zu manifestieren, die Provinz gewissermaßen römischer zu machen, habe er sich auf eine Weise an jüdischen Volksgruppen gestoßen, die in eine Anzahl tiefer Krisen mündete. Ähnliche Ansichten vertreten Raymond E. Browns *The Death of the Messiah. From Gethsemane to the Grave* (1994) und Helen K. Bond, *Pontius Pilate in History and Interpretation* (1998), die die rein literarische Schilderung Pontius Pilatus während des ersten Jahrhunderts unserer Zeitrechnung sorgfältig analysiert haben.

Heute ist die Spannung zwischen Forschern, die sich auf jüdische Quellen stützen, und Forschern, deren Ergebnisse auf den Evangelien des Neuen Testaments basieren, bedeutend vermindert, verglichen mit den 1940er und 1950er Jahren. Die Mehrheit der Gutachter ist sich heute über Pilatus' gesellschaftliche Rolle einig, und die sejanischen Verschwörungstheorien haben nur noch wenige Anhänger. Das bedeutet aber noch nicht, dass wir dem Menschen Pontius Pilatus näher gekommen sind.

Pilatus im Neuen Testament

Pontius Pilatus wird viel öfter in der Bibel erwähnt, als es den meisten bewusst ist, denn seine Rolle als Richter Jesu lässt uns leicht die übrigen neutestamentlichen Verse vergessen, in denen auf ihn – insbesondere im Lukasevangelium – hingewiesen wird. Außerdem taucht er außer in der Bibel in anderen frühen Quellen auf. Er ist damit die einzige Figur dieses Buches, die historisch besonders gut dokumentiert ist. Der eine oder andere moderne Mensch mag gewiss behaupten, Judas Iskariot habe niemals existiert, doch niemand kann Pontius Pilatus bezweifeln.

1. Der Evangelist Lukas benutzt bei einer Gelegenheit Pontius Pilatus, um eine Zeitangabe zu machen, die einem Zeitpunkt um das Jahr 28 n. Chr. entspricht (Lukas 3:1–2): »Es war im fünfzehnten Jahr der Regierung des Kaisers Tiberius; Pontius Pilatus war Statthalter von Judäa, Herodes Tetrarch von Galiläa, sein Bruder Philippus Tetrarch von Ituräa und Trachonitis, Lysanias Tetrarch von Abilene; Hohepriester waren Hannas und Kajaphas. Da erging in der Wüste das Wort Gottes an Johannes, den Sohn des Zacharias.«

2. Lukas referiert beiläufig Pontius Pilatus' Einschreiten gegen wirkliche oder befürchtete Aufstandsversuche. In Lukas 13:1 erreicht Jesus die Botschaft von einer brutalen Bestrafung, die der Römer durchführen ließ: »Zu dieser Zeit kamen einige Leute zu Jesus und berichteten ihm von den Gali-

läern, die Pilatus beim Opfern umbringen ließ, sodass sich ihr Blut mit dem der Opfertiere vermischte.«

3. Lukas erwähnt Pilatus auch in der Rolle des machtvollkommenen Statthalters, jedoch ohne ihn beim Namen zu nennen (Lukas 20:20): »Daher lauerten sie ihm auf und schickten Spitzel, die sich fromm stellten und ihn bei einer (unüberlegten) Antwort ertappen sollten. Denn sie wollten ihn der Gerichtsbarkeit des Statthalters übergeben.«

4. Die Rolle als Richter Jesu in der Passionsgeschichte ist die allerwichtigste Funktion Pontius Pilatus' in der Bibel. Sämtliche Evangelisten erwähnen ihn und sein Handeln in dem Drama, das zu Kreuzigung führte: Markus 15:1–15; Matthäus 27:1–2.11–26; Lukas 23:1–15; Johannes 18:28–19:22.

Markus: »Gleich in der Frühe fassten die Hohenpriester, die Ältesten und Schriftgelehrten, also der ganze Hohe Rat, über Jesus einen Beschluss: Sie ließen ihn fesseln und abführen und lieferten ihn Pilatus aus. Pilatus fragte ihn: Bist du der König der Juden? Er antwortete ihm: Du sagst es. Die Hohenpriester brachten viele Anklagen gegen ihn vor. Da wandte sich Pilatus wieder an ihn und fragte: Willst du denn nichts dazu sagen? Sieh doch, wie viele Anklagen sie gegen dich vorbringen. Jesus aber gab keine Antwort mehr, sodass Pilatus sich wunderte. Jeweils zum Fest ließ Pilatus einen Gefangenen frei, den sie sich ausbitten durften. Damals saß gerade ein Mann namens Barabbas im Gefängnis, zusammen mit anderen Aufrührern, die bei einem Aufstand einen Mord begangen hatten. Die Volksmenge zog (zu Pilatus) hinauf und bat, ihnen die gleiche Gunst zu gewähren wie sonst. Pilatus fragte sie: Wollt ihr, dass ich den König der Juden freilasse? Er merkte nämlich, dass die Hohenpriester nur aus Neid Jesus an ihn ausgeliefert hatten. Die Hohenpriester aber wiegelten die Menge auf, lieber die Freilassung des Barabbas zu fordern. Pilatus wandte sich von neuem an sie und fragte: Was soll ich denn mit dem tun, den ihr den König der Juden nennt? Da schrien sie: Kreuzige ihn! Pilatus entgegnete: Was hat er denn für ein Verbrechen begangen? Sie schrien noch lauter: Kreuzige ihn! Darauf ließ Pilatus, um die Menge zufrieden zu stellen, Barabbas frei und gab den Befehl, Jesus zu geißeln und zu kreuzigen.«

Matthäus: »Als es Morgen wurde, fassten die Hohenpriester und die Ältesten des Volkes gemeinsam den Beschluss, Jesus hinrichten zu lassen. Sie ließen ihn fesseln und abführen und lieferten ihn dem Statthalter Pilatus aus. […] Als Jesus vor dem Statthalter stand, fragte ihn dieser: Bist du der König der Juden? Jesus antwortete: Du sagst es. Als aber die Hohenpriester und Ältesten ihn anklagten, gab er keine Antwort. Da sagte Pilatus zu ihm: Hörst du nicht, was sie dir alles vorwerfen? Er aber antwortete ihm auf keine einzige Frage, sodass der Statthalter sehr verwundert war. Jeweils zum Fest pflegte der Statthalter einen Gefangenen freizulassen, den sich das Volk auswählen konnte. Damals war gerade ein berüchtigter Mann namens Barabbas im Gefängnis. Pilatus fragte nun die Menge, die zusammengekommen war: Was wollt ihr? Wen soll ich freilassen, Barabbas oder Jesus, den man den Messias nennt? Er wusste nämlich, dass man Jesus nur aus Neid an ihn ausgeliefert hatte. Während Pilatus auf dem Richterstuhl saß, ließ ihm seine Frau sagen: Lass die Hände von diesem Mann, er ist unschuldig. Ich hatte seinetwegen heute Nacht einen schrecklichen Traum. Inzwischen überredeten die Hohenpriester und die Ältesten die Menge, die Freilassung des Barabbas zu fordern, Jesus aber hinrichten zu lassen. Der Statthalter fragte sie: Wen von beiden soll ich freilassen? Sie riefen: Barabbas! Pilatus sagte zu ihnen: Was soll ich dann mit Jesus tun, den man den Messias nennt? Da schrien sie alle: Ans Kreuz mit ihm! Er erwiderte: Was für ein Verbrechen hat er denn begangen? Da schrien sie noch lauter: Ans Kreuz mit ihm! Als Pilatus sah, dass er nichts erreichte, sondern dass der Tumult immer größer wurde, ließ er Wasser bringen, wusch sich vor allen Leuten die Hände und sagte: Ich bin unschuldig am Blut dieses Menschen. Das ist eure Sache! Da rief das ganze Volk: Sein Blut komme über uns und unsere Kinder! Darauf ließ er Barabbas frei und gab den Befehl, Jesus zu geißeln und zu kreuzigen.«

Lukas: »Daraufhin erhob sich die ganze Versammlung und man führte Jesus zu Pilatus. Dort brachten sie ihre Anklage gegen ihn vor; sie sagten: Wir haben festgestellt, dass dieser Mensch unser Volk verführt, es davon abhält, dem Kaiser Steuer zu zahlen, und behauptet, er sei der Messias und König. Pilatus fragte ihn: Bist du der König der Juden? Er antwortete ihm: Du sagst es. Da sagte Pilatus zu den Hohenpriestern und zum Volk: Ich finde nicht, dass dieser Mensch eines Verbrechens schuldig ist. Sie aber blieben hartnäckig und sagten: Er wiegelt das Volk auf und verbreitet seine Lehre im ganzen jüdischen Land von Galiläa bis hierher. Als Pilatus das hörte, fragte er, ob der Mann ein Galiläer sei. Und als er erfuhr, dass Jesus aus dem Gebiet des Herodes komme, ließ er ihn zu Herodes bringen, der in jenen Tagen ebenfalls in

Jerusalem war. Herodes freute sich sehr, als er Jesus sah; schon lange hatte er sich gewünscht, mit ihm zusammenzutreffen, denn er hatte von ihm gehört. Nun hoffte er, ein Wunder von ihm zu sehen. Er stellte ihm viele Fragen, doch Jesus gab ihm keine Antwort. Die Hohenpriester und die Schriftgelehrten, die dabeistanden, erhoben schwere Beschuldigungen gegen ihn. Herodes und seine Soldaten zeigten ihm offen ihre Verachtung. Er trieb seinen Spott mit Jesus, ließ ihm ein Prunkgewand umhängen und schickte ihn so zu Pilatus zurück. An diesem Tag wurden Herodes und Pilatus Freunde; vorher waren sie Feinde gewesen. Pilatus rief die Hohenpriester und die anderen führenden Männer und das Volk zusammen und sagte zu ihnen: Ihr habt mir diesen Menschen hergebracht und behauptet, er wiegle das Volk auf. Ich selbst habe ihn in eurer Gegenwart verhört und habe keine der Anklagen, die ihr gegen diesen Menschen vorgebracht habt, bestätigt gefunden, auch Herodes nicht, denn er hat ihn zu uns zurückgeschickt. Ihr seht also: Er hat nichts getan, worauf die Todesstrafe steht. Daher will ich ihn nur auspeitschen lassen und dann werde ich ihn freilassen. Da schrien sie miteinander: Weg mit ihm; lass den Barabbas frei! Dieser Mann war wegen eines Aufruhrs in der Stadt und wegen eines Mordes ins Gefängnis geworfen worden. Pilatus aber redete wieder auf sie ein, denn er wollte Jesus freilassen. Doch sie schrien: Kreuzige ihn, kreuzige ihn! Zum dritten Mal sagte er zu ihnen: Was für ein Verbrechen hat er denn begangen? Ich habe nichts feststellen können, wofür er den Tod verdient. Daher will ich ihn auspeitschen lassen und dann werde ich ihn freilassen. Sie aber schrien und forderten immer lauter, er solle Jesus kreuzigen lassen, und mit ihrem Geschrei setzten sie sich durch: Pilatus entschied, dass ihre Forderung erfüllt werden solle. Er ließ den Mann frei, der wegen Aufruhr und Mord im Gefängnis saß und den sie gefordert hatten. Jesus aber lieferte er ihnen aus, wie sie es verlangten.«

Johannes: »Von Kajaphas brachten sie Jesus zum Prätorium; es war früh am Morgen. Sie selbst gingen nicht in das Gebäude hinein, um nicht unrein zu werden, sondern das Paschalamm essen zu können. Deshalb kam Pilatus zu ihnen heraus und fragte: Welche Anklage erhebt ihr gegen diesen Menschen? Sie antworteten ihm: Wenn er kein Übeltäter wäre, hätten wir ihn nicht ausgeliefert. Pilatus sagte zu ihnen: Nehmt ihr ihn doch und richtet ihn nach eurem Gesetz! Die Juden antworteten ihm: Uns ist es nicht gestattet, jemanden hinzurichten. So sollte sich das Wort Jesu erfüllen, mit dem er angedeutet hatte, auf welche Weise er sterben werde. Pilatus ging wieder in das Gebäude hinein, ließ Jesus rufen und fragte ihn: Bist du der König der Juden? Jesus antworte: Sagst du das von dir aus, oder haben es dir andere über mich gesagt? Pilatus entgegnete: Bin ich denn ein Jude? Dein eigenes Volk und die Hohenpriester haben dich an mich ausgeliefert. Was hast du getan? Jesus antwortete: Mein Königtum ist nicht von dieser Welt. Wenn es von dieser Welt wäre, würden meine Leute kämpfen, damit ich den Juden nicht ausgeliefert würde. Aber mein Königtum ist nicht von hier. Pilatus sagte zu ihm: Also bist du doch ein König? Jesus antwortete: Du sagst es, ich bin ein König. Ich bin dazu geboren und dazu in die Welt gekommen, dass ich für die Wahrheit Zeugnis ablege. Jeder, der aus der Wahrheit ist, hört auf meine Stimme. Pilatus sagte zu ihm: Was ist Wahrheit? Nachdem er das gesagt hatte, ging er wieder zu den Juden hinaus und sagte zu ihnen: Ich finde keinen Grund, ihn zu verurteilen. Ihr seid gewohnt, dass ich euch am Paschafest einen Gefangenen freilasse. Wollt ihr also, dass ich euch den König der Juden freilasse? Da schrien sie wieder: Nicht diesen, sondern Barabbas! Barabbas aber war ein Straßenräuber. Darauf ließ Pilatus Jesus geißeln. Die Soldaten flochten einen Kranz aus Dornen; den setzten sie ihm auf und legten ihm einen purpurroten Mantel um. Sie stellten sich vor ihn hin und sagten: Heil dir, König der Juden! Und sie schlugen ihm ins Gesicht. Pilatus ging wieder hinaus und sagte zu ihnen: Seht, ich bringe ihn zu euch heraus; ihr sollt wissen, dass ich keinen Grund finde, ihn zu verurteilen. Jesus kam heraus; er trug die Dornenkrone und den purpurroten Mantel. Pilatus sagte zu ihnen: Seht, da ist der Mensch! Als die Hohenpriester und ihre Diener ihn sahen, schrien sie: Ans Kreuz mit ihm, ans Kreuz mit ihn! Pilatus sagte zu ihnen: Nehmt ihr ihn und kreuzigt ihn! Denn ich finde keinen Grund, ihn zu verurteilen. Die Juden entgegneten ihm: Wir haben ein Gesetz, und nach diesem Gesetz muss er sterben, weil er sich als Sohn Gottes ausgegeben hat. Als Pilatus das hörte, wurde er noch ängstlicher. Er ging wieder ins Prätorium hinein und fragte Jesus: Woher stammst du? Jesus aber gab ihm keine Antwort. Da sagte Pilatus zu ihm: Du sprichst nicht mit mir? Weißt du nicht, dass ich Macht habe, dich freizulassen, und Macht, dich zu kreuzigen? Jesus antwortete: Du hättest keine Macht über mich, wenn es dir nicht von oben gegeben wäre; darum liegt größere Schuld bei dem, der mich dir ausgeliefert hat. Daraufhin wollte Pilatus ihn freilassen, aber die Juden schrien: Wenn du ihn freilässt, bist du kein Freund des Kaisers; jeder, der sich als

König ausgibt, lehnt sich gegen den Kaiser auf. Auf diese Worte hin ließ Pilatus Jesus herausführen und er setzte sich auf den Richterstuhl an dem Platz, der Lithostrotos, auf Hebräisch Gabbata, heißt. Es war am Rüsttag des Paschafestes, ungefähr um die sechste Stunde. Pilatus sagte zu den Juden: Da ist euer König! Sie aber schrien: Weg mit ihm, kreuzige ihn! Pilatus aber sagte zu ihnen: Euren König soll ich kreuzigen? Die Hohenpriester antworteten: Wir haben keinen König außer dem Kaiser. Da lieferte er ihnen Jesus aus, damit er gekreuzigt würde. Sie übernahmen Jesus. Er trug sein Kreuz und ging hinaus zur sogenannten Schädelhöhe, die auf Hebräisch Golgota heißt. Dort kreuzigten sie ihn und mit ihm zwei andere, auf jeder Seite einen, in der Mitte Jesus. Pilatus ließ auch ein Schild anfertigen und oben am Kreuz befestigen; die Inschrift lautete: Jesus von Nazaret, der König der Juden. Dieses Schild lasen viele Juden, weil der Platz, wo Jesus gekreuzigt wurde, nahe bei der Stadt lag. Die Inschrift war hebräisch, lateinisch und griechisch abgefasst. Die Hohenpriester der Juden sagten zu Pilatus: Schreib nicht: Der König der Juden, sondern dass er gesagt hat: Ich bin der König der Juden. Pilatus antwortete: Was ich geschrieben habe, habe ich geschrieben.«

5. Der Evangelist Johannes fügt noch ein Detail hinzu, das die Rolle Pilatus' während der Kreuzigung betrifft (19:31–32): »Weil Rüsttag war und die Körper während des Sabbats nicht am Kreuz bleiben sollten, baten die Juden Pilatus, man möge den Gekreuzigten die Beine zerschlagen und ihre Leichen dann abnehmen; denn dieser Sabbat war ein großer Feiertag. Also kamen die Soldaten und zerschlugen dem ersten die Beine, dann dem andern, der mit ihm gekreuzigt worden war.«

6. Die Evangelisten erwähnen Pilatus auch im Zusammenhang mit der Grablegung Jesu: Markus 15:42–45; Matthäus 27:57–66; Lukas 23:50–53; Johannes 19:38.

Markus: »Da es Rüsttag war, der Tag vor dem Sabbat, und es schon Abend wurde, ging Josef von Arimathäa, ein vornehmer Ratsherr, der auch auf das Reich Gottes wartete, zu Pilatus und wagte es, um den Leichnam Jesu zu bitten. Pilatus war überrascht, als er hörte, dass Jesus schon tot sei. Er ließ den Hauptmann kommen und fragte ihn, ob Jesus bereits gestorben sei. Als der Hauptmann ihm das bestätigte, überließ er Josef den Leichnam.«

Matthäus: »Gegen Abend kam ein reicher Mann aus Arimathäa namens Josef; auch er war ein Jünger Jesu. Er ging zu Pilatus und bat um den Leichnam Jesu. Da befahl Pilatus, ihm den Leichnam zu überlassen. Josef nahm ihn und hüllte ihn in ein reines Leinentuch. Dann legte er ihn in ein neues Grab, das er für sich selbst in einen Felsen hatte hauen lassen. Er wälzte einen großen Stein vor den Eingang und ging weg. Auch Maria aus Magdala und die andere Maria waren dort; sie saßen dem Grab gegenüber. Am nächsten Tag gingen die Hohenpriester und die Pharisäer gemeinsam zu Pilatus; es war der Tag nach dem Rüsttag. Sie sagten: Herr, es fiel uns ein, dass dieser Betrüger, als er noch lebte, behauptet hat: Ich werde nach drei Tagen auferstehen. Gib also den Befehl, dass das Grab bis zum dritten Tag sicher bewacht wird. Sonst könnten seine Jünger kommen, ihn stehlen und dem Volk sagen: Er ist von den Toten auferstanden. Und dieser letzte Betrug wäre noch schlimmer als alles zuvor. Pilatus antwortete ihnen: Ihr sollt eine Wache haben. Geht und sichert das Grab so gut ihr könnt. Darauf gingen sie, um das Grab zu sichern. Sie versiegelten den Eingang und ließen die Wache dort.«

Lukas: »Damals gehörte zu den Mitgliedern des Hohen Rates ein Mann namens Josef, der aus der jüdischen Stadt Arimathäa stammte. Er wartete auf das Reich Gottes und hatte dem, was die anderen beschlossen und taten, nicht zugestimmt, weil er gut und gerecht war. Er ging zu Pilatus und bat um den Leichnam Jesu. Und er nahm ihn vom Kreuz, hüllte ihn in ein Leinentuch und legte ihn in ein Felsengrab, in dem noch niemand bestattet worden war.«

Johannes: »Josef aus Arimathäa war ein Jünger Jesu, aber aus Furcht vor den Juden nur heimlich. Er bat Pilatus, den Leichnam abnehmen zu dürfen, und Pilatus erlaubte es. Also kam er und nahm den Leichnam ab.«

7. In der Apostelgeschichte erwähnt Lukas Pontius Pilatus an drei Stellen, alle betreffen seine Rolle als Richter Jesu. Im 3. Kapitel hält Petrus eine Rede in der Säulenhalle Salomons, in der er die Rolle des Volkes bei der Verurteilung Jesu durch Pontius Pilatus darlegt (3:12–13). Unmittelbar davor hat Petrus einen lahmen Mann geheilt, was er auch in seine Rede einbezieht: »Als Petrus das sah, wandte er sich an das Volk: Israeliten, was wundert ihr euch darüber? Was starrt ihr uns an, als hätten wir aus eigener Kraft oder

Frömmigkeit bewirkt, dass dieser gehen kann? Der Gott Abrahams, Isaaks und Jakobs, der Gott unserer Väter, hat seinen Knecht Jesus verherrlicht, den ihr verraten und vor Pilatus verleugnet habt, obwohl dieser entschieden hatte, ihn freizulassen.«

Im nachfolgenden Kapitel sprechen die Christen ein Gebet, in dem Pontius Pilatus namentlich genannt wird (4:27–28): »Wahrhaftig, verbündet haben sich in dieser Stadt gegen deinen heiligen Knecht Jesus, den du gesalbt hast, Herodes und Pontius Pilatus mit den Heiden und Stämmen Israels, um alles auszuführen, was deine Hand und dein Wille im Voraus bestimmt haben.«

Schließlich wird Pontius Pilatus auch in einer Rede erwähnt, die Paulus in Antiochia in Pisidien hält, in der er harte Worte über die Einwohner Jerusalems sagt (13:28): »Obwohl sie nichts fanden, wofür er den Tod verdient hätte, forderten sie von Pilatus seine Hinrichtung.«

8. Außer in den Evangelien und der Apostelgeschichte wird Pontius Pilatus auch in einem der neutestamentlichen Briefe, dem ersten Brief an Timotheus, erwähnt. Nach traditioneller Deutung wurde dieser Brief von Paulus geschrieben, vielleicht Mitte der 60er Jahre des 1. Jahrhunderts. Die Mehrzahl moderner Forscher hält es jedoch eher für wahrscheinlich, dass er von einem Schüler Paulus' oder einem Ausdeuter seiner Lehre um das Jahr 100 n. Chr. verfasst wurde. Im 1 Timotheus 6:13 lesen wir Folgendes: »Ich gebiete dir bei Gott, von dem alles Leben kommt, und bei Christus Jesus, der vor Pontius Pilatus das gute Bekenntnis abgelegt hat und als Zeuge dafür eingetreten ist.«

Es ist interessant, die Schilderung der vier kanonischen Evangelien mit jener zu vergleichen, die im fragmentarisch erhaltenen Petrusevangelium aus dem 2. Jahrhundert vorkommt.[200] Der erhaltene Teil des Evangeliums wird mit den Worten eingeleitet: »Keiner von den Juden wollte zum Zeichen der Unschuld seine Hände waschen, auch nicht Herodes oder einer seiner Richter.« Dagegen »steht Pilatus auf«. Der Prozess findet also vor dem jüdisches Gericht des Herodes statt, nicht vor dem römischen Tribunal Pontius Pilatus'. Herodes befiehlt die Kreuzigung Jesu, indem er ihn an das Volk ausliefert.

Josef (der Zusatz »von Arimathäa« wird im Petrusevangelium nicht erwähnt), ein Freund des Pilatus, bittet diesen danach um den Leichnam des

Herrn, doch Pilatus muss sich in dieser Angelegenheit an Herodes wenden. Dieser beteuert, mit dem Zusatz »Bruder Pilatus«, dass man Jesus vor dem Sabbat in Übereinstimmung mit den Vorschriften des Gesetzes begraben hätte, auch wenn niemand den Leichnam erbeten hätte. Herodes übergibt Jesus danach dem Volk, das ihm ein purpurrotes Gewand anzieht und ihn auf den Richterstuhl setzt. Man spricht ihn an mit den Worten »Nun halte ein gerechtes Gericht ab, König Israels!« Nach der Kreuzigung wird Jesus von Josef begraben, so wie in den kanonischen Evangelien beschrieben. Dann berichtet der anonyme Verfasser des Petrusevangeliums Folgendes:

> *»Als den Schriftkundigen, Pharisäern und Ältesten zu Ohren kam, dass das ganze Volk wehklagte und sich voll Reue an die Brust schlug, versammelten sie sich und sagten: ›Wenn bei seinem Tod so große Dinge geschehen, dann soll uns das darauf aufmerksam machen, wie gerecht er war.‹ Die Ältesten bekamen es mit der Angst zu tun, sie gingen zu Pilatus und baten ihn: ›Gib uns Soldaten, die sollen sein Grab drei Tage lang bewachen. Denn sonst kommen seine Jünger und stehlen ihn, und dann wird das Volk denken, dass er von den Toten auferstanden ist. Sie werden uns die Hölle heiß machen.‹ Daraufhin gab ihnen Pilatus den Hauptmann Petronius mit einigen Soldaten mit, die zusammen mit den Ältesten und Schriftkundigen zum Grab gingen.«*

Danach geschah die Auferstehung, die eingehend geschildert wird. Die Soldaten sind Zeugen der ganzen Herrlichkeit, worauf sie überlegen, ob sie nicht zu Pilatus gehen und ihm berichten sollen. Als das Ereignis das Höchstmaß an Übernatürlichkeit erreicht, fliehen einige von denen, die den Hauptmann begleiteten, zu Pilatus und sagen zu ihm, voller Unruhe: »Er war wirklich Gottes Sohn«.

> *»Darauf erwiderte Pilatus: ›Ich trage nicht die geringste Schuld am blutigen Tod des Sohnes Gottes. Denn nicht ich, sondern ihr habt seinen Tod beschlossen.‹ Da wandten sich alle Beteiligten an Pilatus und baten ihn dringend, er solle dem Hauptmann und den Soldaten befehlen, nichts von dem weiterzugeben, was sie gesehen hatten. Sie sagten: ›Es ist besser, die größte Sünde vor Gott zu begehen, als in die Hände des jüdischen Volkes zu fallen und gesteinigt zu werden.‹ Da befahl Pilatus dem Hauptmann und den Soldaten, nichts weiterzusagen.«*

Mit anderen Worten: Im Petrusevangelium ist Pilatus eine sympathische (wenngleich feige und passive) und im Allgemeinen jesusfreundliche Gestalt. Es sind Herodes und die Juden, die Jesus verurteilen. Pilatus stellt lediglich Soldaten ab, um das Grab zu bewachen.

Dies Beispiel zeigt, dass schon früh alternative Überlieferungen zu der Frage existierten, wer denn eigentlich die konkrete Verantwortung für Jesu Todesurteil trage. Ähnliche Vorstellungen tauchen hie und da während der nachfolgenden Jahrhunderte auf, auch in muslimischer Tradition. Als Abd al-Jabbar al-Hamadani (gest. 1024 oder 1025) den Verrat des Judas und den darauf folgenden Prozess gegen den Mann schildert, den man verdächtigt, Jesus zu sein, ist es zuerst Herodes, der den Beschuldigten verhört. Pilatus kommt erst später ins Bild, präsentiert als »großer König der Römer [arab. *malik*]«. Offenbar hätte er sich nicht um die Sache kümmern müssen, doch aus persönlichem Interesse möchte er herausfinden, ob es mit dem Ergriffenen eine besondere Bewandtnis habe. Als Pilatus feststellt, dass dies nicht der Fall ist, schickt er ihn Herodes zurück, enttäuscht darüber, dass er keinen intelligenten Gefangenen vorgefunden hatte, mit dem er diskutieren konnte. Am Ende wird der Mann von den Juden gekreuzigt.[201]

Das Petrusevangelium mit seinem indirekten Plädoyer für Pilatus Mangel an Schuld siegte in der theologischen Arena jedoch nicht. In jener Version des Neuen Testaments, die als kanonisch aufgefasst werden sollte, verblieb und verbleibt Pontius Pilatus der Richter Jesu mit der vollen Verantwortung für sein Handeln. Aber es ist zweifellos faszinierend, über die alternativen Erzählungen nachzudenken, die ein Jahrhundert nach den Ereignissen nachweislich im Umlauf waren. Im 2. Jahrhundert gab es Christen, die Pontius Pilatus entschuldigen und die gesamte Last der Verantwortung stattdessen auf die Schultern der Juden legen wollten. Schon in diesem frühen Stadium der Geschichte wurde also zwischen den Erzählungen ein Kampf ausgefochten, ein Streit über die historische Erinnerung an Pontius Pilatus.

Es ist eine alte und zählebige Vorstellung, dass die christlichen Quellen – einschließlich der vier kanonischen Evangelien – Pilatus umso freundlicher zeigen, je weiter wir in der Zeit nach vorn blicken. Diese Idee geht davon aus, dass die Christen die Schuld mehr und mehr auf die Juden schieben und gleichzeitig die römischen Behörden so unschuldig wie möglich hervortreten lassen wollten. Es sei den Christen darauf angekommen, ein gutes

Verhältnis zur römischen Obrigkeit zu schaffen, die leider große Energie darauf verwandte, sie zu verfolgen. Also erhellte sich das Pilatus-Bild sukzessive.

Wir sollten diese Vorstellung auf die Müllhalde der Geschichte werfen. Dieser Typ linearer literarischer Entwicklung von Punkt A nach Punkt B entbehrt in den Quellen jeder Grundlage. Außerdem gründet dieser Gedanke in einer irrigen Auffassung der frühen Geschichte des Christentums – wir wissen heute, dass die Verfolgungen bedeutend sporadischer und regionaler waren, als man bisher annahm. Es gibt keine allgemeinhistorische Entwicklung, die es notwendig machte, kein selbstverständliches Bedürfnis, sich an Erzählkonstruktionen zu Pontius Pilatus anzulehnen.[202]

Wenn wir die vier Evangelien des Neuen Testaments genau unter die Lupe nehmen, bemerken wir zwischen ihnen große Unterschiede in der Beschreibung des Richters Jesu. Im ältesten Evangelium, das den Namen des Markus trägt, erscheint Pontius Pilatus als ein starker Mann, ein geschickter Politiker, der den jüdischen Pöbel manipuliert in der Absicht, Probleme in seiner Machtausübung zu vermeiden. In erster Linie liegt ihm daran, die Interessen des römischen Imperiums zu wahren, was ihn an Jesu Tod tatsächlich mitschuldig macht. Er tritt nicht als Schwächling hervor, der sich jüdischen Interessen beugt. Bei dem Evangelisten Matthäus ist das Bild ein anderes. Pilatus ist merklich schwächer. Die Schuld am Tod Jesu liegt vor allem bei der Führung der jüdischen Priesterschaft, in bedeutend geringerem Grad bei Pilatus. Der manipulierende Politiker des Markusevangeliums ist hier durch einen wankelmütigen und eigentlich gänzlich uninteressierten Präfekten ersetzt worden, der weiß, dass Jesus unschuldig ist, ihn aber in jedem Fall verurteilt. Diese Attitüde des Pilatus und der Juden wird im Lukasevangelium noch weiter vertieft. Hier sind die Juden womöglich noch mehr am Tod Jesu schuldig als bei Matthäus, während Pontius Pilatus eher die Rolle des allzu schwachen Verteidigers einnimmt. Indirekt ist er Zeuge der Unschuld Jesu. Dass Jesus stirbt, beruht darauf, dass der Druck des rohen Pöbels über das bessere Wissen Pilatus' und Herodes' siegt.

Die drei synoptischen Evangelien unterscheiden sich also in der Auffassung der Rolle Pontius Pilatus' voneinander. Das Johannesevangelium, das ja später als die anderen geschrieben wurde, zeigt ein Bild des Präfekten, das dem Markusevangelium eigentlich näher ist, als dem der beiden chronologisch dazwischen liegenden Evangelien. Hier sehen wir wieder den sorgfältigen, manipulierenden, gemeinen Machtmenschen aus Rom. Pilatus sieht ein, dass Jesus für das Imperium keine Bedrohung darstellt, benutzt ihn aber, um das jüdische Volk zu verhöhnen und es dazu zu bringen, seinen eigenen Messiasglauben zu verleugnen (»Wir haben keinen anderen König als den Kaiser«). Aus christlicher Perspektive sind sowohl die Juden als auch Pilatus die Schurken im Johannesevangelium, doch auf unterschiedliche Weise.

Die Evangelienanalyse zeigt uns nicht zuletzt, dass die Verfasser unterschiedliche Absichten verfolgt haben mussten, dass sie Pilatus unterschiedliche Rollen spielen lassen, damit er in den Erzählzusammenhang passt. Markus will seinen Lesern und Zuhörern einen starken römischen Präfekten vorführen, einen Personentyp, den man mit den Zeiten offizieller Christenverfolgungen in Beziehung setzen kann. Über der Gestalt des Pilatus sehen wir den Schatten Neros. Für einen Evangelisten wie Matthäus war es wesentlicher, die Beziehung Jesu zu den Juden deutlicher als die zu den Römern zu betonen, weshalb der Präfekt als schwächer und weniger schuldig erscheint.

Wie Pilatus wirklich handelte, welche Beweggründe ihn eigentlich leiteten, als er Jesus zum Tode verurteilte, bleibt unbekannt. Es ist absolut möglich, ja, sogar wahrscheinlich, dass die Kreuzigung Jesu in dem Maße eine Routineangelegenheit war, als es eine Gewohnheit der Römer war, potenzielle messianische Agitatoren auf diese Weise zu demütigen. Wir werden Pilatus bald auf ähnliche Weise angesichts einer samaritischen Bedrohung im Jahre 36 agieren sehen. Der Unterschied zwischen der Hinrichtung Jesu und Pilatus' Einschreiten gegen die Samariter einige Jahre später liegt vor allem im Umfang: Während viele Samariter, nicht nur der Anführer, ihr Leben ließen, war Jesus der einzige in seiner Bewegung, der gekreuzigt wurde. Warum? Vielleicht wegen des Pascha-Festes? Vielleicht, um die Provokation von Volksmassen zu vermeiden, die sich gerade jetzt in Jerusalem versammelt hatten. Die Evangelien weisen auf enge Kontakte zwischen Pilatus und den Hohenpriestern hin, was dafür spricht, dass der Präfekt in kluger Zusammenarbeit mit den jüdischen Führern zu regieren suchte.

Die rätselhafteste neutestamentliche Notiz zu Pontius Pilatus findet sich in Lukas 13:1: »Zu dieser Zeit kamen einige Leute zu Jesus und berichteten ihm von den Galiläern, die Pilatus beim Opfern umbringen ließ, sodass sich ihr Blut mit dem ihrer Opfertiere vermischte.« Was war geschehen? Wir wissen es nicht, aber es scheint sich doch zweifellos um eine Bestrafung zu handeln. Vielleicht wollte der Präfekt durch die Hinrichtung einer Gruppe aufrührerischer Galiläer beim Pascha-Besuch in Jerusalem ein Exempel statuieren.

Ein anderes schwer deutbares Element der Pilatuserzählung ist die Rolle des Barabbas. Sicher gibt es hier und da im Römischen Reich isolierte Beispiele für diesen Typ von Amnestie, aber es gibt keine Belege für eine regelmäßige Pascha-Amnestie in Judäa. Es mag sein, dass die Episode von Pilatus' Herrschaftsmethode zeugt, von seiner Taktik. Vielleicht ließ der Präfekt zuweilen einen Gefangenen frei, um dem jüdischen Volk seinen guten Willen zu beweisen. Doch über Spekulationen kommen wir hier nicht hinaus.

Aus jüdischem Blickwinkel

Bis hierher haben wir uns damit begnügt, die ältesten bekannten christlichen Auffassungen zu Pontius Pilatus zu untersuchen, aber schon jetzt erkennen wir zwischen den Erzählungen bedeutende Unterschiede. Es wird nicht leichter, sich ein Bild vom Richter Jesu zu machen, wenn wir uns den nicht-biblischen Quellen zuwenden. Sie stammen vor allem von zwei ausgesprochen parteiischen, aber deswegen nicht minder interessanten jüdischen Verfassern, Philon von Alexandria und Flavius Josephus. Der erstgenannte war ein Zeitgenosse der Ereignisse, die er darstellt, während der andere der gleichen Generation wie die synoptischen Evangelisten angehörte.

Philon wurde etwa 25 v. Chr. geboren und starb ca. 40 n. Chr. Er ging als sinnreicher hellenistischer Denker der intellektuellen Metropole des östlichen Mittelmeers, Alexandria, in die Geschichte ein. Außerdem gehörte er einer sozial und politisch einflussreichen Familie an. Philon war der Bruder des Alabarchen (ein mit der Finanzverwaltung verbundenes Amt) Alexander Lysimachos, dessen Sohn Tiberius Alexander unter Kaiser Titus später Präfekt von Ägypten wurde. Als Philosoph war ihm vor allem das Streben nach der Vereinigung der jüdischen Lehre mit den Ideen Platons und des Stoizismus zueigen, unter anderem durch allegorische Bibelinterpretationen. Weil Philons Denken die christliche Lehre in Alexandria beeinflussen sollte, haben seine philosophischen Reflexionen indirekt auch für die Kirchengeschichte große Bedeutung erhalten. Aber nicht seiner Philosophie wegen hat er sich einen Platz in diesem Buch verdient. Chronologisch betrachtet, ist Philon der beste Zeuge des Regimes Pontius Pilatus' in Judäa.

Die Notiz zu Pontius Pilatus findet sich in einer merkwürdigen Schrift, die man *Legatio ad Gaium* nennt, »Gesandtschaft an Gaius«. Die Schrift ist in Form eines Briefes verfasst, der, wie der Text vermeldet, vom jüdischen König Agrippa I. an den römischen Kaiser Caligula (Gaius) geschickt wurde. So gut wie alle Forscher sind sich heute darüber einig, dass Philon den Brief selbst geschrieben hat und dass er im Zusammenhang mit einer Gesandtschaft an den Kaiser im Jahre 39 oder 40 angefertigt wurde. Diese war durch Streitigkeiten zwischen Griechen und Juden betreffend einen Disput um Bürgerrechte veranlasst worden.[203]

Philon führt Pilatus ein, indem er erzählt, er »war ein Beamter, der zum Prokurator Judäas berufen worden war«. Weniger in der Absicht, Kaiser Tiberius zu ehren, als vielmehr mit dem Ziel, die Juden zu reizen, habe er bei einer Gelegenheit vergoldete Tafeln in Herodes' Palast in Jerusalem aufstellen lassen. Diese Tafeln waren nicht mit Abbildern von Menschen noch mit irgendetwas anderem, das in der jüdischen Religion verboten war, geschmückt, aber sie trugen dafür Inschriften, die denjenigen erwähnten, der die Tafeln aufstellen ließ (Pontius Pilatus), und den Namen dessen, zu dessen Ehre sie hier platziert wurden (Kaiser Tiberius).

Als die Juden von Pilatus' Handeln erfuhren, wählten sie die vier Söhne des Königs sowie andere Mitglieder des Könighauses und hohe Amtsträger als Sprecher. Diese baten Pilatus, er möge die Tafeln entfernen und nicht auf diese Weise die jüdischen Sitten verunglimpfen, die von Königen und Kaisern bis dahin respektiert worden waren. Leider war Pilatus unbeugsam, eigensinnig und hart. Er weigerte sich. Die jüdischen Delegierten schrien darauf: »Verursache keine Revolte! Gib keinen Anlass für Krieg! Brich nicht den Frieden! Respektlosigkeit gegen unsere uralten Gesetze gereicht dem Kaiser nicht zur Ehre. Benutze Tiberius nicht als Grund für die Verunglimpfung unseres Volkes. Er will keine unserer Traditionen abschaffen. Wenn du behauptest, er wolle es doch, beweise es in diesem Fall, indem du uns einen Brief oder ein Dekret oder etwas Ähnliches zeigst, so werden wir aufhören mit dir zu streiten und uns stattdessen mit einer Gesandtschaft an unseren Herrscher wenden.«

Diese letzten Äußerungen erregten Pilatus sehr. Er fürchtete nämlich, dass sie, wenn sie ihre Drohung ernst machten und eine Gesandtschaft schickten, wahrscheinlich die Gelegenheit nutzten, weitere Klagen über seine Verwaltung vorzutragen. Sie würden vermutlich die Korruption, die Gewalt, die Diebstähle, die Angriffe und das allgemein grobe Verhalten, das sein Regime kennzeichnete, im Einzelnen anführen. Sie würden seine Gewohnheit erwähnen, noch nicht überführte Personen hinzurichten, und von seiner scheinbar endlosen Grausamkeit erzählen.

Weil Pilatus ein boshafter und arglistiger Mensch war, befand er sich also in einem ernsten Dilemma. Er war nicht mutig genug, die Tafeln, die er aufstellen ließ, zu entfernen, und hatte außerdem keine Lust, etwas zu tun, was seine Untertanen befriedigte, gleichzeitig aber war ihm wohl bewusst, wie ernst Tiberius solche Angelegenheiten nahm. Als die jüdischen Abgesandten dies begriffen, und als sie verstanden, dass Pilatus bedauerte, was er getan hatte – auch wenn er dies nicht zeigen wollte –, schrieben sie einen Brief an Tiberius und sprachen so kraftvoll wie möglich für ihre Sache. Tiberius las den Brief und wurde wütend. Er stieß harte Worte und Drohungen gegen Pilatus aus. Ohne den kommenden Tag abzuwarten, schrieb der Kaiser selbst einen Brief an ihn, in dem er Pilatus tausendmal für seine Unbedachtheit tadelte und ihm befahl, die Tafeln ein für alle Mal von der Hauptstadt Jerusalem in die Küstenstadt Caesarea bringen zu lassen, wo sie im Augustustempel aufgestellt werden sollten. So geschah es.[204]

Das Bild, das Philon von Pontius Pilatus zeichnet, ist bedeutend schwärzer als jenes, welches wir in den ältesten christlichen Darstellungen finden. Die negative jüdische Sicht auf den römischen Herrscher Judäas, den hervorragendsten Repräsentanten der Okkupationsmacht, wird noch greifbarer, wenn wir den Blick auf Flavius Josephus (37 oder 38 n. Chr. – wahrscheinlich kurz nach 100) richten.

Der richtige Name des Verfassers war Yosef ben Mattiyahu. Er gehörte einer wohlhabenden Priesterfamilie in Jerusalem an und begann eine Karriere in den Fußstapfen seiner Väter. Als Erwachsener schloss er sich der pharisäischen Partei an, lebte eine Zeit lang in Rom als Gesandter und übernahm im Jahre 66 die militärische Führung eines Aufruhrs gegen die Römer in Galiläa. Im Jahr darauf wurde er nach einer größeren Niederlage gefangen genommen, blieb aber am Leben, weil er sich dem römischen Oberbefehlshaber Vespasian anschloss, dessen Erhebung zum Kaiser er vorausgesehen hatte. Vespasian erhielt diese Würde im Jahr 69, wobei sein jüdischer Gefangener freigelassen und zum römischer Bürger befördert wurde. Yosef ben Mattiyahu nahm nun den lateinischen Namen Flavius Josephus an, denn sein Gönner Vespasian gehörte dem flavischen Geschlecht an. Als Vermittler zwischen jüdischen Rebellen und römischen Streitkräften im fortdauernden Krieg war Josephus ziemlich erfolglos – so vermochte er den Fall Jerusalems und dessen Plünderung durch Vespasians Sohn Titus im Jahre 70 nicht zu verhindern –, doch nachdem er Titus nach Rom gefolgt war, leitete er eine umso bemerkenswertere Verfasserlaufbahn in der Stadt am Tiber ein. Von den vier erhaltenen Werken, die er in griechischer Sprache hinterließ, sind zwei von Interesse für uns: *Peri tou Ioudaikou polemou* (»Über den jüdischen Krieg«, geschrieben ca. 75–79) und *Ioudaike archaiologia* (»Jüdische Altertümer«, geschrieben ca. 93–94).

Peri tou Ioudaika polemou ist das genaue Gegenteil objektiver Geschichtsschreibung. Die Arbeit wurde mit einer spezifischen Zielsetzung verfasst. Flavius Josephus' Wunsch war es, die jüdischen Tragödie, den missglückten Aufstand und Krieg gegen die Römer mit der Zerstörung des Tempels in Jerusalem als abschließender Katastrophe zu verklären. Die Schuld lag, so behauptete er, im dauernden Unvermögen der Juden Einigkeit zu wahren. Ihre innere Zersplitterung habe in Vergangenheit und Gegenwart das göttliche Eingreifen in Gestalt äußerer Angriffe heraufbeschworen. Gott habe die Römer als Instrument benutzt, um das jüdische Volk zu geißeln. Josephus wollte mit seiner Schrift außerdem die Versöhnung zwischen Juden und Römern zuwege bringen und gleichzeitig potenziellen anderen Aufständischen klar machen, wie töricht es sei, die Legionen des Imperiums herauszufordern. Dies war fraglos eine Botschaft, die in Rom gern aufgenommen wurde. In der jüdischen Überlieferung jedoch hat Josephus einen unerschütterlich schlechten Ruf, der leicht erklärt ist: ein Kollaborateur ist eben ein Kollaborateur.

In der Schrift über den Jüdischen Krieg kommt Pontius Pilatus in zwei Zusammenhängen vor, die beide als Elemente in die Schilderung der Hintergrundgeschichte des Krieges eingehen. Die erste Episode erinnert an die Erzählung Philons von den Tafeln, doch nun geht es stattdessen um ein kaiserliches Bild. Nachdem Pilatus von Tiberius ausgesandt worden war als Prokurator in Judäa Dienst zu tun, ließ er, so behauptet Josephus, im Schutz der Nacht römische Standarten mit dem Bild des Kaisers in Jerusalem einziehen. Als es tagte, gerieten die Juden in unerhörte Erregung. Sie behaupteten, dass ihre Gesetze auf diese Weise in den Schmutz gezogen würden. Ihre Gebote erlaubten es nicht, dass irgendjemandes Abbild in der heiligen Stadt aufgestellt würde. Der Tumult verbreitete sich von der Stadt bis aufs Land, und Menschen versammelten sich in Scharen. Die Juden eilten Pilatus auf dem Weg von Jerusalem nach Caesarea nach; sie flehten ihn an, die Standarten aus der Stadt zu entfernen und die Gesetze ihrer Vorväter zu achten. Als er sich weigerte, ließen sie sich rund um sein Haus nieder und lagen fünf Tage und Nächte unbeweglich dort. Am folgenden Tag nahm Pilatus seinen Platz auf dem Tribunal im großen Stadion von Caesarea ein und rief die Volksmassen zu sich. Es sah so aus, als wollte er ihnen eine Antwort auf ihre Bitten geben, doch tatsächlich gab er seinen bewaffneten Soldaten das Zeichen, die Juden zu umringen. Die Soldaten zogen einen Eisenring, drei Glieder tief, um die verblüffte Volksmenge. Pilatus drohte, sie erschlagen zu lassen, wenn sie die Bilder des Kaisers nicht akzeptierten, und er gab seinen Soldaten den Befehl, ihr Schwert zu ziehen. Die Juden warfen sich da einmütig zu Boden und reckten ihre Hälse. Sie schrien, sie seien bereit, lieber zu sterben, als die Vorschriften ihres Gesetzes zu brechen. Pilatus staunte über ihren religiösen Eifer und gab sofort Order, die Standarten aus Jerusalem zu entfernen.

Im selben Werk erzählt Flavius Josephus von den Problemen, die im Zusammenhang mit einem der ambitiösen Bauprojekte Pilatus' auftraten, einem Aquädukt, der Jerusalems Wasserversorgung verbessern sollte. Zur Finanzierung des Baus nutzte er Mittel aus dem jüdischen Tempelschatz. Eine aufgebrachte Volksmenge umringte Pilatus' Tribunal in Jerusalem – er war dort zu Besuch – und machte großen Lärm. Pilatus hatte den Tumult jedoch vorausgesehen und eigene Soldaten unter die Menge gemischt, die als Juden verkleidet waren. Sie hatten den Befehl, nicht das Schwert zu gebrauchen, sondern die Krawallmacher mit Knüppeln zu schlagen. Vom Tribunal gab Pilatus das vereinbarte Zeichen. In dem dann ausbrechenden Chaos wurden viele Juden getötet, entweder von den Knüppeln erschlagen oder niedergetrampelt von ihren eigenen Kameraden, als diese in Panik flüchteten. Als sie die Katastrophe erfasst hatte, verstummte die Volksmenge.[205]

Noch mehr Informationen über Pilatus erhalten wir durch *Ioudaike archaiologia*. Diese Arbeit ist nichts weniger als eine große Chronik der jüdischen Geschichte. Ihre Absicht war es, den allgemeinen Ruf dieses Volkes zu verbessern, vor allem die römischen Behörden zu mehr Toleranz gegenüber den Juden zu bewegen. Der große Aufstand wird auch hier erklärt, aber nun mit bedeutend mehr ausgewiesenen Schurken als zuvor. In *Peri tou Ioudaikou polemou* macht Josephus die jüdischen Aufrührer selbst verantwortlich, doch in *Ioudaike archaiologia* verteilt er die Schuld auf viele Schultern: die Hohenpriester und Aristokraten (die zu viel miteinander stritten), König Agrippa, Kaiser Nero, nicht-jüdische Truppenteile in Caesarea und Sebaste, sowie – und das ist für den Fortgang unserer Darlegung besonders interessant – römische Gouverneure, die jüdisches Gesetz missachteten.

Das erste und letzte Mal, dass Pontius Pilatus in *Ioudaike archaiologia* (Kapitel 18.35 bzw. 18.177) erwähnt wird, geschieht dies nur beiläufig, zuerst in einer Notiz darüber, dass er Gratus als Statthalter des Imperiums nachgefolgt sei, und dann darüber, dass Gratus und Pilatus die einzigen römischen Führer gewesen seien, die während der Regierungszeit des Kaisers Tiberius in Judäa eingesetzt waren. In seinen übrigen Ausführungen ist Flavius Josephus ausführlicher, obgleich er zum Teil Angaben wiederholt, die wir bereits kennen.

Im Zusammenhang mit der oben geschilderten Standarten-Affäre wird Pilatus zum zweiten Mal erwähnt. Wir lesen, wie Pilatus seine Truppen von Caesarea ins Winterquartier nach Jerusalem verlegt und des Nachts auch die Kaiserbüsten in die Stadt gebracht werden, die an den Standarten der Armee befestigt waren. Und dies verstieß gegen das jüdische Bilderverbot. Frühere Prokuratoren, so schreibt Josephus, hatten aufgrund der Vorschriften des Gesetzes nur Standarten mitführen lassen, die solcherart Schmuck entbehrten. Nun strömte das Volk aus Protest nach Caesarea, wo Pilatus am siebten Tag die Menge im Stadion empfing, das von versteckten Soldaten bewacht wurde. Im Laufe dieses Zusammentreffens drohte Pilatus, die Juden durch seine Männer massakrieren zu lassen, wenn sie nicht heimgingen und sich beruhigten. Die Juden zogen den Tod vor, sodass Pilatus nachgab und die Bilder nach Caesarea zurückbringen ließ.

Danach lesen wir von Neuem, wie Pilatus einen Aquädukt mit Hilfe der Mittel des Tempelschatzes bauen ließ. Zehntausende Juden protestierten, aber Pilatus setzte sich auf die oben beschriebene Weise durch: Er ließ verkleidete Soldaten sich unter die Menge mischen, und auf das verabredete Signal gingen sie mit ihren Knüppeln zum Angriff über. Viele Juden mussten ihr Leben lassen.

Nach dieser Notiz geht Josephus dazu über, von »Jesus, einem weisen Mann« zu berichten, den Pilatus verurteilen und kreuzigen ließ, als er hörte, dass er von hochgestellten Juden angeklagt wurde. Die erhaltene Notiz ist kurz gefasst und umstritten; es ist nicht mit Sicherheit zu sagen, wie die Textstelle ursprünglich gelautet hat.

Ein Stück weiter in seinem Werk berichtet Josephus, wie Pilatus nach zehnjähriger Amtszeit gezwungen war, seinen Dienst aufzugeben. Wieder einmal handelte es sich um ein Problem, das aus einer Massenbewegung des Volkes hervorgegangen war, allerdings nicht in Judäa, sondern in Samaria. Ein charismatischer Redner hatte eine größere samaritische Erweckung in Gang gesetzt und sich zu dem Berg Garizim begeben, dem heiligsten Berg nach samaritischem Glauben. Der Mann versicherte den Samaritern, dass er ihnen bei der Ankunft am Berge die heiligen Gefäße zeigen könne, die dort begraben lagen, an dem Platz, an den Mose sie gelegt hatte. Eine große bewaffnete Volksmenge versammelte sich bei einem Dorf namens Tirathana und bereitete sich darauf vor, den Berg zu erklimmen. Pilatus blockierte indessen den Weg hinauf mit einer Abteilung seiner Reiterei und schwer ausgerüsteten Soldaten. Unruhen brachen aus, und Pilatus' Truppen besiegten die Samariter in einer veritablen Schlacht. Viele flohen, andere wurden gefangen genommen. Die Führer und die einflussreichsten Mitglieder der Bewegung wurden getötet.

Dies ist Pilatus' letzte bekannte Handlung als Vertreter Roms in Judäa. Der Rat der Samariter begab sich nämlich zu Vitellius, dem Statthalter in Syrien, und klagte Pilatus an, ein unnötiges Massaker verursacht zu haben. »Denn«, so sollen sie gesagt haben, »sie seien nicht als Aufrührer gegen Rom, sondern als Flüchtlinge vor den Verfolgungen des Pilatus zu dem Treffen in Tirathana gekommen.« Vitellius sandte seinen Freund Marcellus, um in Judäa die Verwaltung zu übernehmen, und befahl Pilatus, schnellstens nach Rom zurückzukehren, um dort die Anklagen der Samariter zu beantworten. Pilatus gehorchte und verschwindet damit aus der Geschichte. Das letzte, was wir über ihn erfahren, ist, dass Kaiser Tiberius starb, bevor Pilatus die Hauptstadt des Imperiums erreichte.[206]

Wie sind diese Texte zu deuten? Der Pilatus der Juden ist eine sehr viel unangenehmere Erscheinung als der Pilatus der ersten Christen. Sich damit zu begnügen, dies mit dem Hinweis auf die natürliche Antipathie zu erklären, die die führenden Vertreter einer Okkupationsmacht auf sich ziehen, macht die Sache zu einfach. Wir müssen die beiden jüdischen Verfasser genauer analysieren. Haben sie persönliche Motive, so schlecht von Pilatus zu sprechen? Gibt es gute Gründe, ihren Worten zu glauben, wenn sie das Bild eines grausamen Despoten zeichnen?

Beginnen wir mit Philons Schilderung. Es dauert nicht lange, bis die roten Lämpchen der Quellenkritik zu blinken anfangen. Das Bild des Pilatus ist etwas zu gut wiederzuerkennen: Philon hat einen Tyrannen geschildert, wie man nach althergebrachtem antiken Muster einen Tyrannen im Allgemeinen und einen antijüdischen Tyrannen im Besonderen zu schildern pflegte. Die Tendenz ist überdeutlich: Alles, was Pilatus anfängt, wird aus der denkbar schlimmsten Perspektive gedeutet. Wir müssen also äußerst misstrauisch sein. Damit ist nicht gesagt, dass das Ereignis mit den Tafeln nicht stattgefunden hätte. Philon konnte durch Beteiligte Kenntnis davon haben, eine Vermutung, die durch die Tatsache gestützt wird, dass er persönlich mit König Agrippa I. bekannt war, dessen Verwandte in diesem Drama eine Rolle gespielt haben sollen.[207] Hinzu kommt, dass die Tafelepisode zum Zeitpunkt ihrer Niederschrift als Gegenwartsgeschichte zu betrachten war. Etwas zusammenzulügen über ein Ereignis, an dass die Menschen sich noch erinnerten, war nicht ratsam; Philon hätte an Glaubwürdigkeit verloren.

Was waren das eigentlich für Tafeln oder Schilder, die Pilatus nach Jerusalem brachte? Keine bewusst schändlichen, antijüdischen Monumente, das geht deutlich hervor. Die Tafeln waren als Dekorationen zu sehen, die zur Ehre Kaiser Tiberius' aufgestellt werden sollten. Sie trugen keine Bilder, was eigentlich für solche Tafeln normal gewesen wäre. Doch das Nicht-Vorhandensein von Kaiserbildern ist leicht erklärt, wenn wir die Perspektive wechseln und die Vermutung zulassen, Pilatus sei kein antijüdischer Schurke gewesen. Ein guter Grund für die Wahl bildloser Tafeln dürfte der Wunsch gewesen sein, dem jüdischen Gesetz Respekt zu erweisen. Einem intoleranten Herrscher wäre das Bilderverbot völlig egal gewesen. Pontius Pilatus nicht.[208]

Nach eingehender Analyse von Philons Pilatuserzählung kommt die Wissenschaftlerin Helen K. Bond (1998) zu dem Ergebnis, dass der gelehrte alexandrinische Philosoph ein Bild des Pilatus zeichnet, auf dass kein Verlass ist. Es handelt sich um ein stereotypes Tyrannenbild, das äußerst wenig mit dem historischen Pilatus zu tun hat. Vermutlich wurden die Tafeln in Jerusalem hineingetragen, und die dann folgenden Proteste haben sich sicher ereignet. Aber Pilatus' Absichten dürften nicht boshaft gewesen sein. Er wollte den Kaiser ehren, ihm seine Loyalität erweisen, Tiberius bei guter Laune halten – etwas, was von größtem Gewicht gewesen sein dürfte, wenn das Ereignis beispielsweise kurz nach dem Jahre 31 stattgefunden hat, als der frühere Kaisergünstling Sejanus getötet worden war und die Erde unter den Füßen vieler Beamter und Provinzstatthalter bebte. Es ist nicht unwahrscheinlich, dass das Tafelereignis mit anderen Versuchen verknüpft war, sich bei Tiberius einzuschmeicheln, zum Beispiel der Einrichtung des Tiberieums in Caesarea (siehe S. 214 f.). Dass die Juden so reagiert haben, wie sie es taten, kann für Pontius Pilatus sehr wohl eine völlige Überraschung gewesen sein.

Wenn wir den Blick auf Flavius Josephus richten, so finden wir auch dort eine deutliche Tendenz. Das Pilatusbild erfüllt eine narrative Funktion. Für Josephus war die Pilatuserzählung dem Bedürfnis untergeordnet, ein Bild vom Hintergrund der großen Tragödie in der jüdischen Geschichte zu zeichnen, dem Aufstand und der Niederlage gegen die Römer. Pilatus und sein Regime treten im Text als Glied in einer unglücklichen Kette hervor. Beurteilen wir Josephus' Schilderung des gesamten Zeitraumes von da an, wie Judäa unter Kaiser Augustus römische Provinz wurde, bis zum Amtsantritt Agrippas I. als jüdischer König im Jahre 41, so können wir den Schluss ziehen, dass Josephus diese Epoche als eine ruhige auffasste. Die großen, die wirklich dramatischen Ereignisse fehlen. Die Mehrheit der jüdischen Bevölkerung scheint die römische Regierung akzeptiert, nur in isolierten Einzelfällen beklagt zu haben. Ein großer Teil von Josephus' Text wird stattdessen dem Bericht über konkurrierende jüdische Philosophien, vor allem dem Denken der Pharisäer, der Sadduzäer und Essener gewidmet. Wie sollen wir nun den Streit um die Bilder der Standarten und die Auseinandersetzung um die Finanzierung des Aquädukts deuten? Helen K. Bond kommt zu dem Ergebnis, dass beide Ereignisse auf dem Hintergrund einer der allgemeinen Absichten Josephus' zu lesen seien, nämlich die jüdische Uneinigkeit und die Freude an der Revolte zu kritisieren. Solange die Juden ihr Vertrauen in Gott setzen und nicht zu den Waffen greifen (wie angesichts der Soldaten des Pilatus in Caesarea), geht es ihnen gut, aber wenn sie auf öffentlichen Plätzen revoltieren (wie beim Tribunal in Jerusalem), werden sie brutal besiegt. Aus beiden Berichten geht hervor, dass Pontius Pilatus ein fähiger Verwalter ist, der sicherlich nicht besonders hoch von seinen Untertanen denkt, der danach strebt, den Willen Roms durchzusetzen, der aber gleichzeitig weise genug ist, die Forderungen der Religion zu respektieren, wenn er muss.

Die Aquäduktgeschichte ist besonders interessant, wenn man bedenkt, was Flavius Josephus nicht erzählt. Wie konnte Pontius Pilatus denn das Geld aus dem jüdischen Tempelschatz in die Hände bekommen? War es einem römischen Statthalter überhaupt möglich, religiöse Mittel zu konfiszieren und so das Prestige der Hohenpriester und des gesamten Tempels zu beschädigen? Wahrscheinlich nicht. Es wäre in jedem Fall ungewöhnlich dumm gewesen, gerade so, als bitte man um eine Revolte. Wahrscheinlicher ist eher, dass die Hohenpriester und die Tempelführung mit Kajaphas an der Spitze mit dem Regime Pontius Pilatus' kooperierten. Alle hatten Nutzen von einer Verbesserung der Wasserversorgung Jerusalems.

Schließlich haben wir noch das Ereignis auf dem Berg Garizim. Um dieses Geschehen zu verstehen, ist es notwendig, in einem kleinen Exkurs auf die Samariter und ihren Glauben einzugehen. Zur Zeit Jesu waren die Gegensätze zwischen Samaritern und Juden groß, obwohl beide Volksgruppen Vieles gemeinsam hatten. Das samaritische Volk bestand zum großen Teil aus Nachfahren der israelitischen Bevölkerung, die nach der Zerstörung des Königreichs Israel durch die Assyrer im Jahre 722 v. Chr. in ihrem Heimatland geblieben waren, während die Führungsschicht nach Assyrien zwangsdeportiert wurde. Sie hatten eigene religiöse Traditionen entwickelt, die in vielen Punkten von den jüdischen abwichen. Eine davon betraf den Berg Garizim.

Nach samaritischem Glauben war dieser Berg Israels heiligster Ort, oder vielmehr der einzige heilige Ort überhaupt. Nur hier sollte man opfern, nur hier konnten Gebete wirklich erhört werden. Man deutete den Garizim als gleichwertig mit Betel im Alten Testament, das heißt als ein Tor zum Himmel. Die Samariter glaubten, dass die Mehrzahl der alttestamentlichen Patriarchen in seiner Nähe begraben lagen. Hinzu kam, dass die Tradition hervorhob, Gott hätte die Bundeslade sowie heilige Gefäße in einer Höhle des Berges versteckt, sodass die Bedeutung des Ortes für gläubige Samariter noch offenkundiger wurde. Eines Tages, so verheißt die samaritische Überlieferung, würde all das Verborgene des Berges dem Volk von einem Mann offenbart werden, der den Namen Taheb trägt. Er würde die Lade und die Gefäße zeigen und das Volk auf einen wahren Gottesdienst vorbereiten, dem eine Zeit des Friedens und des Wohlstands folgen würde.

Der anonyme Unruhestifter, der Pilatus' militärische Aktion veranlasste, scheint also gehandelt zu haben, wie es von Taheb erwartet wurde. In diesem Fall wäre die Anwesenheit römischer Truppen auf dem Berg leicht zu erklären. Pontius Pilatus war verpflichtet, den Frieden aufrecht zu erhalten und die römische Herrschaft in einer der unruhigsten Regionen des Imperiums zu garantieren. Eine samaritische Messias-Gestalt mit Horden bewaffneter religiöser Fanatiker im Rücken war aus römischer Perspektive alles andere als wünschenswert. Eine solche Bewegung musste mit Kraft gebremst werden, bevor sie zu stark herangewachsen war. Wenn es Blutvergießen forderte zu zerschlagen, was leicht in einen samaritischen Aufruhr ausarten konnte, dann musste Blut fließen. Es ist wenig wahrscheinlich, dass der Statthalter in Syrien anderer Ansicht gewesen wäre, wenn es Pontius Pilatus gelungen wäre, den Betreffenden um Rat zu fragen; Roms Mann in Judäa tat, was von ihm erwartet wurde. Pilatus scheint versucht zu haben, die Gewaltanwendung zu minimieren, indem er vor allem die Zufahrtswege blockieren ließ. Erst in einem späteren Stadium ging das Geschehen in das blutige Szenario über, dessentwegen Pilatus schließlich nach Rom gesandt wurde und das Gegenstand einer Untersuchung werden sollte.[209]

Insgesamt schildert Flavius Josephus Pontius Pilatus als einen gewöhnlichen und kompetenten römischen Machtmenschen ohne wärmere Gefühle für seine Untertanen. Wenn wir Josephus' eigene Wertungen außer Acht lassen und nur die konkreten Ereignisse betrachten, von denen er berichtet, hinterlässt Pilatus tatsächlich einen guten Eindruck. Er herrscht mit harter Hand, ist aber flexibel genug einzusehen, wann er zu weit gegangen ist oder die jüdischen Traditionen missverstanden hat. Vor allem will Pilatus den Frieden wahren, etwas, das ihn zu militärischen Aktionen bewegt wie in Samaria und zur Zusammenarbeit mit jüdischen Führern, wie bei dem Aquäduktbau – und bei dem Urteil gegen Jesus.

Die Krise am Berg Garizim ereignete sich im Jahre 36. Pontius Pilatus kehrte kurze Zeit nach März 37 nach Rom zurück, als Gaius (Caligula) Tiberius als Kaiser nachgefolgt war. Damit verschwindet er leider aus unserem Blickfeld. Der aus guten historischen Quellen bekannte Pontius Pilatus verliert sich im Jahre 37 quellenmäßig im Nebel. Was danach geschah, ist unbekannt. Dass Caligula ihn nicht mit einem neuen Präfektenmandat nach Caesarea zurücksandte, bedeutet nicht, dass der Kaiser oder irgendeine andere Amtsperson unzufrieden mit seiner Amtsausübung war. Immerhin hatte er trotz allem 10 Jahre den Posten inne gehabt, eine vergleichsweise lange Zeit. Es war nur natürlich, ihn auszutauschen und in ein neues Amt zu setzen. In welches – ja, darüber wissen wir nichts.

Als Präfekt in Judäa

Fügen wir zusammen, was die frühesten christlichen und jüdischen Quellen über Pontius Pilatus' offizielle Position mitteilen, so ergibt sich, dass er die Provinz Judäa zwischen 26 und Anfang 37 n. Chr. regierte. Er war, soweit wir wissen, der fünfte Gouverneur in einer kleinen und neu gebildeten Provinz, die längst nicht als befriedet gelten konnte. Mehr als ein blutiger Aufstand war in naher Zukunft zu erwarten.

Als Persönlichkeit scheint Pontius Pilatus nicht bemerkenswert gewesen zu sein. Der einzige römische Geschichtsschreiber, der ihn namentlich nennt, Tacitus (*Annales* 15:44), benutzt ihn nur für die Zeitangabe der Kreuzigung Christi. Wir kennen nicht einmal seinen Vornamen: Pilatus ist der Nachname und Pontius bezeichnet das Geschlecht, *gens*, dem er angehörte – *Pontii*, die Pontier. Eine samnitische *gens* dieses Namens ist in der antiken Geschichte Italiens zwar wohlbekannt, aber es ist unsicher, ob Pilatus nicht mit anderen Pontiern verknüpft ist. Das Wort *pilatus* gibt keinen Hinweis; es bedeutet ungefähr »geschickt mit dem Speer«.

Wenn wir von dem ausgehen, was wir von den übrigen römischen Gouverneuren in Judäa und anderen kleineren Provinzen wissen, ist anzunehmen, dass Pilatus einer wohlhabenden Mittelschicht der römischen Gesellschaft zugehörte, die wir Ritter zu nennen pflegen, lateinisch *equites*. Sie waren im Ritterstand organisiert, *ordo equester*. Zur Zeit Jesu rekrutierte sich der größte Teil der römischen Bürokratie aus dieser gesellschaftlichen Gruppe. Damit klärt sich das Bild von Pilatus ein wenig, aber nicht sehr viel. Er gehörte nicht zur römische Aristokratie, sondern war ein Emporkömmling in der Beamtenschaft. Es gab kaum irgendwelchen gewaltigen Grundbesitz, Latifundien, aber Horden von Sklaven, die zu Hause in Italien auf Pilatus warteten. Es war nicht daran zu denken, das Amt, das der Kaiser ihm gegeben hatte, schlecht zu verwalten.[210]

Pontius Pilatus selbst hat zwei Zeugnisse seiner Wirksamkeit in Judäa hinterlassen. Das eine ist eine Münze, die er in den Jahren 29/30, 30/31 und 31/32 prägen ließ. Sie ist traditionell geformt und verunglimpft die Juden nicht mehr, als es frühere Münzen taten – sie trug kein Kaiserbild, war aber mit römischen Symbolen versehen.[211] Wesentlich interessanter ist die Inschrift, vorgefunden 1961, die sich auf ein Gebäude in Caesarea bezieht. Die Inschrift lautet:

...]STIBERIEVM
...PON]TIVSPILATVS
...PRAEF]ECTVSIVDA[EA]E

Aus der Inschrift geht hervor, dass Pontius Pilatus, Präfekt Judäas (*praefectus Iudaeae*), verantwortlich war für den Bau des Tiberieums. Der Name des Gebäudes deutet daraufhin, dass es sich um eine Anlage zu Ehren des Kaisers Tiberius handelte. Welche Funktion das Gebäude genau besaß, ist jedoch unbekannt, und selbst der große Pilatusforscher Jean-Pierre Lémonon wagt nur die Aussage, dass es »zweifellos kein Tempel war«.[212]

Dieses lückenhafte Zeugnis kann jedoch durch verschiedene Hintergrundinformationen ergänzt werden. Wir wissen nicht wenig über die allgemeine politische und religiöse Lage in der Provinz, die von Pontius Pilatus regiert wurde. Indem wir die allgemeinen Fakten, die in den übrigen Quellen zu Judäa vorkommen, mit den spezifischen Ereignissen aus Pilatus' Amtszeit verbinden, lässt sich eine besserer Blick auf seine Geschichte gewinnen.

Die Provinz *Iudaea*, Judäa, war in nordsüdlicher Richtung 160 km lang und in ostwestlicher Richtung 70 km breit. Die Bevölkerung war nicht ethnisch homogen, was die Arbeit des Gouverneurs erheblich erschwerte. Die demografisch dominierende Bevölkerung war jüdisch – judäische Juden in den zentralen Teilen der Provinz und idumäische Juden im Süden. Die Letzteren waren am Ende des 2. Jahrhunderts v. Chr. von Johannes Hyrcanus zum Judentum zwangsbekehrt worden, in einer Epoche, als das jüdische Reich, das während der Makkabäerkriege entstanden war, expandierte. Doch zur Zeit Jesu waren sie völlig in das jüdische Volk integriert. Judäer und Idumäer waren sich in der Auffassung einig, Jerusalem und seinen Tempel als politisches und religiöses Zentrum zu betrachten. Eine vorsichtige Schätzung besagt, dass die Stadt zur Zeit Jesu zwischen 30 000 und 35 000 Einwohner hatte. Auch für die Juden in der Diaspora war Jerusalem der Mittelpunkt der Welt, und dies brachte der Stadt einen Strom von Pilgern und damit ein blühendes Handwerks- und Handelsleben. Dagegen herrschten bittere Gegensätze zwischen den Juden und den erwähnten Samaritern, die im nördlichen Teil der Provinz lebten und Jerusalem zugunsten des Berges Garizim geringachteten. Hinzu kommt, dass es zwei überwiegend nichtjüdische Städte in der Provinz gab, Caesarea an der Küste und Sebaste (im alten Samaria) im Inland, die von Herodes I. als griechisch-römische Knotenpunkte angelegt worden waren. Hier herrschte eine ausgeprägt hellenistische Kultur, mit Tempeln für den Caesar und Gladiatorenspielen als charakteristischem Einschlag.

Trotz ihrer geografischen Kleinheit war die judäische Provinz eine komplexe politische Einheit, die einen speziellen Typ von Regierung erforderte.

Es gab gewissermaßen zwei Hauptstädte, zum einen den selbstverständlichen Mittelpunkt Jerusalem, zum anderen die römische Residenzstadt Caesarea. Meistens hielt sich Pilatus mit Truppe, Familie und Bediensteten in Caesarea auf. Weil es eine Küstenstadt war, konnte Pilatus, wenn wirklich eine ernsthafte Krise ausbrechen sollte, den Ort als Brückenkopf für den Einsatz militärischer Verstärkungen nutzen oder schlichtweg für die Flucht über das Meer. In Jerusalem wäre er geografisch eingeschlossen gewesen, überdies umgeben von einer alles andere als römisch gesinnten Bevölkerung. Ein anderer Grund dafür, in Caesarea zu residieren, war, dass Pontius Pilatus sich so als strikt neutral geben konnte: Er mischte sich nicht in den Konflikt zwischen Juden und Samaritern ein und respektierte Jerusalems religiöse Zentralstellung, indem er die Zahl der Soldaten in dieser Stadt begrenzt hielt. Nur wenn es wirklich notwendig war, zum Beispiel bei wichtigen Festlichkeiten, die leicht in Revolten ausarten konnten, wurden größere Truppenstärken in Jerusalem zusammengezogen.

Pontius Pilatus' formeller Titel, so geht es aus der erwähnten Inschrift in Caesarea hervor, lautete *praefectus Iudaeae*, Präfekt von Judäa. Er trug also nicht die Bezeichnung, mit der er oft verknüpft wurde: *procurator.* Und dies, obwohl der Titel in bestimmten Texten der Antike vorkommt. Die Verwechslung ist leicht zu erklären. Offenbar veränderte man nämlich die Amtsbezeichnung, während der Regierungszeit Kaiser Claudius', aus Präfekt wurde Prokurator, nachdem König Agrippa I. im Jahre 44 gestorben war. Warum? Wahrscheinlich, um den Übergang von einer ausgeprägt militärischen zu einer deutlich mehr zivil betonten Amtsausübung zu kennzeichnen.

Jesu Richter war mit anderen Worten vor allem ein militärischer Beamter, Inhaber der übergeordneten Machtstellung, die im offiziellen Römerlatein *imperium* genannt wurde. Seine Pflichten waren durch seine Rolle als Führer der lokalen römischen Truppen definiert. Um sich herum hatte er ein kleine Schar Beamter, die ihm half, Gesetz und Ordnung aufrechtzuerhalten sowie Steuern einzutreiben. Die Basis seines Einflusses waren Hilfstruppen (lat. *auxiliarii*), die aus fünf Kohorten Fußsoldaten und einem Reiterregiment bestanden. Weil die Juden aus religiösen Gründen keine militärischen Pflichten für die Römer erfüllen mussten, wurden sämtliche Soldaten aus nichtjüdischen Volksgruppen rekrutiert, wodurch die gesellschaftlichen Spannungen weiter verschärft wurden. Die meisten der Soldaten des Präfekten waren in Caesarea stationiert, doch eine Garnison unter der Führung eines Tribuns befand sich immer in der Antoniafestung in Jerusalem. Auch Herodes' Palast verfügte in Jerusalem über römische Soldaten.

Pontius Pilatus' nächster Vorgesetzter war, oder sollte es zumindest im Normalfall gewesen sein, der römische Legat über Syrien, der in Antiochia residierte. Hierhin hatte sich der Präfekt zu wenden, wenn er von Aufstand bedroht war und militärische Verstärkung benötigte, und hierher hatten sich eventuelle Klagen seitens der Untertanen zu richten – wie es ja auch nach Pilatus' Eingreifen gegen die Samariter im Jahre 36 geschah. Jedoch war die Lage bei Pilatus' Machtantritt in Caesarea im Jahre 26 nicht normal. Kaiser Tiberius scheint ein Experiment durchgeführt zu haben, um herauszufinden, ob sich die Verwaltung des Imperiums zentralisieren ließe, wenn die führenden Männer der Provinzen in Rom residierten. Der syrische Legat befand sich also in Italien und nicht in Syrien, eine Situation, die erst im Jahre 32 oder 33 wieder in den normalen Zustand verändert wurde. Für einen Mann wie Pontius Pilatus muss dies beschwerlich gewesen sein. Er konnte sich nicht darauf verlassen, dass die römischen Legionen in Syrien rechtzeitig nach Süden in Marsch gesetzt würden, wenn er in Schwierigkeiten geraten sollte, denn er war gezwungen, den Umweg über Rom zu nehmen, um die Zustimmung des Legaten zu militärischer Unterstützung zu erhalten.

Hier liegt vielleicht die Erklärung für die Unsicherheit seines Handelns, die in den Schilderungen Philons und Flavius Josephus' aufscheint. Während eines großen Teils seiner Amtsausübung wusste er, dass er auf sich gestellt war, sollten Unruhen ausbrechen. Sicherlich verfügte er über seine zahlenmäßig begrenzten nicht-jüdischen *auxiliarii*, aber das war auch alles. Unruhen mussten deshalb rasch unterdrückt werden. Er musste resolut handeln und die Bevölkerung ruhig halten. Die kleinste Krise konnte folgenschwer sein.

Außer dass Pilatus den Frieden aufrecht zu erhalten hatte, war er gezwungen, Steuern einzutreiben. In der Praxis bedeutete dies, dass er genau das tat, was seit Hunderten von Jahren geschah, seit die ptolemäischen Herrscher in Ägypten das Steuerwesen eingeführt hatten – ein Steuerwesen, das so zufriedenstellend funktionierte, dass weder die Römer noch irgendjemand sonst es der Mühe wert hielt, es zu ändern. Das System blieb noch bis ins 3. oder 4. Jahrhundert n. Chr. in Kraft. Sein tragendes Element waren Steuerpächter, die sich erboten, Steuern und Zölle für ihre fremden Herrscher unter der Oberaufsicht des Gouverneurs einzutreiben.

Pontius Pilatus war also in vielem von jüdischen Handlangern abhängig. Ohne Zöllner und Steuereintreiber konnte das Regime nicht funktionieren. Forderungen der jüdischen Bevölkerung nicht zu beachten, war deshalb besonders unklug, vor allem wenn man die prekäre militärische Lage bedenkt. Der Mangel an römischen Beamten führte nicht nur dazu, dass die Steuereintreibung, sondern auch der Hauptteil aller anderen zivilen Behördenaufgaben an Juden delegiert wurden, insbesondere an die traditionellen Führer Judäas. Dies bedeutete, dass die Hohenpriester und Aristokraten in Jerusalem – darunter die Sadduzäer – eine Menge zu sagen hatten. Ob sie es wollten oder nicht – sie sollten mancherlei Interessen mit dem Präfekten in Caesarea gemeinsam haben.

Dies alles galt nicht nur für Judäa. Ähnliche Situationen gab es in vielen der römischen Provinzen. Die Römer arbeiteten immer mit Kollaborateuren zusammen. Doch Judäas Gegebenheiten waren speziell und verursachten den römischen Gouverneuren Probleme, die in vielen anderen Ländern vermieden werden konnten. König Herodes der Große hat in den Jahrzehnten unmittelbar vor Christi Geburt viele reiche, respektierte Juden hinrichten lassen, weil er sie als Rivalen um die Macht fürchtete. Stattdessen ließ er persönliche Favoriten die Ämter bekleiden. Herodes hatte auch die Macht der Priesterschaft eingeschränkt, indem er sich selbst das Recht nahm, Hohepriester nach Behagen zu ernennen. Als Judäa im Jahre 6 n. Chr. vom jüdischen Königreich zur römischen Provinz wurde, besaß es keine einheimische Elite mehr. Die Gouverneure hatten keine selbstverständlichen Partner für die Zusammenarbeit. Das Beste, was sie tun konnten, war, die Politik Herodes' fortzusetzen und die Hohenpriester ein- und abzusetzen.

Breite Schichten der jüdischen Bevölkerung schätzten es selbstredend nicht, dass die Römer – und sei es indirekt – ihre heiligsten Ämter kontrollierten, doch über lange Zeiträume scheint das System relativ gut funktioniert zu haben. Der Hohepriester, den wir als Jesu Widersacher in der

Bibel kennenlernen, Kajaphas, war solchermaßen eine typische römische Marionette. Pontius Pilatus scheint mit ihm recht reibungslos zusammengearbeitet zu haben, sonst hätte er ihn kaum so lange im Amt belassen. Kajaphas' Absetzung ließ bis nach der Amtsperiode des Pilatus auf sich warten.

Der umstrittenste Aspekt des Regimes Pontius Pilatus' betrifft die juristische Kompetenz. Indem er das *imperium* besaß, war der Präfekt nicht nur der höchste militärische, sondern auch der höchste zivile Führer der Provinz. Das Gerichtswesen fiel unter die Gewalt Pontius Pilatus'. Doch wie verhielt sich Pilatus' juristische Macht gegenüber Rechtsinstanzen anderer Machthaber? Dies Dilemma ist für die Deutung von Jesu Todesurteil zentral. Wer trägt die Verantwortung? Nach den kanonischen Evangelien scheinen die Juden gezwungen gewesen zu sein, das Urteil dem Präfekten zu überlassen. Nach dem später geschriebenen Petrusevangelium verurteilten sie Jesus selbst.

Tatsächlich sind wir darüber in Unkenntnis. Die Bibel und andere erhaltene Quellen der Epoche sind widersprüchlich im Hinblick auf das Recht jüdischer Gerichte, die Todesstrafe zu verhängen. Es ist durchaus möglich, dass die jüdischen Feinde Jesu mit Kajaphas an der Spitze ihn im Fall eines Verstoßes gegen ein entsprechend strafbewehrtes jüdisches Gesetz sehr wohl zum Tode hätten verurteilen können. Die römischen Behörden waren darauf bedacht, das jüdische Gesetz zu respektieren, nicht nur aus Respekt vor den alten Sitten, sondern auch aus Dankbarkeit für die Hilfe, die die Juden Julius Caesar im Bürgerkrieg der 40er Jahre des 1. Jahrhunderts v. Chr. zuteil werden ließen.[213]

Das Bild ist noch immer undeutlich, aber es klärt sich ein wenig. Wir erkennen zumindest die Konturen des Richters Jesu, auch wenn seine Gesichtszüge noch unkenntlich bleiben.

Pontius Pilatus war ein typischer Provinzgouverneur des Ritterstandes, der tat, was er konnte, um die Herrschaft des Kaisers und des römischen Imperiums in Judäa zu befestigen. Er scheint so etwas wie ein Spieler gewesen zu sein, der manchmal auf die falsche und manchmal auf die richtige Zahl setzte. Die Tafeln und Standarten waren weniger gut durchdacht. Die Aquädukt- und Garizimaffäre, wie auch den Fall Jesus, hat er offenbar mit größerem Geschick gehandhabt, selbst wenn Unruhen auch bei diesen Ereignissen entstanden. Nichts deutet darauf hin, dass Pontius Pilatus sein Amt so schlecht ausgeübt hätte, dass seine Vorgesetzten Ursache hatten, ihn unangenehmen Folgen auszusetzen. Er hat sich beim Kaiser auf eine für soziale Emporkömmlinge vernünftige Weise eingeschmeichelt und war klug genug, sich mit Soldaten zu umgeben, wenn er durch die Provinz reiste. Aus den erhaltenen Quellen lässt sich weder der Schluss ziehen, er sei besonders grausam gewesen, noch dass er übertrieben wankelmütig gewesen sei. Er erregte die Gemüter, aber das taten und tun alle Machtmenschen, deren Aufgabe es ist, Beschlüsse zu fassen, die eine okkupierte Bevölkerung betreffen.

Die schlichte Wahrheit ist, dass Pontius Pilatus, wenn es nicht um Jesus gegangen wäre, heute ganz unbekannt wäre, außer für den einen oder anderen Experten, der sich mit Palästinas antiker Geschichte befasst. Es ist wenig wahrscheinlich, dass dem Präfekten von Judäa klar war, wie schicksalsschwer das Todesurteil gegen Jesus war, nicht zuletzt für ihn selbst. Statt im gewaltigen Meer der Vergessenheit begraben zu werden, wurde er zu einem Prominenten der Weltgeschichte. Bereits Jahrzehnte nach seiner Amtszeit begann Pilatus' Wanderung aus der Historie hinein in die Legende.

... crucifixus sub Pontio Pilato

Pontius Pilatus' Berühmtheit, die Tatsache, dass beinah jeder von ihm gehört hat, beruht nicht allein auf seiner Erwähnung in den Evangelien. Sie beruht ebenso sehr darauf, dass die Urkirche in den Jahrhunderten, die auf das Leben Jesu folgten, gerade Pontius Pilatus herausgehoben und seine Tat buchstäblich rituell bedeutsam gemacht hat. Im 2. und 3. Jahrhundert wurde Pontius Pilatus zu einem Begriff, zu einem Teil des christlichen Glaubensbekenntnisses.[214]

Der erste sichere Beleg stammt von Hippolyt von Rom aus dem 3. Jahrhundert. Dieser berichtet an einer Stelle über die Fragen, die dem Mann oder der Frau gestellt werden, die im Begriff sind, Christen zu werden. Die zweite Frage lautet:

> *Credis in Chr(istu)m Ie(su)m d(e)i, qui natus est de sp(irit)u s(an)c(t)o ex Maria uirgine et crucifixus sub Pontio Pilato et mortuus est [et sepultus] et resurrexit die tertia uiuus a mortuis?*

Glaubst du an Jesus Christus, Gottes Sohn, geboren von dem Heiligen Geist
aus der Jungfrau Maria und gekreuzigt unter Pontius Pilatus und gestorben
und begraben und auferstanden von den Toten am dritten Tag?[215]

In etwas veränderter Form erkennen die meisten von uns den Wortlaut aus Konfirmationsunterricht und Gottesdiensten wieder: »gelitten unter Pontius Pilatus …«. Jahrhundert um Jahrhundert haben Generationen von Christen die Worte wiederholt, den Namen des Präfekten in das kollektive Gedächtnis gehämmert. Wir haben Pontius Pilatus internalisiert.

Wann genau Pontius Pilatus ein für alle Mal in das Glaubensbekenntnis eingefügt wurde, ist unbekannt. Dem Hippolyt-Zitat nach zu urteilen und aufgrund von Übereinstimmungen mit Sätzen, die in bestimmten urkirchlichen Texten vorkommen, unter anderem bei dem Kirchenvater Justin, gab es ihn in solchen Formeln schon in einem sehr frühen Stadium. Dagegen kommt er nicht in dem berühmten Nicäischen Glaubensbekenntnis aus dem Jahre 325 vor. Wünscht man eine endgültige Jahreszahl für die Aufnahme Pontius Pilatus' in das Bekenntnis, so ist dies das Jahr 381, als das so genannte Bekenntnis von Nicäa-Konstantinopel eingeführt worden sein soll, oder das Jahr 451, als es zum ersten Mal in schriftlicher Form auftrat.[216]

Die Entwicklung des Glaubensbekenntnisses ist eine direkte Spiegelung der Bedeutung, die die ersten christlichen Generationen Pontius Pilatus beimaßen. Vom ersten Jahrhundert unserer Zeitrechnung an taucht sein Name in vielen Schriften auf, nicht selten gerade in formelhaften Notizen, die auf seine übergeordnete Stellung im Zusammenhang mit dem Urteil gegen Jesus und dessen Hinrichtung abzielen. Ein Grund dafür war natürlich, dass man die Kreuzigung auf herkömmliche Weise zu datieren wünschte. Auf Kaiser, Konsuln, Präfekten und andere Amtspersonen hinzuweisen, gehörte in der antiken Gesellschaft dabei zur Routine – man betrachte nur den Hinweis auf Kaiser Augustus und Statthalter Quirinius in der Weihnachtsgeschichte. Als ein frühes Beispiel für den Hinweis auf Pilatus ist Bischof Ignatius von Antiochia zu nennen, der nach Rom reiste, um dort den Märtyrertod zu erleiden. Während der Reise schrieb er Briefe an die Christen in Magnesia, Tralles und Smyrna, in denen er sich auf den Tod Jesu bezog, der sich unter Pontius Pilatus' Präfektur ereignet habe.[217]

Die christlichen Apologeten, Verfasser, die in ihren Schriften zeigen wollten, dass das Christentum eine gute, nützliche und für Rom ganz ungefährliche – ja, insgesamt doch eine sehr gute – Religion sei, betonten gerne, dass die Schuld am Tod Jesu bei den Juden und nicht bei Pilatus lag. Wir haben diese Einstellung bereits im Petrusevangelium angetroffen, das die Juden selbst Jesus zum Tod verurteilen lässt. Auch der Apologet Aristides, der in der ersten Hälfte des 2. Jahrhunderts lebte, behauptete, dass »die Juden ihn dem Statthalter Pilatus übergaben … und zum Tod am Kreuz verurteilten«. Der Kirchenvater Justin war derselben Ansicht, ebenso Tertullian (siehe unten S. 224). Es ist jedoch unmöglich, eine gerade Linie von zunehmender Pilatuswertschätzung auszumachen. Jeder Kirchenvater nahm auf seine Weise zum Präfekten Stellung; einige entschuldigten ihn mehr als andere und viele begnügten sich damit, auf Pilatus – ausgehend vom Wortlaut der Evangelien – hinzuweisen. Einer der originellsten Kirchenväter, Origines in Alexandria, beschreibt im 3. Jahrhundert einen Pilatus, der erheblich schuldiger war am Tod Jesu, als die Verfasser Justin und Tertullian bereit waren, zuzugestehen.[218]

In der ersten erhaltenen großen Kirchengeschichte widmet Eusebius zu Beginn des 4. Jahrhunderts Pontius Pilatus relativ breiten Raum. Er lässt den Präfekten die Botschaft von Jesu Leben, Tod und Auferstehung an den Kaiser senden. Eusebius referiert auch Josephus' Geschichten darüber, wie Pilatus die Feldzeichen nach Jerusalem führte und einen Aquädukt baute. Außerdem berichtet er in seinem zweiten Buch von einem bis dahin unbekannten Ereignis. Er schreibt, Sejanus habe eine antijüdische Politik in Rom betrieben – was sonst nicht leicht konkret zu belegen ist[219] – und Pilatus sei gleichzeitig in Judäa zur Tat geschritten. Der Präfekt habe sich »an dem damals noch in Jerusalem bestehenden Tempel in einer vom jüdischen Standpunkt aus frevelhaften Weise vergriff(en)«. Später betont Eusebius, dass das jüdische Volk gerade unter Pontius Pilatus zunehmend von Unglücksereignissen betroffen war, offenbar weil die Juden schlecht gegen Jesus handelten. Mit anderen Worten: Gott benutzte die Römer, um die Juden zu bestrafen. Schließlich weist Eusebius darauf hin, dass Gott, weil er konsequent war, auch Pilatus für das Todesurteil gegen Jesus leiden ließ: Getrieben von Not habe sich Pilatus am Ende während des Prinzipats Caligulas das Leben genommen.[220]

Die letzte Geschichte, von der Eusebius sagt, er habe sie von dem, der die Olympiaden der Griechen und Annalnotizen aufgezeichnet hätte, ist von großem Interesse für die weitere Entwicklung der Erzählungen über Pontius Pilatus, auf den Selbstmord kommen wir in Kürze zurück. Wir sehen hier den Keim für die schwarze Legende über den Präfekten, jener Geschichte, die während des europäischen Mittelalters Pontius Pilatus zu einem verurteilten Mann machen sollte, assoziiert mit dem Bösen und der Hölle. Doch so weit sind wir noch nicht. In der spätantiken gelehrten Welt standen der Geschichte des Präfekten viele Wege offen, und einige waren hell und licht.

Die rätselhaften Pilatusakten

Der Verfasser, der nach allem, was viele gelehrte Autoren im 1. Jahrhundert unserer Zeitrechnung zu erzählen hatten, am deutlichsten das gute Gemüt Pilatus' bezeugte, war faktisch Pontius Pilatus selbst. Es gibt eine reiche Überlieferung in Briefen und Dokumenten, die von Pilatus geschrieben sein sollen. In diesen Schriftstücken kommt seine positive Haltung gegenüber dem Christentum klar zum Ausdruck.

Doch nur ein wirklicher Pilatus-Enthusiast dürfte in heutiger Zeit Vertrauen in diese Dokumente setzen. Wir vermissen jeglichen Beweis dafür, dass die Briefe, die man Pontius Pilatus zuschreibt, tatsächlich echt sind, und es gibt keinen Anlass zu glauben, dass ähnliche Dokumente jemals von der betreffenden Person verfasst wurden. Als historische Quelle für die römische Geschichte in den 30er und 40er Jahren des 1. Jahrhunderts sind sie uninteressant. Doch als Quelle für die Frage nach der positiven Entwicklung des Pilatusbildes in den darauf folgenden Jahrhunderten sind sie umso fesselnder. Am faszinierendsten sind die rätselhaften *acta Pilati*, die »Pilatusakten«. Dabei handelt es sich um drei ganz verschiedene schriftliche Überlieferungen, von denen nur die letzte – die im Mittelalter sehr populär war – in einigen Versionen erhalten ist.

Die ältesten Hinweise auf ein Werk, das mit dem Namen des Präfekten in Verbindung gebracht wurde, stammen aus dem 2. Jahrhundert und wurden somit gut ein Jahrhundert nach Pilatus eigener Wirksamkeit geschrieben. Zwei Kirchenväter, Justin und Tertullian, haben die Existenz der Akten bezeugt.

Der ältere, Justin (gest. 165), erwähnt die Pilatusakten in seiner ersten

Apologie, geschrieben etwa 150. In diesem Text, ebenso in seinem schriftlichen Dialog mit dem Juden Tryphon, berichtet Justin, dass die Juden – und nicht Pilatus – die Verantwortung für die Kreuzigung tragen. Er sagt seinem griechisch-römischen Leserkreis, er könne diese Behauptung dadurch kontrollieren und verfizieren, dass er in spezifischen Texten nachlese: »dies könnt ihr aus jenen Akten erfahren, die unter Pontius Pilatus entstanden sind«. Derselbe Hinweis erfolgt im Zusammenhang mit einem Bericht der Taten Jesu: »und dass er dies tat, das könnt ihr in jenen Akten lesen, die unter Pontius Pilatus entstanden sind«.[221]

In Tertullians (gest. ca. 225) apologetischer Schrift, entstanden etwa 197, heißt es, dass Pilatus einen Bericht betreffend Jesus an Kaiser Tiberius gesandt habe. Der lateinische Kirchenvater geht soweit, dass er Pilatus – und beinah auch Tiberius selbst – einen Christen werden lässt. Das erste Mal, da Tertullian das Thema aufgreift, berichtet er, Tiberius habe Nachrichten aus Syrien und Palästina erhalten, die ihn von der Wahrheit der Botschaft Jesu überzeugt hätten. Er habe sie dem Senat vorgelegt, um von den Senatoren Unterstützung für seinen Plan zu erreichen, Jesus in den Pantheon der Götter Roms einzuführen. Der Senat habe den Vorschlag abgelehnt und gegen den Kaiser gestimmt. Doch Tiberius habe an seinem Glauben festgehalten und alle, die die Christen anklagten, mit harten Strafen bedroht. In einem späteren Teil der Apologie stellt Tertullian fest, die Verantwortung für den Tod Jesu liege auf den Schultern der Juden, nicht der Römer. Er fügt hinzu: »Pilatus berichtete Tiberius, der zu dieser Zeit Kaiser war, alles, was mit Christus geschehen war. In seinem Inneren war Pilatus bereits ein überzeugter Christ (lat. *ipse iam pro sua conscientia christianus*), aber auch der Kaiser würde an Christus glauben, wenn es denn für Kaiser in dieser Welt notwendig gewesen wäre, oder wenn auch Kaiser Christen hätten sein können.« Pilatus und Tiberius waren also aufgrund ihres Amtes und ihrer gesellschaftlichen Stellung gezwungen, Heiden zu bleiben, zumindest nach außen hin. Anders war dies mit den Juden. Sie hätten sehr wohl Jesus Christus als Messias erkennen können, aber sie entschieden sich stattdessen dafür, ihn zum Tode zu verurteilen. Tertullian macht kein Geheimnis daraus, wem seine Sympathien gehören.[222]

Natürlich sind weder Justin noch Tertullian brauchbare Quellen für das, was sich zu Pilatus' und Tiberius' Zeit ereignet hat, doch ihre Schriften stellen jede für sich einen guten Indikator für die Wandlungen im Andenken Pontius Pilatus' im 2. Jahrhundert dar. Seine Gegenwart in der Geschichte

Jesu hatte den Präfekten so spannend werden lassen, dass er bereits eine eigene Erzählung erhielt. Gut ein Jahrhundert nach Tertullians Arbeit, zu Beginn des 4. Jahrhunderts, begegnen uns noch einmal Notizen zu dem merkwürdigen Bericht des Pilatus an Tiberius, diesmal in Eusebius' Kirchengeschichte. Eusebius schreibt im zweiten Buch:

> *Nachdem die wunderbare Auferstehung und Himmelfahrt unseres Erlösers den meisten bereits bekannt geworden war, erstattete Pilatus gemäß der alten Gewohnheit der Provinzbeamten, über die neuen Vorfälle den Inhaber der kaiserlichen Gewalt zu unterrichten, auf dass dieser über kein Ereignis in Unkenntnis bleibe, dem Kaiser Tiberius Bericht über die allen Bewohnern von ganz Palästina bereits bekannten Vorgänge bei der Auferstehung unseres Heilandes Jesus sowie über seine anderen ihm zur Kenntnis gekommenen Wunder und über den Glauben der Menge, welche ihn bereits seit seiner Auferstehung von den Toten für einen Gott hielt.*

Nichts deutet jedoch darauf hin, dass Eusebius geglaubt haben könnte, Pilatus sei Christ geworden, und dies, obwohl er nach eigener Aussage das Werk Tertullians gut kannte.[223]

Eusebius berichtet außerdem von einer ganz anderen Erzähltradition, die sich ebenfalls auf die Erinnerung Pontius Pilatus' stützt. Diese verfälschten Texte, betitelt »Akten des Pilatus und des Erlösers«, waren dem Christentum gegenüber feindlich gesonnen. Laut Eusebius sind sie im Auftrag des Kaisers Maximinus Daja während der Christenverfolgungen zu Beginn des 4. Jahrhunderts entstanden. Man verwendete sie in Schulen, wo die Schüler angehalten wurden, sie auswendig zu lernen, um das Christentum in ihren Augen schlecht zu machen. Auch diese andere Gruppe von Pilatusakten ist der Nachwelt nicht erhalten.[224]

Eine dritte Sammlung Pilatusakten wird von Epiphanius in der schon erwähnten Schrift *Panarion* erwähnt sowie von dem anonymen Verfasser (man hat vermutet, dass er mit dem Kirchenvater Gregor von Nyssa identisch sei) einer Predigt betreffend das Osterdatum im Jahre 387. Epiphanius behauptet, dass manche Menschen in Kappadokien das Osterdatum nach Angaben berechnen, die in den Pilatusakten zu finden seien. Epiphanius wendet sich zwar gegen die Ansicht der kappadokischen Christen, aber er stellt die Pilatusakten nicht in Frage. Auch der anonyme Verfasser verwendet die Pilatusakten in einer ähnlichen Diskussion.[225]

Hier befinden wir uns auf bedeutend festerem Boden. Diese dritte Textsammlung ist uns nämlich durch verschiedene Erzählvarianten bekannt, und zwar in vielerlei Sprachen: griechisch, lateinisch, koptisch, syrisch, armenisch, georgisch und slawisch. Dies zeugt von ihrer Popularität und ihrer Bedeutung für die kirchliche Erzähltradition des Mittelalters. Die Arbeit ist in zwei Hauptversionen überliefert, meist Redaktion A und Redaktion B genannt. Redaktion A, die wahrscheinlich aus den Jahren um 425 stammt, gibt sich als griechische Übersetzung eines hebräischen Originals aus. Dieses soll der Überlieferung nach im ersten Jahrhundert unserer Zeitrechnung von keinem Geringeren als Nikodemus geschrieben worden sein, einem gelehrten Juden, der laut Neuem Testament mit Jesus sympathisierte (siehe S. 262). Die B-Version ist bedeutend länger und hat weitere Texte in die Erzählung eingefügt; es ist diese Fassung, die seit dem Mittelalter die Bezeichnung *Nikodemusevangelium* trägt (lat. *Evangelium beati Nicodemi de passione Christi ac descensione eius ad inferos*, »Evangelium nach dem seligen Nikodemus über das Leiden Christi und sein Hinabsteigen in das Totenreich«). In diesem Werk gehen die Kapitel 1–16 zurück auf die Pilatusakten und wurden im Mittelalter *Gesta Pilati* genannt, während die übrigen, später entstandenen Kapitel hauptsächlich von Jesu Hinabsteigen ins Totenreich handeln. Im Nikodemusevangelium findet sich auch ein Appendix, der Pilatus' angeblichen Brief an den Kaiser betrifft.

In Redaktion A begegnen wir der Geschichte von Jesu Leiden und Tod, von seiner Auferstehung und anschließenden Himmelfahrt. Einige Elemente stammen aus den bekannten Evangelien, andere machen den Eindruck, Resultate der freien Fantasie eines oder mehrerer Erzähler zu sein. In dieser Schrift klagen die Juden Jesus wegen vieler gravierender Dinge an – der unehelichen Herkunft, der Übertretung der Sabbatgesetze, der Behauptung wegen, Sohn Gottes zu sein und der König der Juden usw. – jedoch ohne den Präfekten zu überzeugen. Vielmehr imponiert Jesus Pontius Pilatus, der erkennt, dass der Angeklagte unschuldig ist. Dennoch gibt er schließlich dem jüdischen Druck nach und verurteilt ihn zum Tode. Wie bei dem Evangelisten Matthäus demonstriert Pilatus seine Unschuld durch das Waschen seiner Hände. Als Pilatus von dem Erdbeben und der Sonnenfinsternis hört, die sich beim Tod Jesu ereigneten, fastet er gemeinsam mit seiner Frau.

Die älteste lateinische Version von Redaktion B hat eine interessante Geschichte zu vermelden, die auf der Linie der Pilatusüberlieferung liegt, die uns bei Justin und Tertullian begegnete. Laut Text wurden viele Juden, darunter Kajaphas und Hannas, nach der Kreuzigung reumütig. Josef von Arimathäa und Nikodemus beeilten sich, Pilatus zu berichten, was geschehen war. Die jüdischen Führer wurden darauf von Pilatus befragt und erkannten dabei Jesus als Messias, doch sie flehten Pilatus an, dies niemandem gegenüber aufzudecken. Pflichttreuer Gouverneur, der er war, sandte Pilatus stattdessen einen Bericht an den Kaiser. Darin berichtete er, der Erlöser, den die Juden seit langem erwarteten, sei kürzlich in Palästina aufgetreten und habe seinen göttlichen Status durch viele Taten bewiesen, aber die Hohenpriester hätten sich aus Neid geweigert, ihn anzuerkennen. Sie hätten den Mann ergriffen und ihm ausgeliefert, damit er zum Tode verurteilt werde; dabei hätten die Juden den Anschein erweckt, der Mann sei ein gefährlicher Verrückter. Er habe sich ihrem Willen gebeugt, aber am dritten Tag nach der Kreuzigung sei der Verurteilte von den Toten auferstanden. Die Juden hätten versucht, die römischen Soldaten, die das Grab bewachten, zu überreden, sie sollten behaupten, die Jünger hätten den Leichnam gestohlen, doch die Wahrheit habe sich nicht verbergen lassen. – Weil der Verfasser des Textes sich nicht gut in der römischen Kaiserchronologie auskannte, verwechselte er die Herrscher des Imperiums und behauptet, Pilatus' Adressat habe Claudius und nicht Tiberius geheißen.[226]

Dieser Typ apokrypher Briefe von Pilatus an den römischen Kaiser, in den Briefen zumeist Tiberius genannt, ist in vielen Varianten erhalten. Pilatus erscheint darin als unwilliger Richter, der Jesus nur aufgrund einer Folge von Lügen der Juden und in Unkenntnis der wirklichen Verhältnisse zum Tode verurteilt. Der Gouverneur erweist sich als großer Bewunderer Jesu. Er fällt das Todesurteil nur, weil er überlistet wird, oder um einen jüdischen Aufruhr oder irgendeine andere Katastrophe zu vermeiden. Pilatus ist nicht stolz auf seine Tat und wünscht sich innerlich, dass er Jesus nicht hätte töten lassen müssen.[227]

Einen anderen apokryphen Brief richtet Pilatus an Herodes. Der Präfekt beginnt damit, sich gegenüber dem König darüber zu beklagen, dass er Jesus kreuzigen ließ. Nachdem er den Centurio und die Soldaten verhört hätte, sei er davon überzeugt, dass Jesus wirklich von den Toten auferstanden sei. Er habe Beweise, dass Jesus sich nach der Auferstehung nach Galiläa begeben und dort vor 500 Gläubigen gepredigt habe. Pilatus schreibt, seine Frau Procla selbst sei in Gesellschaft des Centurio Longinus und den Soldaten, die das Grab bewacht hatten, dorthin gegangen. Sie begegneten dem Auferstandenen, der sie freundlich empfing und berichtete, wie er gerade über den Tod und die Hölle triumphiert habe, worauf sie glücklich zu Pilatus zurückgekehrt seien. Dieser habe von da an Trauer getragen und sei mit einer bewaffneten Truppe selbst nach Galiläa gezogen, wo auch er Jesus traf. Die Zusammenkunft sei dramatisch gewesen. Der Himmel grollte und donnerte. Die Erde bebte. Pilatus und sein Gefolge hätten sich zu Boden geworfen, doch Jesus sei zu ihm gegangen und habe die Hände auf seine Schultern gelegt. Pilatus bezeugt vor Herodes, er habe mit eigenen Augen die Wundmale der Kreuzigung an Jesus gesehen. Jesus habe zu ihm, seinem Richter, gesagt: »Allen Generationen und Familien sollst du gesegnet sein, denn zu deiner Zeit starb und auferstand der Menschensohn.«[228]

Es ist auch ein fiktiver Antwortbrief Herodes' an Pilatus erhalten. Der König berichtet zunächst, wie er gerade seine Tochter durch einen Unglücksfall während eines Spiels verloren habe. Der gesamte Haushalt sei in großer Trauer. Dann geht er dazu über, seine eigenen entsetzlichen Sünden zu beklagen, nicht zuletzt die Hinrichtung Johannes des Täufers. Er bittet Pilatus, der ja die Möglichkeit zu haben scheint, dem auferstandenen Jesus öfter zu begegnen, für ihn zu sprechen und zwischen ihm und dem Erlöser zu vermitteln. Dann berichtet er von mehreren Unglücken. Seinem Sohn Lesbonax gehe es schlecht, und aus seinem eigenen Mund kröchen Würmer. Seine Frau sei auf dem linken Auge blind geworden, weil sie zu viel weinte. Die Rache Gottes habe Herodes und seine Familie wahrhaft hart getroffen! Dieselbe Rache werde bald über die Juden und die Priester kommen, und die Heiden werden das Königreich erben. Zur Sicherheit bittet Herodes, Pilatus möge ihn auf ehrenvolle Weise begraben, wenn er stürbe, weil seine eigenen jüdischen Priester dem Untergang geweiht seien. Er sendet Pilatus den eigenen Siegelring und die Ohrringe, die seine Frau zu tragen pflegte.[229]

Die »Verchristlichung«, die auf diese Weise sukzessive dem Richter Jesu zuteil wurde, erreichte ihren europäischen Höhepunkt in einem apokryphen Werk mit dem Titel *Offenbarungen des Stephanus*, nach einer nur schwer verifizierbaren Angabe im Jahre 415 entstanden. Das Werk ist nur in einer sehr viel später geschriebenen slawischen Fassung erhalten, und es ist höchst wahrscheinlich, dass die Notizen zu Pilatus der ursprünglichen Geschichte irgendwann im Mittelalter hinzugefügt wurden.

Nach den *Offenbarungen des Stephanus*, die sich zwei Jahre nach der Himmelfahrt Christi ereigneten, wurde auch der spätere Heilige Stephanus Pilatus vorgeführt, bevor er seinen berühmten Märtyrertod erlitt. Pilatus hatte jedoch keine Lust, ihn zu verurteilen. Er konstatierte, dass die Juden ihn schon früher dazu getrieben hätten, Unschuldige kreuzigen zu lassen. Seien sie denn immer noch so verrückt? Da schleppten die Juden Stephanus auf Befehl des Hohenpriesters Kajaphas fort und misshandelten ihn. Am folgenden Morgen rief Pilatus seine Frau und ihre zwei Kinder zu sich. Wir lesen: »sie tauften einander und priesen Gott«.[230]

Am Ende wird Stephanus zu Tode gesteinigt, ebenso wie seine Verteidiger Nikodemus und Gamaliel (siehe unten S. 231). Pilatus, der mit seiner Familie bis zum Schluss an Stephanus' Seite stand, kümmert sich persönlich um das Begräbnis. Doch die Leichname werden des Nachts von einem Engel in das Land Serasima nach Kapogemala (Caphargamala) gebracht, und als Pilatus am Morgen erscheint, um für sie Räucherwerk zu verbrennen, sind sie verschwunden. Er erschreckt, zerreißt seine Kleider und ruft aus: »Bin ich nicht würdig, dein Diener zu sein?« Stephanus offenbart sich ihm in der folgenden Nacht. Er ermahnt ihn, ruhig zu sein und mit dem Weinen aufzuhören. Die Körper der Märtyrer seien gut verborgen, alles geschah nach dem Willen Gottes. Zu gegebener Zeit werde ein Verwandter Pilatus' sie finden. Nun aber heiße es für Pilatus, ein Gebetshaus zu bauen und die Märtyrer an einem Festtag im Monat April zu feiern. Stephanus gelobt, dass nach Ablauf von sieben Monaten auch Pilatus seine Ruhe fände. Danach geschah alles so, wie Stephanus es prophezeit hatte. Pilatus und seine Frau starben.[231]

Weiter als bis dahin – formell getauft, wenn auch in aller Heimlichkeit, und einen christlichen Märtyrer offen verteidigend – gelangte Pilatus auf der christlichen Rangskala in Europa niemals mehr. Doch in Afrika kletterte er bedeutend höher.

Heiliger in Äthiopien

Das überzeugend positive Bild Pontius Pilatus', das sich in den Erzählungen über den Brief an Tiberius/Claudius, in den »Offenbarungen des Stephanus« und in den Pilatusakten wiederfindet, zeugt vor allem von dem Willen, den römischen Präfekten und damit die römischen Behörden posthum für das christliche Projekt zu rekrutieren. Dies muss nicht notwendigerweise auf dem Wunsch beruhen, den zeitgenössischen Kaisern apologetisch zu schmeicheln, auch nicht unbedingt darauf, die Juden sehr viel schlechter hervortreten zulassen, indem sie an Pilatus gemessen werden, auch wenn solcherart Interessen sicher an diesem Prozess mitwirkten. Es kann sich ebenso gut um die Effekte einer inneren Dynamik der Geschichte handeln, ihrer ureigenen Macht.

Wie bereits gezeigt, eröffnen die Evangelien verschiedene Möglichkeiten einer positiven Pilatusdeutung. Auf dieselbe Weise, wie Maria Magdalena und Judas Iskariot posthum in unterschiedliche Werterichtungen verändert wurden, war auch Pontius Pilatus der Kraft der Erzählung ausgesetzt. Er kommt ja sehr oft in der Leidensgeschichte Jesu vor und in verschiedenen Varianten des christlichen Glaubensbekenntnisses. Den Namen Pontius Pilatus hörte man immer wieder. Und ein Name bedarf eines Gesichts, einer Legende.

In dieser Situation beginnt die menschliche Fantasie zu arbeiten. Sollen wir ihn freisprechen oder ablehnen? Welche Konsequenzen hätte der Freispruch, welche die Ablehnung? Äußerste Konsequenz der Ablehnung wäre, dass Pontius Pilatus tausendfach verdammt würde und Gehennas ewigem Feuer anheim fiele unter all den anderen Potentaten des Bösen. Äußerste Konsequenz des Freispruchs hieße, ihn heilig bei Gott werden zu lassen. Wie wir bereits sahen, kommen solche extremen Deutungen in den Erzählungen der ersten Jahrhunderte über Judas Iskariot vor, wie er auf der einen Seite auf das Entschiedenste verurteilt und auf der anderen für den einzigen Jünger gehalten wird, der die Wahrheit begriff. In Judas Fall rührte dies daher, dass seine Geschichte nicht nur die Christen, sondern auch die Gnostiker faszinierte. Pontius Pilatus posthume Geschichte ist noch bemerkenswerter: Er sollte den Heerscharen des Himmels und der Hölle einverleibt werden, ohne die ureigenen Domänen des Christentums zu verlassen.

Besonders großes Glück hatte Pontius Pilatus im christlichen Ägypten und in den christlichen Regionen Afrikas, die von der Kirche in Alexandrien beeinflusst wurden, vor allem in Äthiopien. In der koptischen Tradition wurde der Präfekt von Judäa regelrecht zum Heiligen. Im 6. und 7. Jahrhundert hatte Sankt Pilatus eine umfassende Popularität erreicht und war mit einer eigenen Märtyrergeschichte ausgestattet. Auch der Name Pilatus selbst war in koptischen Kreisen sehr beliebt und behielt seine Anziehungskraft mehr als ein Millennium. Claude Sicard, ein Jesuitenmissionar des 18. Jahrhunderts, erzählt, er habe Ägypter mit dem Namen Pilatus getroffen und gehört, wie die Geschichte von Pilatus' Märtyrertod in der Kirche vorgelesen wurde.[232]

Als Beispiel dafür, wie die Pilatusgestalt in der ägyptischen Spätantike immer heller und unschuldiger wird, ist eine fragmentarisch erhaltene Arbeit zu nennen, die in moderner Zeit den etwas willkürlichen Titel *Evangelium des Gamaliel* erhalten hat; eventuell geht der Text auf ein koptisches Original des 5. Jahrhunderts zurück. Jener Gamaliel, auf den der Titel abhebt, ist eine historische Persönlichkeit, bekannt aus dem Neuen Testament wie auch aus rabbinischer Tradition. In der Apostelgeschichte tritt Gamaliel als kluger und geachteter Pharisäer hervor; von ihm wird auch gesagt, er sei Lehrer des späteren Apostels Paulus gewesen (Apostelgeschichte 5:34–39; 22:3).

Das Fragment beginnt damit, das Pilatus am Tag nach der Auferstehung vier Soldaten wegen des Rätsels um den verschwundenen Leichnam Jesu verhört. Ein Soldat behauptet, die elf Apostel hätten ihn gestohlen, ein anderer, dass es Josef von Arimathäa und Nikodemus gewesen seien, und wieder ein anderer, dass sie geschlafen hätten, als es geschah. Pilatus lässt die Soldaten gefangen nehmen und untersucht das Ereignis selbst. Er begibt sich mit den Priestern und dem Centurio zum Grab. Er erblickt das Gewand, mit dem Jesus bei der Grablegung gekleidet war und stellt logisch fest, dass ein Dieb dies auch mitgenommen hätte. Die anderen erwidern, diese Kleid gehöre einem anderen als Jesus. Pilatus erinnert sich, dass Jesus gesagt hatte: »Große Wunder werden in meinem Grab geschehen.« Er geht in die Grabhöhle hinein und weint über dem Sterbegewand. Dann geschieht ein Wunder: der einäugige Centurio wird durch die Wunderkraft des Sterbekleides geheilt. Josef und Nikodemus werden herbeigerufen und finden sich ein. Die Juden verweisen auf einen Brunnen, in dem Jesu Leichnam versteckt sein soll. Alle, auch der Verfasser des Textes, Gamaliel, begeben sich dorthin. Tatsächlich finden sie einen Toten, doch Josef und Nikodemus bezeugen, dass es sich bei dem aufgefundenen Gewand tatsächlich um Jesu Sterbekleid handele, dass aber die Leiche im Brunnen die sterblichen Überreste jenes Diebes seien, der gleichzeitig mit Jesus gekreuzigt worden war. Die Juden werden wütend und wollen Josef und Nikodemus in den Brunnen werfen, aber Pilatus hindert sie. Er erinnert an die Worte Jesu: »Die Toten werden auferstehen aus meinem Grab.« Darum gibt er den Befehl, den Leichnam aus dem Brunnen zu bergen und in Jesu Grab zu legen, vor den Juden argumentierend, dass, wenn es sich wirklich um Jesus handele, er an den rechten Ort gebracht werden müsse. Als der Leichnam in Jesu Grab liegt, aufersteht tatsächlich der Dieb und berichtet die Wahrheit. Die Juden fliehen entsetzt. Nachdem Pilatus mit dem Dieb gesprochen hat, kehrt er nach Jerusalem zurück und lässt den Palast der Hohenpriester zerstören.

In einem Zusatz zu dieser Erzählung schreibt Pilatus darauf an König Herodes. Das hätte er nicht tun sollen. Herodes und die Juden gehen zum Angriff gegen den christlichen Glauben über, indem sie die Zeugen aus dem Weg räumen – der Centurio und der wiederauferstandene Dieb werden ermordet. Deren Seelen treten sogleich auf einer Wolke die Himmelfahrt an, doch zuerst verweilen sie zu Hause bei Pilatus und berichten von ihrem Schicksal. Auch Pilatus, so prophezeien sie, würde der Auferstehung Christi wegen in Rom sterben. Seine Seele und die seiner Frau würden danach auffahren in das himmlische Jerusalem. Der Gedanke, Jesu wegen zum Märtyrer zu werden, soll Pontius Pilatus auf höchste erfreut haben![233]

In einigen koptischen und äthiopischen Textfragmenten tritt Pilatus als Förderer Jesu schon vor der Kreuzigung auf. In einer Erzählung zeigen Kaiser Tiberius und Pontius Pilatus sich davon überzeugt, dass Jesus zum König erhöht werden sollte, wogegen Jesus selbst protestiert, denn sein Reich ist nicht von dieser Welt. Herodes, der ja schon König ist, protestiert ebenfalls gegen die römischen Pläne und schimpft Pilatus einen »Ausländer« und »Ägypter«.[234] Die Anklage, er sei ein Ägypter gewesen, taucht auch in anderen Texten derselben Überlieferungsgruppe auf, vermutlich eine Folge davon, dass sie im Niltal geschrieben wurden, dem Heimatland der koptischen Kirche.[235] Derjenige, der die Legende von dem ägyptischen Pilatus rezitieren hörte, dürfte seine ethnische Zugehörigkeit jedoch kaum negativ aufgefasst haben. Im Gegenteil: Sie lässt Pilatus als guten Menschen erscheinen, in gewisser Weise als den ersten aller koptischen Christen.

In einem anderen Text, in der Überlieferung eng an das erwähnte Gamalielevangelium geknüpft, lässt der Verfasser die Juden den sympathischen Pilatus überlisten, der wie seine Frau »Christus liebte wie sich selbst«. Aus dem Text geht hervor, dass der Beschluss, Jesus geißeln zu lassen, ein Versuch vonseiten Pilatus' gewesen sei, den Zorn der Juden zu besänftigen und sie zu bewegen, nicht mehr den Tod Jesu zu wünschen. Die Führer der Juden hatten nämlich versprochen – lügnerisch, natürlich – Jesus freizulassen, wenn er gegeißelt werde, und Pilatus glaubte ihnen. Als die Kreuzigung dann doch Wirklichkeit wurde, war es Herodes, der dies gefordert hatte, es war nicht der Wille Pilatus', was dieser ganz deutlich machte. Vor einem seiner Befehlshaber grübelte er laut darüber nach, was er denn als

Buße tun könne, dafür, dass er den Sohn Gottes getötet hatte, und er schimpfte auf die jüdischen Hohenpriester. Möge das Blut Jesu über Herodes und über sie kommen! Am Ende konnten Pilatus und die anderen Römer sich nicht länger zurückhalten, sondern warfen sich schlagend und prügelnd auf Kajaphas, der dann ins Gefängnis geworfen wurde. Den Leichnam Christi übergab Pilatus Josef von Arimathäa und Nikodemus in der frommen Hoffnung, Jesus würde bald von den Toten auferstehen. Vier Soldaten – zwei des Herodes und zwei des Pilatus – wurden auf Wunsch der Juden abgeordnet, das Grab zu bewachen.[236]

Im weiteren Verlauf der Erzählung träumt Pilatus in derselben Nacht, in der sich die Auferstehung ereignet, von Jesus. Ein strahlendes Licht stand im Traum neben Pilatus und sprach zu ihm: Er solle nicht traurig darüber sein, Jesus gegeißelt zu haben, sondern sich stattdessen zum Christentum bekehren und damit die Vergebung seiner Sünden erfahren. Jesus berichtete Pilatus auch, auferstanden zu sein und dass es das Licht der Auferstehung sei, dass um ihn strahlt. Nun eilt Pilatus zum Grab und gibt Zeugnis von dem Wunder, das geschehen ist![237]

Die Erzählung, die am deutlichsten den Heiligenstatus Pontius Pilatus' markiert, wird *Martyrium des Pilatus* genannt, auch sie soll von dem bereits genannten Gamaliel verfasst worden sein. Die Schrift ist in zwei äthiopischen Predigten erhalten und geht vermutlich auf eine koptische Arbeit aus dem 5. oder 6. Jahrhundert zurück.

Die Handlung im *Martyrium des Pilatus* lässt sich folgendermaßen zusammenfassen: Nach dem Tod und dem Begräbnis Jesu wird Pontius Pilatus bald gewahr, dass Wunder an dem heiligen Grab geschehen, wohin er mit seiner Frau Procula (äthiopisch Abroqla) gegangen war, um zu beten. Froh darüber, dass Jesus auferstanden ist, geht Pilatus heim und feiert das Ereignis, indem er ein Festmahl für die Armen zubereiten lässt. Sein Frau ist noch froher und begibt sich ein weiteres Mal zum Grab, um zu beten.

Als die Juden dies erfahren, gehen sie zu Barabbas und überreden ihn, sich in einen Hinterhalt zu legen, um Procula, Pilatus und deren Kinder aus dem Weg zu räumen, wenn sie das nächste Mal zum Grab gehen (wohl um Barabbas allgemeine Schurkenhaftigkeit noch weiter zu unzerstreichen, erwähnt das äthiopische Manuskript, er sei der Bruder von Judas' Frau gewesen). Gamaliel jedoch erzählt Josef von Arimathäa und Nikodemus von dem Plan, die ihn wiederum Pontius Pilatus aufdecken. Dieser sammelt einen Trupp Soldaten. Procula geht dann mitten in der Nacht mit ihren Dienerinnen zum Grab Jesu. Dort angekommen, betet sie und benetzt das Grab und das daneben aufgestellte Kreuz Jesu mit Öl und Parfüm. Dann schlagen Barabbas und seine Männer zu, doch Pilatus führt einen Gegenangriff, besiegt schließlich die Juden und nimmt Barabbas gefangen. Er verurteilt diesen zum Kreuzestod als Rache für Jesu unschuldiges Blut, das zu Unrecht vergossen worden war. Die Hinrichtung erfolgte am vierten Tag nach der Auferstehung Jesu.

Barabbas' Tod macht Pilatus bei den Juden noch unbeliebter, als er es zuvor bereits gewesen war. Sie schlagen in aller Heimlichkeit zurück in einer Konspiration, in die auch König Herodes involviert ist. Dieser schreibt einen Brief an Kaiser Tiberius, in dem er ebenso grobe wie falsche Anschuldigungen gegen Pilatus, Josef von Arimathäa und Nikodemus erhebt, die nach Meinung des Absenders hingerichtet werden sollten. Pilatus hat inzwischen selbst einen Brief an den Kaiser geschrieben und darin die Schuld am Tod Jesu den Juden zugewiesen. Nachdem Tiberius beide Briefe gelesen hat, wird er wütend über das Handeln der Juden und sendet einen bevollmächtigten Botschafter namens Patronius (oder Petronius) nach Palästina. Er hat den Auftrag, Pilatus nach Rom zu bringen, damit er dort von den Wundern berichten kann, die am Grab Jesu geschehen sein sollen.

Die jüdische Konspiration geht nun in die nächste Phase. Herodes begibt sich nach Jerusalem, um dort Pilatus' Hinrichtung zu erwirken. Pilatus, der fürchtet, geköpft zu werden, bittet in dieser Lage Procula, mit den Kindern die Stadt zu verlassen und ihn nach seinem Tod in der Nähe des Grabes Jesu zu bestatten, damit er der göttlichen Gnade teilhaftig werde. Doch Procula weigert sich, ihren Gatten zu verlassen. Sie will nicht von ihm getrennt werden, sondern sein Schicksal teilen. Als Pilatus dies hört, ist er erfreut, doch schon im nächsten Augenblick wird er von Soldaten ergriffen, die ihn vor das Tribunal Herodes' und Patronius' führen.

Vor seine Richter gestellt, wird Pilatus gefragt, ob er Jesus aus eigenem Entschluss töten ließ, warum er den Kaiser in dieser Angelegenheit nicht konsultierte. Pilatus antwortet nicht auf die Fragen, erklärt aber, er sei bereit im heiligen Namen Jesu zu sterben. Er fügt hinzu, wenn er Jesu wegen den Tod erleide, gewinne er das ewige Leben. Das Tribunal lässt darauf Pilatus entkleiden und auspeitschen, dann wird er gefesselt ins Gefängnis geworfen. Procula, die ihren Mann während der Folter ermunterte, indem sie geistvoll von der bevorstehenden Märtyrerschaft sprach, wird in dasselbe Verlies gesperrt. Während Pilatus grausam gequält wird, schreien die Juden höhnisch und erinnern ihn daran, dass er Unrecht getan habe gegen Barabbas und dass er dasselbe Schicksal wie Jesus erleiden werde. Pilatus antwortet, dass es so sein möge – »Amen – mein Leben soll mit ihm sein in Ewigkeit«. Die Juden bemühen sich, von Patronius das Todesurteil für das gefangene Paar zu erwirken – »Lasst sie uns heute kreuzigen!«. Sie versuchen mit allen Mitteln – von Bestechung bis zu einer ganzen Serie falscher Anklagen – den Botschafter zu überzeugen.

Während Pilatus und Procula im Gefängnis leiden, wohin man auch Josef von Arimathäa und Nikodemus gebracht hat, erhalten sie Besuch von Jesus, der sie von ihren Ketten befreit. Jesus sagt zu Pilatus, er werde mit der Dornenkrone gekrönt und wie er selbst gekreuzigt werden, dass aber die Feinde mit ihrem ersten Versuch scheitern würden. Danach werde man ihn vor Tiberius führen und er erlitte seine zweite, endgültige Kreuzigung.

Die Juden bestechen nun Patronius mit Silber für das Recht, Pilatus zu kreuzigen, und bald darauf ist die Hinrichtung auf Golgota in vollem Gang, noch dazu an Christi eigenem Kreuz und mit der Dornenkrone auf des Pilatus Haupt. Während der am Kreuz hängende Pilatus fromm zu Jesus betet und während die treue Procula seine Füße küsst, schreien die Juden: »Oh, Pilatus, Jünger Jesu, wenn dein Herr von den Toten auferstanden ist, steig herab von diesem Kreuz, auf dass wir glauben, dass er aus seinem Grab auferstanden ist!«

Dann geschieht ein Wunder. Die versammelte Menge wird plötzlich gewahr, wie zwei Kronen, eine für Pilatus und eine für Procula, als göttliche Belohnung für das christliche Paar vom Himmel niedersinken. Erschreckt von diesem Anblick, brechen sie die Kreuzigung sofort ab. Pilatus wird zurück ins Gefängnis gebracht. Hier offenbart sich ihm Jesus ein zweites Mal, vergibt ihm in einer mahnenden Rede alles und nennt ihn »meinen höchst geliebten Märtyrer«. Jesus sagt auch, »du hast mich nicht aus eigenem Entschluss verurteilt, sondern damit ich den Willen meines Vaters erfülle, der mich gesandt hat«.

Die Geschichte wechselt nun den Blickwinkel in Richtung des Kaisers Tiberius. Dieser, von der Wahrheit Jesu Christi überzeugt, hat seinen toten Sohn nach Jerusalem bringen lassen, in der Hoffnung, er würde auferstehen, wenn man ihn in Jesu Grab legte. Dieses Szenario erfüllt die Juden mit solchem Schrecken, dass sie die Leiche des Kaisersohnes verstecken. Als Patronius nach dem Leichnam sucht, behaupten sie, Pilatus, Josef und Nikodemus seien an dieser Untat schuld. Noch beeindruckt von der Krone, die sich über Pilatus auf Golgota offenbarte, wagen sie es nicht, gegen ihn persönlich einzuschreiten, aber Josef und Nikodemus geraten in große Gefahr. Herodes will sie töten, aber Gott rettet sie durch das Eingreifen des Erzengels Gabriel. Als Strafe dafür, dass er bei dem Diebstahl des toten Kaisersohnes mitgewirkt und damit gegen Gott gearbeitet hatte, lässt der Herr einen Feuerstrahl vom Himmel fallen, der Herodes durchbohrt und ihn tötet.

Als der jüdische Widerstand solchermaßen bezwungen ist, lässt Patronius Pilatus, Josef und Nikodemus aus dem Gefängnis frei. Sie legen den wieder aufgefundenen Leichnam des Kaisersohnes in das Grab Jesu, wo der Tote vier Nächte ruht und dann aufersteht. Große Freude bricht aus; Pilatus, Josef und Nikodemus preisen jubelnd die Allmacht Jesu Christi. Patronius wird von großer Reue ergriffen über das Leid, das er zuvor Pilatus und Procula angetan hatte, und der Sohn des Kaisers schreibt einen Brief an seinen Vater, in dem er bezeugt, wie er von Jesus auferweckt worden ist. Tiberius staunt, als er den Brief liest, und erst, als er seinen Sohn wirklich lebend wiedersieht, wagt er zu glauben, dass die Nachricht wahr ist.

Tiberius schickt nach Pilatus, auf dass dieser ihm mehr von Jesus berichtet. Der Sohn hatte ihn ja während seiner Wirksamkeit auf Erden nicht gesehen, Pilatus hinhegen schon. Zurück in der kaiserlichen Hauptstadt, wird der ehemalige Gouverneur einem eingehenden Verhör ausgesetzt. Er spricht sich frei von der Verantwortung, Jesus getötet zu haben und verweist entschieden auf Herodes, Kajaphas und Hannas, die die Kreuzigung betrieben hätten, nicht er selbst. Dann fragt Tiberius Pilatus nach Jesus – Was für eine Persönlichkeit sei er eigentlich gewesen? Pilatus antwortet so gut es geht, aber er kannte Jesus ja nur ein paar Tage und gibt darum nur eine vage, aber imponierende Beschreibung des Erlösers. Tiberius bewegt ihn auch, von Proculas Traum vor dem Todesurteil zu erzählen, von der jungfräulichen Empfängnis und von Jesu Lebensalter (laut Pilatus 33 Jahre). Tiberius wirft seinem Gouverneur vor, Jesu Göttlichkeit nicht erkannt zu haben, dass er ihn kreuzigen ließ trotz aller Wunder und Mirakel, die er vollbracht hatte. Außerdem ist Tiberius sehr erregt darüber, dass Pilatus ihm nicht von der Sache berichtet, sondern die Kreuzigung eigenmächtig angeordnet hatte. Wenn Pilatus ihm nicht sagen könne, warum er den Kaiser nicht unterrichtete, würde Tiberius den Befehl geben, ihn abführen, kreuzigen und ihm danach den Kopf abschlagen zu lassen.

Pilatus bittet um einen kurzen Aufschub, um zu beten. Er fleht Jesus um die Vergebung seiner Sünden an; er betet auch für Procula und ihre Kinder. Danach bittet er seine Diener, seinen Leichnam nach Jerusalem zurückzubringen und in der Nähe des Grabes Jesu zu bestatten. Und so geschieht es auch. Pontius Pilatus wird gekreuzigt, enthauptet und nicht weit vom heiligen Grab entfernt zur letzten Ruhe gebettet. Procula und ihre zwei Kinder, die zur selben Zeit sterben, werden im selben Grab beigesetzt.[238]

Das *Martyrium des Pilatus* und die genannten, mit Gamaliel verknüpften Texte sind in der erhaltenen koptisch-äthiopischen Schrifttradition sicherlich die ausführlichsten Schilderungen des Richters Jesu, aber nicht die einzigen. In ihrer fesselnden populärwissenschaftlichen Biografie von Pontius Pilatus zeigt sich Ann Wroe (1999) besonders fasziniert von einem koptischen Text aus einem äthiopischen Manuskript, das im 19. Jahrhundert in England bekannt wurde. Der Text enthält die Bitte um Vergebung, vom Präfekten selbst am Grab Jesu ausgesprochen. Pontius Pilatus bekennt seinen Glauben an die Auferstehung, die Lehre und die Wunder Jesu, nicht zuletzt seinen Glauben daran, dass Jesus viele Tote auferweckt habe. Er sagt auch, dass er glaube, Jesus werde ihn nicht verurteilen.

Ursprünglich war das Gebet in eine nur teilweise bekannte Geschichte darüber eingebettet, wie die Juden und Pilatus nach dem Begräbnis Jesu miteinander stritten. Die Juden hielten es nicht für angemessen, dass ein hoher römischer Beamter sich auf solche Weise, wie Pilatus es tat, am Grab Jesu benahm. Sie meinten, der Leichnam im Grab sei nicht einmal Christus, also warum dorthin gehen? Pilatus quälte jedoch sein schlechtes Gewissen über das ungerechtfertigte Todesurteil, das er verkündet hatte, und deshalb bat er um die Auferstehung. Als er seine Hand nach dem Grab ausstreckte, hörte er von drinnen eine Stimme, die Stimme aus dem Munde eines Toten: »Roll den Stein beiseite, mein Herr Pilatus, sodass ich hinauskommen kann mit der Macht meines Herrn Jesu Christi.« Offenbar ereignete sich ein Wunder – doch leider fehlt eine zentrale Textpassage –, aber das Ganze endet damit, dass Pilatus in Freude ausbricht. Er selbst ist dabei, eine Auferstehung mit hervorzurufen, und die Leinengewänder, die er nun noch im Grab liegen sieht, sind von der Süße Christi durchdrungen. Die Juden erklären, diese Süße komme davon, dass Josef [von Arimathäa] vor der Grablegung den Leichnam mit Kräutern, Räucherwerk, Myrrhe und

Aloe behandelt habe, weshalb dieser Duft nicht bemerkenswert sei. Pilatus überzeugt das nicht. Die gesamte Grabkammer war ja angefüllt von diesem Wohlgeruch! Die verstockten Juden erwidern, dass es der Duft des Gartens sei, der in das Grab hineinwehe.[239]

In der äthiopischen Kirche werden Pilatus und seine Gemahlin Abroqla als Heilige am 25. Juni gefeiert. Die griechisch-orthodoxe Kirche feiert zwar nicht den Präfekten selbst, aber dafür seine Frau, und zwar am 27. Oktober.[240]

Im äthiopischen Kalender lesen wir folgenden einfachen Vers über den judäischen Präfekten, dazu bestimmt, am Tag des Heiligen rezitiert zu werden:

»Sei gegrüßt, Pilatus, der seine Hände wusch, um zu zeigen, dass er selbst rein sei vom Blut Christi, und sei gegrüßt Abroqla, seine Frau, die ihm die Botschaft sandte: Tue nichts Böses gegen diesen Mann, denn er ist rein und gerecht.«[241]

Im Westen siegt der Selbstmörder

Der Gegensatz zum Einzug als Heiliger in den Himmel ist die Verstoßung in die Hölle der Verdammten, jener Stätte der Pein, in der Selbstmörder und andere große Sünder nach christlicher Tradition bis in alle Ewigkeit verweilen müssen. Der Kirchenvater Eusebius behauptete, wie bereits erwähnt, dass Pontius Pilatus sich dieser Sünde äußerster Verzweiflung schuldig gemacht habe, desselben Verbrechens, das die Erlösung Judas Iskariots unmöglich machte. Nun sehen wir uns dem merkwürdigen Fall gegenüber, dass Pilatus in der christlichen Tradition Afrikas ein heiliger Märtyrer wurde und gleichzeitig im christlichen Westeuropa das genaue Gegenteil Gestalt gewann: Pilatus wird zum Selbstmörder.

Laut Eusebius fungierte Kaiser Caligula als Instrument Gottes, Pilatus zu bestrafen. Der ehemalige Präfekt von Judäa fiel in Ungnade und sah keinen anderen Ausweg, als sich das Leben zu nehmen. Die Tat soll sich einige Jahre nach seiner Rückkehr nach Rom im Jahre 39 oder 40 ereignet haben.[242] Ein anderer einflussreicher spätantiker Schriftsteller des lateinischen Sprachraumes, Orosius (gest. nach 418), wiederholt in seinem Werk

»Sieben Bücher der Geschichte gegen die Heiden« (*Historiarum adversum paganos libri VII*) Eusebius' Behauptung, nämlich dass Pilatus sich das Leben nahm, als er unter Caligula in Ungnade gefallen war.[243]

Quellenkritisch betrachtet, ist die Geschichte unhaltbar. Nichts deutet darauf hin, dass Pontius Pilatus sich wirklich das Leben nahm. Die Aussage kommt überdies sehr spät vor in einer Quelle, deren Angaben nicht kontrolliert werden können. Irgendeiner der Schriftsteller aus den vorangegangenen drei Jahrhunderten, die von Pontius Pilatus erzählen, hätte den Selbstmord, wenn er sich ereignet hätte, vernünftigerweise erwähnt. Nicht einmal als der Selbstmord als Diskussionsargument von Nutzen gewesen wäre, hat man auf ihn zurückgegriffen. Wer diese Geschichte sehr wohl hätte benutzen können, war der Kirchenvater Origenes. Er greift in einer seiner Schriften den schon erwähnten Celsus an, einen Nicht-Christen, der die Göttlichkeit Jesu unter anderem mit dem Hinweis verneint, Pilatus sei wegen dessen Kreuzigung nicht mit dem Tod bestraft worden. Hier hätte die Selbstmordtheorie ausgezeichnet als Waffe im verbalen Kampf für die Lehre Christi fungieren können, doch Origenes scheint sie nicht gekannt zu haben. Warum? Weil sie noch nicht erfunden war.[244]

Eusebius ist kaum verantwortlich für die Erfindung dieser Erzählung – diese zweifelhafte Ehre fällt einem oder mehreren anonymen Erzählern aus der zweiten Hälfte des 3. oder vom Beginn des 4. Jahrhunderts zu –, doch erst seit seiner Notiz tauchte sie immer häufiger in christlichen Schriften auf. Ein Selbstmord ist spannend, wir sahen dies bereits an der Geschichte Judas Iskariots. Ein Selbstmord bewegt die Menschen zu reagieren. Als narratives Element und um Zuhörer und Leser erschaudern zu lassen, ist er schwerlich zu übertreffen, besonders wenn die Menschen glauben, er ziehe die Verdammung nach sich. Dass der Richter Jesu, der Mann, der die äußerste Verantwortung für den Tod des Gottessohnes trägt, später so verzweifelt ist, dass er sich das Leben nimmt und in Satans üblen Gefilden landet – das war ganz einfach eine viel zu gute Geschichte, um nicht von Kirche zu Kirche verbreitet zu werden und zu vielerlei mittelalterlichem Erzählen zu inspirieren.

In Gregor von Tours' Chronik des 6. Jahrhunderts, *Decem Libri Historiarum*, wird erzählt, Pilatus habe einen Bericht über Jesus an Kaiser Tiberius gesandt, der wiederum den Senat über die Wunder Jesu informierte. Die Senatoren waren jedoch beleidigt, weil sie nicht von Pilatus selbst Kenntnis über diese Wunderwerke erhalten hatten, was den Grund für ihre Christentumsfeindlichkeit gelegt habe. Die Strafe dafür, dass Pilatus den Tod Jesu verfügt hat, bestand nun darin, sich zu gegebener Zeit das Leben zu nehmen. »Viele«, so fügt Gregor von Tours hinzu, »meinten, er sei Manichäer gewesen.« Dass Pilatus dem Manichäismus angehört hätte, einer Religion, die sich erst zwei Jahrhunderte später entwickelte, ist jedoch Unsinn.[245]

Das Bild des Selbstmörders siegte jedoch nicht ohne Widerstand. Das überwiegend positive Bild Pontius Pilatus', das allmählich im östlichen Mittelmeerraum gewachsen war, hatte längst auch im Westen Fuß gefasst und spiegelte sich in einer Reihe schriftlich dokumentierter Traditionen wieder, vor allem erhalten auf griechisch. Im Übergang von der Antike zum Mittelalter war es aber noch eine offene Frage, welche der Traditionslinien triumphieren sollte.

Eine der positiven Pilatusüberlieferungen tritt uns in einer apokryphen Schrift mit dem Titel *Paradosis Pilati* entgegen. Hier wird Pilatus vor den Kaiser gerufen, der sehr zornig darüber ist, dass Pilatus einen so heiligen Mann wie Jesus töten ließ. Pilatus spricht sich von aller Schuld frei und verweist auf die Juden, die die treibende Kraft gewesen seien. Dieses Argument halte nicht Stand, sagt der Kaiser, der zu bedenken gibt, dass Pilatus Jesus schließlich hätte festhalten und nach Rom schicken können. Er hätte sich nicht dem Willen der Juden beugen dürfen. Als der Kaiser während des Verhörs den Namen »Christus« ausspricht, fallen alle Götterbilder im Raum zur Erde und zerbrechen, worüber alle Anwesenden in größte Verwunderung geraten.

Im nächsten Verhör bekennt Pilatus, er sei selbst von Jesu Größe überzeugt, habe sich aber gleichwohl gezwungen gefühlt, ihn töten zu lassen, denn die von den aufrührerischen Juden ausgehende Gefahr sei unmittelbar gewesen. Der Kaiser befiehlt daraufhin seinem führenden Mann im Osten, Licianus, die Juden, die in Jerusalem und den umliegenden Städten leben, brutal zu vertreiben. Licianus gehorcht. Pontius Pilatus wird verurteilt, von einem Offizier namens Albius enthauptet zu werden. Als der wahre Christ, der er war, bittet Pilatus Gott, ihm die Sünden zu vergeben und ihn und seine Frau Procla aufzunehmen. So geschieht es auch. Jesus selbst spricht zu Pilatus, er nennt ihn gesegnet und prophezeit, der Gouverneur werde als Zeuge auftreten, wenn Jesus auf die Erde zurückkehrt. Bevor Proclas Seele zum Himmel fährt, gelingt es ihr noch zu sehen, wie ein Engel den abgeschlagenen Kopf ihres Mannes in Empfang nimmt.[246]

In dieser Version, die der koptischen Überlieferung sehr nahe steht, stirbt Pilatus also auf eine von der Kirche akzeptierte Weise: Er wird von anderen getötet. Nicht nur das: Er stirbt einen guten christlichen Tod, keinen heidnischen Schurkentod. In anderen westeuropäischen Geschichten wird Pilatus jedoch getötet, ohne dass die christliche Ehrenrettung stattfinden kann. Ein gutes Beispiel dafür ist die Geschichte – wahrscheinlich aus dem frühen Mittelalter oder dem 11. Jahrhundert –, die an einen fiktiven Brief Kaiser Tiberius' an Pilatus geknüpft ist. Laut diesem Text sandte der Kaiser einen Mann namens Raab an der Spitze von zweitausend Soldaten aus, um Pilatus und die anderen, die Schuld am Tod Jesu trugen, zu ergreifen. In dem Brief klagt Tiberius seinen Präfekten an, er habe sich bestechen lassen und völligen Mangel an Barmherzigkeit gezeigt. Dass Tiberius so böse ist, beruht darauf, dass Maria Magdalena ihn aufgesucht (siehe oben S. 124) und von den vielen Wundern Jesu berichtet hatte, vor allem von seiner Heilkunst. Der Kaiser findet es unbegreiflich, dass Pilatus – wenn er schon Jesus nicht als Gott akzeptieren konnte – ihm nicht wenigstens die gebührende Achtung als Arzt erwiesen habe. Nun steht die gerechte Vergeltung bevor! Wir lesen weiter, dass Raab die fünf Hauptschuldigen arretierte: Pilatus, Archelaus, Philippus, Hannas und Kajaphas, die per Schiff nach Rom gebracht wurden. Dann töteten sie unzählige jüdische Männer und vergewaltigten deren Frauen. Auf dem Weg nach Rom starb Kajaphas auf Kreta, wo er unter einem Steinhügel begraben wurde, weil die Erde sich weigerte, seinen Körper in einem gewöhnlichen Grab aufzunehmen. Die anderen erreichten Rom, wo sie ein grausames Schicksal erwartete. Hannas wurde in eine Stierhaut eingenäht, die ihn, als sie sich beim Trocknen zusammenzog, zu Tode quetschte. Archelaus und Philippus wurden gekreuzigt. Weitere jüdische Führer wurden enthauptet. Pilatus wurde in ein Höhlenverließ gesperrt, damit er Tiberius nicht sehen konnte; das Gesetz sagte nämlich, dass ein zum Tode Verurteilter der Strafe entgehen kann, wenn er in das Gesicht des Kaisers blickte. Als Tiberius eines Tages auf der Jagd war, kam er dem Gefängnis des Pilatus gefährlich nahe, und der Verurteilte streckte seinen Kopf hervor, um den Kaiser anzusehen. Bevor dies jedoch geschehen konnte, war der Pfeil des Kaisers bereits durch das Fenster des Gefängnisses gedrungen und hatte Pilatus getötet.[247] Dies erscheint als eine ein wenig umständliche Art, den Richter Jesu literarisch sterben zu lassen, und nichts deutet darauf hin, dass solche Erzählungen in der allgemeinen mittelalterlichen Auffassung von Pilatus Schicksal dominiert hätten. Das mittelalterliche Abendland scheint gemeinhin jene Versionen mehr geschätzt zu haben, in denen Pilatus einen Schritt weitergeht und sich selbst tötet, was als logische Weiterentwicklung des feigen Schurkenverhaltens, das der Gouverneur in der Passionsgeschichte zeigt, verstanden werden konnte.

Während des Mittelalters sind viele Varianten von Pilatus' Selbstmord und dessen Hintergrundgeschichte niedergeschrieben worden, die eine ausgeschmückter und unwahrscheinlicher als die andere. In einer der bekanntesten, *Mors Pilati* (»Der Tod des Pilatus«), finden wir auch einen fesselnden Epilog über die merkwürdigen Ortswechsel, denen Pilatus' nach dem Selbstmord verdammter Leichnam ausgesetzt war, weil er böse Geister angelockt hatte.[248] Wie man solchermaßen ein entsetzliches Ende für den Richter Jesu erschuf, so sah man sich auch genötigt, einen angemessenen Anfang seiner Geschichte zu schreiben. Ebenso wie Judas Iskariot und Maria Magdalena erhielt auch Pontius Pilatus eine Vorgeschichte.

Die bekannteste Weiterentwicklung der Geschichte über Pilatus' böses Schicksal begegnet uns in Jacobus de Voragines *Legenda aurea*. Danach soll Pilatus das uneheliche Kind eines Königs namens Tyrus gewesen sein. Dieser hatte die Müllerstochter Pyla verführt, die neun Monate später einen Knaben gebar. Pyla gab dem Kind den Namen Pylatus oder Pilatus, eine Zusammensetzung ihres eigenen Namens mit dem des Vaters, Atus. Als der Junge drei Jahre alt war, sandte Pyla ihn an Tyrus' Hof, wo er zusammen mit Tyrus' ehelichem Sohn aufwuchs, der gleichaltrig war. Die beiden Jungen wetteiferten oft im Ringen, Speerwerfen und Boxen, doch Pilatus verlor regelmäßig. Dies machte ihn immer zorniger. Schließlich ermordete er seinen Halbbruder. Viele Große des Reiches forderten seine Hinrichtung. Doch der König weigerte sich, seinen Sohn zu töten und löste das Problem, indem er ihn als Geisel für den jährlichen Tribut, den er abzuliefern gezwungen war, nach Rom schickte.

In Rom traf Pilatus den Sohn eines Königs aus Frankreich, der ebenfalls als Geisel für Tributverpflichtungen in die Hauptstadt des Imperiums geschickt worden war. Die Geschichte wiederholte sich. Die beiden jungen Männer wurden Kameraden, doch als klar wurde, dass der französische Prinz Pilatus in den meisten Dingen überlegen war, tötete Pilatus ihn. Von da an interessierten sich die Römer sehr für Pilatus, dessen brutaler Habitus ihnen zusagte – erlaubte man ihm zu leben, würde er ihnen vermutlich große Dienste leisten, vorausgesetzt, sein mörderisches Gebaren ließe sich gegen Roms Feinde kanalisieren. Nachdem sie die Sache besprochen hatten, schickten die Römer Pilatus zu der Insel Pontus, berüchtigt für ihre gewalttätigen Bewohner, die Roms Herrschaft nie akzeptiert hatten. Die Römer gaben Pilatus den Auftrag, die Inselbewohner zu maßregeln in der Hoffnung, er werde entweder der Erste sein, der sie unterwirft, oder aber selbst den Tod finden, den er verdiente.

Dies erwies sich als kluge Strategie. Pilatus war an den richtigen Platz gestellt worden. Weil er wusste, dass sein Leben an einem seidenen Faden hing, gab er sein Äußerstes, um Pontus zu zähmen. Er griff zu Drohungen, Versprechungen, Folter und Bestechung, um das Volk zu bändigen – und war schließlich auch erfolgreich. Danach war er bekannt als Pilatus von Pontus oder Pontius Pilatus.

Herodes hörte von dem bemerkenswerten Pilatus und war wie die Römer sehr beeindruckt. Pilatus erinnerte ihn ein wenig an sich selbst, und so sandte Herodes Geschenke und lud Pilatus ein in sein Reich. Pilatus wurde zu Herodes' Stellvertreter ernannt mit der Macht über Judäa und Jerusalem. Dies war jedoch ein Fehler. Der undankbare Pilatus sammelte große Reichtümer in Judäa an und reiste dann zu Kaiser Tiberius, den er bestach und überredete, Herodes in Judäa zu entmachten und die Befehlsgewalt ihm zu übertragen. Herodes hat dies natürlich erzürnt, und die beiden Männer waren von da an Feinde bis zum Prozess gegen Jesus. (Jacobus gibt noch einen anderen Grund für die Feindschaft an: Herodes soll es Pilatus übel genommen haben, dass er am Berg Garizim, der in Herodes' Reich lag, militärisch interveniert hatte.)

Nach dem Tod Jesu sandte Pilatus Botschafter zu Kaiser Tiberius, um dessen möglichen Zorn darüber zu mildern, dass er einen Unschuldigen hatte hinrichten lassen. Gleichzeitig eilte jedoch ein Kurier namens Volusanius vom Kaiser zu Pilatus mit einer Nachricht, die offenbar nichts Gutes für Judäas Herrscher bedeutete. Tiberius war nämlich ernsthaft krank, hatte aber von einem merkwürdigen Gesundbeter in Jerusalem gehört, der es vermochte, allein durch sein Wort Kranke zu heilen. Pilatus sollte augenblicklich diesen Wundertäter zum Kaiser schicken! Als Volusianus dies zu Pilatus gesagt hatte, bekam er große Angst und bat um Aufschub.

Während Volusianus wartete, was Pilatus denn nun tun würde, ging er in Jerusalem umher. Hier begegnete er Veronika, einer Frau, die zum Kreis Jesu gehörte. Er fragte sie, wo sich Jesus aufhalte, worauf sie erzählte, dass Pilatus ihn habe kreuzigen lassen. Volusianus bekümmerte dies sehr, denn nun konnte er nicht ausrichten, worum Tiberius ihn gebeten hatte. Veronika tröstete ihn damit, dass Jesus einmal sein Antlitz mit einem Leinentuch trocknete und sein Abbild noch immer auf dem Tuch sichtbar sei. Wenn Tiberius diese Tuch fromm anschaue, würde er gesunden!

Nachdem er vergeblich versucht hatte, dieses Tuch zu kaufen, fuhr Volusanius mit Veronika – die das Tuch besaß – im Gefolge zurück nach Rom. Er berichtete dem Kaiser, wie Pilatus und die Juden Jesus aus Neid töten ließen. Danach wurde Veronika mit dem Leinentuch vor den Kaiser geführt, der augenblicklich geheilt wurde. Wieder bei guter Gesundheit beschloss Tiberius, Pilatus zu bestrafen. Dieser wurde umgehend arretiert und über das Meer nach Rom gebracht. Als er gerufen wurde, um vor den wütenden Kaiser zu treten, kleidete sich Pilatus mit der Tunika Jesu, was einen erstaunlich beruhigenden Effekt hatte: Tiberius vermochte nicht, ein einziges böses Wort zu ihm zu sagen. Nachdem Pilatus den Saal verlassen hatte, wurde der Kaiser so zornig wie zuvor. Die Prozedur wurde wiederholt: Tiberius konnte den in das Gewand Jesu gekleideten Pilatus nicht mit harten Worten angehen. Erst als er Pilatus die Tunika ausziehen ließ, konnte der Kaiser nahezu rasend werden. Dies verwirrte ihn sehr, bis er hörte, um wessen Tunika es sich handelte.

Pilatus wurde nun ins Gefängnis geworfen und blieb dort, bis Tiberius und seine Ratgeber beschlossen hatten, wie er getötet werden sollte. Eine besonders beschämende Hinrichtung wurde bestimmt, doch als Pilatus dies hörte, beging er mit seinem Messer Selbstmord.

Die Geschichte ist hier noch nicht zu Ende. Wie der Verfasser des *Mors Pilati* erzählt Jacobus de Voragine, dass die Römer den Leichnam aus dem Verließ holten und mit einem schweren Stein versehen in den Tiber warfen. Böse Geister jedoch stürzten sich auf die Leiche und spielten mit ihr – warfen sie hoch in die Luft und zogen sie im Kreis durchs Wasser –, so dass die Naturkräfte sich davon beeinflussen ließen. Gewitter grollten über Rom, der Sturm heulte um Straßen und Häuser. Blitz und Hagel schlugen ein; in der Stadt brach Panik aus. Die Römer steckten ihre klugen Köpfe zusammen und beschlossen, sich der Leiche auf eine vernünftige Weise zu entledigen. Pontius Pilatus' Körper wurde aus dem Tiber gezogen und bis in die Stadt Vienne an der Rhone gebracht, wo man sie erneut ins Wasser warf. Warum? Nun, der Ortsname Vienne (lat. *Vigenna*) kann abgeleitet werden aus *Via Gehennae*, Weg zur Hölle. Weil der Ort aus etymologischen Gründen bereits als gründlich verdammt anzusehen war, sollte Pilatus hier an einem adäquaten und für die Umwelt sicheren Ort angekommen sein.

Die Römer waren nun das Elend los, doch sie hatten das arme Vienne falsch eingeschätzt. Die Einwohner der Stadt waren jetzt von schlechtem Wetter und wiederkehrenden Angriffen böser Geister betroffen. Dem römischen Beispiel folgend, zogen die Bürger der Stadt Pontius Pilatus aus der Rhone und brachten den verdammten Leichnam in eine andere Stadt, nach Lausanne in der heutigen Schweiz. Die Geschichte wiederholte sich. Die Menschen in Lausanne überführten die sterblichen Überreste des Pilatus zu einer Höhle hoch oben in den Alpen, in die sie den Toten hineinwarfen. Nach dem, was man behauptet, wüten noch heute Dämonen dort oben in den Bergen …

Jacobus de Voragine bekennt, dass er nicht ganz sicher sei, ob diese Geschichte mit der Wahrheit übereinstimmt. Der Leser möge selbst entscheiden, fügt er hinzu. Dann sagt er noch, es gebe eine alternative Version des Schicksals Pilatus'. Dieser zufolge sollen die Juden eine Menge Anklagen gegen ihn erhoben haben, unter anderem, dass er Götterbilder im Tempel aufgestellt und allgemeine Mittel zum Bau einer privaten Wasserleitung in sein Haus konfisziert habe. Aus diesen Gründen sei er in seine Geburtsstadt Lyon deportiert worden, wo er später gestorben sei, verachtet von seinem eigenen Volk. Vielleicht, so überlegt Jacobus, widersprechen sich beide Geschichten nicht völlig. Tiberius könne ja Pilatus nach Lyon ins Exil geschickt haben, bevor Volusanius aus Jerusalem zurück in Rom war. Als er vom Tod Jesu gehört hatte, könne Tiberius Pilatus von Lyon nach Rom beordert haben, worauf das Verhör und der Selbstmord folgten.[249]

Bei der Entstehung des *Fornsvenska legendariet* ist Jacobus de Voragines Geschichte ins Schwedische übersetzt worden. In dieser schwedischen Version, die eher als eine Zusammenfassung des ausführlicheren Originals zu bezeichnen ist, stammt Pilatus aus Deutschland (»thydisco lande«), eine Auffassung, die in großen Teilen Nordeuropas verbreitet war.[250] Dass viele andere Europäer es vorzogen, Lyon als den Heimatort Pilatus' aufzufassen, ist indessen einen besonderen Kommentar wert. Man muss dazu wissen, dass ein Teil des südlichen Gallien, wo Lyon und Vienne lagen, im ersten Jahrhundert n. Chr. faktisch eine direkte Anknüpfung an Palästina besaßen. Aus unerfindlichen Gründen entschieden sich die Römer, jüdische Führer, die in Ungnade gefallen waren, gerade in diesen Teil des Imperiums zu schicken, um dort den Rest ihres Lebens im Exil zu verbringen. Herodes Antipas landete solchermaßen in Lyon, nachdem er sein Königtum verloren hatte. Ein anderer König derselben Familie, Archelaus, wurde nach

Vienne geschickt, dieselbe Stadt, die der *Legenda aurea* nach gezwungen war, Pilatus Leiche aufzunehmen, nachdem man sie aus dem Tiber gefischt hatte.

Ob dieses Zusammentreffen ein Zufall ist oder ob Herodes' und Archelaus' Schicksal die Legende von Pontius Pilatus' posthumer Fahrt nach Vienne und Lausanne beeinflusst haben, mag ungeklärt bleiben. Die Antwort auf die Frage, warum gerade diese Region mit Pilatus' Ungemach verbunden wird, ist im Quellendunkel des frühen Mittelalters verborgen und wird wohl nie erhellt werden. Es gibt auch Geschichten, die lassen einen noch lebenden, aber gefangenen Pilatus vom Kaiser in eben dieses Gebiet ins Exil schicken und dort auf alle möglichen Arten quälen. So wird er unter anderen tief in einen Brunnen versenkt, wo er seine Untat bitter bereut. In einer anderen Legende sperrt Tiberius Pilatus in ein Gefängnis in Rom, in dem er verhungert. Darauf lässt ihn der Kaiser an einem Ort in Burgund begraben, doch wird die Beisetzung hier schon bald vergessen. Die Region wird aber dauernd von Hungersnöten geplagt, bis der Bischof durch einen Zufall während einer religiösen Prozession Pilatus' Grab entdeckt. Dort findet sich eine Grabinschrift, die erklärt, dass die Gegend verflucht sei wegen des Mannes, der in diesem Grab ruht. Das Volk gräbt den Toten nun natürlich aus und begräbt in an einem anderen Platz, auf den somit auch die Verdammung übertragen wird. Dieser Vorgang wiederholt sich in einer unglücklichen Landschaft nach der anderen.[251]

Neben diesen Geschichten über Pilatus' besonderes Schicksal, nachdem ihn das Urteil Tiberius' getroffen hatte, entwickelte sich eine reiche volkstümliche Legendenbildung. In Vienne haben die Einwohner sich Pilatus von Herzen angenommen und ihn in eine Reihe lokaler Geschichten eingefügt. Laut einiger dieser Überlieferungen wurde er nach Vienne gebracht und dort auf Befehl des Kaisers getötet. Oder er wurde in einen Turm an einer Brücke über die Rhone geworfen, worauf der Turm einstürzte und im Fluss unterging. Die Bewohner Viennes haben mitunter auch auf Bauwerke hingewiesen, die zu Pilatus' Leben und Tod in Verbindung gestanden haben sollen.[252]

In vielen mittelalterlichen Geschichten, von denen die meisten nur in mündlicher Tradition erhalten sind, taucht Pilatus als ein düsteres Wesen auf, vor allem verbunden mit Bergen, Gewässern, schlechtem Wetter und Naturkatastrophen. Es gibt Erzählungen darüber, wie man versuchte, sich des verdammten Leichnams Pilatus' zu entledigen, bevor man auf den

Gedanken kam, ihn vom Tiber zur Rhone zu bringen. Danach hat man ihn in den Krater des Vesuvs geworfen – ein verrückter Einfall, der jenen gefährlichen Vulkanausbruch zur Folge hatte, der Pompeji und Herculaneum zerstörte. Manchmal lassen die Erzähler Pilatus auf seinem Weg Selbstmord begehen, zum Beispiel indem er sich ertränkt, aber es ist nicht ungewöhnlich, dass man das Selbstmordgerücht ignoriert und lieber glaubt, Pilatus' sei zu ewiger Wanderung durch die Welt verurteilt gewesen. In diesem Fall deutete man ihn als einen von Gott verfluchten Mann, der niemals Frieden finden würde, etwa so wie in den Geschichten über Ahasverus, den wandernden Juden. Übrigens kommt dieses mythische Individuum in einigen Pilatusgeschichten vor: Laut einer Legende soll es der wandernde Jude gewesen sein, der Pilatus' Leichnam bei Lausanne aus dem Wasser gezogen und schließlich in einem Alpensee versenkt habe.

Vor allem in den Alpenländern hat man eifrig Landschaften, Seen, Hütten, Häuser und Ruinen ausgesucht, in welchen der unglückliche, ewig wandernde Pilatus gelebt haben oder gar noch immer verweilen soll. Es ist beinahe so, dass Pilatus regelmäßig zur Sprache kommt, wenn es um einen See oder ein anderes Gewässer geht, das besonders gefährlich ist, was bedeuten soll, dass es von übernatürlichen Wesen heimgesucht wird. Beispiel einer solchen Legendenbildung ist die aus dem frühen 20. Jahrhundert bekannte Geschichte vom Pilatusberg – so benannt seit dem 14. Jahrhundert – und dem kleinen Pilatussee nahe Luzern. Es heißt, der Richter Jesu zeige sich hier jeden Freitag mit einem Notizbuch in Händen, um die Namen aller Besucher der Region aufzuzeichnen und die Liste dann dem Teufel zu übergeben. Laut alten schweizerischen Schäfergeschichten könne man Pilatus jeden Karfreitag auf einem Thron mitten im See sitzen sehen, gekleidet in das Gewand eines Richters, unablässig die Hände waschend … Die Hirten behaupteten, dass der, der das Unglück habe, ihn zu erblicken, stürbe, noch bevor das Jahr ende.[253]

Vom unaufdringlichen Richter zum spätmittelalterlichen Gecken

Heiliger in Äthiopien, verfluchter Selbstmörder in Westeuropa. Die innere Dynamik der Erzählungen führte Pontius Pilatus auf merkwürdige, widersprüchliche Pfade. Seine Funktionen wurden hervorgehoben, ausgeweitet, ausgeschmückt und verändert. Auch der übergeordnete Zusammenhang, in dem man Pilatus betrachtete und literarisch analysierte, wurde im Lauf der Jahrhunderte verwandelt. In der Antike und dem frühen Mittelalter haben die meisten Verfasser, sowohl im koptischen Raum als auch im katholischen Westeuropa, sich treu an Pontius Pilatus' tatsächliche Rolle als Richter Jesu gehalten. Seine Geschichte beruhte strikt darauf, wie man dieses Handeln beurteilte, eingehend geschildert in den kanonischen und apokryphen Evangelien. Nähern wir uns dem westlichen Hochmittelalter, ist die Fixierung auf das Neue Testament jedoch verschwunden. Die Legendenbildung, die Kraft der Erzählung, ließ Pilatus aus dem biblischen Anzug herauswachsen. Die Autoren konnten ihn jetzt sehr viel freier als zuvor behandeln. Sicherlich finden sich in diesen Legenden immer noch biblische Figuren im Zentrum der Handlung, doch der neutestamentliche Zusammenhang war nicht länger thematische Zwangsjacke. Die Erzählungen formten individuelle Schicksale und Charaktere aus. Pilatus wurde zum Schurken. Aus der künstlerischen Perspektive ließ er sich so sehr viel unterhaltender, interessanter bearbeiten als früher.

Die ältesten christlichen Abbildungen Pontius Pilatus' sind weder besonders überraschend noch besonders spannend. Nicht einmal die Mehrzahl der mittelalterlichen Bilddarstellungen rückt ihn in den Blickfang, wie es zum Beispiel die Schilderungen Judas Iskariots oder Maria Magdalenas tun. Es ist ja, wie bereits gezeigt, in der Regel sehr einfach, Judas auf mittelalterlichen Bildern wiederzuerkennen, und mit etwas Übung fällt es auch nicht schwer, Maria Magdalena zu identifizieren, doch mit dem Richter Jesu ist dies anders.

Auf Sarkophagen und in Elfenbeinarbeiten aus den Tagen der Urkirche und in Malereien aus der ersten Hälfte des Mittelalters wird Pilatus als gewöhnlicher Mann ohne besondere Kennzeichen dargestellt. Manchmal trägt er einen Bart – wie in einem Mosaik des 6. Jahrhunderts aus Ravenna – manchmal nicht, so in einem Fresko des 13. Jahrhunderts von Giotto. Seine Gesichtszüge sind durchweg entspannt und freundlich. Der Pontius Pilatus der Bildkunst ist kein Feldherr, sondern eine ausgeprägt zivile Gestalt, eine Richtergestalt. Aus diesen Reliefs und Malereien das Böse oder das Gute herauszulesen, ist unmöglich. Die Künstler, die dies konkrete Bild von Pilatus schufen, sahen offenbar keine Notwendigkeit, ihn visuell hervorzuheben, ob nun als Schurke oder als Helden. Pilatus war ein Richter und nichts anderes.

Im 14. Jahrhundert veränderte sich dies allmählich, vor allem in der Bühnenkunst. War er bisher als neutraler, beinahe langweiliger Jurist dargestellt worden, wurde Pontius Pilatus nun eine farbige, gewöhnlich Bart tragende Gestalt in goldener oder roter Tunika. Er erhielt einen exotischen, zumindest wirklich luxuriösen Hut auf seinen Kopf und zumeist auch eine Waffe, die an seiner Seite hing. Er scheint an jene schlechten Menschen zu erinnern, die in der Mitte des 20. Jahrhunderts von idealtypischen Hollywood-Schurken wie Basil Rathbone und anderen Charakterdarstellern gestaltet wurden, ohne Probleme für das Kinopublikum, sie sich in ihrer Eigenschaft als legitimes Hassobjekt zu Herzen zu nehmen. Nach den Instruktionen, die dem Passionsspiel von Luzern beigegeben sind, soll Pontius Pilatus als deutscher Adliger mit Kleidern, die vom Geschmack für die neueste Mode zeugen, dargestellt werden. Keine andere Rolle konnte mit Pilatus im Hinblick auf extravaganten Luxus konkurrieren. Er war zugleich Schurke und Playboy.[254]

Ein solch charmanter Knilch sollte natürlich auch eine Frau haben, und in diesem Punkt war Pontius Pilatus seit biblischer Zeit gut versorgt. Sie kommt im Matthäusevangelium vor, allerdings ohne beim Namen genannt zu werden. In apokryphen Schriften ist sie mit Namen wie Procula, Claudia Procula, Prokla, Procla oder Abroqla begabt und mitunter wird behauptet, sie sei von kaiserlich-römischem Blut (weder Name noch Verwandtschaft sind historisch verifizierbar). In den mittelalterlichen abendländischen Schauspielen wird sie gewöhnlich Procla oder Percula genannt. Da sie bereits im Neuen Testament Sympathie für Jesus zeigt, fiel es den Kirchenvätern mit Origenes an der Spitze nicht schwer, sie als erste nichtjüdische Christin überhaupt aufzufassen. Und wie wir bereits gesehen haben, endet sie in der griechischen und koptischen Kirche als Heilige. Doch im spätmittelalterlichen Schauspiel musste sie in erster Linie als Komplement zu ihrem ausgefallenen Ehemann dienen, und damit veränderte sich ihr Aussehen markant. Procla/Percula ist in diesen Werken eine veritable Sexbombe, deren extravagante Kleidungsgewohnheiten denen ihres Mannes in nichts nachstehen.[255]

Wie auch immer sie wirklich geheißen hat – ihr Schicksal war wahrhaft besonders. Diese anonyme Frau, die es vielleicht nicht einmal gegeben hat – wir haben nur die Worte der Bibel über ihre Existenz und die Episode, aus der sie stammen, gehört nicht zu den glaubwürdigsten des Neuen Testaments –, wird aufgrund der Assoziationen mit Pontius Pilatus sowohl in eine Heilige als auch in eine Luxusehefrau verwandelt, je nachdem wie Pilatus gedeutet und wieder umgedeutet wurde. Ihr vom Evangelisten Matthäus erwähnter Traum mit der darauf folgenden Warnung an ihren Gatten, Jesus nicht zum Tode zu verurteilen, blieb ein theologisches Feuilleton. Im altsächsischen *Heliand* (aus dem 9. Jahrhundert) wird erzählt, dass Satan nach Judas' Selbstmord bitter feststellt, Jesus würde mit seinem bevorstehenden Tod die Welt erlösen und ihn selbst damit schwächen. Also versucht er, die Kreuzigung zu verhindern. Indem Satan Pilatus' Frau mit seiner teuflischen Macht blendet, erschreckt er sie so sehr, dass sie Pilatus zu bewegen sucht, Jesus zu retten. Dies missglückt, weil ihr Mann am Ende dem Druck der Juden nachgibt. Sowohl Bernhard von Clairvaux als auch Martin Luther hatten dieselbe Auffassung wie der Dichter des *Heliand*, während Origenes, Augustinus, Jean Calvin und andere behaupteten, der Traum sei göttlichen Ursprungs gewesen.[256]

Der Böse, der Feige, der Mächtige: Der Mann mit unbekanntem Namen

Der Pontius Pilatus der Wirklichkeit, ein Mann unbekannten Vornamens, dem römischen Ritterstand zugehörig, war Präfekt, das heißt Militärgouverneur mit fiskalischen und juristischen Machtbefugnissen in der römischen Provinz Iudaea, die die Landschaften Judäa und Samarien in Palästina umfasste. Er trat sein Amt im Jahre 26 n. Chr. an und verließ seinen Posten zu Beginn des Jahres 37, nachdem er von seinem Vorgesetzten in Syrien angewiesen worden war, sich in Rom einzufinden, um auf gegen ihn gerichtete Anklagen des samaritischen Rates zu antworten.

Was wir über Pilatus' Amtsausübung wissen, deutet darauf hin, dass er ein ziemlich gewöhnlicher Präfekt war, der sein Bestes tat, um die Pax Romana in jenem Teil des Imperiums, den er zu regieren hatte, aufrechtzuerhalten, teils durch militärische Kraftanstrengungen gegen echte oder vermeintliche Rebellen, teils durch zivile Projekte (wie den Aquäduktbau bei Jerusalem), teils durch offene Manifestationen der Ehrung Kaiser Tiberius' (Aufstellen von Tafeln, Tragen von Feldzeichen, Bau des Tiberieums). Er arbeitete mit der jüdischen Führungsschicht zusammen und scheint keine Probleme gehabt zu haben, mit dem Hohenpriester Kajaphas übereinzukommen. Sein Umgang mit dem Fall Jesus zeigt – wenn wir die religiösen Aspekte beiseite lassen, die das Christentum diesem Ereignis verlieh – Pilatus' Willen, sowohl die messianische Bedrohung zu eliminieren als auch ein gutes Verhältnis zu den Juden beizubehalten. Es gibt keinen Anlass zu glauben, Pontius Pilatus habe seine Untertanen bewusst provoziert, aber seine Geschichte legt auch an den Tag, was wir heute mangelnde Einfühlung in lokale Probleme und Sitten nennen würden. Es passierte, dass er Fehlsprünge tat, dass er zu weit ging. Soweit wir wissen, rettete er sich aus allen Krisen, doch als er im Jahre 36 mit Gewalt gegen eine vermeintliche samaritische Revolte intervenierte, waren die Folgewirkungen so groß, dass eine offizielle Untersuchung eingeleitet und er nach Rom gerufen wurde – und Pilatus damit aus unserem Blickfeld verschwindet. Wann und wie Pilatus starb, ist unbekannt.

Sowohl die jüdischen als auch die christlichen Pilatus-Schilderungen aus dem ersten Jahrhundert unserer Zeitrechnung konzentrieren sich instinktiv auf seine Machtstellung. Was Philon, Josephus und die Evangelisten vereint, ist ihre ausgeprägte Perspektive »von unten«. Pontius Pilatus hat in Judäa Macht über Leben und Tod. Er ist der Mann Roms und deshalb bekommt man früher oder später Schwierigkeiten mit ihm. Pilatus kann, wenn er will, Juden und Samariter massakrieren und Jesus kreuzigen lassen. Der einzige Lichtpunkt in den Erzählungen ist, dass die Macht nicht absolut ist, dass es andere Machtinstanzen gibt, vor denen Pilatus sich in Acht nehmen muss. Es gibt einen Gouverneur in Syrien. Es gibt einen Kaiser in Italien. Es gibt einen Gott im Himmel. Doch Faktum ist, dass keine dieser Instanzen schnell genug würde reagieren können, um Pilatus' konkrete Machtausübung zu verhindern – er kann gewiss im Nachhinein bestraft werden, aber er kann nicht gehindert werden zu agieren. Dies führt dazu, dass man ihn fürchtet.

In der christlichen Tradition, die weiterführt, wo die Evangelisten enden, sollte die Machtstellung des Pilatus auf die Deutungen seiner Handlungen abfärben. Er war der Richter, der Mann, der Jesus tötete. Dagegen konnte die Tatsache gestellt werden, dass das Todesurteil nicht auf römische, sondern auf jüdische Initiative hin zustande kam. In diesem Fall minderte sich die Last der Schuld des Pilatus und es wurde möglich, über Erzählungen und abermals Erzählungen aus ihm einen guten Christen, in koptischer Tradition sogar einen Heiligen zu machen. In diesen Geschichten erscheint die Macht als Zwangsjacke, Pilatus als unschuldiger Mann, gefangen in einer grausamen Struktur. Er ist dem Druck der Juden von unten und dem des Kaisers von oben ausgesetzt. Er manövriert vergeblich und sucht einen Ausweg aus diesem Dilemma, doch es endet damit, dass er selbst untergeht – laut einigen Geschichten, indem er den Märtyrertod erleidet – als ein Opfer auf dem Altar der Macht.

Doch es gibt ein Gegenargument: Ungeachtet dessen, wie groß der Druck war, der auf Pilatus lastete, konnte er sich doch nicht seiner persönlichen Verantwortung entziehen. Er hatte einen freien Willen und hätte sehr wohl wählen können, Jesus das Kreuz zu ersparen. Wie man die Dinge auch wendet, er beging eine schlechte Tat, als er unschuldiges Blut vergießen ließ, noch dazu das Blut von »Gottes Sohn«. Wie sehr die spätantiken Christen auch darin wetteiferten, ihn zu entschuldigen, kann er doch nie von seiner Schuld befreit werden. Dies eröffnete eine Gegentradition, eine dunkle Legende, in der Pilatus wieder im tyrannischen Spinnengewebe der Macht gefangen ist, aber anstelle den Märtyrertod zu erleiden, sich selbst das Leben nimmt. Als verzweifelter Selbstmörder gerät er in dieselbe teuflische Falle wie Judas Iskariot. Die Feigheit, die wir aus seinem Handeln den Juden gegenüber während des Prozesses gegen Jesus lesen, leuchtet im Augenblick des Selbstmords erneut auf. Wieder weigert er sich, Verantwortung zu übernehmen. Der Selbstmord fungiert als ultimatives verurteilendes Element in der Pilatusgeschichte: ein Ausdruck für Feigheit, eine Widerspiegelung der Realität von Macht und ein indirekter Lohn für das Böse, das der Präfekt an den Tag gelegt hat, als er Jesus tötete.

Der Wille des Menschen zu erzählen, die eigene innere Kraft der Erzählung und der Einfluss der großen Erzähler auf die Fantasie des Volkes verlieh Pontius Pilatus fundamental verschiedene historische Traditionen. Im mittelalterlichen Westeuropa siegte das Selbstmörderbild, in Afrika das Heiligenbild. In der abendländischen Erzählkultur entwickelt sich Pontius Pilatus zum großen Feigling. Der Machtmensch, der sich weigert, Verantwortung zu übernehmen. Menschlicher Archetyp des banalen Bösen.

In seiner historischen Gestalt als traditionell agierender römischer Präfekt in Judäa ist Pontius Pilatus heute für die meisten Menschen uninteressant. Mit dem mittelalterlichen Pilatus verhält es sich anders. Er ist die Personifikation von Wankelmut und Machtmissbrauch. Sowohl in der Heiligen- als auch in der Selbstmördergeschichte ringt er mit dem strukturellen Bösen, das in den Realitäten der Macht verborgen liegt.

In beiden Geschichten erkennen wir die Symbole wieder, erkennen wir uns selbst wieder. Wir sehen den unglücklichen Bankier in der Wall Street oder in Singapur, der über Leichen gegangen ist, um zu seinen Millionen zu gelangen, und dessen Leben dann demoliert ist vom Börsencrash oder Ermittlungen wegen Wirtschaftskriminalität. In der einen Version stürzt er sich von einem Wolkenkratzer, in der anderen erleidet er sein Martyrium in einem Gefängnis und wird erlöst, begabt mit einem neuen ökonomischen Gewissen, wird aus ihm entlassen. Wir sehen reduzierte Versionen der Affäre Jesus sich überall dort abspielen, wo Machtrelationen aufgebaut und aufrechterhalten werden, an unseren Arbeitsplätzen, in der kommunalen und Landespolitik, in religiösen Gemeinden, in Verwandtschaftsbeziehungen. Alle, die irgendwann einmal vor einer schweren Entscheidung gestanden haben, die auf untergebene Mitmenschen Einfluss hatte, können sich in Pontius Pilatus' Rolle wiedererkennen.

Ich habe oben über das Dilemma des banalen Bösen gesprochen. Das Alltagsböse. Jenes Böse, das sich in Ausdrücken manifestiert wie »ich hatte keine Ahnung, was vor sich ging, ich habe lediglich Befehlen gehorcht«. Der Pontius Pilatus der Wirklichkeit hatte nichts mit dieser Perspektive zu tun. Der römische Präfekt der Wirklichkeit in den 20er und 30er Jahren n. Chr. war selbst allzu machtvollkommen, um mit den untergeordneten Handlangern moderner Diktaturen verglichen werden zu können. Seine Verantwortung für die Beschlussfassung war größer, direkter. Doch der fiktive Pontius Pilatus, jene Legendenfigur, die während der Antike und des Mittelalters geformt wurde, ist das Paradebeispiel eines Machtmenschen, der an der Verdammung durch das banale Böse leidet.

Das Phänomen Bosheit ist nur schwer greifbar. Früher stellte man das Böse mit dem Satan gleich, mit dem dunklen Potentaten, von dem man sagte, er herrsche über die Hölle. Heute fällt es den meisten westlich orientierten Menschen schwer, an übermächtige Dämonen mit Hörnern und Pferdefüßen zu glauben. Dies beruht nicht allein auf der Säkularisierung. Das Böse hat menschliche Gestalt angenommen im selben Maße, wie der Mensch während des 20. Jahrhunderts unendlich viel mächtiger wurde als jemals zuvor – gegenüber anderen Menschen wie auch gegenüber der Natur. Es fällt uns schwer einzusehen, wie denn ein noch so widriger Teufel schlechter sein könne als die Architekten von Terrorbomben und Todeslagern. Eine andere Sache ist es allerdings, dass wir uns niemals richtig sicher sein können, ob Satan nicht doch existiert und tatsächlich genuin super-böse ist. In einem Film habe ich einmal gehört: »Der geglückteste Coup, der Satan jemals gelang, ist, die Welt davon zu überzeugen, dass es ihn nicht gibt«. Es ist, zumindest hypothetisch, absolut möglich, dass Luzifer auf den Straßen der Stadt wie ein gewöhnlicher Mensch umherwandert, die Botschaft des Bösen in aufnahmebereite Ohren flüsternd, Streit und Zwietracht säend zwischen Staaten und Völkern.

Das Böse und seine Inkarnationen, menschlich oder übermenschlich, sind nicht nur schwer greifbar, sondern auch ungenügend erforscht. Hier haben die Historiker Halt gemacht. Es gibt zahlreiche Lexikonartikel über Liebe, aber beinahe keinen über Hass. Über das wirklich Böse Geschichte zu schreiben, jene schwarze Nachtlandschaft, die mich erschreckte, als ich klein war und dabei einzuschlafen, ist offenbar allzu angstbesetzt. Wir weigern uns, in den Abgrund zu schauen. Der Teufel, wie viele Hörner und Pferdefüße er auch besitzen mag, ist eine bedeutend angenehmere Bekanntschaft, als all das Gefühlsdunkel, das er repräsentieren soll. Pilatus ist anders. In den vielen Gewändern der Erzählungen und Geschichten ist er ein erstaunlich leicht zugängliches Sinnbild für das Böse, das wir Menschen selbst erschaffen und in den Hierarchien der Macht nach unten delegieren.

Der Gralshüter

Als kritischer, heute in die Vergangenheit blickender Mensch gewinnt man manchmal den Eindruck, die mittelalterlichen Menschen hätten das Neue Testament nahezu aufgesaugt, um noch nicht besetzte Heiligennamen mit spannenden Legenden zusammenzuführen und mit Orten zu assoziieren, die ihnen für den Gegenstand angemessen erschienen. Die Jagd nach vermuteten Reliquien, echten oder fabrizierten, nach alten oder neu geschriebenen Legenden, nahm im frühen Mittelalter an Intensität zu und erreichte einen Höhepunkt im 12. und 13. Jahrhundert. Solchermaßen gelangten mehr und mehr Unbekannte in den expandierenden Heiligenkalender und wurden Objekt einer ausgeprägten Erzählfreude.

Die großen Apostel ebenso wie die drei Weisen und andere prominente biblische Gestalten waren gewiss als Hochwild in den Reliquien-Jagdgründen zu betrachten, doch war es auf der anderen Seite auch problematisch, sie mit Beschlag zu belegen. Meist waren sie ja schon gründlich mit ausführlichen Geschichten und bekannten Orten verbunden. Den heiligen Jakobus gab es in Santiago de Compostela, den heiligen Markus in Venedig, die drei Weisen in Köln und so weiter. Es geschah auch leicht, dass mehrere Plätze, Kirchen und Länder in ihrem Bestreben, ein und denselben Heiligen in die eigenen Traditionen einzuschreiben, kollidierten. Maria Magdalenas Geschichte ist, wie wir sahen, mit Ephesus, Konstantinopel, Halberstadt, Rom, Vézelay und Saint-Maximin als energischen Mitstreitern ein Paradebeispiel dieser Entwicklung. Auf niedrigerem hierarchischen Niveau, unterhalb Jesus, den Marien und »den Zwölf«, gab es jedoch in der neutestamentlichen Figurengalerie eine Sammlung beinahe ganz unbekannter Gestalten, von denen die Evangelisten so beharrlich schwiegen, dass die mittelalterliche Volksfantasie freies Feld betreten konnte, um neue Erzählungen zu erschaffen.

Es ist diese Situation, in der uns Josef von Arimathäa begegnet. Schlagen wir in Enzyklopädien nach, so entdecken wir, dass er ein Heiliger ist und nach katholischer Tradition am 17. März und nach orthodoxer am 31. Juli gefeiert wird. Im Namen bereits offenbart sich unsere nahezu völlige Unkenntnis über den Heiligen und sein Leben. Denn worauf Arimathäa (auch: Arimatia, Arimataia) abzielt, ist unbekannt; einziger biblischer Leitfaden ist, dass es in Judäa liegt. Möglicherweise handelt es sich um einen Ort, der in 1 Samuel 1:1 Ramatajim genannt wird. *Rama*, das »Höhe«, bedeutet, war ein gebräuchlicher Ortsname; *Ramatajim* bedeutet »Zwei Höhen«. Doch dies ist eine Vermutung und Arimathäa kann ebenso gut etwas anderes meinen.

Dass Josef in diesem Buch vorkommt, beruht gerade auf seiner Stellung als typischer Unbekannter. Indem wir die Geschichten über Josef genau betrachten, werden wir gewahr, wie auch die rätselhafteste und unbekannteste Nebenfigur im Neuen Testament durch Assoziierung mit Jesus in den mittelalterlichen Geschichten zu neuem Leben erweckt werden kann. Nichts in Josefs kurzer biblischer Erzählgeschichte reicht aus, eine eigentliche Legende zu legitimieren, doch nichtsdestotrotz erhielt er eine solche – und nicht irgendeine Legende. Josef von Arimathäa sollte mit einer der berühmtesten Erzählungen des Mittelalters verknüpft werden, die in der heutigen Populärkultur ebenso hell erstrahlt wie in Urzeiten: mit der Geschichte vom Heiligen Gral.

Heiligkeit, Humor und Abenteuer

Die meisten der heute im Westen Lebenden hat vermutlich den heiligen Gral über das Kino oder das Fernsehen kennengelernt. Gral ist hier die Bezeichnung für den Becher, den Jesus während seiner letzten Mahlzeit zum Mund führte, das bedeutet, der Gral ist unser erster Abendmahlskelch. Er kommt darüber hinaus in einer Menge von Serien, Romanen, spekulativen Darstellungen und Geschichten vor, die von Touristenführern, New-Age-Propheten und gemeinen Fachleuten geliefert werden. Er ist im Grunde ein ganz und gar unbekannter Gegenstand, von dem eine Ansicht zu haben, ohne auf Forschungen oder Quellen zu verweisen, scheinbar legitim ist.

Der Gral hat außerdem, trotz oder vielleicht gerade wegen seiner Aura besonderer Heiligkeit, eine nicht unbedeutende humoristische Aufladung. Hervorragender Ausdruck dessen ist in moderner Zeit der Film *Monty Python and the Holy Grail* (1974), welcher vorgibt, im Jahre 932 n. Chr. zu spielen. In dieser unwahrscheinlichen Geschichte reitet König Artus mit seinen Rittern in einem merkwürdigen Britannien umher auf einer komischen Suche nach dem Gral, und dies nach unmittelbarer Aufforderung durch Gott Vater selbst. In der Höhle von Caerbannogs, in die sie gelangen, nachdem sie dem entsetzlichen Mörderkaninchen entkommen sind, finden sie eine aramäische Inschrift. Der Ritter Sir Galahad sieht sofort, dass es sich bei dem Urheber um keinen anderen als Josef von Arimathäa handeln muss. Bruder Maynard deutet die Inschrift: Es sind Josefs allerletzte Worte – »der, dessen Glaube rein ist, kann den Heiligen Gral finden im Schloss Aaaaarrrrrggghhh …« Schließlich entdecken die Ritter das Schloss mit dem denkwürdigen Namen, das aber leider von einer Gruppe irritierender Franzosen besetzt ist. Bevor es ihnen gelingt, die Franzosen zu besiegen, werden die Ritter selbst von der Polizei inhaftiert, weil sie in einer früheren Szene des Films einen bekannten Historiker ermordet haben sollen.

Natürlich ist das Schloss Aaaaarrrrrggghhh … fiktiv, doch viele wirkliche Orte wurden und werden noch immer mit dem Gral verknüpft. Der erste dieser Orte, von dem ich hörte, war der Klosterberg Montserrat in Katalonien, den meine Eltern und ich als Touristen besuchten, als ich noch ein Junge war. Wenn Josef von Arimathäa zur Sprache kam, war es jedoch eher Glastonbury in England, das man zu nennen pflegte. Als Beispiel können wir Hal Fosters Serie *Prince Valiant* (»Prinz Eisenherz«) betrachten, in welcher die Hauptfigur von König Artus den Auftrag erhält herauszufinden, ob es den Gral wirklich gibt. Der König ist bekümmert darüber, dass viele seiner Ritter Eide schwuren, den heiligen Gral zu finden, um dann in die Welt hinauszureiten und niemals zur Tafelrunde zurückzukehren. Eisenherz begibt sich nach Stonehenge, wo ein weiser alter Mann erzählt, wie Josef von Arimathäa vor Hunderten von Jahren das Christentum auf der Insel Avalon verbreitet und einen heiligen Gegenstand mitgeführt habe, wahrscheinlich eine Schale, eine Schüssel, einen Kelch oder einen Weinpokal. Eisenherz findet heraus, dass die Stadt Glastonbury dem einstigen Avalon entspricht, und fragt die dort ansässigen Mönche nach dem Heiligen Gral. Wohl zeigen sie ihm die Kirche, die von Josef errichtet worden sein soll, die älteste Kirche des ganzen Landes, doch keiner der Befragten weiß etwas Gesichertes über den gesuchten Gegenstand selbst. Erst als Eisenherz dem heiligen Patrick begegnet, erhält er die richtige Information. »Es hat niemals einen Beweis dafür gegeben, dass der Kelch irgendwo existiert. Er ist kein Mythos, sondern ein Symbol für Mut, Glaube und Hoffnung. Die Ritter, die den Eid schworen, taten durch ihr Beispiel mehr für die Verbreitung des Glaubens, als irgendein Verkündiger je zu hoffen wagte.« Patrick fügt jedoch ein wenig hoffnungsvoller hinzu, dass auf der anderen Seite nichts dagegenspreche, dass Josef von Arimathäa wirklich nach Avalon gekommen sei, seine eigene kleine Kapelle errichtete und dort einen Kelch verwahrt habe, der beim Abendmahl Jesu verwendet wurde. »Alle Legenden erhalten den Keim der Wahrheit, der ihnen Nahrung gibt.«[257]

In einigen Werken der Populärkultur wird der Gral im Nahen Osten belassen. So ist es der Fall im dritten Film über den fiktiven amerikanischen Archäologieprofessor Indiana Jones, *Indiana Jones and the Last Crusade* (1989). Danach ist der Gral – der die Kraft besitzt, Leben und Jugend selbst einem sterbenden Menschen zu schenken – in einer Höhle nicht weit von der Stadt Alexandrette (Iskenderun) an der Grenze zwischen Syrien und der Türkei zu finden. Dort gibt es ihn noch immer, leider verborgen unter den Geröll- und Gesteinmassen, die im gewaltsamen Streit zwischen Professor Jones und seinen gierigen nationalsozialistischen Feinden entstanden sind. Josef von Arimathäa wird im ersten Teil des Films in seiner Eigenschaft als erster Besitzer des Grals nach dem Tod Jesu zwar genannt, hat aber im Übrigen keine Bedeutung oder Funktion für die Handlung, weshalb wir Indiana Jones im Zusammenhang dieses Buches beruhigt zu den Akten legen können.

Der einzige gemeinsame Nenner all dieser modernen Gralslegenden liegt in der übernatürlichen Symbolik. Der Gral ist mehr als nur ein Kelch, mehr als ein christliches Relikt. Von den Hollywoodmachwerken über die Ritter der Tafelrunde bis zum burlesken Monty-Python-Humor symbolisiert der Gral die große, nahezu unerreichbare Wahrheit, die verborgen liegt in einem fernen Schloss, wo nur der reine und wahre Suchende Zutritt erhalten kann. Der Gral schenkt Weisheit, Wissen, Verstehen. Als Symbol für etwas Heiliges und Unerreichbares hat der Gegenstand einen festen Platz in unserer Kulturgeschichte.

Wie kam es nun, dass der Abendmahlskelch mit Josef von Arimathäa verknüpft wurde? Das Einzige, was die Bibel über Josefs Verhältnis zu Jesus aussagt, ist, dass er einer seiner Jünger gewesen sei und die Verantwortung für die Grablegung nach der Kreuzigung übernommen habe. Nichts wird darüber geschrieben, dass er Jesu Trinkbecher aufzubewahren hatte. Die gesamte Geschichte ist offenbar apokryph, mehr als tausend Jahre nach den vermuteten Ereignissen entstanden.

Vielleicht, so denke ich manchmal ein wenig respektlos, haben die Menschen in Begriffen der Apostelhierarchie gedacht, einem jeden Tätigkeiten zuordnend, die dem Rang in der Schar der Jünger angepasst waren. Vielleicht fungierte der Kreis um Jesus wie eine feudale Pyramide. Zuoberst im Reich befand sich Jesus, Sohn des Begründers des Imperiums, dem Status eines Königs nahe und unter allen Umständen direkt verantwortlich für die Durchführung von Beschlüssen, die der allzeit abwesende Kaiser fasste. Ihm am nächsten standen »die Zwölf«, eine Gruppe von Herzogen und Grafen, die zuhörten und das Evangelium verbreiteten (und sich, so wie im Fall Judas, um die Ökonomie kümmerten). Doch unter dieser Elite muss es auch einen Stab niedrig rangierender Jünger gegeben haben, verantwortlich für Marktdienste, das heißt, die Zubereitung der Mahlzeiten, Putzen, Spülen und all das praktische Ordnen, wenn zum Beispiel jemand ernsthaft krank wurde oder – wie im Fall Jesu auf Golgota – starb. Die Frauen unter den Jüngern erfüllten sicher – ich denke, die Menschen des Mittelalters glaubten dies – solche Funktionen. Und dann gibt es noch Josef von Arimathäa, der laut Bibel das Begräbnis besorgte. Kann er sich in diesem Fall auch um das Geschirr gekümmert haben? War er es vielleicht, der Kelche, Besteck und anderer praktische Dinge des Alltags verwahrte? Einschließlich des Kelches, der beim letzten Abendmahl verwendet wurde? Warum nicht.

So *könnte* es zugegangen sein. Nach einer anderen, bedeutend gelehrteren Hypothese als der eben skizzierten, geht die Verbindung zwischen Josef und dem Gral auf ein sprachliches Missverständnis zurück, das von der Deutung des französischen Wortes *cors* irgendwann im 12. Jahrhundert ausgeht. Wir kommen in Kürze darauf zurück. Durch Räsonnement und Gedankenverbindungen sollte Josef wie auch immer mit Jesu Kelch assoziiert werden oder eher mit einer tiefen Schale oder Schüssel, die allmählich als Kelch gedeutet wurde. Es dauerte jedoch lange Zeit, beinah 1200 Jahre, bis Josefs Identität als Gralshüter vollendet war. Einleitend war Josefs Rolle ebenso wie die Maria Magdalenas und der anderen Nebenfiguren eher an das geknüpft, was konkret im Neuen Testament gesagt wurde. Auf dieser Basis erhielt er sukzessive eine immer spannendere Personengeschichte über Verfolgung, Gefangenschaft und Flucht. Beginnen wir mit der Bibel. Was hat sie über den werdenden Gralshüter zu sagen?

Ein reicher Mann aus Arimathäa

Im Neuen Testament wird Josef von Arimathäa einzig im Zusammenhang mit der Grablegung Jesu erwähnt. Alle vier Evangelisten heben ihn in ihrer Schilderung hervor: Markus 15:42–47; Matthäus 27:57–61; Lukas 23:50–55; Johannes 19:38–42.

Markus: »Da es Rüsttag war, der Tag vor dem Sabbat, und es schon Abend wurde, ging Josef von Arimathäa, ein vornehmer Ratsherr, der auch auf das Reich Gottes wartete, zu Pilatus und wagte es, um den Leichnam Jesu zu bitten. Pilatus war überrascht, als er hörte, dass Jesus schon tot sei. Er ließ den Hauptmann kommen und fragte ihn, ob Jesus bereits gestorben sei. Als der Hauptmann ihm das bestätigte, überließ er Josef den Leichnam. Josef kaufte ein Leinentuch, nahm Jesus vom Kreuz, wickelte ihn in das Tuch und legte ihn in ein Grab, das in einen Felsen gehauen war. Dann wälzte er einen Stein vor den Eingang des Grabes. Maria aus Magdala aber und Maria, die Mutter des Joses, beobachteten, wohin der Leichnam gelegt wurde.«

Matthäus: »Gegen Abend kam ein reicher Mann aus Arimathäa namens Josef; auch er war ein Jünger Jesu. Er ging zu Pilatus und bat um den Leichnam Jesu. Da befahl Pilatus, ihm den Leichnam zu überlassen. Josef nahm ihn und hüllte ihn in ein reines Leinentuch. Dann legte er ihn in ein neues Grab, das er für sich selbst in einen Felsen hatte hauen lassen. Er wälzte einen großen Stein vor den Eingang des Grabes und ging weg. Auch Maria aus Magdala und die andere Maria waren dort; sie saßen dem Grab gegenüber.«

Lukas: »Damals gehörte zu den Mitgliedern des Hohen Rates ein Mann namens Josef, der aus der jüdischen Stadt Arimathäa stammte. Er wartete auf das Reich Gottes und hatte dem, was die anderen beschlossen und taten, nicht zugestimmt, weil er gut und gerecht war. Er ging zu Pilatus und bat um den Leichnam Jesu. Und er nahm ihn vom Kreuz, hüllte ihn in ein Leinentuch und legte ihn in ein Felsengrab, in dem noch niemand bestattet worden war. Das war am Rüsttag, kurz bevor der Sabbat anbrach. Die Frauen, die mit Jesus aus Galiläa gekommen waren, gaben ihm das Geleit und sahen zu, wie der Leichnam in das Grab gelegt wurde.«

Johannes: »Josef von Arimathäa war ein Jünger Jesu, aber aus Furcht vor den Juden nur heimlich. Er bat Pilatus, den Leichnam Jesu abnehmen zu dürfen, und Pilatus erlaubte es. Also kam er und nahm den Leichnam ab. Es kam auch Nikodemus, der früher einmal Jesus bei Nacht aufgesucht hatte. Er brachte eine Mischung aus Myrrhe und Aloe, etwa hundert Pfund. Sie nahmen den Leichnam Jesu und umwickelten ihn mit Leinenbinden, zusammen mit den wohlriechenden Salben, wie es beim jüdischen Begräbnis Sitte ist. An dem Ort, wo man ihn gekreuzigt hatte, war ein Garten, und in dem Garten war ein neues Grab, in dem noch niemand bestattet worden war. Wegen des Rüsttages der Juden und weil das Grab in der Nähe lag, setzten sie Jesus dort bei.«

Alles zusammengenommen, ist dies nicht viel, auf das sich bauen ließe. Das einzige, was wir über Josef aus den vier Evangelien herauslesen können, ist, dass er ein wohlhabender und angesehener Jude war aus einem im Übrigen unbekannten Ort namens Arimathäa, dass er an die Lehre Jesu glaubte und von Pontius Pilatus die Erlaubnis erhielt, diesen zu bestatten. Vielleicht war er auch Ratsherr, wodurch das Bild von einem angesehenen Mann der jüdischen Gesellschaft gestärkt wird. Mehr wird nicht gesagt. Wir erfahren weder etwas über Josefs Leben und Wirken vor noch nach der Grablegung Jesu.

Das Fehlen von Informationen war für die Verfasser der apokryphen Literatur, die in der Spätantike und dem frühen Mittelalter blühte, jedoch kein Hindernis. Wohlgemerkt: Josef von Arimathäas Stellung ist in diesen Texten sekundär. Nahezu niemals spielt er eine Hauptrolle und wird vor allem in seiner Eigenschaft als guter Christ und standhafter Glaubenszeuge in die Schriften eingefügt. Einer Vorgeschichte bedarf es daher nicht. Irgendwelche Kindheits- und Jugendschilderungen aus dem Leben Josefs bevor Jesus auftrat, finden sich keine. Er beginnt erst zu existieren, als er Christ wird.

Im Petrusevangelium (aus dem 2. Jahrhundert) wird Josef von Arimathäa als ein »Freund von Pilatus und des Herrn« präsentiert.[258] Beinhaltet die Behauptung, er wäre »Freund des Pilatus«, dass Josef ein Kollaborateur war? Dass er mit den Römern zusammenarbeitete? Kaum; eher zeugt der Text von der positiven Sicht des Verfassers auf Pilatus. Der Pilatus des Petrusevangeliums ist ja, wie wir bereits sahen, ein gegenüber Jesus wohlwollend eingestellter Machthaber, dessen Ansichten von der jüdischen Gerichtsbarkeit überfahren werden. Es ist ganz in Ordnung, der Freund eines solchen Römers zu sein.

In vielen anderen Schriften tritt Josef nicht allein, sondern gemeinsam mit Nikodemus, einem anderen prominenten jüdischen Anhänger Jesu, auf, dessen Existenz ausdrücklich im Neuen Testament bekundet wird. Er kommt zum ersten Mal im dritten Kapitel des Johannesevangeliums vor, wo er als Pharisäer und Mitglied des Rates der Juden vorgestellt wird. Der gelehrte Nikodemus sucht Jesus auf und fragt ihn neugierig nach seiner Botschaft aus, was zu einer ausführlichen Darlegung führt. Im siebten Kapitel des Johannesevangeliums, Vers 50, tritt er als vorsichtiger Verteidiger Jesu auf, und im neunzehnten agiert er zusammen mit Josef von Arimathäa.

Wir sahen bereits im sogenannten Gamalielevangelium, wie Pilatus im Zuge der Untersuchung der Auferstehung Jesu Josef und Nikodemus zu sich rufen ließ. Sie nehmen auch in der Martyriumserzählung über Pontius Pilatus, die im Mittelalter in Ägypten und Äthiopien populär wurde (siehe S. 226 ff.), hervortretende Nebenrollen ein. In einem anderen koptischen Fragment lässt Herodes Josef und Nikodemus ins Gefängnis werfen, als sie Jesus gegen falsche Anschuldigungen von Kajaphas und Hannas verteidigen. Josef rettet sich jedoch durch die Flucht nach Arimathäa.[259] Auch in den koptischen Geschichten über Judas Iskariot finden wir Josef als Nebenfigur: Judas' hinterhältige Frau soll die Amme von Josefs sieben Monate altem Kind gewesen sein, das den Vater angefleht habe, sie wegzuschicken.[260]

Vor allem das literarische Motiv von Josef im Gefängnis scheint an die Fantasie des frühen Mittelalters appelliert zu haben. Es ist leicht einzusehen, warum. Über den Christen der ersten Jahrhunderte schwebte die Bedrohung, für den Glauben leiden zu müssen, ein Märtyrer zu werden. Das Märtyrertum war ein wesentliches Thema in der christlichen Literatur der Zeit. Eine Parallele, vielleicht sogar ein unmittelbares Vorbild zu Josefs Geschichte findet sich schon im zwölften Kapitel der Apostelgeschichte. Hier wird Petrus auf Geheiß des Herodes Agrippa gefangen genommen, jedoch durch das aktive Eingreifen eines Engels gerettet. Der Engel befreit den Apostel von seinen Ketten, und führt danach den verblüfften Petrus – der lange glaubt, die Flucht sei nur Einbildung – geradewegs hinaus auf die Straße. Eine nicht ganz so übernatürliche Rettung wird Paulus im Kapitel

16 zuteil: Die nervösen Bewacher des Apostels werden nach einem Erdbeben, bei dem alle Türen aufgesprungen und alle Ketten von den Gefangenen abgefallen waren, zu Gläubigen.

Wenn Josef von Arimathäa unmittelbar nach seinen von der Bibel sanktionierten Taten wirklich hinter Schloss und Riegel saß, dann war er ein Opfer der ersten Christenverfolgungen überhaupt, abgesehen von den Maßnahmen, die zur Hinrichtung von Johannes dem Täufer und Jesus führten. Da aber eine Überlieferung zu Josefs Märtyrertod nach solcher Verfolgung fehlt, muss er, so scheint man gedacht zu haben, mit dem Leben davon gekommen sein. Entweder war er jahrelang gefangen gewesen oder aber es gelang ihm auf die eine oder andere Weise die Flucht vor seinen Bewachern. Beide Varianten kommen in der Literatur vor.

Das Gefängnismotiv taucht in vielen Texten auf und zeigt eine bedeutende Variationsvielfalt. In den *Pilatusakten (Nikodemusevangelium)* wird Josef von den Juden gefangen genommen, nachdem er die Verantwortung für die Grablegung Jesu übernommen und es gewagt hatte, den Erlöser auch nach der Kreuzigung zu verteidigen. Er wurde in einen Raum ohne Fenster geworfen, umgeben von Wachen. Die Juden planten sodann, ihn töten zu lassen, doch als sie ihn aus seinem Gefängnis holen wollen, ist er verschwunden – offenbar durch göttliches Eingreifen. Als Josef später in Arimathäa wiedergefunden wird, wagt niemand, ihn zu ergreifen. Stattdessen bekennen die jüdischen Führer in einem Papyrusbrief, dass sie Josef gegenüber Unrecht taten, der nun beruhigt nach Jerusalem zurückkehren kann, wo Nikodemus zu einem Festmahl einlädt. Josef legt daraufhin dar, was geschehen ist. Jesus selbst habe ihn aus der Gefangenschaft gerettet und sich ihm offenbart und bewiesen, dass er wirklich von den Toten auferstanden ist. Schließlich habe Jesus Josef zu dessen Haus geführt und ihn gebeten, dort vierzig Tage zu bleiben (nach einer anderen Textversion vier Tage).[261] In der Fortsetzung der Pilatusakten, die von Jesu Abstieg in das Totenreich handelt, ist es Josef, der die Erzählung damit einleitet, dass Jesus nicht nur sich selbst, sondern viele andere vom Tod auferweckt habe, darunter zwei Brüder in Arimathäa, die damit der lebende Beweis für die Kraft der Auferstehung seien.[262]

Diese Variante der Geschichte von Josefs Gefangenschaft und Befreiung durch Jesus wird in den folgenden Jahrhunderten weiterentwickelt. Eine solche Legende, deren älteste bekannte Fassung im 12. Jahrhundert aufgeschrieben wurde, die aber wahrscheinlich bedeutend älter ist, wird mit Fug und Recht »Erzählung des Josef von Arimathäa« genannt und ist in der Ich-Form gehalten. Einleitend erzählt Josef von den zwei Verbrechern, die mit Jesus gekreuzigt worden waren. Der eine hieß Gestas, der andere Demas. Gestas war ein richtiger Schweinehund, der Reisende umzubringen pflegte, Frauen an ihren Füßen aufhing, ihnen die Brüste abschnitt und das Blut von Kleinkindern trank. Demas war nicht ganz so fürchterlich. Er kam laut Josefs Erzählung aus Galiläa, wo er ein Wirtshaus besaß. Aus Prinzip tat Demas sein Bestes, um die Reichen um ihren Besitz zu bringen, aber er war freundlich zu den Armen. Sein größter Coup war der Diebstahl des heiligen Gesetzes der Juden in Jerusalem, womit er Kajaphas Tochter tief beleidigt hatte, die als Priesterin im Heiligtum Dienst tat.

Nach dieser Exposition über Jesu Unglücksbrüder auf Golgota erzählt Josef, wie es Judas Iskariot und den jüdischen Führern durch verschiedene Intrigen gelungen war, Jesus kreuzigen zu lassen (siehe S. 47 f.). Josef habe dann um den Leichnam Jesu gebeten, ein Begehren, dem entsprochen wurde. Er notiert weiter, dass es aber nicht gelungen sei, Demas' Leichnam zu finden – es war Demas, der zu Jesu Freund geworden war, als sie beide am Kreuz hingen –, während Gestas' entsetzlicher Körper die Gestalt eines Drachen angenommen hätte. Danach, am Abend des Sabbat, sei Josef von den Juden gefangen genommen worden, doch am ersten Tag der Woche, wieder am Abend, erreichten ihn die beiden Auferstandenen, Jesus und Demas, und befreiten ihn. Zusammen begaben sich Josef von Arimathäa, Jesus und Demas nach Galiläa. Dies sei wahrlich ein bemerkenswerte Wanderung gewesen, denn Jesus wechselte seine Gestalt und erschien als ein großer Lichtschein, der mit Engeln sprach. Josef blieb drei Tage in der Gesellschaft Jesu und kehrte dann in sein Haus zurück.[263]

So glücklich erging es Josef von Arimathäa nicht immer. In der *Legenda aurea* legt Jacobus de Voragine eine Geschichte dar, deren Wurzeln wahrscheinlich spätantik oder frühmittelalterlich sind und die von der frühmittelalterlichen Apokryphe *Vindicta Salvatoris* inspiriert scheint; darin wird Josef nach einigen Jahrzehnten Gefangenschaft von römischen Soldaten befreit. Die Befreiung ist eine indirekte Folge des jüdischen Aufstands in Palästina und der Zerstörung Jerusalems durch die Belagerungsarmee des Titus, dessen Vater Vespasian Kaiser war. Es handelt sich also um denselben militärischen Triumph, der zur Zerstörung des jüdischen Tempels und der Errichtung des Titusbogens in Rom führte. Als Titus in Jerusalem einzog, fiel sein Blick – laut der *Legenda aurea* – auf eine mächtige Steinmauer. Der

Feldherr gab seinen Soldaten den Befehl, sie niederzureißen. So geschah es. Hinter der Mauer fanden die Römer einen alten, ehrwürdigen Mann. Sie fragten ihn, wer er sei. Der Mann antwortete, er sei Josef und dass er aus Arimathäa stamme, einer Stadt in Judäa. Die Juden hätten ihn in dieses Loch geworfen, weil er die Grablegung Jesu besorgt hatte. Dass er überhaupt überleben konnte, lebendig begraben wie er war, beruhe ausschließlich darauf, dass der Himmel ihn ernährt und das göttliche Licht ihm Trost gespendet habe.

Jacobus de Voragine hatte jedoch auch das Nikodemusevangelium gelesen und dort entdeckt, dass Josef die Flucht aus der Gefangenschaft geglückt war. Wie passte dies zusammen? Vielleicht, so Jacobus, seien die Juden wütend darüber geworden, dass Josef, nachdem er frei war, das Evangelium Christi predigte, und hätten ihn deshalb einfach erneut eingesperrt. Wiederholte Gefängnisaufenthalte sind ja nichts Ungewöhnliches.[264]

In einer weiteren apokryphen Arbeit, vielleicht erst im Hochmittelalter verfasst, tritt Josef von Arimathäa als Zeuge der Himmelfahrt der Jungfrau Maria hervor. Die Geschichte gibt es in vielen Variationen; eine von den lateinischen soll von Josef geschrieben worden sein. Der Legende nach soll er von der Mutter Jesu selbst an ihre Seite gerufen worden sein, als sie ihr Ende kommen fühlte. Josef erzählt den Lesern auch, wie er niemals müde geworden sei, nach der Auferstehung Jesu den Völkern der Welt die christliche Wahrheit zu verkünden.[265]

Soweit die Evangelien und die apokryphe Literatur. Im frühen Mittelalter wurden die Legenden über Josef von Arimathäa auf eine wenig spektakuläre Weise sowohl in der östlichen als auch der westlichen Christenheit verbreitet, und zwar nach demselben Muster, nach dem die meisten Heiligenlegenden sich entwickelten und in den unterschiedlichsten Milieus Wurzeln schlugen. Weil Josef nicht zu den wirklich bedeutenden Heiligen gehörte, wurden ihm, soweit wir es beurteilen können, nur vergleichsweise wenige frühe Legenden und Kultplätze zugeeignet. Aber es gab sie.

Ein solcher Ort war Moienmoutier in den Vogesen. Nach einer Geschichte, die in einem Kloster in Sens zu Beginn des 13. Jahrhunderts aufgezeichnet wurde, soll der landsflüchtige Patriarch Fortunatus von Grado den Leichnam Josefs von Arimathäa zusammen mir zahlreichen anderen Reliquien am Anfang des 9. Jahrhunderts in das Kloster Moienmoutier gebracht haben. Diese Reliquien waren der Stolz des Ortes, bis sie irgendwann im 10. Jahrhundert von Mönchen aus einem fremden Land gestohlen wurden.[266]

Eine andere Legende, den Menschen in den Vogesen sicherlich ganz unbekannt, führt an, dass der Arm Josefs von Arimathäa in einem Dorf am Van-See in Armenien verwahrt werde. Dorthin sei die Reliquie vom heiligen Thaddäus gebracht worden, so jedenfalls ein armenisches Manuskript des 13. Jahrhunderts.[267] In anderen hochmittelalterlichen Quellen wird behauptet, Josefs Körper sowie seine und Nikodemus' Ausrüstung würden in Konstantinopel aufbewahrt.[268] Irgendwann im 13. Jahrhundert wurde Josef von Arimathäa außerdem in die Schar angehender Missionare in Südfrankreich eingefügt, die mit Maria Magdalena, Marta und Maximinus über das Mittelmeer gefahren waren. Und in einer Notiz aus dem 14. Jahrhundert heißt es, er sei Jakobus auf einer Missionsreise nach Spanien gefolgt und erst zu einem späteren Zeitpunkt weiter nach Galiläa gereist.[269]

In diesen mittelalterlichen Geschichten ist Josef selten allein und selten dominierend. Er ist nur einer von vielen, ob als helfender Missionar oder als bewegliche Reliquie. Dasselbe gilt für Josefs Bindung an eine jener Geschichten, mit denen er später sehr eng verknüpft werden sollte – der westeuropäischen Legende vom Blut Jesu. Sowohl in Fécamp als auch in Brügge entstanden im Mittelalter lebendige Kulte um Reliquien, von denen behauptet wurde, sie enthielten das Blut des Erlösers, und da bedurfte es natürlich einer Geschichte, wie dieses auf die Nachwelt übergekommen war. In der Legende, die man in der Mitte des 12. Jahrhunderts in Fécamp zu weben begann, wurde Nikodemus eine Hauptrolle zugewiesen. Mit Josef an seiner Seite hatte Nikodemus, so behauptete man, das Blut gesammelt und dann vor der Umwelt verborgen. Wohlgemerkt: In diesen Geschichten wird nichts darüber gesagt, dass Josef oder Nikodemus das Blut in einem besonderen Becher oder einer Schüssel aufgefangen hätten. Der Heilige Gral war noch nicht erfunden.[270]

Merkwürdigerweise war Josef von Arimathäa in den östlichsten Domänen des Christentums, zumindest in Georgien, lange sehr viel unmittelbarer mit Jesu Blut verknüpft. In einer georgischen Schöpfung des Nikodemusevangeliums, laut einer Angabe im 8. Jahrhundert bekannt, wird angegeben, Josef habe das Blut in dem Leinengewand gesammelt, das zur Grablegung Jesu verwendet worden war. Nachdem Josef auf rätselhafte Weise in sein Haus in Arimathäa gelangt war, habe sich Jesus offenbart und ihn instruiert, sich nach Lydda zu begeben und dort den Apostel Philippus zu treffen. Mehr als fünftausend Menschen hätten in Lydda den christlichen Glauben angenommen, und als diese Philippus baten, bei ihnen zu bleiben, habe dieser den Volksmassen gesagt, sich zur geistlichen Wegweisung an Josef zu wenden. Danach sei Josef in Lydda geblieben.[271]

Die Geschichte ist nicht nur interessant, weil sie auf die östliche Verbreitung der Legenden um Josef verweist, sondern auch, weil sie zwei spannende Verbindungen veranschaulicht: außer derjenigen zwischen Josef und dem Blut Christi auch die zwischen Josef und Philippus. Beide Paarungen sollten später aufs Neue aktualisiert werden – allerdings nicht in Georgien, sondern im fernen England.

Irgendwann in der zweiten Hälfte des 12. Jahrhunderts durchlief Josef eine wundersame Entwicklung vom barmherzigen Bestattungsunternehmer und heiligem Gefängnisinsassen zum Missionar in Westeuropa und zum Gralshüter. Er sollte in dem darauf folgenden Jahrhundert mit einem recht abgelegenen Ort, der niemals zuvor auch nur annähernd mit Arimathäa in Verbindung gebracht worden war, aufs engste verknüpft werden, und zwar mit dem südenglischen Glastonbury. Mit ihm blieb Josef in moderner Zeit verbunden.

Wie war dies möglich? Dass Josef weit entfernt von seinem Heimatort zum christlichen Missionar gemacht wurde, ist an sich nicht verwunderlich; dies geschah ja auch Maria Magdalena und vielen anderen, heute wenig bekannten frühen Heiligen. Aber warum gelangte er gerade nach Glastonbury? Und was verschaffte ihm den Heiligen Gral? Die Geschichte von Josefs merkwürdiger Legendenexpansion während des Hochmittelalters ist typisch für das Wirken der damaligen Erzählkultur und somit ein erhellendes Beispiel für das Leitthema dieses Buches.

Beginnen wir mit dem Ort. Was war das Besondere an dem kleinen Glastonbury? Wie kam es, dass man Josef mit Glastonbury assoziierte und nicht mit irgendeiner reichen Bischofsstadt oder königlichen Residenz?

Glastonbury

Glastonbury liegt in Somerset im südwestlichen England, südlich von Bath und Wells, inmitten einer flachen Landschaft, die früher durch weite

Feuchtgebiete gekennzeichnet war. Diese Sümpfe und Moore hatten dazu beigetragen, dass der Höhenzug, auf dem der Ort liegt, früher beinah wie eine Halbinsel war, die im Mittelalter eigentumsrechtlich und von der Bebauung her von einem großen Kloster beherrscht wurde. Hier, innerhalb dieser heiligen Mauern, wurde Josef von Arimathäa in die englische Heiligenschar eingegliedert.

Die Geschichte vom Glastonbury der Wirklichkeit ist nicht weniger imponierend. Aus kirchlicher Perspektive war das Kloster eines der vermögendsten und einflussreichsten im mittelalterlichen England. Die gewaltige Ruine in der Stadt erinnert gleichermaßen an mittelalterliche Größe wie an die traurige Verödung und geistliche Ohnmacht, die den Ort während der Reformation im 16. Jahrhundert traf. Auch ohne Josef von Arimathäa kann Glastonbury seine Position als uralter – zumindest mit westeuropäischem Maß gemessen – geistiger Zentralort und faszinierendes Ziel des Kulturtourismus behaupten.

Der Ursprung des Klosters ist in Dunkel gehüllt, doch es steht außer Frage, dass es im frühen Mittelalter, vermutlich schon im 6. Jahrhundert gegründet wurde. Unbekannt, wer hinter dieser Gründung stand, aber eine häufige Vermutung ist, dass es sich um irische Mönche handelte, die sich in das Königreich Dumnonia im südwestlichen Britannien begaben, um neue Stützpunkte für das Christentum zu etablieren. Etwa um 650 ging das gesamte Gebiet an das sächsische Wessex, was jedoch für die Klosteranlage keine Probleme mit sich brachte. Im Gegenteil: Die neuen Machthaber stellten sich kraftvoll hinter das Kloster. König Ine von Wessex (688–726) ist nicht selten für den eigentlichen Gründer des Klosters gehalten worden, doch es ist wahrscheinlicher, dass es die Anlage bereits gab und die sächsischen Könige fortfuhren, sie zu begünstigen. Ine hat Glastonbury jedenfalls reiche Privilegien verliehen, die die Mönche sorgfältig aufbewahrten und den Machthabern späterer Jahrhunderte stolz vorwiesen.

Für das 10. Jahrhundert sind die Quellen bedeutend ausführlicher als zuvor. Von dieser Epoche an wissen wir manches über das Wirken des Klosters. Im Jahre 940 ernannte der König Edmund Dunstan, einen der bedeutendsten englischen Kirchenmänner der Zeit, zum Abt von Glastonbury. Unter Dunstans Regime übernahm der Ort die Führung in der Renaissance des Klosterwesens, die sich in den Jahrzehnten um die Mitte des 10. Jahrhunderts abzeichnete, als die benediktinischen Ordensregeln auf der Insel zu den dominierenden wurden. Von da an wurde Glastonbury zu einer der mächtigsten kirchlichen Institutionen Englands überhaupt, eine Situation, die sich im Grunde nicht ändern sollte, bis König Heinrich VIII. die Voraussetzungen für die Fortsetzung des Klosterlebens sechs Jahrhunderte später zerstörte. Glastonbury war reich und juristisch selbstverwaltet. Der Abt konnte mit zahlreichen Heiligengräbern prahlen – dazu später mehr – und mit vielen besonders heiligen Reliquien, darunter ein Stück des Tisches, an dem das Abendmahl gespendet worden war, ein Stück des Pfeilers, an den Jesus gebunden war, als man ihn auf Geheiß des Pilatus geißelte, das Gewand, in das Herodes ihn kleiden ließ, mehrere Teile des Kreuzes Christi, Steine von Golgota, ein Dorn der Dornenkrone Jesu und einiges mehr.[272] Mit der Reformation sank die Bedeutung Glastonburys drastisch, doch der Ort lebte als Kleinstadt mit ländlicher Prägung weiter.

Wer heute nach Glastonbury kommt, begegnet einer besonderen Kombination aus Kleinbürgerlichkeit, gotischer Ruinenstimmung und Neuheidentum. Die Überreste des Klosters bestimmen das Stadtbild und fungieren sommers als effektiver Touristenmagnet. Das einzige Gebäude, das noch intakt ist, ist die Küche, doch die Ruinen der Klosterflügel und Kirchengebäude sind mächtig genug, um allein durch ihren Umfang zu imponieren. Wandert man in den Straßen rund um den Ruinenkomplex umher, entdeckt man ein ganz anderes Glastonbury: Läden, die Magie und spirituelle Artefakte anbieten, Menschen mit geschorenen Köpfen und merkwürdigen Zöpfen und – mitunter – Reihen von Wohnmobilen. Man bekommt das Gefühl, sich auf einem postmodernen Kulturtreffen zu befinden, Tourist zu sein in einer alternativen Wirklichkeit. Glastonbury hat sich in den letzten Jahrzehnten des 20. Jahrhunderts zu einem veritablen Mekka der New-Age-Bewegung entwickelt, was von den eher normalbritischen Einwohnern der kleinen Stadt nicht immer geschätzt wird. Die Verbindung von Heiligem Gral, König Artus und Avalonlegende hat den verschlafenen Landort zu einem der suggestivsten Treffpunkte der englischen Jugend im Allgemeinen – die Stadt richtet ein bekanntes Rockfestival aus – und geistlich Interessierter im Besonderen verwandelt. Daran ist das konstruierte Gedenken an Josef von Arimathäa nicht zu einem geringen Teil beteiligt.

Es gibt viele Engländer, die – wenn man sie danach fragte – behaupteten, Glastonbury sei die Urheimat des Christentums in Britannien, dass es hier gewesen sei, wo die neue Lehre zuerst Fuß fasste. Nicht wenige würden Josef als den Verantwortlichen dafür bezeichnen. Die Überlegung klingt in unseren Ohren etwas zu bemüht, aber Tatsache ist, dass es eine wirksame

Tradition gibt, die anführt, Christus selbst habe die erste Kirche Britanniens gerade in Glastonbury errichtet und Josef von Arimathäa sei einige Jahrzehnte später dort angekommen, um das Bauwerk zu restaurieren und Christi Werk fortzusetzen. Es ist diese Legende, die in dem berühmtesten Lied des Inselreichs, William Blakes *Jerusalem*, einem ewigen Klassiker des englischen Volksliedrepertoires, aufleuchtet. Unzählige Engländer haben in diesem Lied die grünenden Berge verehrt (*mountain's green*), auf denen die Füße vor Urzeiten wanderten (*those feets in ancient time*), und die schönen englischen Weiden (*England's pleasant pasture*), auf denen Gottes heilige Lämmer gesehen wurden. Die grünen Berge sind die Hügel um Glastonbury; die Weiden sind die saftigen Wiesen um die Stadt.[273]

Die Geschichte, wie Josef von Arimathäa mit Glastonbury verknüpft werden sollte, ist aus zahlreichen Gliedern zusammengefügt. Eines, das schwächste, ist Josef selbst. Wie wir bereits sahen, gibt uns weder seine biblische, noch nicht einmal seine apokryphe Persönlichkeit an die Hand, dass er irgendwann den alles andere als rationalen Entschluss gefasst haben könnte, den Abendmahlskelch Jesu zu nehmen und nach Somerset auszuwandern. Dagegen haben wir festgestellt, dass Josef in der Spätantike und im frühen Mittelalter eine immer größere narrative Funktion erfüllte. Vom geistlichen Unbekannten wurde er zum geistlichen Prominenten. Josefs Name tauchte in den ersten Jahrhunderten nach dem Tod Jesu in zahlreichen Texten über das Christentum und seine Geschichte auf. In dieser Literatur wurde er einer aus dem Kreis der Apostel, ein tapferer Jünger, der das Schwert der Verfolgung und die Gefängnisse nicht fürchtete. Diese Entwicklung beinhaltete, dass Josef für fantasievolle Dichter bereitstand und dass diese seinen Namen bei Bedarf mit puren Legenden verknüpfen konnten. Josef war zu einer literarischen Ressource geworden.

Dass ausgerechnet Glastonbury Josef von Arimathäa in Beschlag nahm, beruhte indessen nicht auf ihm selbst, sondern auf Erscheinungen, mit denen er indirekt verbunden werden sollte. Josef wurde, um es mit einem anachronistischen Ausdruck zu bezeichnen, *guilty by association*. Um in Glastonbury Wurzeln zu schlagen, musste Josef zuerst mit dem Heiligen Gral und danach, über den Gral, mit König Artus und seinen Rittern verknüpft werden. Man beachte, dass weder der Heilige Gral noch König Artus vor dem 12. und 13. Jahrhundert irgendetwas mit Glastonbury zu tun hatten. Alle genannten Phänomene wurden in einer dynamischen Ortslegende im Laufe eines knappen Jahrhunderts miteinander verwoben.

König Artus – Geschichte oder Fiktion?

Laut der Mehrzahl am Thema interessierter Menschen von heute ist die Legende vom Heiligen Gral und damit von Josef von Arimathäa aufs engste mit der Geschichte von König Artus und den Rittern der Tafelrunde verbunden. Artus' tapfere Ritter sollen in die Welt hinausgeritten sein auf der Jagd nach dem Heiligen Kelch, ein strapaziöses Abenteuer, an dem die meisten scheiterten, das heißt alle jene, die nicht genügend rein und unschuldig waren, um den Gral zu finden. Die Grallegende wird als Klimax der Artus-Geschichte aufgefasst, als das letzte große Abenteuer und Mysterium vor dem Fall des Königs.

Wer war König Artus? In den Herrscherverzeichnissen der englischen Monarchen ist er nicht sichtbar. Gewöhnlich beginnen die Königslisten irgendwann im 8., 9. oder 10. Jahrhundert, doch die Könige von damals hörten eher auf Namen wie Offa, Egbert, Alfred und Athelstan als auf Uther, Artus, Gawain und Lancelot. Wie kann das sein? Hat Artus überhaupt existiert oder ist er nur eine literarische Gestalt?[274]

Die Historiker streiten sich seit langem und irgendeine allgemeingültige Wahrheit über den Sagenkönig gibt es nicht. Als ich im Jahr 1994 in England lebte, erfuhr ich als quellenkritischer Artusskeptiker, dass es tatsächlich leichter ist, Belege dafür zu finden, dass der – wohlgemerkt, voll und ganz erfundene – Zauberer Merlin gelebt hat, als Beweise für die Existenz Artus'. Gleichwohl gibt es zahlreiche Akademiker, die von der Authentizität des Königs überzeugt sind oder behaupten, dass sie es sind. Die Argumente, mehr oder weniger fundiert, werden gegeneinander geworfen. Für den garstigen Fremdling, der in Cambridge oder Oxford einen erregten Streit provozieren möchte, ist es zweifellos ein guter Tipp, diesen mit einem Gespräch über die Wirklichkeit hinter der Artussage einzuleiten. Je mehr Mittelalterhistoriker, Archäologen und Literaturwissenschaftler anwesend sind, desto blutiger das Ergebnis.

Fragen wir die Mehrzahl der heutigen Filme, Romane und Comics, so erfahren wir, dass Artus ein keltischer König namens Uther Pendragon gewesen sein soll. Ihm wird in diesen Werken zugeschrieben, die Sachsen zurückgedrängt und am Ende des 5. oder in der ersten Hälfte des 6. Jahrhunderts ein Oberkönigtum geschaffen zu haben, das er von einem befestigten Ort namens Camelot aus regierte. Dieser Ort wird zumeist mit Caerleon in Wales oder mit South Cadbury in Somerset gleichgesetzt.

Besonders die letztgenannte Alternative ist sehr populär geworden, nicht zuletzt weil South Cadbury nur einen kurzen Reiseweg von Glastonbury entfernt liegt. Tatsache ist, dass es wirklich die Ruinen einer Fluchtburg in South Cadbury gibt. Archäologen haben festgestellt, dass die Anlage in der Völkerwanderungszeit durch große Bauarbeiten wiederbefestigt wurde. Es ist also nicht unwahrscheinlich, dass South Cadbury ein wichtiger Stützpunkt im Kampf um das südliche Britannien war, weshalb mancher romantisch veranlagte Mensch von heute es nicht lassen kann, den anonymen Bauherren der Burg mit König Artus zu »identifizieren«.[275]

Die modernen Versionen der Sage erzählen weiter, dass Artus tüchtige Ritter um sich scharte, tapfere Ritter, die einen bestimmten Platz an einem runden Tisch einnahmen. Von da ritten sie aus, um Gerechtigkeit zu schaffen, Turniere zu bestreiten, zu kämpfen und auf möglichst höfische Weise schöne Damen zu umwerben. Doch gab es nicht nur Frieden und Freude: da wurden Intrigen geschmiedet in Britannien, besonders von Artus' neidischen und zauberkundigen Geschwistern. Die Intrigen führten zu innerer Spaltung. Nach längerer Regierungszeit fiel Artus am Ende im Streit mit seinem verräterischen Sohn Mordred, der selbst in dieser Auseinandersetzung zu Tode kam.

Doch woher wissen wir dies? Wird all das eben Wiedergegebene in zeitgenössischen Quellen erzählt? Nein. Tatsache ist, dass kein einziger von allen Geschichtsschreibern und Dichtern Britanniens in der Epoche vom 5. bis zum 8. Jahrhundert sich die Mühe machte, König Artus auch nur zu erwähnen. Diese triste Wahrheit stellt jedoch für die vielen Lokalpatrioten, Romanverfasser und Filmregisseure, die gleichwohl beschlossen, König Artus in die Geschichte einzuschreiben, kein Hindernis dar. Ein gewöhnliches Argument vonseiten enthusiastischer Artusfreunde ist dies, das die gesamte Epoche ja arm an Quellen sei – ein wirkliches *Dark Age* –, dass es gar nicht verwunderlich wäre, wenn uns Namen einzelner Individuen, die die Politik der Insel beherrschten, fehlen. Mit anderen Worten: Wir sollten überhaupt nicht danach fragen, ob Artus in seiner eigenen Epoche in den Quellen vorkommt, weshalb wir beruhigt vom Beweismangel absehen können. Er lebte vermutlich in jedem Fall.

Dieses Argument hält einer näheren Untersuchung nicht stand. Wir kennen nämlich die Namen zahlreicher anderer Könige und Reiche, was es schwierig macht zu erklären, warum Artus – wenn er denn wirklich ein so großer und wichtiger Herrscher war – ganz vergessen wurde. Wenn weniger bedeutende Potentaten genannt werden, dann dürfte doch gerade die Existenz eines mächtigen Oberkönigs von irgendeinem schreibkundigen Mönch festgehalten worden sein. Eine kurz gefasste Übersicht dessen, was wir über die nichtangelsächsische britische Geschichte dieser Epoche aus erhaltenen Werken wissen, ist angebracht, um das Problem aufzuzeigen.

Um das Jahr 550 verfasste ein Kirchenmann namens Gildas eine stark moralisierende, an die seiner Ansicht nach miserablen Herrscher des keltischen Britannien gerichtete Schrift. Artus wird nicht erwähnt, aber eine Anzahl anderer einheimischer Potentaten wird aufgezählt und allerlei Sünden angeklagt. Gildas schildert die tragische Geschichte Britanniens des 5. und 6. Jahrhunderts als ein Resultat der Apathie und des passiven Luxuslebens seiner Einwohner. Als sie zum wiederholten Male von den wilden Pikten im Norden bedroht worden waren, vermochten sie es nicht, ihre eigenen Häuser zu schützen, sondern waren davon abhängig, dass Fremde auf ihre Kosten kämpften. Zu Beginn wurden die Briten von römischen Truppen verteidigt. Nachdem diese von dem sich zurückziehenden Imperium zurückgerufen worden waren, oblag die Verteidigung gedungenen sächsischen Truppen vom Kontinent. Der Hauptverantwortliche für deren Anwesenheit wird von Gildas ein »stolzer Tyrann« genannt. Die Sachsen wurden mit der Zeit unzufrieden mit ihrer Entlohung und zettelten einen Aufstand an. Dieser war zunächst erfolgreich und große Teile des südlichen Britannien gerieten unter die Herrschaft dieser Fremden. Ein tapferer Krieger namens Ambrosius Aurelianus schlug jedoch am Ende ihre Vorstöße zurück und stellte die Herrschaft der Einheimischen wieder her. Wenn aber die Könige sich weiterhin so schlecht aufführten wie bisher, so Gildas, sei es nur eine traurige Frage der Zeit, bis das kriegerische Elend wiederkomme.[276]

Seit Gildas Schrift sind zahlreiche Kleinreiche ins historische Scheinwerferlicht getreten. Dazu gehört Dumnonia, eine Herrschaft, die das heutige Cornwall, Devon und Somerset im südwestlichen England umfasste. In der europäischen Kulturgeschichte ist es zumeist mit der Sage von Tristan und Isolde verbunden; in unserem Zusammenhang ist es als das Reich, in welchem das Kloster von Glastonbury und die oben erwähnte Festung von South Cadbury angelegt wurden, von besonderem Interesse. Wir begegnen auch Dyfed, einem Königreich im südwestlichen Wales, das zu dieser Zeit von irischen Edelleuten von der grünen Insel im Westen beherrscht wurde. Dyfed ist ein leuchtendes Beispiel dafür, dass die Herrscher dieser Epoche längst nicht so anonym waren, wie man leicht glauben könnte. Die Genealogie der Herrscher dieses Reichs ist sowohl in irischen als auch in walisischen Quellen bewahrt. Sie können offenbar als Mitglieder einer Dynastie identifiziert werden, die unter der Bezeichnung Désie bekannt ist und auch das heutige County Waterford und Teile des County Tipperary in Irland bewohnten. Die dominierende Stellung dieser Dynastie im südwestlichen Wales geht auch aus erhaltenen Inschriften hervor. Ein Dyfed-König, der in Gildas Klageschrift vorkommt, wird in einer Inschrift, teils in gewöhnlichen Buchstaben auf lateinisch (MEMORIA VOTEPORIGIS PROTICTORIS – »Zum Gedenken an den Beschützer Voteporix«), teils in Ogamschrift auf irisch (VOTECORIGAS, »von Votecorix«) erwähnt.

Von den übrigen bekannten Reichen in diesen vermeintlich dunklen Jahrhunderten der Geschichte des keltischen Britanniens kann Gwynedd genannt werden, lateinisch Guenedota, gelegen im nördlichen Wales, in Quellen des 6. Jahrhunderts belegt und noch im 13. Jahrhundert selbständig, länger als irgendein anderes walisisches Königtum. Im Norden, mit Zentrum bei Dumbarton vor Glasgow, lag ein Reich namens Ystrad Glud, in historischer Literatur oft Strathclyde genannt, das bis zur Einverleibung in das Königreich Schottland zu Beginn des 11. Jahrhunderts bestand. Südlich davon um das heutige Carlisle gelegen, gab es das Reich Rheged. Im Nordosten, im Gebiet von Edinburgh (das eventuell als Königssitz unter dem Namen Din Eidyn diente), lebte das Volk, das in römischer Zeit Votadini genannt wurde; im frühen Mittelalter hießen dieses Reich und sein Volk dann Gododdin. Sowohl Rheged als auch Gododdin wurden im 7. Jahrhundert in das angelsächsische Königreich Northumbria eingefügt. Bedeutend weiter südlich, im Gebiet des heutigen Leeds, lag ein Reich mit dem Namen Elmet oder Elfed, das von den Angelsachsen um das Jahr 610 unterworfen wurde.

Nirgendwo in den Quellen über diese Welten kommt König Artus vor. Die Helden, die mit der Geschichte der Reiche verbunden wurden, trugen andere Namen. Der einzige bekannte Herrscher Rhegeds, Urien, der wahrscheinlich am Ende des 6. Jahrhunderts regierte, wird in acht erhaltenen Liedern eines Dichters namens Taliesin erwähnt. Der halbhistorische Herrscher Mynyddog Mwynfawr (»Mynyddog der Reiche«) von Gododdin wird als der Herrscher erinnert, der die Initiative zu einem großen Feldzug gegen die Angeln um das Jahr 600 ergriffen hat, die dann mit einer Niederlage bei Catraeth (Catterick in Yorkshire) endete. Diese tragische Geschichte bildet das Gerüst von *Y Gododdin*, dem bedeutendsten literarischen Werk des frühmittelalterlichen keltischen Britanniens. Hier wird tatsächlich ein tapferer Artus im Vorbeigehen erwähnt, aber in allzu lakonischer Wortwahl, als dass wir mit dieser Notiz etwas anfangen könnten. Hinzu kommt, dass *Y Gododdin* nur durch eine Handschrift des 13. Jahrhunderts bekannt ist, sodass Artus' Name lange nach Entstehung der Dichtung eingefügt worden sein kann.[277]

Der größte angelsächsische Geschichtsschreiber des frühen Mittelalters, Beda Venerabilis, erzählt in den Jahren um 730 die Geschichte des 5. und 6. Jahrhunderts. Hier erhalten wir Informationen, die das, was wir bei Gildas lesen, vervollständigen. Der »stolze Tyrann«, bekommt nun den Namen Vortigern; die sächsischen Führer werden Hengist und Horsa genannt. Das Gebiet Kent wird als die erste Hauptbasis der Sachsen in Britannien ausgewiesen. Wegen der großen Zeitspanne vom 5. bis zum 8. Jahrhundert hat sich die moderne Geschichtswissenschaft den Angaben Beda Venerabilis' gegenüber ziemlich skeptisch verhalten. Hengist und Horsa werden heutzutage als halbhistorische, vielleicht sogar rein mythische Figuren betrachtet. Was Artus betrifft, so schweigt Beda. Nicht einmal er schreibt etwas über die Existenz des Königs.[278]

Tatsache ist, dass es noch bis zum 9. Jahrhundert dauert, bevor wir Texte erhalten, die Artus als historische Person überhaupt erwähnen. Dabei handelt es sich in erster Linie um eine Liste von zwölf Feldschlachten, die von einem *dux bellorum* (»Kriegsführer«) dieses Namens geschlagen wurden. Die Liste findet sich in dem Werk *Historia Brittonum*, das aus vagen Gründen einem gewissen Nennius zugeschrieben wird. Was nun aber wirklich die Fantasie späterer Romanschreiber in Bewegung setzte, war jedoch eine knappe Information, die von den *Annales Cambriae* geboten wurde, ein Werk, das im 9. und 10. Jahrhundert kompiliert wurde. Hier kommt Artus' Name an zwei Stellen vor. So wird behauptet, er habe in einer drei Tage langen Feldschlacht im Jahre 516 triumphiert und sei in der Schlacht von Camlann 537 gefallen. Die Annalennotiz sagt auch, dass ein gewisser Medraut bei demselben Ereignis ums Leben gekommen sei. Der Name Medraut ist so verdächtig wie der Name Mordred, der in später geschriebenen Legenden von dem Schurken der Sage getragen wird, von Artus' illegitimem Sohn und dem Mann, der durch verräterischen Aufstand Artus' Tod und den Untergang seiner Herrschaft verursacht. Man beachte, dass die *Annales Cambriae* nichts darüber sagen, ob Artus und Medraut im Kampf gegeneinander starben – wie sie es in Romanen und Filmen tun –, oder ob sie im gemeinsamen Kampf gegen einen äußeren Feind fielen. Das Letztere ist, ausgehend von der lakonischen Annalennotiz, durchaus möglich. In jedem Fall sind die *Annales Cambriae* als historische Quelle ungeeignet. Wie im Fall von *Y Gododdin* kann die Notiz zu Artus sehr viel später eingefügt worden sein.

Also: Absolutes Schweigen aller uns bekannten Verfasser vom 5. bis zum frühen 9. Jahrhundert. Danach einige lakonische Erwähnungen, die zeitlich viel zu abgelegen sind, als dass sie Grundlage einer seriösen Geschichtsschreibung sein könnten. Zusammengenommen ist dies zu wenig, als dass wir es wagen könnten, Artus zum König zu ernennen. Wendet man moderne wissenschaftliche Quellenkritik auf den Artusmythos an, so ist das Ergebnis, dass seine Historizität zurückgewiesen werden muss: König Artus hat in diesem Fall nicht anders denn als literarische Figur existiert. Gewiss bedeutet dies nicht, dass er nicht gelebt haben kann, allem Quellenmangel zum Trotz, aber unter den gegebenen Umständen ist es sinnlos, sich über etwas, das er eventuell in seinem hypothetischen Leben getan hat, zu äußern. Aus dem Schweigen allein können wir nicht Geschichte schreiben.

Die einfache Wahrheit ist die: Wenn es Geoffrey von Monmouths Fantasiegeschichte über die britischen Könige, *Historia Regum Britanniae* (»Geschichte der Könige Britanniens«), geschrieben um 1130, nicht gegeben hätte, in der die uns bekannte Artussage das erste Mal das Licht der Welt erblickte, würde heute kaum jemand jemals von Artus gehört haben. Die Geschichten über den Sagenkönig und seine Ritter der Tafelrunde wurden innerhalb der hoch- und spätmittelalterlichen westeuropäischen Kultur der höheren Stände ausgebildet und erhielten hier ihre besondere Prägung – innerhalb derselben Kultur, deren Träger die Legenden vom Heiligen Gral formten.

Geoffrey (gest. vor 1155) stammte wahrscheinlich aus dem Gebiet von Monmouth in Wales und war Kanoniker in Oxford. Seine einflussreiche Chronik handelt von der Geschichte Britanniens, genauer gesagt von der Geschichte seiner hauptsächlich fiktiven 99 Könige, von Brutus bis zu Cadwallader (der 689 gestorben sein soll), über zweitausend Jahre. Das einzige, was in dieser Chronik annähernd korrekt ist, sind bestimmte Aussagen über das 7. Jahrhundert; der Rest ist Lüge und Dichtung. Die Angaben sind zudem als politische Darstellungen in eigener Sache zu betrachten. Sie formen sich zu einer literarischen walisischen Rache für die ungerechte

Geschichte, die die Ureinwohner des größten Teiles der britischen Insel beraubt hatte. Mit seiner Arbeit wollte Geoffrey den Briten, das heißt den Walisern, eine Vergangenheit zurückgeben, auf die sie stolz sein konnten. Wer *Historia Regum Britanniae* liest, erfährt nichts über die Epoche, von der die Chronik zu berichten vorgibt, sondern stattdessen so manches über Politik und Literatur Englands und Wales' im 12. Jahrhundert.

Die Chronik beginnt mit einer Erzählung, wie Brutus, der ein Urenkel des Trojaners Äneas gewesen sein soll, in Italien geboren wurde, jedoch seinen Vater Silvius tötete und nach Griechenland ins Exil gezwungen wurde. Hier traf er auf versklavte trojanische Volksteile, die er nach hartem und blutigem Kampf befreite. Danach führte Brutus seine Männer auf eine lange Wanderung auf der Suche nach einem neuen Heimatland. Viele Kämpfe und Siege später erreichten sie die schöne Insel Albion, deren Monstereinwohner sie vertrieben. Brutus nahm die Insel in Besitz und taufte sie Britannien.

Nach dieser dramatischen Einleitung schildert Geoffrey eine lange Reihe erfundener Könige, Jahrhundert um Jahrhundert. Die Römer tauchen auf, natürlich, doch anders als in der Wirklichkeit besiegt von den Briten. Ein fiktiver König namens Arviragus widersetzt sich im 1. Jahrhundert n. Chr. erfolgreich der römischen Invasionsarmee. Eine andere hervortretende Gestalt ist Lucius, der bei Papst Eleutherius christliche Missionare bestellt haben soll. Der größte Held jedoch ist König Artus, dessen Geschichte hier ihren eigentlichen Anfang nimmt – nun begegnen wir endlich auch Merlin, Guinevere, Mordred und anderen. Geoffrey stellt dar, wie Artus nach seinem Fall in der Schlacht von Camlann zur Insel Avalon getragen wird, um dort geheilt zu werden. Eines Tages jedoch würde er nach dem Glauben des Volkes zurückkehren und sein Volk noch einmal zum Sieg führen![279]

Josef von Arimathäa erwähnt Geoffrey indessen nicht. Nicht einmal Glastonbury; Avalon wird noch nicht mit diesem Ort identifiziert. Es fiel Geoffrey von Monmouth nicht ein, über Josef und Glastonbury in seiner Chronik zu schreiben, weil die spätere enge Verknüpfung zwischen Artus, Josef und Glastonbury ganz einfach noch nicht geschaffen worden war. Geoffreys ebenso großartige wie lügnerische Arbeit war eine Voraussetzung für viele der nachfolgenden Legendenbildungen, doch wäre er selbst sehr verwundert gewesen, hätte er gewusst, was noch kommen würde. Alles deutet darauf hin, dass Geoffrey in der Rolle des Mythenstifters erfolgreicher gewesen ist, als er selbst jemals geahnt haben dürfte.

Geoffrey hat die Artushysterie in Gang gesetzt, könnte man mit einem modernen Ausdruck sagen. Von da an sollten sich zahlreiche westeuropäische Schriftsteller um die Geschichten vom Sagenkönig sammeln und sie nach bestem Vermögen ausschmücken. Dies ging schnell. Schon im 12. und der ersten Hälfte des 13. Jahrhunderts, also nur wenige Generationen nach Beendigung der Arbeit Geoffreys, sind die Legenden entscheidend weiterentwickelt worden. Die Artusvergangenheit, die der rachsüchtige Waliser in Oxford malte, passte perfekt in die höfische Ritterromantik Westeuropas. Wace, Chrétien de Troyes, Layamon und viele andere Dichter machten den Artusmythos zu dem, was er heute ist. Detail um Detail wurde zusammengetragen: Sir Lancelot, die Tafelrunde, das Schwert Excalibur, der Heilige Gral und so weiter.

Als die Gralslegende plötzlich auf der literarischen Bühne auftrat, gab es im alten Britannien bereits eine ausgebildete literarische Landschaft tapferer Ritter, keuscher Jungfrauen, kühner Heldentaten und höfischer Ehre, eine suggestive Welt, in der der Heilige Gral leicht eingefügt werden konnte. In diesem Stadium bedurfte es, so sollte sich zeigen, eines persönlich vermittelnden Gliedes zwischen der Urzeit der Bibel und dem Mittelalter König Artus'. Dieses Glied wurde Josef von Arimathäa.

Der Heilige Gral

Die Legenden vom Heiligen Gral, die im 12. und 13. Jahrhundert entwickelt wurden, waren nicht von der Kirche sanktioniert, dem ausgeprägt religiösen Thema zum Trotz. Die Priester haben die Geschichte über diesen merkwürdigen Gegenstand, der weder von den Evangelisten noch von den spätantiken und frühmittelalterlichen Schriftstellern erwähnt wurde, niemals offiziell akzeptiert. Sie war allzu neu und theologisch sonderbar, um als makellos christlich gelten zu können. Zugleich war sie in ketzerischer Hinsicht nicht gefährlich; jene, die vom Heiligen Gral träumten, waren ja kaum dieselben Menschen, die die Eigentumsgemeinschaft, päpstliche Armut, weibliche Prediger und Bibelübersetzungen in der Volkssprache forderten. Die Artusträumer den Scheiterhaufen der Inquisition zu überantworten, war nicht aktuell.

Die Gralslegende wurde also zu einem von der Kirche tolerierten, aber nicht ausdrücklich anerkannten weltlichen und literarischen Phänomen, verknüpft mit dem Adel im Allgemeinen und mit den Rittern im Besonderen. Sie wurde ein Ausdruck für etwas, das in unseren Tagen von Repräsentanten der etablierten Religionen vermutlich mit Begriffen wie »abstrus« und »Fantasien« belegt werden würde. Man stelle sich beispielsweise einmal vor, J. R. R. Tolkiens Herrscherring oder die Jediritter der Krieg-der-Sterne-Filme würden in die gegenwärtigen Religionen als gute oder böse Elemente des Kosmos eingefügt. Kein Priester würde wohl diesen Zusatz zu den Dogmen unterschreiben, aber wie viele würden ernsthaft umfassende Hasskampagnen gegen den geistigen Neuerwerb anzetteln? Man würde lachen, den Kopf schütteln und sich dann vernünftigeren Dingen zuwenden, als gegen ungefährliche Windmühlen zu kämpfen.

Weil das Gralsphänomen neu war, gab es keine starren Dogmen oder narrative Muster, von denen die Dichter ausgehen konnten, weshalb die Legenden sehr unterschiedliche Gestalt annehmen konnten, je nach Fantasie und persönlichen Motiven des Erzählers. Schon nach wenigen Jahrzehnten waren solchermaßen imponierende Geschichten herangewachsen, die dann im Hoch- und Spätmittelalter in unterschiedliche Richtungen weiterentwickelt wurden.

Unsere Unkenntnis über die Vorgeschichte des Grals muss betont werden. In der Zeit vor der zweiten Hälfte des 12. Jahrhunderts ist der Gegenstand völlig unbekannt. Wir wissen nicht einmal, was das Wort *Gral* bedeutet. In den Manuskripten, die von der ältesten bekannten Gralserzählung, der, die mit Chrétien de Troyes verbunden wird, erhalten ist, wird das betreffende altfranzösische Wort *graaus* oder *graals d'argent* (»Silbergral«) geschrieben; in deutschen mittelalterlichen Handschriften wird die Form *gral* verwendet. Möglicherweise kann das Wort vom lateinischen *crater*, über das mittellateinische *cratus* und die entwickelten Formen *gradus* und *gradalis* hergeleitet werden. Über die eigentliche Bedeutung des altfranzösischen Wortes haben die Gelehrten lange gestritten. Eine übliche Vermutung ist »Schale« oder »tiefer Teller«. Aber wir wissen es nicht.[280]

Das erste Mal begegnet uns der Heilige Gral in der Literatur etwa um 1180 bei dem französischen Dichter Chrétien de Troyes in dem unvollendeten Werk *Conte del Graal.* Chrétiens Held, Perceval le Gallois (Perceval von Wales) sieht hier den Gral als eine wunderschöne Schale oder eine tiefen Teller, der von einem jungen Mädchen getragen wird und mit Gold und Juwelen verziert ist. Ein anderes Mädchen trägt ein *tailleoir* (auch eine Art

Schale, eventuell eine Patene) und ein junger Mann geht ihnen mit einer Lanze voran, von der Blut tropft. Wie die drei Gegenstände theologisch zusammengehören – wenn sie es denn überhaupt tun – ist unklar; Chrétien selbst gibt keine Anhaltspunkte.

Eine Deutung geht davon aus, Chrétien habe eine rituelle Prozession zeigen wollen, in der die Lanze die heilige Lanze symbolisiere, mit der man Jesus bei der Kreuzigung in die Seite stach, und dass der Gral einen Kelch versinnbildlichte. Eine andere Deutung, die in der Forschungsliteratur gewöhnlich vorkommt, besagt, dass Chrétiens Gral thematisch auf eines der Füllhornsymbole zurückgeht, die in vorchristlichen Legenden vorkommen, insbesondere in der als »keltisch« bezeichneten Erzählkultur in Wales und Irland. In diesem Fall könnte der Gral eine entwickelte Variante jenes merkwürdigen Bechers oder Kelches sein, der in den Sagen meist in der zweiten Dimension zu finden ist, wohin der Held reisen muss, um ihn heimzuholen oder an seinen Gaben teilzuhaben.[281]

Doch wie kam es zu der Idee, diese sagenhafte Schale stamme aus der Zeit Jesu, sie habe Jesu Blut enthalten? Diese Auffassung findet sich zwar bei Chrétien de Troyes, doch er geht noch weiter: Bei ihm ist es der Leib Christi in Form von Oblaten, der im Gral aufbewahrt wird. Einige Jahrzehnte später war auch Christi Blut ein wohl etabliertes Element der Legende. In seiner Monografie über den Heiligen Gral schlägt Roger Sherman Loomis (1963) vor, dass dies ursprünglich auf einem sprachlichen Missverständnis beruhe. Einer dieser merkwürdigen Füllhorngegenstände, der als Inspiration gedient haben kann, war das so genannte Brâns Horn, ein Trinkhorn des Typs, der gewöhnlich in der Wikingerzeit und dem frühen Mittelalter in Nordeuropa vorkam. Im damaligen Französisch war das Substantiv für Horn identisch mit dem Substantiv für Leib: *cors*. Loomis vermutet, dass französische Poeten, die das nordeuropäische Trinkhorn wohl kaum gekannt haben dürften, aber wohl vertraut waren mit der Vorstellung von Christi Leib, *Corpus Christi*, als einer Wunder bringenden Speise, die Begriffe ganz einfach vermengten. Zu Anfang schrieben sie vielleicht *cors* = Horn, aber es dauerte nicht lange, bis sie und andere annahmen, dass *cors* gleichbedeutend sei mit (Christi) Leib. Von da war es nur ein kleiner Schritt zu denken, die wundersame Kraft des Grals stamme zuallererst von Jesus. Die höfischen Dichter des 12. und 13. Jahrhunderts arbeiteten ja innerhalb des Rahmens eines ausgeprägt christlichen Zusammenhanges. Wunderkräfte kamen selbstverständlich von Gott.[282]

Chrétiens Schilderung des Grals und seiner Legende in *Conte del Graal* verdient eine kurze Zusammenfassung, damit die spezifische Sagenatmosphäre um diesen Gegenstand deutlich werden kann. Wenn wir in die Geschichte eintreten, hat der Held Perceval, der aus Wales stammt, die Schulung zum Ritter an König Artus' Hof bereits durchlaufen und befindet sich nunmehr auf dem Weg heimwärts zu seiner Mutter. Eines Tages, als er an einem Fluss entlangreitet, gelingt es ihm nicht, eine Furt zu finden, auch kein Boot, das ihn ans andere Ufer bringen könnte. Ein Fischer erklärt sich jedoch bereit, ihn in seinem Haus übernachten zu lassen und er beschreibt dem Helden, wie er dorthin gelangt – das Haus liege in einem nicht weit entfernten Tal, nahe dem Wald und dem Fluss. Perceval reitet davon und findet ein Schloss, bestehend aus einem Saalgebäude mit drei Türmen, von denen einer sehr hoch ist. Er wird von den Dienern des Burgherrn in Empfang genommen und bewundert die Schönheit des Schlosses. Danach wird er in einen gigantischen Speisesaal geführt, wo er auf den Schlossherrn trifft, der erklärt, er könne sich nicht von seinem Platz erheben.

Perceval erhält nun ein wertvolles Geschenk von seinem Wirt. Ein kostbares Schwert, gesandt von der Nichte des Schlossherrn, wird in den Saal getragen und dem Neuankömmling überreicht. Danach plaudern er und der Schlossherr miteinander, doch plötzlich tritt die weiter oben erwähnt Prozession in den Saal: zuerst ein junger Mann mit weißer Lanze, von welcher Blut tropft, dann weitere zwei Männer mit Kerzenleuchtern, danach ein Mädchen mit dem Gral, der von grellem Licht umgeben ist, und schließlich ein anderes Mädchen mit einem *tailleoir* aus Silber. Die Prozession verschwindet in einer angrenzenden Kammer.

Perceval fragt seinen Wirt nicht, was dies bedeute; er war schon früher von seinem Lehrer instruiert worden, niemals zu viel zu reden oder zu viele Fragen zu stellen.

Nachdem er seine Hände gewaschen hat, wird Perceval zu einem wunderbaren Mahl eingeladen. Unterdessen sieht er, wie der Gral mehrmals hereingetragen wird, doch jedes Mal enthält er sich der Frage, was dies für ein Gegenstand sei und welche Funktion er habe. Zum Schluss wird der Schlossherr fortgetragen, um zu schlafen, und auch Perceval schläft ein. Als er am folgenden Tag erwacht, findet er das Schloss menschenleer, so nimmt er seinen Sachen und reitet weiter. Perceval wählt einen Pfad durch den Wald. Nach längerem Ritt begegnet er einer trauernden Jungfrau, die im Wald steht und klagt, den kopflosen Leichnam eines Ritters umarmend.

Er beginnt mit der Jungfrau zu sprechen, die bald erkennt, dass er im Saal des reichen »Fischerkönigs« geschlafen hat.

Perveval versteht nicht, aber die Frau erklärt es ihm: Der König, den Perceval im Schloss getroffen hat, war Invalide, nachdem ein Speer einmal beide Beine durchbohrt hatte. Die Schmerzen machten es ihm unmöglich, ein Pferd zu besteigen, doch sein liebstes Vergnügen war nun stattdessen, sich in ein Boot setzen zu lassen und zu fischen – daher der Name Fischerkönig. Das Mädchen fragt Perceval nun nach seinem Aufenthalt im Schloss, und es erschreckt, als es hört, dass er den Wirt nicht nach der Bedeutung des merkwürdigen Gegenstandes gefragt hat, der durch den Saal getragen worden war. Es zeigt sich, dass das Mädchen Percevals Kusine ist, und es teilt ihm mit, dass seine Mutter tot sei. Das Mädchen erklärt auch, dass Perceval einzig dadurch, dass er den Fischerkönig nach der Bedeutung von Lanze und Gral fragt, diesen von seinem Leiden erlösen könne. Doch nun müsse der König weiter leiden.

Perceval ist tief betrübt, doch er erbietet sich, zumindest den gefallenen Krieger zu rächen, um den das Mädchen trauert. Dann sprechen beide über das Schwert, das Perceval vom Fischerkönig bekommen hat. Offenbar ist es eine beschwerliche Waffe – wenn sie Schaden nimmt, muss man bis nach Schottland reiten, um einen Schmied zu finden, der sie reparieren kann. Perceval reitet weiter, führt ritterliche Heldentaten aus und ist bald bekannt an König Artus' Hof. Eine Tages reitet jedoch eine Frau an den Hof, und auch sie wirft Perceval vor, dass er im Saal des Fischerkönigs geschwiegen hat. Er hätte zumindest fragen sollen, zu wem man im Gral Speisen brachte! Großes Unglück sei nun zu erwarten, Unglück, das hätte vermieden werden können, wenn Perceval zu sprechen gewusst hätte! Als die Frau zu Ende gesprochen hat, schwört Perceval das Geheimnis des Grals und der Lanze zu finden.

Fünf Jahre lang reitet Perceval umher und vollbringt ritterliche Taten; unzählige besiegte Ritter müssen sich auf seinen Befehl als Gefangene zu König Artus begeben. Am Ende, an einem Karfreitag, begegnet er einer Gruppe frommer Christen. Sie erzählen ihm, wie er zu einem frommen Eremiten kommen und dort um die Vergebung seiner Sünden bitten könne – denn dieser waren viele, hatte Perceval während seines fünfjährigen Umherirrens Gott doch ganz vergessen. Weinend erreicht der Ritter den Eremiten. Er berichtet von seiner Begegnung mit dem Fischerkönig und seiner verzweifelten Suche während der vergangenen Jahre.

Der Eremit offenbart Percival, dass er sein Onkel sei. Sie seien drei Geschwister – Percevals Mutter, er selbst und noch ein Bruder, ein alter Mann, der der Vater des Fischerkönigs sei und seine Kammer während fünfzehn Jahren nicht verlassen habe. Zu diesem alten Mann also trug man Speisen im Gral, und nicht irgendeine Speise, sondern einzig Oblaten – sowohl der Mann als auch der Gral seien so heilig, dass dies als Nahrung reiche. Nach dieser Erklärung auferlegt der Eremit und Onkel seinem Neffen, Buße zu tun und sich zu bessern, worauf nichts Weiteres zur Gralsepisode erzählt wird.[283]

Es ist unmöglich, alle Symbole, die sich in Chrétiens Geschichte verbergen, aufzulösen, aber bestimmte Zusammenhänge lassen sich aufzeigen. Die Vorgeschichte des Gral wurde bereits erwähnt. Die Forschung hat auch Parallelen zwischen dem Fischerkönig und einer Gestalt des mittelalterlichen walisischen Sagenschatzes, König Brân, Sohn des Llŷr, bekannt mit dem Beinamem *bendigeid*, »gesegnet«, gezogen. Dieser König kommt in einer der sogenannten *mabinogi*-Geschichten vor und ist wie der Fischerkönig ein sehr großzügiger Wirt. Brân wird in der bekanntesten Version der *mabinogi*-Sage durch einen vergifteten Speer am Fuß verletzt, in einer älteren Version offenbar am Bein.[284]

Conte del Graal sollte sich großer Beliebtheit erfreuen und erhielt darum einige Fortsetzungen, von denen die erste, geschrieben von einem anonymen Verfasser, schon um 1180 oder 1190 entstand. Hier ist es nicht Perceval der Protagonist, sondern Sir Gawain, und eine Vielzahl von Details der Erzählung sind verändert. Der Gral ernährt nicht nur eine einzige Person, sondern fungiert als Füllhorn, das einer ganzen Gemeinde von Menschen Speise und Trank schenkt.

In dieser Erzählung obliegt Gawain ein mystischer Auftrag, dessen Ziel auch für ihn selbst unklar ist, und todmüde lässt er sein Pferd ihn dorthin tragen, wohin es will, geradewegs durch einen dunklen Wald. Das Pferd führt ihn an die Küste, dort entdeckt er eine Anhöhe und dunkle Wege, die ins Meer hinausführen. Gegen den Willen Gawains zerrt das Pferd ihn auf einen Weg, der bei einem großen Saal endet. Es ist Mitternacht, als Gawain das Gebäude erreicht. Er wird von einer großen Versammlung willkommen geheißen. Die Menschen sind zunächst glücklich über seine Ankunft, doch dann werden sie immer nachdenklicher und lassen ihn allein in dem großen Saal zurück.

Als Gawain seine Umgebung genauer betrachtet, entdeckt er eine prachtvoll ausgestattete Totenbahre. Auf dem Leichnam liegt ein halbes Schwert, mitten entzwei gebrochen. Er begreift nichts. Danach tritt ein Priester in den Saal, der ein silbernes Kreuz trägt, gefolgt von einer Gruppe Kanoniker. Die Schar versammelt sich am Totenbett und führt für den Toten eine Zeremonie aus. Während sie dies tut, füllt sich der Saal mit klagenden Menschen. Als die Zeremonie beendet ist, gehen alle außer Gawain hinaus, der wieder mit dem Leichnam allein bleibt. Plötzlich kommen andere Menschen in den Raum, dieselben, die Gawain bei seiner Ankunft begrüßt hatten. Das Abendmahl wird angerichtet und ein Mann, der als König vorgestellt wird, lädt Gawain ein, sich neben ihn zu setzen.

Nun wird Gawain gewahr, wie ein Gral durch eine Tür hineingetragen wird. Der Gral schenkt den Versammelten auf rätselhafte Weise Mengen von Speisen und Wein. Gawain ist verblüfft über das, was er hier sieht. Nachdem alle diese fantastische Mahlzeit eingenommen haben, verschwinden die Menschen augenblicklich und der erschreckte Gawain bleibt erneut allein zurück. Als er sich nun umblickt, entdeckt er außer der Totenbahre eine hängende Lanze, von der Blut in ein silbernes Gefäß tropft, von dem es durch ein Rohr hinaus aus dem Saal geleitet wird.

Der König kommt zurück und beginnt mit dem Toten auf der Bahre zu sprechen. »Oh, edler Leib, der hier liegt, für den ein Königreich verwüstet wurde, Gott gebe, dass du gerächt werdest, auf dass das Volk sich freue, und das Land, das lange öde lag, geheilt werde.« Er schenkt Gawain beide Teile des zerbrochenen Schwertes und sagt, wenn es Gott behage, werde das Schwert durch das Zusammenführen der Hälften wieder ganz. Gawain misslingt dies jedoch, weshalb der traurige König den einen Teil zurück auf den Toten legt und Gawain in eine Kammer führt, wo sie miteinander sprechen. Der König erklärt, dass er einen Helden brauche, doch diesem muss es zunächst gelingen, die Teile des Schwertes zusammenzufügen, bevor die Heldentat vollbracht werden könne, und dafür ist Gawain noch nicht reif.

Auf Gawains Fragen hin erzählt der König von der Lanze und dem Schwert. Die Lanze sei dieselbe, die Jesu Leib auf Golgota durchbohrte. Sie blutet kontinuierlich und wird weiter bluten bis zum Jüngsten Gericht; Gott hat bestimmt, sie in diesem Saal aufzubewahren. Die Lanze ist also ein heiliger Gegenstand, der in die große Erlösergeschichte der Menschen eingegangen ist, doch mit dem zerbrochenen Schwert verhält es sich anders. Wegen eines einzigen Hiebes mit diesem Schwert sei ganz Logres (England) verwüstet worden. Unglücklicherweise fällt Gawain während des Gesprächs in Schlaf und hört nicht mehr, wie sich das Unglück zugetragen hat, und als er am folgenden Morgen erwacht, mit seinem Pferd plötzlich weit entfernt von dem Saal, grämt ihn dies sehr. Nun reitet er durch das Land, das er nicht mehr verwüstet vorfindet: indem er sich nach der Lanze erkundigte, hat er Wasserwege, Wälder und Wiesen wiederhergestellt. Wenn er doch auch nach der Bedeutung des Grals gefragt hätte, dann wäre das Land noch weiter aufgebaut worden.[285]

Innerhalb kurzer Zeit wurde die Geschichte weiter ausgebaut, zuerst von einem anonymen Verfasser und später – um 1210 oder 1220 – von einem Schriftsteller namens Manessier. Perceval taucht in der Geschichte erneut auf, tritt in das Gralsschloss ein und setzt das Schwert instand, was Gawain zuvor nicht gelungen war. In Manessiers Fortsetzung erklärt danach der Fischerkönig, dass die Frau, die den Gral trägt, seine Tochter sei, während die Frau, die den anderen Teller trägt, seine Nichte sei, Tochter des Königs über das Wüste Land, ein Mann namens Boon oder Gron. Dieser König sei auf verräterische Art von Partinal, dem Herrn des Roten Turmes, dessen Schwert in zwei Teile zersprang, als er ihn erschlug, getötet worden. Nach dieser Missetat wurde der tote König zusammen mit dem zerbrochenen Schwert auf das Schloss des Fischerkönigs gebracht. Der Ritter, der es vermag, das Schwert wiederherzustellen, werde laut einer Prophezeiung auch den Tod des Königs rächen. Als der Fischerkönig selbst versuchte, das Schwert zu reparieren, verletzte er sich so schwer an den Beinen, dass er von da an Invalide war. Nur wenn Perceval die ersehnte Rache nimmt, würde er geheilt werden. Perceval reitet daraufhin seiner Wege, bringt das Schwert mit Hilfe eines Schmiedes wieder in Ordnung, tötet den Herrn des Roten Turmes und kehrt zum Schloss zurück. Der Fischerkönig wird wieder gesund.[286]

Kurz nach Fertigstellung der ersten Fortsetzung von Chrétiens Geschichte, wahrscheinlich zu Beginn des 13. Jahrhunderts, wurde ein Zusatz erstellt, der in zwei Manuskripten erhalten ist. Soweit mir bekannt, tritt Josef von Arimathäa nun zum ersten Mal in die Gralslegende ein. Der Verfasser dieser Geschichte kannte offenbar das Nikodemusevangelium oder andere Geschichten über Josefs Gefangenschaften und die rätselhaften Befreiungen daraus. Dieses Thema nimmt nach wie vor einen wichtigen Platz in der Geschichte über Josef ein, doch wer den Text liest, bemerkt sehr schnell, dass das Gralsmotiv eine bedeutend größere Faszination auf den

Verfasser ausübte als die alte Geschichte von Gefangenschaft und Rettung. Etwas Neues widerfährt dem Mann aus Arimathäa während der Jahre um 1200: Der Gral schenkt seinem Leben einen neuen Sinn.

Laut diesem Zusatztext lässt Josef den Gral aus Gold herstellen. Er trägt ihn hinauf nach Golgota, wo er ihn zu Füßen des Gekreuzigten aufstellt, sodass das Blut hineinrinnen und bewahrt werden kann. Danach versteckt er den Gral gut und lässt Lichter vor dem Schrein, in dem sich das Gefäß befindet, brennen. Nach dem Begräbnis Jesu, das er selbst mit Erlaubnis des Pilatus besorgt, geht Josef jeden Tag zu dem Versteck des Grals, um zu beten, etwas, das die Aufmerksamkeit des Volkes erregt. Neidische Menschen verraten dies den bösen Juden, denen es gelingt, Josef in einen hohen Turm zu sperren, umgeben von Mauern. Da bittet Josef den Herrn, er möge ihn befreien und über den Gral wachen, sodass kein Jude ihn an sich nehmen kann. Sollte Josef später in große Not geraten, möge Gott, so bittet Josef, ihm den heiligen Gegenstand zurücksenden. Gott erhört seine Bitte und befreit ihn, indem er den Turm so hoch anhebt, dass Josef leicht heraustreten kann.

Josefs geglückte Flucht macht die Juden wütend. Sie beschließen, ihn und Nikodemus sowie dessen Tochter des Landes zu verweisen. Nach den notwendigen Vorbereitungen gelangen Josef und seine Freunde per Schiff in das Land, das Gott für sie gewählt hat. Sie nennen ihre neue Heimat Die Weiße Insel; ein Teil diese Gebietes gehört zum heutigen England. Zwei Jahre lang leben sie in Frieden, ohne dass jemand sie angreift, doch danach sind sie gezwungen, sich mit Waffen gegen die Einwohner des Landes zu wehren. Als Josef einmal eine Niederlage erleidet und gleichzeitig eine Hungersnot herrscht, bittet er Gott, ihm den Gral zu schicken. So geschieht es: Als Josef und seine Freunde sich zu Tisch setzen, nachdem er in ein Horn hat blasen lassen, offenbart sich der Gral und schenkt ihnen Speisen und Wein. Josef verteidigt danach das Land, solange er lebt und gesund ist. Als er den Tod nahen fühlt, bittet er, Gott möge seine Nachkommen wegen des Grals mit Ruhm bedecken. Und wieder erhört Gott die Bitte. Nach Josefs Tod befindet sich der Gral ausschließlich im Besitz von Menschen seiner Familie, darunter der Reiche Fischer (der Fischerkönig) und Perceval.[287]

Es dauerte nur wenige Jahre, bis Josefs Rolle in der Gralslegende noch weiter expandiert war. Der burgundische Dichter Robert de Boron (Boron ist ein Dorf nahe Montbéliard) trug mehr als irgendein anderer dafür die Verantwortung. Robert behauptete selbst, er habe sein Material aus einem

»großen Buch« (*grant livre*). Dieses Buch ist im Übrigen völlig unbekannt, doch es kann nicht ausgeschlossen werden, dass eine solche Quelle tatsächlich existiert hat. Roberts Werk trägt den Titel *Joseph d'Arimathie* und wird mitunter auch *Roman de l'Estoire dou Graal* genannt.

Als Josef in die Handlung eintritt, tut er Dienst unter Pontius Pilatus. Im Geheimen ist er ein warmer Anhänger Jesu gewesen, und nach der Kreuzigung erhält er von seinem Vorgesetzten die Erlaubnis, den Toten zu bestatten. Pilatus gibt ihm dazu sein Versprechen, aber die Wachen auf Golgota verwehren Josef gleichwohl, den Leichnam vom Kreuz zu nehmen. Josef wendet sich wieder an Pilatus, der nun dafür sorgt, dass Nikodemus Josef nach Golgota begleitet. Er überreicht auch den Becher (*veissel*), den Jesus benutzte, um das Abendmahl zu spenden, kurz bevor er verraten wurde; Pilatus selbst hatte diesen von einem Juden erhalten. Nikodemus und Josef nehmen den Leichnam Jesu vom Kreuz, wobei Josef in dem Becher auch so viel Blut wie möglich auffängt, das immer noch aus dem Körper fließt.

Am dritten Tag nach der Kreuzigung geschieht die Auferstehung. Die Juden klagen Josef an, den Leichnam gestohlen zu haben, und er wird ins Gefängnis geworfen. Hier erfährt Josef eine Offenbarung: Jesus zeigt sich ihm in strahlendem Licht und vertraut ihm den Becher mit dem heiligen Blut an. Er verkündet, Josef möge über den Kelch wachen, und dass nur drei Männer diese Ehre erhalten, dies, um die heilige Dreieinigkeit zu symbolisieren. Jesus erläutert Josef auch die Symbolik der Messe und erklärt, dass der Becher, der das Blut enthält, fortan *calice* genannt werden soll (Kelch).

Josef bleibt bis nach der Eroberung Jerusalems durch die römischen Truppen im Jahre 70 im Gefängnis. Vespasian, dem die Macht Christi imponierte, seit er Zeuge eines Wunders geworden war, schenkt ihm die Freiheit, nachdem ein Jude aufdeckt, wo Josef eingesperrt ist. Zusammen mit seiner Schwester Enygeus, ihrem Mann Bron (der auch Hebron genannt wird) und einer Gruppe anderer Christen verlässt Josef später Palästina und lässt sich in einem anderen Land nieder. Nach vielen Jahren wird die Kolonie von einer Hungersnot heimgesucht, offenbar, weil einige gesündigt haben. Josef kniet vor dem Kelch und betet. Der Heilige Geist berichtet da, dass einige Mitglieder der Gemeinde der entsetzlichen Sünde der Lust schuldig seien und dass Josef Maßnahmen ergreifen müsse. Er soll zunächst einen Tisch suchen, der an jenen erinnert, den Jesus für das Abendmahl verwendete; dann soll er Bron aussenden, einen Fisch zu fangen und diesen auf dem Tisch neben dem Gral platzieren. Josef soll sich genau an den Platz des Tisches setzen, der dem Platz Jesu bei seiner letzten Mahlzeit entspricht, Bron ihm zur Rechten. Eine Lücke soll zwischen Josef und Bron entstehen, die Judas' Platz symbolisiere und nicht gefüllt werden dürfe, bevor Enygeus ein Kind zur Welt bringt. Danach soll die ganze Gemeinde zu Tisch gerufen werden, an dem diejenigen einen Platz erhalten, die die heiligen Gebote gehalten haben.

Josef gehorcht. Es zeigt sich, dass sich nur einige Mitglieder der Gemeinde an den Tisch setzen dürfen – ihnen wird eine gute Mahlzeit gereicht –, während andere, die sündigen, beschämt dastehen, schauen und dann gehen. Einer der Sünder, Moyses, bleibt am Tisch und bittet flehentlich um die Erlaubnis, sich zu setzen. Diese erhält er, vorausgesetzt, er ist wirklich frei von Sünden. Moyses setzt sich auf den freien Platz, der Judas Platz entspricht, aber weil er keineswegs sündenfrei ist, wird er augenblicklich von der Erde verschluckt. Nebenbei bemerkt: Robert de Boron ergreift hier die Gelegenheit, um eine absurde terminologische Erklärung dafür zu geben, weshalb der Becher von nun an die Bezeichnung Gral trägt. Der Terminus soll von den wunderbaren Dingen (*agree*) herrühren, die die Menschen um Josef während der Mahlzeit erlebten.

Bron und Enygeus bekommen zwölf Söhne. Elf von ihnen entscheiden sich dafür, eine Ehe einzugehen, während der zwölfte schwört, im Zölibat zu leben. Als Josef darauf vor dem Gral betet, verkündet eine Stimme, dass gerade dieser Neffe einen männlichen Erben erhalten wird (wie dies mit dem Zölibat zusammenpasst, verrät der Dichter nicht). Der betreffende Neffe soll über seine elf Brüder und deren Ehefrauen herrschen; er soll sie in das entfernteste Land der Erde im Westen führen und den Namen Christi rühmen. Die Stimme berichtet auch, dass am folgenden Tag ein großes Licht über die Gemeinde kommen werde, und dass dies einen Brief mit sich führe. Er soll einem Mann namens Petrus vorgelesen werden, der dann reisen möge, wohin er will, den Brief bei sich tragend, und Aleins Sohn erwarten soll (Alein scheint der Name des Neffen zu sein, der sich für das Zölibat entschied).

Am Tag darauf geschieht alles so, wie die Stimme/der Engel vorausgesagt hat. Gefragt, wohin er beabsichtige zu reisen, sagt Petrus, er werde in die Täler Avarons fahren (*vaus d'Avaron*), ein wildes Land weit weg im Westen. Bron ermahnt seine Söhne und Töchter, Alein zu gehorchen, der die Führung ihrer gemeinsamen Reise übernimmt. Gott bittet dann Josef, Bron den Gral zu übergeben und ihn in dessen Geheimnisse einzuweihen. Bron ist fortan als der Reiche Fischer bekannt. Er soll mit seinem Volk in die Länder des Westens fahren und dort die Ankunft des Sohnes erwarten, dem er seinerseits den Gral übergeben wird.

Josef von Arimathäa schenkt nun Bron den heiligen Gegenstand und teilt ihm die geheimen Worte mit, die Jesus ihm im Gefängnis offenbart hatte. Drei Tage später brachen Bron und sein Volk auf, doch Josef blieb zurück.[288]

Soweit Robert de Boron. Seine Darstellung der Rolle Josefs in der Urgeschichte des Grals bildete in den nachfolgenden Jahrhunderten den Ausgangspunkt für zahlreiche französische und französisch beeinflusste Gralserzählungen, einschließlich derer, die in England verfasst wurden. Der Gral wurde in dieser literarischen Tradition zum glänzenden Symbol für die Gegenwart der göttlichen Macht auf Erden – den Gral anzuschauen war gleichbedeutend mit der Teilhabe an einem göttlichen Gnadenbeweis ersten Ranges, ein Ziel, das nur den edelsten und christlichsten Rittern zu erreichen erlaubt war.

Eine der ersten Weiterentwicklungen, die wahrscheinlich auf Robert de Borons Arbeit zurückgeht, aber auch auf anderen Quellen basiert, ist der anonyme Prosaroman *Estoire del Saint Graal* (»Geschichte des Heiligen Grals«), geschrieben in der ersten Hälfte des 13. Jahrhunderts. In diesem Werk ist der Gral wieder ein Teller oder eine Schale (*escuele*), kein Kelch. Josef von Arimathäa entscheidet sich nun, nicht im Vorderen Orient zu bleiben wie bei Robert de Boron, sondern er folgt dem Gral auf der Reise nach Britannien. Dort angekommen, übernimmt er die Leitung in der Verbreitung des Christentums auf der Insel. Zu seinem vornehmsten Mitarbeiter macht er seinen Sohn Josephes, der dem Vater in der Rolle des Gralhüters nachfolgt. Dieser Josephes fungiert in der Legende gleichsam als eine Art Verlängerung des Vaters, eine jüngere Version des Josef von Arimathäa. In der Stadt Sarras weiht Gott ihn zum ersten Bischof der Christenheit, setzt eine Mitra auf sein Haupt, gibt ihm einen Krummstab in die Hand und einen Ring an den Finger. Schließlich berichtet der Verfasser der *Estoire del Saint Graal*, wie ein Hüter nach dem anderen die Verantwortung für den Gral übernimmt. Nach Josef und Josephes übernimmt Brons Sohn Alain den Gral, und dann wird die Wächterfunktion von Generation zu Generation aufrechterhalten bis in die Zeit Merlins und König Artus'.[289]

Irgendwann in der zweiten Hälfte des 12. Jahrhunderts, spätestens im frühen 13. Jahrhundert, beginnt man, Josef von Arimathäa mit dem Heiligen Gral zu verknüpfen, gleichzeitig mit der literarischen Umwandlung des Grals vom vorchristlichen Sagengegenstand zum immer wichtigeren Element im Rahmen einer höfisch-christlichen Tradition.

Wir kennen nicht den Namen jener Person oder der Personen, die für die Ernennung Josefs zum ersten Inhaber des Grals verantwortlich waren. Vielleicht war der Betreffende identisch mit dem anonymen Autor des im Übrigen unbekannten *grant livre*, das Robert de Boron als Quelle nennt. Die alten Geschichten vom Füllhorn und wundertätigen Gegenständen wurden jedenfalls ganz mit den kanonischen und apokryphen Erzählungen des Christentums assimiliert. Solchermaßen wurde der Weg Josefs von Arimathäa als vermittelnde Gestalt eines Konzentrats der wundertätigen Kraft aus der Zeit Christi in Palästina in das mittelalterliche Westeuropa schrittweise vorbereitet.

Warum dies gerade Josef werden sollte, wissen wir nicht, doch eine plausible Vermutung (die Roger Sherman Loomis 1963 vortrug) ist die, dass dies auf Josefs intimer Verknüpfung mit dem Leib Christi – den er bestatten ließ – beruhe und dass gerade das Element Leib (frz. *cors*) als Folge der oben erwähnten Übereinstimmung mit dem Wort für Horn (frz. *cors*) im Zentrum der Ausbildung der Gralslegende stand. Wenn man glaubte, dass der Gral Jesu Leib oder Jesu Blut oder irgendetwas Vergleichbares enthielt, wer wäre wohl besser geeignet als Josef, rückwirkend die Verantwortung als erster Gralshüter und damit als Vorgänger des Fischerkönigs zu übernehmen?[290]

Schildträger und König in Norwegen

Es ist unmöglich, hier auf alle Geschichten einzugehen, die seit dem 13. Jahrhundert über den Heiligen Gral zusammengedichtet wurden, selbst wenn wir uns auf diejenigen Werke begrenzten, die Josef von Arimathäa und seinen Einsatz ausdrücklich betonen. Um die narrative Flexibilität aufzuzeigen, ist es indessen lohnend, wenigstens einigen Beispielen Aufmerksamkeit zu schenken und zu sehen, wie das Thema behandelt wurde.

Ein solches Beispiel ist *Perlesvaus*, ein Prosaroman aus Nordfrankreich, geschrieben zwischen 1200 und 1230. In der Einleitung des Werkes wird der

Heilige Gral als der Krug präsentiert, in dem Jesu Blut am Tag der Kreuzigung aufgefangen wurde. Flavius Josephus, der jüdische Historiker, dem wir weiter oben schon mehrmals begegnet sind, soll danach von einem Engel den Auftrag erhalten haben, die frühe Geschichte des Grals zu verfassen.

Die Handlung in *Perlesvaus* ist kurz zusammengefasst folgende:

Eine kahlköpfige Frau kommt mit großem Gefolge an König Artus' Hof. Die fehlende Haarpracht erklärt sie damit, dass Perceval während seines Besuchs beim Fischerkönig nicht danach fragte, wer durch den Gral mit Nahrung versorgt wurde. Sie müsse kahlköpfig bleiben, bis ein Ritter entweder diese Frage stellt oder den Gral erobert. Die Frau überlässt einen Schild, der ein rotes Kreuz trägt, demjenigen Ritter, der sich des Auftrags annimmt, und reitet dann fort. Später begegnet sie Gawain, den sie sorgfältig in der Kunst des Fragens unterweist, auf dass er keinen Fehler begeht, wenn er zum Fischerkönig kommt. Er durchlebt eine Reihe von Abenteuern und besucht zu gegebener Zeit die Residenz des Fischerkönigs, stellt aber leider nicht die notwendige Frage. Nun begibt sich Sir Lancelot zu dem Schloss, aber auch er scheitert – aufgrund seiner verbotenen Liebe zu Königin Guinevere kann er nicht einmal den Gral sehen, als er vorbeigetragen wird. Am Schluss erholt sich Perceval von der Krankheit, die ihn nach seinem ersten missglückten Versuch befallen hat, und übernimmt den Schild, den die Frau zurückgelassen hatte. Es gelingt ihm nicht, den Fischerkönig zu retten, der gestorben ist, aber er erobert das Schloss von dem bösen Bruder des Fischerkönigs (der sich das Leben nimmt, als die Niederlage besiegelt ist) und hebt den Fluch auf. Der Gral, der mit der Machtübernahme des bösen Königs aufhörte, sichtbar zu sein, offenbart sich nun in der Schlosskapelle. Später kommen Artus und Gawain zu Besuch in das Schloss, wo sich auch Eremiten versammelt haben, um die Messe zu feiern. Der Gral zeigt sich in fünf verschiedenen Formen, wovon die letzte ein Kelch ist.

Perceval zieht es danach wieder hinaus zu neuen Abenteuern. Er begibt sich auch aufs Meer und kommt zu einem wunderschönen Schloss auf einer Insel. Hier begegnet er Männern, die fromm seinen Schild küssen und außerdem behaupten, dass sie dessen früheren Besitzer kennen. Der ursprüngliche Träger des Schildes war Josef von Arimathäa, der nach der Kreuzigung ein Kreuz aufmalen ließ. Später während des Besuchs auf der Insel wird von dem Heiligen Gral gesprochen. Perceval berichtet, dass der

Gral sich nunmehr in der Schlosskapelle des Fischerkönigs befindet. Einer der führenden Männer des Inselschlosses erklärt, wie er selbst den Gral vor langer Zeit gesehen habe. Josef von Arimathäa, der Onkel des Fischerkönigs, besaß nämlich diesen Gegenstand, und er hatte ihn benutzt, um auf Golgota das Blut Jesu aufzufangen.

Perceval kehrt zum Gralsschloss zurück, wo die Särge Nikodemus', Josef von Arimathäas und des Fischerkönigs in der Kapelle aufgestellt werden. Eine Stimme verkündet danach, dass die Reliquien der Kapelle nunmehr unter den Eremiten der Region verteilt werden sollen und dass der Heilige Gral sich fortan nicht mehr an diesem Ort zeigen werde, doch Perceval werde erfahren, wo sich der Gegenstand von nun an befinde. Eines Tages kommt ein Schiff an, und die Särge werden an Bord gebracht. Perceval segelt mit ihnen davon und kehrt nie wieder. Unausgesprochen, aber selbstverständlich ist sein Ziel jene Insel, die er schon zuvor besucht hatte und wo der Heilige Gral nun zu finden sein würde.[291]

In *Perlesvaus* ist Josef eng, auch durch Familienbande, an den Kreis um Perceval und damit an die Artussage geknüpft. Die Atmosphäre ist ausgeprägt westeuropäisch. Es war indessen den Dichtern des 13. Jahrhunderts durchaus möglich, Josef aus dem französisch-englischen Milieu herauszupflücken und in das ferne Nordeuropa zu versetzen. So geschieht es in *Sone de Nansai*, einer Arbeit, die wahrscheinlich in der zweiten Hälfte des 13. Jahrhunderts von einem Poeten aus Brabant verfasst wurde. Das Werk unterscheidet sich auf vielerlei Art von den oben bereits erläuterten: Hier gibt es keinen Artus, keinen Perceval, keinen Gawain. Der Held Sone wird nach vielen Abenteuern Kaiser und zieht hinaus in den Kampf gegen die Sarazenen in Süditalien. Eine Episode seiner Geschichte ist von großem Interesse für uns, denn sie lokalisiert Josef von Arimathäa und den Gral in einem Land, in dem wir sie niemals erwartet hätten. Nach *Sone de Nansai* zu urteilen, können wir Olav Tryggvason und Olav den Heiligen aus der Missionsgeschichte aussortieren: Es war Josef von Arimathäa, der Norwegen christianisierte!

Die Episode beginnt damit, dass Sone sich in der norwegischen Armee anwerben lässt, nachdem er gehört hat, dass Iren und Schotten in Norwegen eingefallen sind. Er vollbringt Heldentaten und wird der Freund Alains, Norwegens König. Gemeinsam fahren sie per Schiff zu einer Klosterinsel vor der norwegischen Küste, wo sie für den Sieg beten wollen.

Die Mönche begrüßen Sone und Alain und laden sie ein in ihr prachtvolles Schloss Galoche, wo ihnen eine festliche Mahlzeit serviert wird. Später hören die beiden Besucher den Abt die Geschichte des Klosters erzählen. Er beginnt mit der nunmehr – in der zweiten Hälfte des 13. Jahrhunderts – wohlbekannten Geschichte, wie Josef von Arimathäa den Heiligen Gral an sich nahm und auch die Lanzenspitze entdeckte, mit der Longinus Jesus bei der Kreuzigung durchbohrt hatte. Josef blieb jedoch nicht, so der norwegische Abt, im Vorderen Orient, sondern stach auf Gottes Befehl in einem leeren Boot in Askalon in See. Gott ließ das Schiff nach Gaeta in Süditalien führen, worauf Josef noch bis nach Norwegen weiterreiste. Hier tötete er den heidnischen König und heiratete dessen schöne Tochter, die er auch taufen ließ – mag sein, dass die Frau ihn hasste, weil er ihren Vater getötet hatte, und dass sie darum mit Leib und Seele Heidin blieb. Nachdem er zum norwegischen König gewählt worden war, verbreitete Josef das Christentum im ganzen Land und ließ ein uneinnehmbares Schloss auf einer Insel vor der Küste bauen. Weil Gott seinen Glauben prüfen wollte, verletzte er Josef ernsthaft an den Beinen, sodass er nicht mehr imstande war zu gehen. Die göttliche Verletzung beeinflusste auch die Umgebung: Das Königreich Logres, das später den Namen Norwegen trug, wurde mit einem Fluch belegt. Nichts konnte mehr wachsen in diesem Land, kein Kind wurde mehr geboren. Jeden Tag nach der Messe ließ Josef sich in ein Boot setzen, um zu fischen, darum begann man, ihn den Fischerkönig zu nennen. Am Ende wurden er und das Land von einem Ritter geheilt, und Josef konnte sein königliches Werk fortsetzen. Danach gründete er eine Klostergemeinschaft aus zwölf Mönchen und einem Abt. Die Gemeinschaft ließ sich auf der Inselfestung nieder – auf derselben Inselfestung, in der sich Sone und Alain jetzt befinden.

Als der Abt seine Erzählung beendet hat, öffnet er eine Elfenbeinlade und nimmt den Heiligen Gral hervor. Das ganze Land leuchtet auf von der Strahlkraft des Grals. Die Mönche weinen und singen *Te Deum laudamus*. Der Abt stellt den Gral auf den Altar neben das Kreuz. Er nimmt auch Longinus' Speerspitze hervor, an der ein Blutstropfen hängt, und die Mönche weinen noch mehr. Dann zeigt er Sone und Alain die Särge, in denen Josef und sein Sohn Adan ruhen. Soweit wir erfahren, hatte Josef von Arimathäa nur zwei Söhne; der andere hieß Josephus und war der erste wahrhaft geweihte Bischof. Schließlich lädt der Abt Sone und Alain erneut zum Essen ein, danach kehren die beiden Freunde aufs Festland zurück. Der Abt schenkt ihnen zuvor das Schwert, mit dem Josef Norwegen verteidigte, und mit ihm erschlägt Sone den vornehmsten Krieger des schottischen Königs. Alains Tochter, die in Sone verliebt ist, schenkt diesem den Becher des Fischerkönigs.[292]

Warum Josef von Arimathäa auf diese Weise in das Land Norwegen versetzt wurde, bleibt eine offene Frage. Vermutlich hat der Dichter England und Norwegen verwechselt und sich außerdem von einem gewissen Exotismus inspirieren lassen. Für einen kontinentaleuropäischen Verfasser des 13. Jahrhunderts war Norwegen ein merkwürdiges Land in der Ferne, das bereits durch seine bloße Existenz Anziehungskraft auf die Fantasie ausübte. Die Idee, dass Schotten und Iren in Norwegen eingefallen sein sollen, ist sicher verrückt, das Gegenteil war oft der Fall von der Wikingerzeit bis zur Mitte des 13. Jahrhunderts, weshalb aber die Vorstellung von Krieg zwischen diesen Völkern dem Dichter sehr wohl geläufig gewesen sein kann.

Die von der Nachwelt zumeist gelesene Schilderung der Gralslegende und der Rolle des Josef von Arimathäa ist zweifellos Sir Thomas Malorys gewaltige Arbeit *Le Morte d'Arthur* (1485), vielleicht berühmtester Ausdruck höfischer Ritterkultur in der europäischen Geschichte. Ein großer Teil des Buches handelt von der Suche nach dem Heiligen Gral, ein Abschnitt, den Malory dem *Queste del Saint Graal* aus dem 13. Jahrhundert entnommen zu haben scheint und dann eigenhändig bearbeitete.[293] In vielen Kapiteln wird nebenbei auf Josef von Arimathäa als einem wichtigen Patriarchen der Vergangenheit verwiesen, jemand, von dem erwartet wird, dass alle ihn kennen. Nachdem Sir Bors in Buch 11, Kapitel 5, einige Wildtiere erlegt hat, kommt solchermaßen ein alter Mann vor, der zu den Klängen einer Harfe die Ankunft des Josef von Arimathäa in Britannien besingt. Die Geschichte Josefs ist jedoch hauptsächlich mit einem anderen prominenten Ritter der Tafelrunde verknüpft, nämlich mit Sir Galahad.

Galahad erfährt bei einer Gelegenheit die spannende Geschichte, wie Josef von Arimathäa kurze Zeit nach der Bestattung Jesu an der Spitze einer großen Schar Verwandter Jerusalem verließ. Nach längerer Reise erreichten sie eine Stadt namens Sarras, ein Ortsname, der vermutlich auf das Land der Sarazenen hindeutet. Ihre Ankunft fiel mit einem Krieg zwischen König Evelake und dessen Cousin, dem Sarazenen Tolleme la Feintes, zusammen. Der Sohn des Josef von Arimathäa, der auch Josef heißt, suchte Evelake auf und erklärte, dass dieser im Begriff stünde, sowohl den Krieg als auch sein Leben zu verlieren, was er vermeiden könne, wenn er das

Christentum annehme. Evelake wurde bekehrt und erhielt einen neuen, heiligen Schild, mit dessen Hilfe er auf dem Schlachtfeld triumphierte. Als Josef (gemeint ist offenbar der Sohn, nicht der Vater) die Reise fortsetzte, folgte ihm Evelake nach Britannien. Dort angekommen, landete Josef im Gefängnis, wurde aber befreit, worauf das Volk zum Christentum bekehrt wurde. Zu gegebener Zeit starb Josef, aber auf dem Sterbebett ließ er ein rotes Kreuz von seinem eigenen Blut auf Evelakes Schild malen. Und siehe da, dies ist derselbe Schild, den Galahad, ein Verwandter Josefs, nunmehr trägt!

Als es Galahad nach vielen Abenteuern vergönnt ist, den Gral in einer Vision zu sehen, wird er auch Josefs gewahr. Dieser wird als der allererste Bischof des Christentums präsentiert mit dem Kreuz in der Hand, umgeben von Engeln, die gemeinsam mit ihm vom Himmel hinabsteigen. Josef zeigt sich Galahad ein weiteres Mal und erklärt, dass sie beide viel gemeinsam hätten: Sie erlebten die Wunder des Grals und sie seien beide reine, unschuldige Männer. Danach stirbt Galahad und kommt in den Himmel, die äußerst verwunderten Sir Percivale und Sir Bors zurücklassend, die den Auftrag erhalten, den übrigen Rittern an König Artus' Hof von dem Geschehen zu berichten.[294]

Dass die Sarazenen – die Muslime – auf diese Weise in die Gralslegende hineingezogen wurden, ist nicht so verwunderlich, wie es auf den ersten Blick wirkt. Seit der muslimischen Eroberung der Pyrenäischen Halbinsel um 710, und in noch stärkerem Maße seit dem ersten Kreuzzug 1090, waren die Begegnungen, sowohl kriegerische als auch friedliche, zwischen Christen und Muslimen Legion. Dies hat auf die Literatur abgefärbt. Zu Beginn, zum Beispiel in der Rolandssage (frz. *Chanson de Roland*) aus dem 11. Jahrhundert, wurden die Sarazenen als gefährliche Feinde der gesamten Christenheit geschildert, doch in den nachfolgenden Jahrhunderten veränderte sich das Bild erkennbar. Die Begegnungen zwischen christlichen und muslimischen Herrschern in der Kreuzzugszeit mündeten in gegenseitigen Respekt und nicht selten in gegenseitiger Bewunderung zwischen Kriegern, unabhängig davon, was Priester oder Imame zur Sache zu sagen hatten. Richard Löwenherz' Hauptwidersacher im »dritten Kreuzzug«, der kurdische Feldherr Saladin, wurde in der abendländischen Literatur eine positiv besetzte Legendengestalt, ein Vorbild des ritterlichen Herrschers. In hochmittelalterlicher Dichtung und Romanen ist es folglich nicht ungewöhnlich, gute Sarazenen anzutreffen, die sich in der Regel als dem Christentum gegenüber freundlich eingestellt erweisen und es schließlich – wie im Falle Evelakes – auch annehmen.

Bevor wir nun den Heiligen Gral verlassen, sei noch darauf hingewiesen, dass eine alternative Gralslegende früh in Deutschland entwickelt wurde. Dies geschah zum Teil mit Ausgangspunkt bei Chrétien de Troyes' *Conte del Graal* und teilweise vor dem Hintergrund anderer, hauptsächlich unbekannter Quellen. Wir begegnen der deutschen Tradition zum ersten Mal in Wolfram von Eschenbachs gereimten Meisterwerk *Parzival*, geschrieben zu Beginn des 13. Jahrhunderts. Hier ist der Gral weder Kelch noch Schale, sondern ein Stein, verwahrt im Schloss Munsalvaesche. Der Stein wird als *lapis exillis* bezeichnet und vermag viele Wunder zu vollbringen. Die Namen derer, die der Stein zu sich ruft, treten auf seiner Oberfläche hervor. Der Gral erhält seine Wunderkraft dadurch, dass eine Taube mit Hostien jeden Karfreitag zu ihm kommt. Laut Wolfram von Eschenbach ist der Gral von Engeln auf die Erde gebracht worden, die im Kampf zwischen Gott und Luzifer keine Partei ergriffen hatten; er hat also nichts mit dem Abendmahl und Josef von Arimathäa zu tun. Diese Geschichte, zu der bald weitere Varianten entwickelt wurden, sollte Richard Wagner im 19. Jahrhundert zu seinen Opern *Lohengrin* und *Parsifal* inspirieren. In Schweden ist Wolfram von Eschenbachs Dichtung in späterer Zeit zum Gegenstand einer interessanten Analyse der Soziologin Eva Kärfve in ihrem Buch *Konsten att bli människa* (»Die Kunst, Mensch zu werden«) (1997) geworden.[295]

Der Gral kommt nach Glastonbury

Springen wir nun zurück in die Mitte des 12. Jahrhunderts. Selbst in dieser fortgeschrittenen Phase des Hochmittelalters fehlt es an beweisbaren Verbindungen zwischen Glastonbury, König Artus, dem Heiligen Gral und Josef von Arimathäa. Die Phänomene wurden als völlig separat aufgefasst, und es ist zweifelhaft, ob der Gral zu diesem Zeitpunkt überhaupt als Legendenobjekt existierte. Hundert Jahre später war die Situation völlig verändert. Glastonbury hatte sowohl Artus als auch den Gral und Josef an sich gebunden. Die erfolgreiche Legendenentwicklung hat bis in heutige Zeit ihre Kraft über die Fantasie und die Tradition behalten.[296]

Wir haben gesehen, wie die Legende vom Heiligen Gral etwa um 1180 entstand und wie sie dann mit einigen Rittern König Artus' verknüpft wurde, vor allem mit Sir Perceval und Sir Gawain. Josef von Arimathäa wurde der Legende später einverleibt, offenbar um das Jahr 1200, und erhielt in den darauf folgenden Jahrzehnten in der frühen Geschichte des Grals einen immer deutlicheren Platz. Doch wie wurde dieser Komplex frommer Legenden und wilder Geschichten mit Glastonbury verflochten?

Einen guten Ausgangspunkt stellt die Arbeit von William Malmesbury dar, die er im Jahre 1125 abschloss, eine umfassende englische Geschichte mit dem Titel *Gestis regum Anglorum* (»Von den Taten der englischen Könige«). Hier lesen wir, dass Glastonburys Kloster von König Ine von Wessex gegründet wurde. Dies war sicher vor dem Hintergrund von Dokumenten aus der Zeit Ines notiert worden, die William bekannt waren und den König eindeutig als den ersten bekannten Gönner des Klosters ausweisen. Allerdings vertraten die Menschen in Glastonbury eine andere Auffassung, und dies scheint zu Klagen über William und seine Arbeit geführt zu haben. Damit leitete das Kloster seine imponierende Legendenentwicklung und Expansion zu ehrenwerten, wenn auch fiktiven Ahnen ein.

Vermutlich begab sich William selbst nach Glastonbury in der Absicht, die Dokumente vor Ort zu inspizieren. Seine Untersuchung führte dazu, dass er seine Ansicht über das Alter des Klosters änderte. In seiner Biografie Dunstans schreibt William deshalb, dass Glastonbury lange vor der Zeit Patricks unter kirchliche Herrschaft gelangte – was für William vor der Mitte des 5. Jahrhunderts bedeutete. Dies war ein gehöriger Sprung zurück, verglichen mit Williams Angabe in seinem Geschichtswerk; König Ine lebte ja im 7. Jahrhundert.

William von Malmesbury schrieb später eine ganze Monografie über Glastonbury, *De Antiquitate Glastoniensis Ecclesiae* (»Über das Alter der Kirche von Glastonbury«). In diesem Werk geht William noch weiter zurück als in der Dunstanbiografie; er behauptet geradewegs, dass die Kirche von Glastonbury die älteste in ganz England sei. Solche maßgebenden Aussagen waren in Wahrheit frohe Neuigkeiten für die Mönche des Klosters, die Williams Monografie mit großem Vergnügen aufnahmen. Wir wissen, dass sie im darauf folgenden Jahrhundert von dieser Arbeit fleißig Gebrauch machten. Mehr als dies: Die Mönche nahmen sich die Freiheit, Williams Text zu verändern und Zusätze zu machen in dem Maße, wie ihre Ansprüche wuchsen und neue Traditionen mit dem Kloster verbunden wurden. Tatsache ist, dass wir Williams ursprünglichen Text nur deshalb kennen, weil er Auszüge aus seinem Originalwerk in einer revidierten Auflage der *De Gestis Regum Anglorum* hinterließ. Die übrigen erhaltenen Manuskripte gehen auf die stark veränderte Fassung der Glastonburymönche von etwa 1240 zurück.

Vergleichen wir beide Versionen miteinander. William von Malmesbury erzählt, wie Lucius, König der Briten, Papst Eleutherius bittet, das Land zu christianisieren. Darauf sendet dieser Missionare auf die Insel, die die alte Kirche von Glastonbury errichten. Jedoch, so William, gebe es auch Dokumente, die anführen, dass Christi eigene Jünger die betreffende Kirche bauten, was an und für sich nicht unwahrscheinlich sei. Wenn es stimmte, dass der Apostel Philippus den Galliern das Evangelium gepredigt habe, was Freculfus im vierten Kapitel seines zweiten Buches sagt, sei es absolut möglich, dass er auch dafür sorgte, dass die Mission die Briten erreicht. All dies sei aber höchst unsicher.

William von Malmesbury schreibt auch, wie berühmt die Kirche vor der Ankunft der Sachsen gewesen sei, wie Pilger sich dorthin begeben hätten und wie viele Heilige dort begraben liegen. Er berichtet von den Äbten, darunter Patrick aus Irland, der die grüne Insel christianisiert hat und dann nach Glastonbury kam, wo er im Jahre 472 starb. Nach Williams Text zu urteilen, gab es bereits ein funktionierendes Kloster als Patrick dort Mönch und später Abt wurde. William erwähnt kurz, dass auch die Heiligen David, Gildas, Benignus, Indraht und Brigit das Kloster besuchten.

Dies also schrieb William von Malmesbury im 12. Jahrhundert. In der Version von 1240, gekennzeichnet durch fleißiges Revidieren der Mönche, ist die Geschichte bedeutend weiterentwickelt. Wir lesen, wie Apostel Philippus, nachdem er Gallien christianisiert hatte, zwölf seiner eigenen Jünger aussandte, um das Evangelium in Britannien zu verbreiten. Als Leiter der Mission wurde Josef von Arimathäa ausersehen. Die Gesandtschaft erreichte die Insel im Jahre 63 n. Chr. Natürlich weigerte sich der heidnische König Arviragus, sich taufen zu lassen, aber er war gleichwohl so beeindruckt, dass er den Mönchen einen eigenen Ort, an dem sie leben konnten, schenkte, und zwar das Gebiet, das die Briten Ynys Witrin nannten, das feste Land um Glastonbury Tor. Die zwölf folgenden heidnischen Könige hatten später die Donation bekräftigt und weiteres Land geschenkt, so dass am Schluss jeder Jünger Philippus' ein *hide* (altenglisches Raummaß) besaß – die berühmten *Twelve Hides of Glastonbury*, der Besitz, der im

Mittelalter die große ökonomische Basis des Klosters darstellte. Nun offenbarte sich der Erzengel Gabriel den Brüdern und befahl ihnen, eine Kirche aus Holz zu erbauen. Weil dies die erste Kirche im Land gewesen ist, weihte Christus selbst sie seiner Mutter.

Hier lebten die Zwölf ein asketisches Leben in der Ödnis vor. Die Jungfrau Maria offenbarte sich oft und half ihnen zu überleben. Nachdem alle gestorben waren, war der Ort jedoch verlassen; es gab keine neuen Apostel, die dort anknüpfen konnten, wo die ersten aufgehört hatten. Einige Zeit später sandte jedoch König Lucius von Britannien Gesandte nach Rom, um Missionare anzufordern, die seine heidnischen Untertanen christianisieren sollten. Papst Eleutherius antworte im Jahre 166, indem er zwei Männer, Phaganus und Deruvianus, schickte, die dann auch nach Glastonbury und zu der noch stehenden Kirche fanden. Sie ernannten zwölf Jünger, die das Gebäude restaurierten, und sie ließen noch eine Kirche errichten, diesmal aus Stein. Die neue Kirche wurde Christus, Petrus und Paulus geweiht. Nachdem Phaganus und Deruvianus Britannien christianisiert hatten, starben sie und wurden in Glastonbury begraben, wo ihre Reliquien noch bis ins 13. Jahrhundert anzuschauen waren.

Die alte Kirche beherbergte danach über einige Jahrhunderte kontinuierlich zwölf Eremiten, bis Patrick im Jahre 430 ankam und die Anlage in ein Kloster verwandelte, dessen erster Abt er selbst war. In einer Urkunde (sicherlich gefälscht, doch dies geht aus der Erzählung nicht hervor) legt Patrick dar, wie er nach Ynys Witrin gekommen ist, die Dokumente der Eremiten inspiziert und zusammen mit dem Eremiten Wellias eine alte Kirchenruine hoch oben auf dem Hügel *the Tor* entdeckt habe. In der Ruine fanden die beiden Männer ein Buch, geschrieben von Phaganus und Deruvianus, in welchem sie darstellen, dass sie die Kirche gebaut und dem heiligen Michael geweiht hätten. Patrick und Wellias bestimmten später zwei Brüder, die in dem wiedererrichteten Bauwerk auf *the Tor* residieren sollten.

Patrick starb in Glastonbury und wurde in der alten Kirche begraben. Das Kloster wurde von vielen Pilgern und Heiligen aus Irland und Wales besucht, die von der Würde Patricks und dem Alter der Kirche angelockt wurden; manche entschieden sich zu bleiben. Einer der Besucher war Patricks Lieblingsjünger Benignus, Irlands dritter Bischof, der Patrick als Abt in Glastonbury nachfolgte. Ein anderer Besucher war Indraht, ein irischer Edelmann, der von heidnischen Räubern in der Nähe des Klosters ermordet wurde. Von der ebenfalls heiliggesprochenen Brigit wird gesagt, sie habe viele Jahre auf Beckery, einer Insel in der Umgebung, gelebt, wo sie mehrere Reliquien hinterlassen hat. Im Jahre 504 kam Columba an. Gildas, der aus Wales kam, ließ sich in Glastonbury nieder, wo er starb und begraben wurde. Aus Wales reiste auch David an, der von Christus gehindert wurde, die alte Kirche erneut zu weihen, denn Christus hatte sie ja selbst schon geweiht. David baute eine neue Kirche und kehrte heim, doch seine Reliquien wurden im 10. Jahrhundert nach Glastonbury überführt. Paulinus, der von seinem Erzbischofssitz in York von dem heidnischen König Penda von Mercia vertrieben worden war, ließ die alte Kirche mit Holz und Blei decken, um sie vor den Unbilden der Witterung zu schützen.

Die Mönche schreiben auch von dem Wohlwollen, das Britanniens Könige dem Kloster erwiesen. Sowohl die britischen Könige als auch – seit der Mitte des 7. Jahrhunderts – sächsische Monarchen zeigten sich sehr großzügig. Die Mönche berichten dabei auch von König Artus und geben an, dass er in Glastonbury begraben sei, von dem behauptet wird, dass es mit dem in anderen Schriften erwähnten Avalon identisch sei.

Vergleichen wir beide Versionen miteinander, so ist leicht zu sehen, wie die Mönche die Legende Punkt für Punkt ausgeschmückt haben. William erfuhr während seines Besuchs im Kloster eine ganze Reihe von Geschichten, und nicht allen glaubte er – aber er war seinen Wirten gegenüber generös genug, um zumindest jene Geschichte zu erwähnen, nach der die Kirche von Jesu Jüngern erbaut worden sei, wenn auch mit gewissen Einwänden. Er weist auf Freculfus hin, Bischof von Lisieux zu Beginn des 8. Jahrhunderts, das heißt er macht klar, dass die betreffende Geschichte auf dessen Schultern ruht und dass nicht er die Verantwortung dafür trage. Als die Mönche Williams Geschichte verbesserten, zogen sie einen Strich durch seine quellenkritischen Bedenken und fügten schrittweise Elemente hinzu, die es nicht einmal in ihrer eigenen Tradition zur Zeit vor der Niederschrift des ursprünglichen Textes gegeben hatte. Von besonderem Interesse ist die Einführung König Arviragus in die Geschichte. Dies zeigt, dass die Mönche Geoffrey von Monmouths Geschichte (siehe S. 276) gelesen hatten: Laut Geoffrey, der den König sehr wohl selbst erfunden haben kann, war es Arviragus, der die römischen Invasionsarmeen besiegt hatte, die von den Kaisern Claudius und Vespasian nach Britannien gesandt worden waren.

Außerdem schrieben die Mönche Josef von Arimathäa in die Legende ein. Irgendwann, wahrscheinlich in den ersten Jahrzehnten des 13. Jahrhunderts, entschieden sie, dass Josef die erste christliche Mission in Britannien angeführt haben soll. Die Tatsache, dass William von Malmesbury Josef nicht einmal mit Namen erwähnt, obwohl er von der Kunde einer ähnlichen Missionsreise im ersten Jahrhundert unserer Zeitrechnung berichtet, verrät, dass niemand zu seiner Zeit, also in der Mitte des 12. Jahrhunderts, auf den Gedanken gekommen war, die Person Josefs an den Schauplatz zu knüpfen. Josef wird erst in einer späteren Phase von Glastonbury rekrutiert. Dasselbe gilt für König Artus. William erwähnt zwar Artus in seinen Schriften, behauptet aber, dass niemand weiß, wo er begraben sei. Die Mönche des 13. Jahrhunderts waren sich sicher, dass er in Glastonbury ruht.

Wer kam zuerst nach Glastonbury, Josef oder Artus? Sicherlich Artus. Die Geschichte seines Erscheinens ist ungewöhnlich gut bekannt, komplett mit Zeitangaben und Motiven. Hintergrund war ein akuter Bedarf an Geld. Zwar war Glastonbury eines der reichsten Klöster Englands, aber auch die Vermögenden geraten mitunter in finanzielle Schwierigkeiten. Im Jahre 1184 hatte das Kloster ein sehr großes Problem, ein Dilemma, das in der Folge aber ungeahnte Möglichkeiten sowohl ökonomischer Expansion als auch der Legendenentwicklung bot.

In diesem Jahr, am Tag des heiligen Urban, dem 25. Mai, wurde Glastonbury durch ein Feuer verwüstet. Nahezu alle Klostergebäude einschließlich der berühmten Kirche mit ihren vorgeblichen Ahnen aus dem 1. Jahrhundert n. Chr. wurden zerstört. Dies war eine Katastrophe, und um die Anlage wieder aufzubauen, war einen gewaltige Kraftanstrengung vonnöten. Es mussten Mittel aufgebracht werden, und zwar schnell. Gleichzeitig mussten die Ruinen weggeräumt, neue Gebäude geplant und das Klostergelände umstrukturiert werden. Dazu musste gegraben werden. Und was wäre da nicht natürlicher gewesen, als einige der alten Einwohner Glastonburys, die schon vor langer Zeit hier zur letzten Ruhe gebettet worden waren, wiederzufinden? Dass diese Personen Heilige waren und damit potenzielle Gewinn bringende Pilgerziele machte die Grabfunde nicht schlechter.

Während der Aufräumarbeiten und des Neubaus wurden zahlreiche Heiligenreliquien angetroffen, darunter Patricks, Gildas' und Indrahts Leichname. Die Mönche fanden auch den von Dunstan, was die Menschen in Canterbury zornig gemacht haben soll; sie glaubten nämlich, dass seine sterblichen Überreste seit zwei Jahrhunderten bei ihnen ruhten. Die Reliquien, die nun zugänglich und anschaulich gemacht wurden, waren von großem Gewicht, um für den Wiederaufbau Geld einzutreiben, aber es sollte nicht für eine neue mächtige Kirche, die sich über ihre Umgebung erhob, ausreichen. Die Krise wurde noch deutlicher, als die Königsmacht ihr Wort brach. Heinrich II. hatte versprochen, das Kloster finanziell zu unterstützen, doch er starb 1189, und sein Nachfolger Richard Löwenherz benötigte alle verfügbaren Mittel, um seinen Kreuzzug in das Heilige Land zu finanzieren.

In dieser schwierigen Lage geschah etwas, das in unseren Augen wie der perfekte PR-Trick erscheint. Im Jahre 1191 entdeckte man in Glastonbury – laut triumphierenden Mönchen – König Artus' und Königin Guineveres gemeinsames Grab. Die Geschichte des Fundes ist von dem zeitgenössischen Chronisten Ralph von Coggeshall (der die Jahreszahl nennt) und dem sehr viel mehr weitschweifigen und interessierten Giraldus Cambrensis (Gerald von Wales, gest. ca. 1223) erzählt worden.

Giraldus schrieb seine Darstellung, eingefügt in die Schrift *De Instructione Principes*, wahrscheinlich im Jahre 1193 nieder, nachdem er im Jahr zuvor dem Kloster einen Besuch abgestattet hatte.

Er schreibt, dass der Körper König Artus' der Legende nach zu einem weit entfernten, von Geisterwesen bevölkerten Ort überführt worden sei, einem Ort, wo Artus angeblich immer noch ruhe, ohne dass der Tod zu siegen vermochte. Nun ist jedoch der Leichnam in Glastonbury entdeckt worden, begraben in einem ausgehöhlten Eichenstamm tief in der Erde. Das Grab befand sich zwischen zwei Steinpyramiden, die früher auf dem Friedhof errichtet worden waren. Nach dem wundersamen Fund wurde der Leichnam in die Kirche überführt und dort in einen Marmorsarkophag gebettet. Im Grab hatte man ein Kreuz aus Blei entdeckt, das unter und nicht, wie jetzt üblich, oben auf den Steinen lag. Giraldus bezeugt, er selbst habe das Kreuz gesehen und mit eigener Hand die Buchstaben gefühlt, die darin eingraviert waren. Sie bildeten folgenden Satz:

»Hier liegt der ruhmvolle König Artus mit Guinevere, seiner zweiten Frau, auf der Insel Avalon.«

Giraldus schenkt dem Leser dann eine Detailbeschreibung des Fundes. Nach dem, was er gehört habe, sei es vor allem Heinrich II. zu verdanken, dass König Artus wiedergefunden wurde. Es war Heinrich, der einmal den Mönchen von Glastonbury erzählt hatte, dass ein alter walisischer Barde ihm gesagt habe, die Leichname lägen genau an jenem Platz, an dem man sie nun entdeckt hat. Dass die Körper von Artus und Guinevere so tief in die Erde gelegt worden waren, sollte sie vor den Plünderungen der Sachsen schützen.

Giraldus erzählt auch, dass der Ort, der nun Glaston genannt wird (das heißt Glastonbury) früher Avalons Insel hieß, denn er liegt inmitten eines weiten Sumpfgebietes und hat beinahe die Form einer Insel. Im alten britischen Dialekt wurde der Ort Ynys Afallon genannt, was »Insel, wo die Äpfel wachsen« bedeute. Irgendwann einmal habe er auch Ynys Gutrin geheißen, das wiederum bedeute »Glas-Insel«, weshalb die Sachsen ihn später Glastingeburi tauften. Im Sächsischen (und im Schwedischen) bedeutet *Glas* dasselbe wie das lateinische *vitrum*, während das sächsische *buri* dem lateinischen *castrum* oder *civitas* entspricht (im Schwedischen eher *borg*). Morgannis, eine mächtige Frau, die früher über dieses Gebiet geherrscht hatte und mit König Artus verwandt war, ließ diesen nach der Schlacht von Camlann zur Insel bringen, auf dass seine Verletzungen hier geheilt würden.

Selbstverständlich haben wir nicht die leiseste Ahnung, welche Leichname die Mönche denn nun wirklich während ihrer Grabungen im Jahre 1191 aufgefunden haben, jedenfalls möchte ich stark bezweifeln, dass es sich tatsächlich um Artus und Guinevere gehandelt hat. Egal ob Artus existiert hat oder nicht, so lässt doch der Zeitpunkt des Fundes, in einer Lage, da Glastonbury großer ökonomischer Mittel bedurfte, die Dinge in zweifelhaftem Licht erscheinen. Zu dem Kreuz, das Giraldus erwähnt, ist im Übrigen auch von anderen Verfassern etwas gesagt worden, und es wurde zu seiner Zeit auch abgebildet, doch seit dem Ende des 18. Jahrhunderts ist es leider spurlos verschwunden. Die Untersuchungen, die anhand der Zeichnungen erfolgten, haben den Anspruch der Mönche jedenfalls nicht bekräftigt. Hinzu kommt, dass die Zeichnungen und die Beschreibungen der Inschrift des Kreuzes voneinander abweichen.[297]

Aber Lüge oder nicht: Seit dem Fund von 1191 ist König Artus mit dem Kloster Glastonburys verknüpft, und alle Touristen, die in unseren Tagen den Ort besuchen, können feststellen, dass die Mönche mit ihrer Artus-Offensive recht erfolgreich waren. Man beachte, dass Giraldus Cambrensis weder Josef von Arimathäa noch den heiligen Gral erwähnt. Dass diese in den folgenden Jahrzehnten dann auch mit dem Kloster in Verbindung gebracht wurden, hängt damit zusammen, dass man gerade jetzt damit begann, sie mit Artus und seiner Legende zusammenzufügen. Die Geschichten vom Gral und Josef erreichten Glastonbury spätestens um 1230 im Gefolge der Legende König Artus' und wurden der Klostergeschichte etwa um 1240 einverleibt.

Wie dies genau zuging, wissen wir nicht, aber wir können es vermuten. Es war unvermeidlich, dass die Mönche früher oder später von Josef von Arimathäa und seiner Missionsreise mit dem Heiligen Gral nach Westen hören würden. Vermutlich kannten sie eines oder mehrere literarische Werke, die zu Beginn des 13. Jahrhunderts geschrieben wurden, beispielsweise die *Estoire del Saint Graal*. In diesen Arbeiten wird nichts über Glastonbury gesagt. Aber in gewisser Hinsicht konnten die frühen Gralsgeschichten als alternative – und damit für den Ruf des Klosters gefährliche – Erzählungen von der Christianisierung Britanniens gedeutet werden. Folglich musste die Gralslegende zusammen mit Josef von Arimathäa der eigenen Geschichte Glastonburys schnell assimiliert werden. Dies war umso leichter, als sowohl Glastonbury wie auch der Heilige Gral, jeder für sich, bereits mit König Artus verknüpft waren. Also schrieben die Mönche Josef von Arimathäa in die ausgeweitete Version von *De Antiquitate Glastoniensis Ecclesiae* ein. Und mit Josef folgte der Heilige Gral.[298]

In den eigenen schriftlichen Versionen der Mönche von der Urgeschichte des Klosters, jenen Erzählungen, die den Besuchern des Ortes von 1240 bis ins 16. Jahrhundert hinein aufgetischt wurden, kommt der Heilige Gral jedoch nicht ausdrücklich vor. Man prahlte nicht damit. Man begnügte sich damit, der Umwelt Indizien zu liefern und sie die eigenen Schlusssätze ziehen zu lassen. Dies war mit Sicherheit eine bewusste Taktik vonseiten der Äbte. Der Gral war ja nicht als eine christliche Reliquie zu betrachten; er war das Resultat einer ritterromantischen Träumerei und gehörte eigentlich nicht in die Welt der Kirche. Zumindest nicht offiziell. Außerdem waren beschwerliche Beweisforderungen zu bedenken. Wenn der Abt von Glastonbury proklamierte, dass der Heilige Gral von Josef von Arimathäa auf dem Klostergelände vergraben worden sei, hätte er gewiss mit Pilgerscharen rechnen können, die zum Kloster strebten – besonders mit reichen Pilgern aus Königshäusern und Adelsschlössern, was eine solche Proklamation verlockend erscheinen ließ –, aber gleichzeitig hätte er riskiert, dass man ihn mit heftigen und bestimmten Forderungen, den Gral zu präsentieren, konfrontiert hätte. Früher oder später wäre der Zeitpunkt gekommen, da Glastonbury in dieselbe knifflige Lage geraten wäre, wie zu dieser Zeit das Kloster Vézelay. Die Kirchenmänner der Bourgogne hatten ja lange behauptet, sie verfügten über die Reliquien Maria Magdalenas, doch als das Volk schließlich Beweise zu sehen forderte, hatte Vézelay ein Problem. Ihm wurde im 13. Jahrhundert mit einem spektakulären Fund begegnet, etwas, das sich trotz allem relativ leicht bewerkstelligen ließ, denn das Einzige, worauf das Volk der Bourgogne aus war, waren die Reliquien eines Menschen. Aber wie sollte man den Heiligen Gral hervorzaubern? Wie sollte man eine Reliquie schaffen, die in der Wirklichkeit genauso fantastisch war wie in der Welt der Legenden? Nein, was in der Bourgogne möglich war, war in Somerset unmöglich.

Worüber die Mönche eigentlich flüsterten und was das Volk eigentlich glaubte, ist eine ganz andere Sache. Der Gral war ein allzu kraftvolles Symbol, um die Fantasie nicht in Bewegung zu setzen, die der Mönche wie auch die der Ritter. Danach gefragt, pflegten die Menschen in Glastonbury zu erzählen, dass Josef von Arimathäa zwei *cruets* von Palästina nach Britannien mit sich führte, eine Art hoher Kannen oder Behälter. Das eine Gefäß enthielt das Blut, das andere den Schweiß, den Jesus während der Kreuzigung auf Golgota verlor. Als Josef gestorben war, wurden diese Behältnisse mit in sein Grab gelegt, und wenn es gelänge, dieses Grab zu lokalisieren, würde man auch die beiden Reliquien finden.

Als ein Argument für diese Geschichte verwiesen die Mönche im 14. Jahrhundert auf eine merkwürdige Prophezeiung in ihren offiziellen Akten, eine Schrift, die angeblich von einem im Übrigen unbekannten Seher namens Melkin stamme. Dieser erzählt von zwei großen Persönlichkeiten, die, wenn sie gestorben seien, auf Avalons Insel ruhen sollen, also in Glastonbury: der edle Heide Abbadare von Saphat – von dem wir weiter nichts wissen – und Josef von Arimathäa. Dieser soll in einem Marmorsarkophag in einem besonderen Andachtsraum liegen, in einem Oratorium, und mit ihm sollen zwei *cruets* aus Silber gefunden werden, gefüllt mit dem Blut und dem Schweiß Christi. Eines Tages in der Zukunft würde sein Grab unversehrt angetroffen werden, und die ganze Welt solle es anschauen.[299]

Die beiden Gefäße können in Glasmalereien der Kirche von Langport nicht weit von Glastonbury betrachtet werden, gemalt am Ende des 15. Jahrhunderts und in der Form von Holzschnitten aus Plymtree in Devon, wo sie zusammen mit Josef abgebildet sind. Wer die Geschichte von den zwei Silberkannen hört, braucht nicht viel Fantasie, um zu folgern, dass sie eigentlich auf den Heiligen Gral abzielen.

Weißdorn und blutige Quelle

Indem er an Glastonbury, König Artus und den Gral geknüpft wurde, etablierte sich Josef von Arimathäa als feste Größe im englischen Geschichtsbewusstsein. Die Gralslegende wurde seit dem Spätmittelalter zum Ausgangspunkt für weitere Legenden, in denen Josefs Reisen und Abenteuer noch weiter ausgeschmückt wurden.[300]

Die Engländer des 14. und 15. Jahrhunderts waren davon überzeugt, dass Josef von Arimathäa irgendwo in Glastonbury begraben worden sei. Ernsthafte, aber gescheiterte Versuche wurden unternommen, um das Grab zu finden. Ständig waren die Mönche gezwungen, darauf hinzuweisen, dass sie nicht wüssten, wo es liege. Im Jahre 1345 bat ein gewisser John Blome aus London König Edward III. um die Erlaubnis, auf dem Gelände des Klosters von Glastonbury Grabungen durchzuführen, denn er sei von Gott berufen, nach dem Grab von Josef von Arimathäa zu suchen. Wir wissen nicht, was aus John Blomes Projekt geworden ist, aber wahrscheinlich ist es misslungen. In einer Chronik aus East Anglia ist notiert worden, dass die Gräber Josefs und seiner Kameraden im Jahre 1367 aufgefunden wurden. Es war offenbar aber kaum mehr als ein Gerücht, das in Umlauf war.[301] Im Jahre 1382 ließ indessen der Abt John Chinnock, vielleicht als Ersatz für das Fehlen eines sichtbaren Grabes, eine besondere Kapelle mit Skulpturen, die Josef von Arimathäa, seinen Freund Nikodemus sowie die Herabnahme Christi vom Kreuz darstellten, im Kloster weihen.

Im 14. Jahrhundert verfassten die Mönche von Glastonbury eine eigene Biografie Josefs, für die sie sowohl das Nikodemusevangelium als auch die Gralsliteratur als Quellen verwendeten. Hier lesen wir, wie Josef Jesu Leichnam bestatten lässt, gefangen genommen und befreit wird, worauf er sich in sein Haus nach Arimathäa begibt. Josef und sein Sohn, beide Josephes genannt, werden später von Philippus getauft und folgen diesem nach. Josef und Philippus bezeugen gemeinsam den Tod der Jungfrau Maria. Wir lesen weiter von der Bischofsweihe Josefs auf Sardinien, von Philippus' Mission in Gallien, wie Josef mit zwölf Begleitern nach Britannien gesandt wird und wie 150 keusche Christen auf wundersame Weise über das Meer dorthin gelangen. Schließlich erhält Josef Land von König Arviragus und lässt Englands älteste Kirche im späteren Glastonbury errichten. In einem Zusatz zur Biografie wird von Lancelot, Gawain und Galahad und von der Suche nach dem *Sanctum Graal*, dem Heiligen Gral, erzählt – eine von ganz wenigen offiziellen Textstellen aus Glastonbury, die den Gegenstand ohne Umschreibungen beim Namen nennt. In weiteren Zusätzen fügen die Mönche König Artus in die Liste später Verwandter von Josef und seiner Familie ein.

Josefs Bedeutung für Glastonbury – und für England – wuchs im 15. Jahrhundert noch weiter. Auf vier internationalen Kirchenversammlungen forderten die englischen Abgesandten ein Vortrittsrecht, weil England als das erste aller Länder dank Josefs Mission christianisiert worden sei. Im Jahre 1409 wiesen sie in Pisa darauf hin, dass Josefs Reise nach England stattgefunden habe, bevor Maria Magdalena, Marta und Lazarus in die Provence gekommen seien. Als die französischen Delegierten auf dem Konzil zu Konstanz 1417 Saint Denis (Sankt Dionysius) als Westeuropas ersten christlichen Missionar anführten, antworteten die Engländer, dass Josef von Arimathäa unmittelbar nach der Kreuzigung in England gepredigt habe, das heißt also noch früher, als man bisher in Glastonbury geltend gemacht hatte. Dasselbe Argument wurde im Jahre 1424 von Richard Fleming, Bischof von Lincoln, in Siena vorgebracht. Ein richtiger Streit brach zehn Jahre später in Basel aus, als der spanische Jurist Alfonso Garcia de Sancta Maria die englische Geschichte nicht anerkannte, nach der Josef im Jahre 63 bereits in England gepredigt haben soll. Er argumentierte ausgehend von den oben genannten Überlieferungen, die angaben, dass Josef noch bis Jerusalems Fall im Jahre 70 im Gefängnis gesessen habe und unter diesen Umständen wohl kaum die Mission in England betrieben haben konnte. Solche Spaß verderbenden spanischen Argumente übten auf die Repräsentanten der englischen Kirche jedoch keine Wirkung aus, nicht im 15. Jahrhundert und auch später nicht. Sowohl die englischen Katholiken als auch die Protestanten verehrten Josef von Arimathäa in den folgenden Jahrhunderten als Englands Apostel.

Etwa um 1490 ergriff Abt Richard Bere von Glastonbury die Initiative zu einer weiteren kraftvollen Unterstreichung der Bedeutung Josefs von Arimathäa. Er ließ Josef eine rekonstruierte unterirdische Kapelle weihen und errichtete eine steinerne Statue des Heiligen. Bald kamen zahllose Pilger aus Orten wie Wells, Yeovil und Ilchester zur Sankt-Josefs-Kapelle und viele Mirakel wurden beobachtet. Josefs Leben wurde in einem englischen Gedicht geschildert, in dem man seine Wunderkraft besonders betonte.[302] Das das Grab des Heiligen nicht vorgewiesen werden konnte, bedeutete für das Kloster und seine Pilger kein unüberwindliches Problem. William Good, ein englischer Jesuit, der 1527 in Glastonbury geboren und 1586 in

Neapel gestorben war, hat erzählt, die Mönche pflegten zu sagen, dass der Leichnam wohl verborgen sei, entweder in Glastonbury oder auf einem Berg nahe Montacute namens Hamden Hill.[303]

Das Kloster ging im Jahr 1539 seinem Untergang entgegen als Folge der englischen Reformation unter Heinrich VIII., doch die Legenden um Josef von Arimathäa wurden weiterentwickelt, als sei nichts geschehen. Bald kamen Geschichten über einen gesegneten Weißdornbusch hinzu, *Glastonbury Thorn*. Der Legende nach waren Josef und seine Kameraden im südwestlichen Teil Englands angekommen und begaben sich ostwärts durch Sumpfgebiet nach Glastonbury Tor. Als sie sich der Anhöhe näherten, rasteten sie auf einem niedrigen Hügel, den man später Wearyall Hill nannte – dies, weil alle bei dieser Gelegenheit sehr müde waren (engl. *all weary*). Am Fuße Glastonbury Tors kniete Josef nieder, um zu beten, doch zuvor stieß er seinen Stab in die Erde. Dieser schlug augenblicklich Wurzeln, was die Missionare als ein göttliches Zeichen dafür deuteten, dass sie nun am Ziel ihrer Reise angekommen waren. Dort, wo Josefs Stab in der Erde steckte, wuchs seither ein besonderes Weißdorngewächs, dass mitten im Winter zum Gedenken an Jesu Geburt erblühte. Die betreffende Pflanze ist tatsächlich noch heute dort zu finden – obwohl ein puritanischer Fanatiker während des Bürgerkrieges im 17. Jahrhundert alles versuchte, sie auszumerzen – und trägt die lateinische Bezeichnung *Crataegus oxyacantha praecox*. Von ihrer Winterblüte sprach man bereits zu Beginn des 16. Jahrhunderts, aber es fehlt an Beweisen für die Existenz dieser Legende vor dem darauf folgenden Jahrhundert. Im Jahre 1677 wurde notiert, dass manche glaubten, Josef von Arimathäa hätte das Gewächs gepflanzt, und zu Beginn des 18. Jahrhunderts war die oben erzählte Legende Allgemeingut unter den Lokalpatrioten Somersets. Ein Stein wurde auf dem Hügel platziert, auf dem zu lesen steht »J. A. Anno D. XXXI«, das heißt »Josef von Arimathäa im Jahre 31« – ein chronologisches Missverständnis, das – würde man es ernst nehmen – Josefs Missionstätigkeit in die Zeit vor der Kreuzigung Jesu verlegt.

Bedeutend später wurde die Legende von einem Brunnen in Glastonbury entwickelt, Chalice Well (»Brunnen des Kelches«, vor diesem, von der Legende heraufbeschworenen Namen bekannt als Chalkwell). Es wird erzählt, dass Josef, der fürchtete, unwürdige Menschen könnten an den heiligen Gral gelangen, den Abendmahlskelch Jesu in der Erde vergrub, und zwar unmittelbar über der Quelle, die den Brunnen mit Wasser versorgte, was erklärt, warum das Wasser gewisse rötliche Nuancen aufwies – es war Christi Blut, das hier färbte. (Tatsächlich wurden die Verfärbungen durch den reichen Gehalt an Eisenoxid verursacht ...) Diese Geschichte war, soweit wir beurteilen können, vor der Mitte des 19. Jahrhunderts, als sie als viktorianisches Beiwerk dem Gralsmythos zugefügt wurde, völlig unbekannt.

Als ob dies noch nicht genug wäre, hat die Legende von Josef von Arimathäa und der frühen christlichen Mission in England neue Gläubige gefunden und wurde im 20. Jahrhundert noch weiterentwickelt. Zuweilen ist Josef als ein jüdischer Kaufmann vorgestellt worden, der Zinn aus Cornwall oder Blei aus Mendip Hills in den Vorderen Orient importierte. Um seine Geschäfte zu kontrollieren, habe er seinen Neffen Jesus nach Britannien geschickt, wobei dieser die berühmte Kirche in Glastonbury errichten ließ. Dies sei, so die fanatischen Verfechter von Glastonburys heiligem Status, die wirkliche Ursache dafür, dass die Evangelisten des Neuen Testaments so wenig über die Jugend Jesu zu erzählen wissen. Er war Chef der Unternehmensfiliale seines Onkels in England. Weder Matthäus noch Markus noch Lukas oder Johannes seien ihm indessen nach Glastonbury gefolgt – also entschied man sich, schweigend zu übergehen, wovon man nichts zu berichten hatte.[304]

Es ist nicht schwer, heute Engländer auszumachen, die ganz davon überzeugt sind, Josef von Arimathäa habe das Christentum auf ihre Insel gebracht. Und es kommt vor, dass Enthusiasten noch immer seriöse Pläne präsentieren, das Klostergelände zu ergraben, um den Gral zu finden. So spät wie noch vor wenigen Jahren wurde eine weitere Umdeutung in einer langen Reihe von Neuinterpretationen des Mythos um Josef und seine merkwürdige Reliquie veröffentlicht. Laut Steve Blake und Scott Lloyd in ihrem Buch *The Keys to Avalon* (2000) müsse die Handlung der Geschichte von Somerset nach Nordwales verlegt werden. Josef kam, so behaupten sie, am Ostertag exakt 31 Jahre nach der Kreuzigung von Palästina zur Wirral-Halbinsel in Wales. Den Gral hatte er bei sich. Kurz darauf sei Josef von dem walisischen König Crudel gefangen genommen worden. Nachdem er freigelassen worden war, erhielten er und seine Begleiter von der Obrigkeit Land und etablierten eine Siedlung nicht weit entfernt. Englands älteste Kirche soll laut Blake und Lloyd an jenem Ort errichtet worden sein, an dem später das Kloster Valle Crucis angelegt wurde.[305]

Ein guter Mann in Jerusalem

In der Bibel tritt Josef von Arimathäa in der Rolle des reichen und angesehenen Juden hervor, der mit Jesus sympathisiert und deshalb dessen Grablegung besorgt. Er wird beinah nur im Vorübergehen genannt, was aus quellenkritischer Perspektive geradezu ausgezeichnet ist: Ein Phänomen, das *en passant* erwähnt wird, pflegt selten frei erfunden zu sein, um eine Tendenz zu bekräftigen. Josef von Arimathäa ist theologisch nicht bedeutungsvoll genug, als dass wir automatisch argwöhnen würden, er sei erfunden, um eine bestimmte Absicht zu erreichen. Er ist kein Judas, keine Maria Magdalena. Er verrät seinen Meister nicht, er ist nicht Zeuge der Auferstehung; er tut einfach nur, was immer nach einer Hinrichtung zu tun ist – er sieht zu, dass es ein Begräbnis gibt. Vorausgesetzt, dass Jesus wirklich gelebt hat und gestorben ist, können wir sicher sein, dass irgendjemand – warum ihn nicht Yosef nennen? – tatsächlich jene Arbeit erledigte, die Josef von Arimathäa in der Bibel ausführt.

Vor diesem logischen Hintergrund betrachtet, fällt es schwer, seine historische Existenz zu leugnen. Warum sollten die Evangelisten ein unbekanntes Individuum aus einem im Übrigen unbekannten Ort überhaupt erwähnen? Wahrscheinlich wurde das Gedenken an Josef in den ersten christlichen Generationen bewahrt, weil es den Führern der Urkirche auf symbolisch bedeutsame Alltagsdetails ankam. Es gab ein großes Bedürfnis, sich daran zu erinnern, wer Jesu Grablegung geordnet hatte, weil Bestattungen als solche für den antiken Menschen wichtige Dinge waren. Auf der anderen Seite übermitteln die Evangelisten nur kurz gefasste Notizen, so glaubwürdig sie auch sein mögen, nicht sehr viele Informationen. Wir wissen ja nicht einmal, wo der Ort Arimathäa gelegen hat.

Die Tatsache, dass Josef nach der Kreuzigung offen als Freund Jesu aufgetreten ist, sollte ihm indessen einen sicheren Platz in der antiken Legendenbildung verschaffen. Der Bibel nach zu urteilen, gab es solche standhaften Christen in den nervösen Stunden vor und nach Golgota nur wenige. Petrus verleugnete Jesus; Josef tat dies nicht. Der Glaube an Josefs christliche Standhaftigkeit machte ihn zu einem guten Ausgangspunkt für Geschichten über Verfolgung, Gefangenschaft und wundersame Befreiung. Weil das Neue Testament nichts über Josefs Martyrium sagt, gab es bedeutende Variationsmöglichkeiten für den geneigten Erzähler. Josef konnte von himmlischen Mächten befreit werden oder Jahrzehnte in dunklen Verliesen schmachten, am Leben erhalten auf übermenschliche Weise, allein durch Gottes Gnade. Er konnte auf eigene Faust agieren oder gemeinsam mit Nikodemus. Er konnte ein guter Freund Pontius Pilatus' sein. Und so weiter.

Viel später, in der zweiten Hälfte des 12. Jahrhunderts, wird Josef aus seiner etablierten Legende herausgehoben und zu einem christlichen Missionar in Westeuropa gemacht. Die Überlieferungen lokalisieren ihn in unterschiedlichen Gebieten von den Mittelmeerländern im Süden bis nach Norwegen im Norden, aber vor allem sollte er mit England im Allgemeinen und Glastonbury im Besonderen verknüpft werden. In der höfischen Dichtung des Hoch- und Spätmittelalters wurde Josef von Arimathäa mit dem Heiligen Gral assoziiert, ein merkwürdiger Gegenstand, der ursprünglich als tiefe Schale gedeutet worden zu sein scheint und später als ein Stein und als Abendmahlskelch aufgefasst wurde. Der Gral war nach der entwickelten Variation der Legende, die in Frankreich und England Vertrauen gewann, eine Reliquie der letzten Mahlzeit Jesu, die über Pilatus in Josefs Hände gelangte. Wir haben gesehen, wie die Assoziationsspiele vielleicht zugegangen sein könnten, wie Josef schrittweise in die Sagen von König Artus, Sir Gawain und Sir Perceval hineingezogen wurde, Erzählungen, in denen er eigentlich nicht zu Hause war. Das Resultat war eine Legendenentwicklung, die noch immer nicht abgebrochen ist. Der fromme Grabbesitzer der Antike ist der Gralshüter der Gegenwart.

In bedeutend höherem Grad als es bei Judas Iskariot, Maria Magdalena oder Pontius Pilatus der Fall war, ist Josef von Arimathäa für den heutigen Menschen eine unbekannte, anonyme Größe. Es ist nicht schwer, heute die Relevanz der Diskussion um Judas, Maria Magdalena und Pilatus sowie der Verhältnisse, die sie symbolisieren, zu erkennen. Ihr Dilemma ist allgemeingültig, ihre Geschichten lassen sich allen Zeiten anpassen, mit ihren Persönlichkeitstypen kann man sich leicht identifizieren oder in Beziehung setzen. Doch welches Bedürfnis befriedigte Josef von Arimathäa?

Das Bedürfnis nach dem Behüter, dem Beschützer, so könnte man vielleicht behaupten. Josef ist die freundliche Seele des hoffnungslosen Falles, die sich des toten Körpers Jesu annimmt, als es für die Christenheit am finstersten ist, der Mann, der in späteren Legenden Jesu Blut bewahrt und behütet. Ein guter Mann in Jerusalem. Ein mutiger Mann, ein integrer Mann mit Zivilcourage.

Doch eine solche Deutung ist zu einfach, zumindest aus heutiger Perspektive betrachtet. Es gab kein großes moralisches Problem, das von dem Mann aus Arimathäa eine entscheidende, existenzielle Wahl forderte. Angenommen, Josef hätte seinen Grabplatz nach der Kreuzigung nicht für Jesus zur Verfügung gestellt. In diesem Fall hätte irgendjemand anderes ein Grab beschafft, beispielsweise Nikodemus oder die Verwandten Jesu. Hätten wir Josef dann verurteilt? Die Antwort ist nein. Wir hätten vermutlich niemals von ihm gehört, und wenn doch, hätten wir seine Passivität wohl kaum kritisiert. Den Grabplatz Jesus zu überlassen, war als außerordentliche Tat zu betrachten, nicht als ethisch zwingende Handlung.

Es sind gerade diese schwierigen Entscheidungssituationen – die inneren, seelischen Kämpfe – die die anderen drei neutestamentlichen Gestalten, die in diesem Buch genauer betrachtet wurden, so faszinierend machen. Pilatus entschied, Jesus töten zu lassen. Judas entschied, ihn zu verraten. Maria Magdalena entschied – in den zusammengefügten mittelalterlichen Erzählvarianten – sich einem Leben der Vergnügungen zu widmen, um sich dann bekehren zu lassen und eine der treuesten Anhängerinnen Jesu zu werden. Sie alle brachen mit sich selbst. Nicht so Josef. Aus seelischer Konfliktperspektive ist er ein Zwerg im Vergleich zu diesen drei Persönlichkeiten. Er ist der Unbekannte, dem ohne Vorwarnung eine kraftvoll expandierende mittelalterliche Legende geschenkt wurde, die, hätte er sie im Voraus gekannt, ihn sicherlich gründlich verwundert hätte.

Josefs wichtigstes Verdienst in diesem Zusammenhang ist ganz einfach, dass er für die Erzähler bereit stand, die seiner bedurften. Er ist der Heilige, der zum Hüter des Heiligen Gral erhöht wurde, diesem fiktiven Gegenstand, der von westeuropäischen Dichtern mehr als ein Jahrtausend nach Josefs Lebzeiten erfunden wurde. Josef von Arimathäa ist der Held des Zufalls.

Epilog

Sie ließ sich darauf eines jener dicken ovalen Sandtörtchen holen, die man ›Madeleine‹ nennt und die aussehen, als habe man als Form dafür die gefächerte St.-Jakobs-Muschel benutzt. Gleich darauf führte ich, bedrückt durch einen trüben Tag und die Aussicht auf den traurigen folgenden, einen Löffel Tee mit dem aufgeweichten kleinen Stück Madeleine darin an die Lippen. In der Sekunde nun, als dieser mit dem Kuchengeschmack gemischte Schluck Tee meinen Gaumen berührte, zuckte ich zusammen und war wie gebannt durch etwas Ungewöhnliches, das sich in mir vollzog.[306]

Mit diesen bekannten Sätzen schildert Marcel Proust, wie das Erzähler-Ich in *Auf der Suche nach der verlorenen Zeit* seine Jagd auf verschwundene Erinnerungen einleitet. Seine Sinne werden zum Leben erweckt, als er den Geschmack von Madeleinekuchen, aufgeweicht im Tee, wahrnimmt. Die Geschichte ist wohl bekannt, auch bei vielen kulturell interessierten Westeuropäern, die es nicht geschafft haben, das ganze Buch zu lesen. Aber wie viele mögen sich die Frage gestellt haben, warum Proust ausgerechnet Madeleinekuchen gewählt hat? Es war keine zufällige Wahl.

Der Ursprung des Madeleinekuchens ist, soweit wir wissen, im 18. Jahrhundert zu suchen, als das Backwerk von dem essfreudigen Polen Stanisław Leszczyński entdeckt wurde. Dieser war zweimal König seines Heimatlandes gewesen und unterhielt während einer gewissen Zeitspanne auch einen polnischen Exilhof in Kristianstad, doch nach dem polnischen Thronfolgestreit wurde er zum Herzog von Lothringen ernannt. Während eines Besuchs auf Schloss Commercy im Jahre 1755 wurde er großzügig mit besagtem Kuchen erfreut, wobei er ihn nach seiner Bäckerin benannt haben soll, einer Bauersfrau namens Madeleine. Weil Stanislaw eng mit dem französischen Königshaus liiert war – seine Tochter Marie war mit König Ludwig XV. verheiratet – dauerte es nicht lange, bis der Madeleinekuchen den Weg zum Hof nach Versailles fand. Später eroberte er die ganze Nation und – via Proust – die Welt.[307]

Wenn Marcel Proust an diesem souveränen kulinarischen Fund des

Polen hängenblieb, geschah dies aus gutem Grund. Er war ein geübter Schriftsteller, ein Perfektionist, der sein Buch bis ins Unendliche umarbeitete, der in seinem Kunstwerk lebte und nichts dem Zufall überließ. In früheren Versionen dieser Episode spielte er mit der Idee, lieber einen Biscottekuchen für das Hervorrufen der Erinnerung einzusetzen. Doch am Ende sollte es der Madeleinekuchen werden. Warum?

Eine der Ursachen, vielleicht die wichtigste, war der Name. Madeleine ist die französische Form von Magdalena, »Frau aus Magdala«. Der Name bezieht sich zurück auf die Maria Magdalena des Neuen Testaments, von einer ungerechten Nachwelt als Sünderin hervorgehoben. Bußfertig, gewiss, aber gleichwohl Sünderin. Hinzu kommt, dass die Form der Madeleinekuchen an die Pilgermuschel erinnert. Sünde und Pilgerfahrt sind zentrale Elemente in *Auf der Suche nach der verlorenen Zeit*. Der gesamte Roman kann, wenn man so will, als eine einzige lange Pilgerreise im Zeichen der Erinnerung, der Sünde, der Liebe und der wiedergefundenen Zeit gedeutet werden.[308]

Im Madeleinekuchen – und im Roman – begegnet uns solchermaßen ein subtiles Echo auf die merkwürdige Persönlichkeitsveränderung, die die vornehmste Jüngerin Christi während des Mittelalters in Westeuropa durchgemacht hat. Nicht, weil ihre biblische Gestalt der inneren Logik entbehrte und deshalb entwickelt werden musste, um begreiflich zu sein, nicht, weil irgendein König oder Papst es so beschloss, sondern weil viele Schriftsteller, Prediger und Verehrer geistliche Bedürfnisse zufriedenzustellen hatten. Neugier, Frömmigkeit, Sehnsucht, Kreativität. Maria Magdalena wurde Jahrhundert um Jahrhundert umgeschaffen bis sie schließlich, in der Form des Kuchens, Erinnerungen an eine Zeit weckt, die von den staubigen Schleiern der Jahre verborgen worden war.

Jede Zeit braucht ihre eigenen Symbole. Abhängig davon, wer sie betrachtet und wann dies geschieht, kann Maria Magdalena Zeugin der Auferstehung Christi sein, eine göttliche Weisheitslehrerin, eine meditierende Einsiedlerin, ein verwöhntes Flittchen, versessen auf Luxus und Sex, eine reumütige Sünderin, eine den Tod verachtende Missionarin fern der Heimat, ein energisches Frauenzimmer, das am römischen Kaiserhof intrigiert, die Freundin Jesu, die trauernde Frau am Grab. In einer Legende ist sie ihr Leben lang Jungfrau. In anderen Legenden ist sie Hure. Mitunter ist sie nahe Verwandte der Jungfrau Maria, manchmal die Schwester des auferstandenen Lazarus. Vom Horizont des 21. Jahrhunderts aus betrachtet, ist Maria Magdalena ein seltsames Kaleidoskop menschlicher Projektionen, eine Musterkarte von allerlei Weiblichkeit durch die Zeiten. Irgendwo tief im Inneren, verborgen hinter Schleiern der Fiktion, gibt es das wirkliche Mädchen aus Galiläa namens Mirjam, doch über sie wissen wir nahezu nichts. Die Wahrheit ist, dass, wenn wir größere Kenntnis besäßen, sie dies kaum faszinierender machen würde als all die fiktiven Varianten ihrer Persönlichkeit, die von mittelalterlichem Erzähleifer hervorgebracht wurden.

Als Zeffirelli in den 1970er Jahren die große TV-Serie *Jesus von Nazaret* produzierte, wurde Josef von Arimathäa von James Mason gespielt. Die Rolle ist hier bedeutend größer, als es der Text der Bibel zuließe, und besitzt einen völlig anderen Fokus. Das einzige, was Josef im Neuen Testament tut, nämlich die Grablegung Jesu zu ordnen, wird in der Fernsehserie nicht einmal erwähnt. Alles, was wir über diese Angelegenheit erfahren, ist, dass ein prominenter Jude, der anonym zu bleiben wünscht, die Bestattung besorgt hat. Als Jesus nach Golgota geführt wird, ist Josef von Arimathäa schon längst aus der Handlung verschwunden.

Desto öfter kommt er in früheren Episoden vor. Das erste Mal sehen wir Josef von Arimathäa/James Mason in einer Volksversammlung, einer Predigt Jesu lauschend. Er ist fasziniert, will diesen merkwürdigen Prediger treffen und mit ihm diskutieren. Später sehen wir ihn im Haus des Pharisäers Simon, gerade als die anonyme Sünderin – die in der TV-Serie mit Maria Magdalena identisch ist – Jesus salbt. Josef wird als ehrliches, neugieriges und gesetzeskundiges Mitglied des Hohen Rates vorgestellt, das Befürchtungen darüber äußert, Jesu Lehre könnte von jüdischem Gesetz abweichen. Jesus bittet ihn zu definieren, was denn den Kern dieses Gesetzes ausmache. Josef sagt: »Höre Israel! Du sollst den Herrn, deinen Gott, lieben, mit ganzem Herzen, mit ganzer Seele und deinem ganzen Verstand.« Jesus antwortet: »Gut gesprochen. Du bist nicht weit von Gottes Reich entfernt, Josef von Arimathäa.«

Später, während einer Zusammenkunft des Hohen Rates, verteidigt Josef Jesus, als dessen Vorgehen im Tempel – unter anderem sein Angriff gegen die Geldwechsler – zur Sprache kommt. Josef bezeugt, dass das Wort Jesu dem Volk Israel einen neue Botschaft bringe, eine Vision der Güte, der Reinheit und der Zuversicht. Josef versucht auch, die Pläne Kajaphas', Jesus von den Römern zum Tode verurteilen zu lassen, mit dem Argument zu verhindern, Jesus von Nazaret sei »einer unserer Brüder«.

Nachdem Jesus mit Hilfe von Judas' Verrat ergriffen worden war, suchen Maria und Marta Josef auf. Er versichert ihnen, alles, was in seiner Macht stehe, zu tun, um ihnen zu helfen. In dem darauf folgenden Verhör im Hohen Rat agiert Josef beinah wie ein Anwalt Jesu und fordert, allerdings vergeblich, dass der Gefangene nicht an Pilatus ausgeliefert werden soll.

Insgesamt ist der Josef der Fernsehserie eine ganz andere Person als die Gestalt, der wir in der Legendenentwicklung folgen konnten. Er ordnet kein Begräbnis, wird nicht gefangen genommen, hütet nicht den Heiligen Gral, verbreitet nicht das Evangelium und verlässt auch nicht Palästina. Stattdessen ist er der proto-christliche Jude, ein guter Mann in Jerusalem. Er füllt wie Nikodemus diese Rolle aus, weil sein Name den Manuskriptverfassern zur Verfügung stand. Diese narrative Technik ist, wie bereits festgestellt, auch zuvor schon viele Male angewandt worden. In den 1970er Jahren ging man auf dieselbe Art und Weise vor wie in der Antike und dem Spätmittelalter.

Es ist das posthume Schicksal Josefs von Arimathäa gewesen, ein biblischer Unbekannter zu sein. Seine Gestalt besaß den für spätere Erzähler unbestrittenen Vorteil, so unbekannt zu sein, dass immer neue Geschichten um seinen Namen gewebt werden konnten. In *Sone de Nansai* wird er sogar König von Norwegen, eine Ernennung, die wahrscheinlich den meisten Norwegern unbekannt geblieben ist, heute wie im Mittelalter.

Die gesamte Legendengeschichte Josefs beruht auf einem Zufall. Als die Evangelien einige Jahrzehnte nach dem Tod Jesu niedergeschrieben wurden, hielt man es für wichtig, den Namen jenes Mannes zu erwähnen, der dem Gekreuzigten seinen Grabplatz überließ. Also wurde Josef notiert. Es ist aber nicht einmal sicher, ob diese Angabe korrekt ist. So könnten die Evangelisten zum Beispiel Namen verwechselt und Josef geschrieben haben anstelle von Nikodemus, Gamaliel oder irgendeines anderen Mitglieds des Hohen Rates. Aber nun war es Josef, und allein deshalb erinnern wir uns seiner. Allein deshalb kam er posthum in den Genuss einer Legende nach der anderen, wurde zum ersten Gralshüter erhoben. Es ist demselben Typ offensichtlichen Zufalls zu verdanken, dass Publius Sulpicius Quirinius, ein *homo novus* im Prinzipat des Augustus, in jeder Lesung der Weihnachtsgeschichte in seiner Eigenschaft als Statthalter in Syrien erwähnt wird, der die Eltern Jesu veranlasst hat, nach Betlehem zu gehen. In Quirinius' Fall wissen wir, dass es sich um ein zufälliges Missverständnis handelte, denn er diente als syrischer Statthalter nicht vor den Jahren 6–9 n. Chr. In Josefs Fall sind wir nicht sicher.

Dass es heute auffallend leicht ist, Menschen zu finden, die Judas Iskariot – sowohl die Person als auch die Symbolgestalt – so leidenschaftlich verteidigen, hängt damit zusammen, dass sein konkretes Handeln – das, was Judas im Neuen Testament tut und durchlebt – ihn als einen modernen Menschen hervortreten lässt, obschon nur mangelhaft säkularisiert. Wir sehen einen Zweifler, der sich nicht aus dem Griff des Geistigen befreit, einen Sucher, einen Denker, eine intellektuelle Persönlichkeit. Solche Gestalten mögen wir.

Zunächst erscheint Judas, wenn wir ein moralisches oder politisches Motiv seines Verrats annehmen, als ein gerechtfertigtes Opfer seiner eigenen Integrität. Er handelt nach seinem Gewissen, opfert Ehre und Ansehen, indem er sich einer Tat schuldig macht, zu der er sich gezwungen fühlte. Es wäre viel leichter für ihn gewesen, dies sein zu lassen, Jesus seine Mission fortsetzen zu lassen. Aber nein, Judas fühlt, dass er seinen Freund und Meister verraten müsse, obwohl Verrat als eine entsetzliche soziale Versündigung gilt, die ihn für alle Zeit stigmatisieren sollte. Als ihm die Hohenpriester zudem ein wenig Kleingeld als Dank für seine Hilfe hinwerfen, ist die Erniedrigung des Opfers Judas total. In der zweiten Hälfte des 20. Jahrhunderts könnte ein solches selbstaufopferndes Individuum ein sowjetischer Überläufer oder ein idealistischer Spion sein, der Geheimnisse weitergibt, um die technologischen Unterschiede zweier Großmächte auszugleichen, oder ein Angestellter, der in seinem Unternehmen Unregelmäßigkeiten entdeckt und deshalb der Presse Informationen zuspielt. Hollywood würde mit denkbar einfachen Mitteln aus einem solchen Judas einen Helden machen. In *Toledoth Jeshu*, der mittelalterlichen jüdischen Geschichte seiner Taten, ist Judas de facto schon zu einem speziell ausgebildeten *undercover*-Agenten erhöht.

Zum Zweiten ist es leicht, Mitleid mit Judas zu haben. Die tiefe Reue, seine grenzenlose Verzweiflung, als ihm die Reichweite seines Verrats klar wird, führen heute kaum dazu, Judas wegen seines Selbstmordes zu verurteilen, vielmehr rufen sie Gefühle der Sympathie und das Bedürfnis zu trösten, zu helfen, hervor. Judas ist, aus diesem Blickwinkel betrachtet, das genaue Gegenteil eines Erzfeindes der Menschlichkeit. Auf einer solchen Person herumzutrampeln, ist in unserer Zeit als gemeines Mobbingverhalten von schlimmster Sorte zu betrachten. Angenommen, ein Priester versteckt eine Flüchtlingsfamilie in seiner Kirche. Eines Nachts entdeckt er alles der Polizei und lässt sie in das Versteck. Die Familie wird wenige Stunden später in ein Flugzeug nach Hause gesetzt. Der Priester wird von tiefer Verzweiflung heimgesucht und erhängt sich. Würden wir ihn verurteilen? Er hätte uns leidgetan.

Zum Dritten liegt heute ein romantischer Schimmer über Menschen, die ihren Glauben verloren. Die Judasgestalt kann sehr wohl als ein Sinnbild für Desillusion gedeutet werden, dem Gefühl, sich auf keine Autorität verlassen zu können. Persönlichkeiten, die dieses Sinnbild verkörpern, werden im Bewusstsein von Schriftstellern und Regisseuren nicht selten zum Rohmaterial tragischer Helden. Wir nehmen sie uns zu Herzen, weil wir in ihrem inneren Trauma das Grundgerüst von Größe sehen. Wir achten einen Politiker hoch, der seine Partei verlässt, weil er ehrlich erkannt hat, dass er nicht länger die Ideale teilt, von denen er früher glaubte, sie seien wahrhaftig, aber wir sind vor allem fasziniert davon, wie sich die geistige Veränderung zuträgt, wie die betreffende Person früher dachte und wie sie es heute tut. Wenn dieser Politiker außerdem gemäß seiner neuen Überzeugung agiert, wie Judas es zuerst im Augenblick des Verrats und schließlich im Moment der Verzweiflung tat, dann wird er noch interessanter. Es ist leicht, sich von tragischen Helden in Bann ziehen zu lassen.

Im 20. Jahrhundert ist es für Judas gut gegangen, und es wird im 21. weiter gut gehen für ihn. Ausnahmen gibt es sicher. Hier und da taucht die Verrätergestalt noch als Nerven kitzelndes Ingrediens auf der Leinwand auf, wie beispielsweise in der neo-gnostischen Filmtrilogie *The Matrix* (1999–2003) der Brüder Wachowski, in der die Erlösergestalt und seine selbst ernannten Jünger von jemandem aus dem eigenen Kreis verraten werden. Doch die Mehrzahl der populärkulturellen Verrätereien lässt uns und die Beteiligten selbst ziemlich unberührt. Das ist »only business«, wie die Gangster resigniert erklären, wenn sie sich in Mafia-Filmen gegenseitig verraten haben.

Die Gestalt Judas Iskariots enthält so viele Aspekte, Perspektiven und potenzielle psychologische Tiefen, dass es sehr lange dauern kann, bis sich das Gefühl einstellt, man sei fertig mit ihr. Der Gegenwartsmensch braucht Judas.

Wenn aber irgendeine Gestalt dieses Buches im 20. Jahrhundert so mächtig legitimiert wurde, dass ich sie hier als Symbol unserer Zeit einsetzen kann, dann ist es jedoch nicht Judas, sondern dessen sowie Jesu, des Hohen Rates und der übrigen Juden gemeinsamer Dorn im Auge: der Repräsentant der römischen Okkupationsmacht Pontius Pilatus.

Pilatus fasst in seiner Person alle vier Legendengestalten dieses Buches zusammen. Wie Josef von Arimathäa ist er ein Unbekannter, der auch völlig unbekannt geblieben wäre, wenn nicht die Routineangelegenheit der Verurteilung Jesu auf seinem Tisch gelandet wäre mitten in seiner Amtsausübung als Präfekt in Judäa. Wie Maria besitzt er eine gelinde gesagt wechselvolle Legendengeschichte – manchmal gepeinigter Gefangener, manchmal luxuriöser Geck, manchmal selig im Himmel, manchmal von Dämonen gequält. Wie Judas Iskariot wird er von Reue über seine Entscheidung heimgesucht und an den Abgrund der Verzweiflung getrieben, mit Selbstmord als äußerster Konsequenz. Aber es ist Pilatus eigene, besondere Nische in der Geschichte der Macht, die ihn faszinierend macht.

Der Typ von Macht, dem die Pilatusgestalt entspricht, ist in der Gegenwart so umfassend, dass er die gesamte Gesellschaft durchdringt. Wir begegnen Entscheidungsträgern auf jedem Niveau, die gezwungen sind, zu diversen Dilemmata Stellung zu nehmen, was ihnen nicht gelingt oder dem sie kein wirkliches Nachdenken zu schenken wagen. Sie wählen den einfachen Weg, den Weg, der ihnen selbst die wenigsten Unannehmlichkeiten bereitet. Den breiten Weg. Man betrachte die Sachbearbeiter in Flüchtlingsfragen oder im Gesundheitswesen. Man betrachte die mühsamen Von-Mensch-zu-Mensch-Kontroversen, die die Schreibtische der Bürokraten überfluten. Warum sollte ein Verwalter, ein Gutachter, ein Rektor oder was auch immer für eine Person, die sich Pilatus' gefallenen Mantel überstreift, sich darum kümmern, barmherzig oder gerecht zu sein? Warum nicht das Problem lösen, indem man sagt »das ist nicht meine Angelegenheit« und die Sache an die nächste Instanz weiterleiten, oder noch besser der Empfehlung folgen, die irgendein untergeordneter Beamter bereits verbrochen hat, egal, wie gut oder wie schlecht diese Empfehlung auch begründet ist? Warum sich Gedanken machen? Wenn das Volk schreit »Kreuzige ihn!«, warum nicht tun, was das Volk will? Lass den, der am lautesten schreit, bestimmen! Wenn das Rad sich dreht, folge dem Rad. So ist es am sichersten. Man nennt dies »flexibel« sein und »diplomatisch«. Eine »Grauskala« zu applizieren, wo es faktisch schwarz und weiß zu unterscheiden gilt. Es ist feige, aber leicht, und deshalb lieben es die gegenwärtigen Entscheidungsträger, so zu handeln.

Die Symbolgestalt Pontius Pilatus ist identisch mit dem Bild des Mannes, dem es an Zivilcourage fehlt. An diesem Mangel zu leiden, ist in unserer Gesellschaft zur Tugend stilisiert worden. So zu handeln wie die wankelmütigen Einwohner der Stadt Hadleyville in Fred Zinnemans Film *High*

Noon (»Zwölf Uhr mittags«, 1952): Es zu vermeiden, seine Pflicht zu tun, wenn es denn überhaupt möglich ist, dies zu vermeiden. Den Hilfssheriffstern nicht anzunehmen und vor der Verantwortung davonzulaufen. Ein solches Verhalten ist in den Korridoren der Macht seit deren Erfindung gewiss endemisch gewesen, doch heute ist die institutionalisierte Macht verbreiteter und sehr viel mehr delegiert als jemals zuvor in der Geschichte. Es gibt sie überall. Niemand kann ihr ausweichen. In den schwedischen Gemeinwesen des Mittelalters waren es nur Vogt und Pfarrer, die es riskierten, sich wie Pontius Pilatus aufzuführen. Heute sind unsere Kommunen, Regionalverwaltungen, Universitäten, Hochschulen, Gymnasien, Krankenhäuser, Zeitungsredaktionen, Ämter, Behörden und vom Volk gewählten Vertretungen voll von potenziellen Memmen ohne Zivilcourage. Jeden Tag wird eine neue feige Untat begangen, ganz gesetzlich, ohne Folgen für andere außer für jene Armen, die das Volk kreuzigen will. Wir alle, die einmal einer solchen Behandlung ausgesetzt waren, wissen, wie sich dies anfühlt, wie die Ohnmacht ihr lähmendes Gift im Körper verbreitet, während Pilatus seine Hände in Unschuld wäscht.

Vielleicht ist es deshalb heute so still um Pontius Pilatus. Er ist das Spiegelbild, das wir nicht heraufbeschwören möchten. Er ist in unserer zweitausendjährigen christlichen Kultur die Inkarnation des banalen Bösen, und daraus folgt, dass er gefährlich ist. Wer möchte schon dem Mann gleichen, der Jesus tötete? Allzu viele Chefs und Sekretäre schrecken instinktiv vor einem Vergleich dieser Art zurück. Solche Menschen wirken mit verborgener und unbewusster Freude an der lautlosen Tabuisierung des Präfekten aus Judäa mit.

Am Anfang war die Erzählung. Der Mensch ist ein erzählendes Tier, ein intellektueller Primat, der Sinn schafft und Bedeutungen konstruiert aus einer chaotischen Wirklichkeit. Wir tun dies nicht nur, weil es genuin unterhaltend ist, sondern auch, weil es uns hilft, in einer Gesellschaft zu überleben, die der Vereinfachung in der Form der Erzählung bedarf, um erträglich zu sein. Zu erzählen und Erzählungen zuzuhören geht in die sozialen Grundvoraussetzungen des menschlichen Individuums ein. Ohne Kommunikation gehen wir unter.

Dieses Buch handelt von erzählenden Menschen, von Menschen, die das gesprochene oder geschriebene Wort geliebt haben. Sie sprachen und schrieben in einer Zeit, als die Zahl zugänglicher Medien gering, das

Bedürfnis der Leser und Zuhörer nach Erzählungen aber genauso groß wie heute, genauso groß wie zu allen Zeiten war. Sie lebten in einer Ära, da die Kultur der Herrscher und die Kultur des Volkes noch nicht getrennte Wege gingen, als Bauer, König und Priester sich noch in weitem Umfang derselben Geschichten erfreuten und über dieselben Dinge lachten. Im ganzen christlichen Europa hörte man begehrlich den Darstellungen des Lebens biblischer Figuren zu und fantasierte über deren Geburt, Aufwachsen und Tod. Man erzählte in Versen und in Prosa, in Form von Biografien, Legenden, Schauspielen und Volksliedern.

Ich konzentrierte mein Buch auf vier Individuen, Personen, über die im Mittelalter zahlreiche Legenden, Gerüchte und andere Typen der Erzähltradition gewebt wurden. Sie wurden nicht aufs Geratewohl gewählt. Sie wurden ausgewählt, weil sie alle mit ausführlichen Lebensgeschichten versehen sind, die aus Forscherperspektive kaum anders denn als freie Fantasie beschrieben werden können. Fantasie und Erzählfreude wurden schon in der Antike kombiniert, um auf die aufkommenden Bedürfnisse zu antworten. Die Menschen des Mittelalters setzten die Arbeit fort, und wir tun dasselbe. Meine vier Legendensubjekte sind – jedes auf seine Weise – Musterexemplare für den zeitlosen Bedarf des erzählenden Menschen.

Die Vier haben außerdem gemeinsame Wurzeln, einen gemeinsamen erzählenden Ursprung. Ihre Geschichten gehen in die große christliche Tradition ein. Sie waren von Anfang an dabei, schon bei der Niederschrift der ältesten Bücher des Neuen Testaments nur wenige Jahrzehnte nach dem Tod Jesu auf Golgota. Die Ursache dafür, dass Judas Iskariot, Maria Magdalena, Pontius Pilatus und Josef von Arimathäa überhaupt in abendländischen Überlieferungen vorkommen, ist ihre Erwähnung in der Bibel. Außer dem Neuen Testament sind der Nachwelt keine anderen Nachrichten über diese Individuen zur Kenntnis gekommen mit Ausnahme weniger Notizen über Pilatus' Tätigkeit als Präfekt, die aber nur Experten bekannt waren. Die Kluft zwischen dem, was die Bibel über die Vier zu sagen hat und dem, was die Nachwelt über sie zusammendichtete, ist indessen abgrundtief. Jene Maria Magdalena, die in *Jesus Christ Superstar* so wunderschöne Lieder singt, hat nicht viel gemeinsam mit der Frau, der der auferstandene Erlöser im Johannesevangelium die warnenden Worte sagt: »Rühr mich nicht an!«

Rekapitulieren wir kurz die Ausgangslage. Über Judas Iskariot hat die Bibel zu vermelden, dass er einer der engsten Freunde Jesu gewesen sei, einer der Zwölf, dass er aber schließlich seinen Lehrer und Meister für dessen Feinde identifizierte. Auf die Frage, inwieweit er danach bereute und wie er starb, sind die Angaben der Evangelisten widersprüchlich. Nicht einmal die später so berüchtigte Gier nach Geld lässt sich eindeutig aus dem Neuen Testament belegen. Bezüglich Maria Magdalena können wir mit Hilfe der Bibel annehmen, dass sie aus der galiläischen Stadt Magdala stammte und dass auch sie Jesus nahestand, möglicherweise, nachdem sie von ihm geheilt worden war. Die Tatsache, dass sie ausführlich in den Schilderungen vom Tod Jesu und der Auferstehung vorkommt, bietet Anhaltspunkte dafür, dass sie wahrscheinlich eine Zentralgestalt der Urkirche war, eine Zeugin des Wunders der Auferstehung. Betreffend Pontius Pilatus wissen wir bedeutend mehr. Er war römischer Präfekt in der Provinz Judäa zwischen 26 und 37 n. Chr. Als solcher hielt er den Frieden aufrecht, ließ einen Aquädukt bauen und geriet in verschiedene blutige Auseinandersetzungen mit jüdischen und samaritischen Untertanen, denen nur schwer auszuweichen war, wenn man die unruhige Lage in der Provinz bedenkt. Er scheint aber doch nach Kooperation mit der jüdischen Oberschicht gestrebt zu haben, was dazu beitrug, das Todesurteil über Jesus zu sprechen. Als Pilatus gegen eine vermeintliche samaritische religiöse Revolte intervenierte, wurde jedoch eine offizielle römische Untersuchung eingeleitet, die zur Folge hatte, dass er nach Rom zurückgerufen wurde. Sein weiteres Schicksal ist unbekannt. Josef von Arimathäa schließlich ist die anonymste aller vier Legendengestalten. In der Bibel wird er als wohlhabender und angesehener Jude dargestellt, der zwar nicht dem engeren Kreis um Jesus angehörte, aber gleichwohl die Verantwortung für dessen Grablegung übernahm.

Mehr als dies können wir mit Hilfe des Neuen Testaments und den übrigen Quellen aus dem 1. Jahrhundert n. Chr. nicht schließen. Später begannen die Erzähler zu arbeiten. Neugier und Fantasie, ebenso das Bedürfnis nach Sündenböcken, Schurken und Helden nahmen zu, als das Wissen endete.

Weil sich die Bedürfnisse im Lauf der Geschichte wandelten, veränderte sich auch die Geschichte der Individuen. Mitunter ließen die Erzähler die alten Fantasien bestehen und vervollständigten sie mit neuen. Mitunter strich man alles und begann von vorn. Außerdem war es nicht selbstverständlich, dass unterschiedliche Gruppen von Menschen, auch wenn sie in derselben Epoche lebten, dasselbe Erzählbedürfnis besaßen. Die eingeschüchterten jüdischen Volksgruppen des mittelalterlichen, vom Antisemitismus geprägten Europa brauchten einen ganz anderen Judas Iskariot, als ihn ihre christlichen Nachbarn schufen. Das Bedürfnis, Pontius Pilatus' Handeln zu rechtfertigen, war aus bestimmtem Anlass im spätantiken Ägypten und Äthiopien größer als in Westeuropa, weshalb dem Präfekten am Ende ein afrikanischer Heiligenschein verliehen wurde. In Westeuropa dagegen wurde er zum verurteilungswürdigen Selbstmörder.

Im Hochmittelalter, vom 11. bis zum 13. Jahrhundert, erfuhr Europa eine tief greifende Verwandlung. Die Bevölkerungszahl wuchs, Wälder wurden gerodet und Böden unter den Pflug gelegt. Neue Technologien machten die Äcker fruchtbarer als früher. Das Erwerbsleben ging in großen Schritten auf den Kapitalismus zu. Die ersten Universitäten wurden gegründet und entwickelten sich zu Zentren christlicher Gelehrsamkeit. Kathedralen, Rathäuser, Stadtmauern und Häfen wurden in den schnell wachsenden Städten errichtet. Die Macht entwickelte sich auf allen Ebenen, und das einfache Volk begann, seinen geistigen und weltlichen Führern neue, radikalere Forderungen zu stellen. Pilgerreisen wurden populär als Folge des Aufschwungs einer neuen Laienfrömmigkeit. Ketzerbewegungen wurden begründet und verfolgt, sie wurden entweder vernichtet oder überlebten. Die Inquisition wurde eingerichtet und begann ihre Arbeit. Dominikaner und Franziskaner begaben sich hinaus auf die Straßen, um zu predigen und das Volk davon zu überzeugen, dass ihre Version der christlichen Wahrheit die einzig richtige sei. Der Kreuzzug führte Menschen verschiedener Kulturkreise zusammen, schuf Begegnungen zwischen Katholiken, Orthodoxen und Muslimen. In diesem kreativen kulturellen Milieu, in diesem expansiven Hochmittelalter, beschleunigte sich die Legendenproduktion noch mehr. Neue Gruppen von Menschen prägten neue Typen von Bedürfnissen aus, und die Steine, die man ins Rollen brachte, rollten immer schneller für jedes neue Dichterwerk, für jede neue Predigt.

Josef von Arimathäas Entwicklung zum Hüter des Heiligen Grals ist typisch für die Geschwindigkeit dieses Prozesses. In einigen wenigen Jahrzehnten ist die ganze Geschichte des Grals präsentiert, erklärt, entwickelt und von den Vertretern der höfischen Kultur Westeuropas angenommen worden. Josef, der noch um 1180 nichts mit der Legende zu tun hatte, war zu Beginn des 13. Jahrhunderts fest in ihre Struktur eingefügt. Dort ist er geblieben.

Maria Magdalenas Gestalt appellierte an bedeutend mehr Menschen und war daher facettenreicher als zum Beispiel der anonyme Josef. In den Augen unzähliger frommer Europäer wurde sie zum Prototyp der reumütigen Sünderin, doch in Vézelay und Saint Maximin außerdem zu einem heißen Zankapfel im Kampf um geistliche Prominenz. Das Volk der Provence begann, sie als seine Apostelin aufzufassen. Zugleich erhielten sowohl Pilatus als auch Judas entwickelte Biografien, die zu alledem auch noch miteinander verwoben wurden. Zwei solche Schurken mussten einander selbstverständlich gekannt haben, so dachten offenbar die Erzähler. In der *Goldenen Legende* sind sie folglich gute Freunde.

Wenn ich dies Buch etwas umfangreicher hätte machen wollen, wäre es kein Problem gewesen, weitere Persönlichkeiten hinzuzufügen. Ein guter Kandidat wäre Herodes Antipas, der König, der die Verantwortung für den Tod Johannes des Täufers trug und der später in den Prozess gegen Jesus hineingezogen wurde. In mittelalterlichen Erzählungen wurde er oft mit vielen seiner Verwandten verwechselt, was dadurch erleichtert wurde, dass der Name Herodes innerhalb des Königshauses sehr gebräuchlich war. Über sein Handeln, seinen Tod und seine Verbindungen zu den Juden und Pilatus hatten die Menschen des Mittelalters so einiges zu vermelden, was den wirklichen Herodes Antipas verwundert und wütend gemacht hätte, hätte er in die Zukunft schauen können. Wenn wir uns den Jüngern Jesu zuwenden, erkennen wir, dass sie schon in der Spätantike mit Abenteuererzählungen im Gewand von Missionsgeschichten ausgestattet waren, wie die Thomasakten, die heute den Hauptanteil neutestamentlicher Apokryphen ausmachen, die in unseren Universitätsbibliotheken zugänglich sind.

Hinter all diesem verbirgt sich zu gleichen Teilen Neugier und Erzählfreude, aber auch der Wille, Ordnung und Sinn zu schaffen in einem Chaos von Deutungsdilemmata und beschwerlichem Schweigen. Das Neue Testament lässt viele Fragen unbeantwortet. Warum beging Judas den Verrat? Warum hieß er »Iskariot«? Welche Konsequenzen beinhaltete die Kreuzigung für Pilatus? Wie ging es mit Maria Magdalena weiter, nachdem sie Zeugin der Auferstehung geworden war (sie wird ja in der Apostelgeschichte nicht erwähnt)? Wir reagierten die Juden darauf, dass Josef von Arimathäa die Grablegung Jesu besorgte? All dies waren Fragen, von denen die Menschen der Spätantike und des Mittelalters fasziniert waren, ebenso wie nicht wenige Menschen heute. Durch die Analyse der jeweiligen Situation hoffte man, Klarheit zu finden. Die Analyse wandelte sich zu Vermutungen, die Vermutungen zu Text und der Text zu neuen Fragen und neuen

Texten. Das Gewebe der Erzählung wurde größer und schmuckvoller mit jedem neuen Grübler, der sich dem Erzählerkorps anschloss. Weil auch die Gnostiker, Juden und Muslime sich gezwungen sahen, zur Botschaft des Neuen Testaments Stellung zu nehmen, kamen rivalisierende Deutungen auch in ihrer Erzählkultur auf. Die wachsende Popularität des Barnabasevangeliums im 20. Jahrhundert ist ein Zeichen dafür, dass sich dieser Prozess in überschaubarer Zeit fortsetzen wird.

Dieses Buch hat seinen Ursprung in persönlicher Neugier, demselben Impuls, der viele Erzähler, mit deren Geschichten ich im Arbeitsprozess konfrontiert wurde, getrieben hat. Ich hatte Josef von Arimathäa mit dem Heiligen Gral verküpft, aber ich wusste nicht warum. Ich hatte Maria Magdalena als reuevolle Hure gesehen, doch ich wusste auch, dass dies mit den Angaben in biblischen Quellen nicht übereinstimmte. Ich war an Pilatus interessiert, seit ich Bulgakows Roman gelesen hatte und wollte mehr über seine Person wissen. Ich war verwundert darüber, dass Judas ein Schurke geworden war. Je mehr Puzzleteile ich fand, desto mehr veränderte sich die Richtung meiner Neugier. Die historischen Personen Judas, Maria, Pontius und Josef wurden in Symbolgestalten verwandelt. Der Verräter, die Hure, der Selbstmörder, der Chef, der Unbekannte, der gute Mann.

Als das Manuskript im Wesentlichen fertig war, als ich die erste Version bereits an den Redakteur geschickt hatte, sah ich Mel Gibsons blutiges Osterdrama *The Passion of the Christ* im Kino. Der gut zwei Stunden lange Film ist geschrieben, finanziert und inszeniert von Menschen, die sehr viel mehr, als es dem Produkt zufolge scheint, wissen, von tief gläubigen Christen, die eine Botschaft zu vermitteln haben. Der Film ist keine Schluderarbeit, aber es handelt sich auch nicht um eine getreue Wiedergabe der Evangelientexte. Irgendwo auf dem Weg zwischen Bibelstudium und Filmaufnahme musste die den Symbolgestalten innewohnende Magie die dürftig geschilderten Personen bezwungen haben, die uns im Neuen Testament begegnen. Wieder einmal hatten Symbole die Funktionen des Originals übernommen. So erkannte ich Judas Iskariot aus der mittelalterlichen Tradition wieder, die vielmehr auf Verzweiflung und Selbstmord fokussiert ist, als auf das genuin Böse und die Gier. Wie in den spätantiken Apokryphen lässt Gibson den armen Judas von Satan und seinen Dämonen dazu verführen, sich lieber das Leben zu nehmen als auf Gottes Gnade zu vertrauen. Der Kinobesucher verabscheut Judas nicht; er tut ihm leid. Ich erkannte die zusammengesetzte Maria Magdalena wieder, die in ihrem Körper die Jüngerin und die Hure, die Sünderin, die fromm wird, vereint. In Gibsons Vision ist sie so schön wie in einem Renaissancegemälde, mit langem, wallenden Haar, identisch mit der Ehebrecherin, die im Johannesevangelium beinah gesteinigt wird. Ich erkannte Pontius Pilatus aus der spätantiken Tradition wieder, die ihn von der Schuld an der Kreuzigung befreite und den Richter Jesu schrittweise zu einem christlichen Heiligen entwickelte. Gibsons Pilatus ist kein roher, manipulierender Präfekt, sondern ein furchtsamer Abteilungsleiter, der zwischen seinem Gewissen und dem Schrecken vor der möglichen Strafe des Kaisers, sollte er den Juden Anlass geben, die Fahne des Aufruhrs zu hissen, zerrieben wird.

Mir war, als hätte ich die Verfilmung einer mittelalterlichen Legende gesehen, als ob die Zeit still stünde. Auf den Kinoleinwänden des Jahres 2004 ist das Bedürfnis nach Symbolgestalten noch genauso lebendig wie in koptischen Apokryphen oder Dominikaner-Predigten. Den Verräter, die Hure, den Selbstmörder gibt es um uns herum, heute wie damals. Es wird sie immer geben, fest verwurzelt in unserer Auffassung von der Wirklichkeit. Sie persönlich sind sich der Rolle, die sie spielen, glücklich unbewusst, denn die Rollenzuteilung erfolgt in unseren Sinnen, nicht auf Straßen und Plätzen oder in offener Rede. Selten malen wir uns selbst als Judas oder Pilatus, auch wenn es sein mag, dass Menschen in unserer Umgebung uns als wankelmütige Vorgesetzte oder unzuverlässige Kollegen betrachten. Wir schaffen und wiedererschaffen Gestalten, wenn wir instinktiv Freunde und Feinde mit stereotypen Etiketten versehen, wirkliche oder eingebildete. Wir brauchen sie, um in unsere eigenen kleinen Welten Ordnung zu bringen.

Anmerkungen

1 Viele dunkle Stunden hindurch/habe ich darüber nachgedacht/dass Jesus Christus/ durch einen Kuss verraten ward/ich kann nicht für dich denken/du musst selbst entscheiden/ob Judas Iskariot/Gott hatte an seiner Seiten.

2 Die Literatur über Judas ist umfassend. Für einen Überblick siehe William Klassen, *Judas. Betrayer or friend of Jesus?*, SCM Press, London 1996; Hans-Josef Klauck, Judas – *ein Jünger des Herrn,* Herder, Freiburg im Breisgau 1987; Werner Vogler, *Judas Iskariot. Untersuchungen zu Tradition und Redaktion von Texten des Neuen Testaments und außerkanonischen Schriften,* Evangelische Verlagsanstalt, Berlin 1983.

3 Zu den oben genannten Judastraditionen siehe Bernhard Dieckmann, *Judas als Sündenbock. Eine verhängnisvolle Geschichte von Angst und Vergeltung,* Kösel, München 1991, unter anderem S. 13–15; Peter Dinzelbacher, *Judastraditionen,* Raabser-Märchenreihe 2, Selbstverlag des Österreichischen Museums für Volkskunde, Wien 1977, S. 12–15.

4 Eine ausführliche Diskussion des Themas findet sich bei Klassen, 1996.

5 Siehe auch die Schilderung des Todes der Frevler in Salomos *Buch der Weisheit*: »Danach werden sie verachtete Leichen sein,/ewiger Spott bei den Toten./Sie werden verstummen,/wenn er sie kopfüber hinabstürzt/ und aus ihren Grundfesten reißt./ Sie werden völlig vernichtet und erleiden Qualen;/die Erinnerung an sie verschwindet« (Weisheit 4:19). Eine andere Parallele ist in Amasas Tod erkennbar: »Amasa aber achtete nicht auf das Schwert, das Joab in der (linken) Hand hatte, und Joab stieß es ihm in den Bauch, sodass seine Eingeweide zu Boden quollen« (2 Samuel 20:10).

6 Eusebius, *The Ecclasiastical History,* übers. ins Englische von Kirsopp Lake, Loeb Classical Library, Cambridge, Mass. Und London 1980 (Erstdruck 1926), Buch V:16.

7 Klauck 1987, S. 110–111.

8 Walter Puchner, *Studien zum Kulturkontext der liturgischen Szene. Lazarus und Judas als religiöse Volksfiguren in Bild und Brauch, Lied und Legende Südosteuropas,* Verlag der österreichischen Akademie der Wissenschaften, Wien 1991, S. 66.

9 Jean Paillard, *Broder Judas,* Libris, Örebro 1995, S. 139.

10 Zu dieser und anderen späten Überlieferungen betreffend Judas' Heimatort siehe Dieckmann 1991, S. 119–120.

11 Die Überlegungen gründen darauf, dass die Verwandten Jesu, zunächst der Bruder Jakob und dann der Bruder Judas, nach der Kreuzigung die Leitung der messianischen Bewegung übernommen hätten. Was Jakob betrifft, »Bruder des Herrn«, ist dies zum Teil in der christlichen Tradition verankert. Jakob war ohne Zweifel ein he-

rausragendes Mitglied der Urkirche, erwähnt in den Evangelien, in der Apostelgeschichte und dem Galaterbrief und oft als Verfasser der Jakobsbriefe hervorgehoben; der jüdische Historiker Flavius Josephus gibt seinen Tod für das Jahr 62 an. Im Falle Judas sind wir dagegen ganz unwissend. Er wird nur im beiläufig erwähnt in Matthäus 13:55 und Markus 6:3. Eine Überlieferung sieht ihn als Verfasser der Judasbriefe im Neuen Testament an.

12 Klauck 1987, S. 126.

13 Klauck 1987, S. 110–111 (griechischer und deutscher Text).

14 *Apokryferna till Nya Testamentet,* Auswahl und Übersetzung von Bertil E. Gärtner, Proprius Verlag, Stockholm 2001 (1972), S. 31.

15 Klauck 1987, S. 127 (lateinischer und deutscher Text).

16 Klauck 1987, S. 128–129.

17 Klauck 1987, S. 129–130; *The Apocryphal New Testament,* red. J. K. Elliott, Oxford 1993, S. 14.

18 Klauck 1987, S. 131–132; *The Apocryphal New Testament,* red. Montague Rhodes James, Clerendon Press, Oxford 1954 (urspr. 1923), S. 116.

19 Vgl. beispielsweise Klauck 1987, S. 133–134 sowie *The Apocryphical New Testament,* red. J. K. Elliott, Oxford 1993, S. 668.

20 *Coptic Apocrypha in the Dialect of Upper Egypt,* red. und übers. E. A. Wallis Budge, London 1913, S. 216–218.

21 *Coptic Apocrypha in the Dialect of Upper Egypt,* S. 185–186.

22 *The Apocryphal New Testament,* red. J. K. Elliott, Oxford 1993, S. 301–302.

23 Puchner 1991, S. 102.

24 *The Apocryphal New Testament,* red. J. K. Elliott, Oxford 1993, S. 163

25 *Martyre de Pilate,* éd. critique de la version éthiopienne et trad. française par Robert Beylot, Patrologia orientalis tome 45, fasc. 4, n. 204, Brepols, Turnhout 1993, S. 625.

26 Klauck 1987, S. 132–133 (lateinischer und deutscher Text).

27 Carl P. E. Springer, *The Gospel as Epic in Late Antiquity. The Paschale Carmen of Sedelius,* E. J. Brill, Leiden 1988, S. 90–91.

28 *The Apocryphal New Testament,* red. J. K. Elliott, Oxford 1993, S. 218–219.

29 Puchner 1991, S. 65.

30 Die Geschichte findet sich in englischer Übersetzung in *The Age of Bede,* red. D. H. Farmer, Penguin Classics, Harmondsworth 1965 und später. Zur Analyse der Geschichte vgl. Paull Franklin Baum, »Judas' Sunday Rest«, *The Modern Language Review,* 18, 1923. Siehe auch Ingrid Westerhoff-Sebald, *Der moralisierte Judas. Mittelalterliche Legende, Typologie, Allegorie im Bild,* Frankfurt a. M., 1996, S. 7–9.

31 Baum 1923, S. 170–171; Dinzelbacher 1977, S. 56–57.

32 Baum 1923, S. 170–178.

33 Dinzelbacher 1977, S. 55.

34 Dinzelbacher 1977, S. 53–55.

35 Puchner 1991, S. 102.

36 Dieckmann 1991, S. 77.

37 Dieckmann 1991, S. 77-80.

38 Theophil Melicher, »Die germanische Gefolgschaft im Heliand«, *Mitteilungen des österreichischen Instituts für Geschichtsforschung,* 51, 1937, S. 446–447.

39 Dick Harrison, *Karl Knutsson,* Historiska Media, Lund 2002, S. 276–277.

40 Puchner 1991, S. 68–71.

41 Jacobus de Voragine, *The Golden Legend. Readings on the Saints,* transl. William Granger Ryan, Princeton University Press, Princeton 1993, vol.I, S. 167–169; Klauck 1987, S. 135–136.

42 Puchner 1991, S. 90. Eine Übersicht der Diskussion zu den Judasbiografien bei Paull Franklin Baum, »The Mediaeval Legend of Judas Iscariot«, *Publications of the Modern Language Association of America* 31, 1916; Edward Kennard Rand, »Mediaeval Lives of Judas Iscariot«, *Anniversary papers by Colleagues and Pupils of George Lyman Kittredge,* Boston 1913.

43 Paull, »The Mediaeval Legend ...«, 1916, S. 550–551, 582–584. Die mittelalterliche schwedische Version der Judaslegende findet sich in *Ett fornsvenskt legendarium,* vol. I (Samlingar utgifna af svenska fornskrift-sällskapet 4), Stockholm 1847, S. 243–245.

44 Paull, »The Mediaeval Legend ...«, 1916, S. 522–526; Puchner 1991, S. 91–93.

45 Puchner 1991, S. 90–91.

46 Paull Franklin Baum, »The English Ballad of Judas Iscariot«, *Publications of the Modern Language Association of America* 31, 1916. Vgl. den Text in Francis James Child (red.), The English and Scottish Popular Ballads, vol. I, Houghton, Mifflin and Company, Boston und New York 1882–1888, nr. 23, S. 242–244

47 Dieckmann 1991, S. 53–76; Dinzelbacher 1977, S. 36–40.

48 Dieckmann 1991, S. 94–103; Dinzelbacher 1977, S. 41–42; Puchner 1991, S. 105.

49 Dieckmann 1991, S. 107–109; Puchner 1991, S. 98–99.

50 Samuel Laeuchli, »Origen's Interpretation of Judas Iscariot«, Church History 22, 1953; Alexander Murray, *Suicide in the Middle Ages: vol.* 2, The Curse on Self-Murder, Oxford University Press, Oxford 2000, S. 358–359. Origenes eigene Worte siehe Origenes, *Contra celsum libri VIII,* red. M. Marcovich, Brill, Leiden 2001 (griechischer Text). Judas kommt in II:10,11 (die wichtigste Textstelle) sowie in 12, 20 und 65 vor.

51 Alle Texte finden sich in englischer Übersetzung bei J. M. Robinson (Hrsg.), *The Nag Hammadi Library in English,* 3. Aufl. 1988.

52 Irenaeus, *Adversus haereses* I, 31, I: *Et haec Iudam proditorem diligenter cognovisse dicunt, et solum prae caeteris cognoscentem veritatem, perfecisse proditionis mysterium:*

per quem et terrena et caelestia omnia dissoluta dicunt. Ich habe eine lateinische und deutsche Ausgabe verwendet: Irenäus von Lyon, *Epidexis. Adversus haereses* I, übers. von Norbert Brox, Herder, Freiburg im Breisgau 1993.

53 Irenaeus, *Adversus haereses* I, 31, I.

54 Vgl. Theodoret von Cyrrhus' Werk *Haereticorum fabularum compendium* I:15 (nicht vom Verfasser analysiert).
(Anm. der Übersetzerin: Der originale Text des Judasevangeliums soll inzwischen gefunden worden sein. Rodolphe Kasser (Genf), ein Koptologe, identifizierte einen koptischen Text, der vor einem Vierteljahrhundert nahe der Stadt Al-Minya in Mittelägypten entdeckt wurde, mit dem Judasevangelium. Die Seiten stammen aus dem 4. oder 5. Jahrhundert, abgefasst im koptischen Dialekt Mittelägyptens. Die Urschrift entstand um 150, wohl in Griechisch. Die vorliegende Textfassung ist schadhaft und daher unvollständig. Dies gilt auch für im Kontext interessierende Passagen. Der Text ist veröffentlicht: *Das Evangelium des Judas*, hg. von Rodolphe Kasser, Marvin Meyer, Gregor Wurst, White Star Verlag, Wiesbaden 2006.)

55 Epiphanius, *Panarion haer.*, 38, I, 5 (mit Erwähnung des Evangeliums) und 38, 3, 3. Ich habe Epiphanius, vol. 2, in: *Die griechischen Schriftsteller der ersten Jahrhunderte*, red. Karl Holl, bearbeitete Ausgabe von Jürgen Dummer, Akademie Verlag, Berlin 1980, benutzt.

56 (Pseudo-) Tertullianus, *Adversus omnes haereses*, red. Emil Kroymann, in: *Corpus Christianorum, Series Latina II, Tertulliano opera, pars II: Opera montanistica*, Brepols, Turnhout 1954, Kap. 2,5 f (S. 1404, Z. 15–21): *Hi qui hoc adserunt, etiam Iudam proditorem defendunt, admirabilem illum et magnum esse memorantes propter utilitates, quas humano generi contulisse iactatur. Quidam enim ipsorum gratiarum actionem Iudae propter hanc causam reddendam putant. Animaduertens enim, inquiunt, Iudas, quod Christus uellet ueritatem subuertere, tradidit illum, ne subuerti ueritas posset.*

57 (Pseudo-)Tertullianus, *Adversus omnes haereses*, Kap. 2,6 (S. 1404, Zeile 22–28): *quia potestates huius mundi nolebant pati Christum, ne humano generi per mortem ipsius salus pararetur, saluti consulens generis humani tradidit Christum, ut salus, quae impediebatur per uirtutes, quae obsistebant, ne parteretur Christus, impediri omnio non posset et ideo per passionem Christi non posset salus humani generis retardari.* Ähnliche Auffassungen werden von Filastrius (wirksam in der zweiten Hälfte des 4. Jahrhunderts) in dem Werk *Diversarum haererem liber* (vom Verfasser/Unterzeichnenden nicht analysiert) vorgetragen. Filastrus ist jedoch stark von Irenaeus und Epiphanius beeinflusst.

58 G. Schlichting, *Ein jüdisches Leben Jesu. Die verschollene Toledot-Jeschu-Fassung Tam u-mu-ad*, Tübingen 1982.

59 Bernhard Helle, »Über Judas Ischariotes in der jüdischen Legende«, *Monatsschrift*

für Geschichte und Wissenschaft des Judentums 76. Siehe auch Dieckmann 1991, S. 122–128.

60 Dieckmann 1991, S. 125–126.

61 Dt. Übersetzung: Der Koran. übersetzt von Adel Theodor Khoury, Gütersloh 1987.

62 Olaf H. Schumann, *Der Christus der Muslime. Christologische Aspekte in der arabisch-islamischen Literatur,* Gütersloher Verlagshaus, Gerd Mohn, Gütersloh 1975, S. 37.

63 Dieckmann 1991, S. 128–132; David Sox, *The Gospel of Barnabas,* George Allen & Unwin, London 1984, S. 96–97.

64 Sox 1984, S. 95–98.

65 Shlomo Pines, *The Jewish Christians of the Early Centuries of Christianity according to a New Source,* The Israel Academy of Sience and Humanities, Proceedings, vol. 2, no. 1, Jerusalem 1966, S. 56.

66 Per Beskow, *Fynd och fusk i Bibelns värld. Om vår tids Jesus-Apokryfer,* Proprius förlag, Stockholm 1979, S. 20.

67 Sox 1984, S. 9.

68 Beskow 1979, S. 22–24; Sox 1984, S. 36–48.

69 Sox 1984, S. 11.

70 Sox 1984, S. 12–14.

71 Francis James Child, vol. I, nr. 23, S. 242–244.

72 Das Dokument mit dieser Geschichte ist veröffentlicht in H. Fragès, *Histoire de saint Vincent Ferrier,* vol. I, Paris 1893–1984, Appendix I, S. xxii-xxiii.

73 Murray 2000, S. 361–362.

74 Dinzelbacher 1977, S. 21–22; Puchner 1991, S. 71–82.

75 Westerhoff-Sebald 1996. Meine Darstellung zu Judas in der Kunst basiert hauptsächlich auf diesem Werk.

76 Dinzelbacher 1977, S. 22.

77 Silke Petersen, »*Zerstört die Werke der Weiblichkeit!*«. *Maria Magdalena, Salome und andere Jüngerinnen Jesu in christlich-gnostischen Schriften,* Brill, Leiden, Boston und Köln 1999, S. 55–56.

78 Vgl. zum Beispiel Josef Dirnbeck, Des Meisters Herz-Dame zwischen Kitsch und Kirchenkritik. Maria Magdalena in neuer Literatur und im Film, in: *Bibel und Kirche,* 55. Jahrgang, 4/2000. Dirnbeck diskutiert übersichtlich das Bild Maria Magdalenas in Werken von Scorsese, Marianne Fredriksson (die Dirnbeck ablehnt) und Hejo Müller.

79 Esther De Boer, *Mary Magdalene – Beyond the Myth,* SCM Press, London 1997, S. 7. Detailierter die Studie von Aina Trotzig, *Christus resurgens apparet Mariae Magdalenae. En ikonografisk studie med tonvikt på motivets framställning i den tidiga medeltidens konst,* Stockholm 1973.

80 André Paléolugue, Marie Madeleine dans la tradition byzantine, in: *Marie Madeleine dans la mystique, les arts et les lettres.* Actes du colloque international Avignon 20–22 juillet 1988, red. Eve Duperray, Beauchesne, Paris 1989.

81 Mary R. Thompson, *Mary of Magdala. Apostle and Leader,* Paulist Press, New York und Mahwa, N. J. 1995, S. 18–23.

82 Petrusevangelium 50–57. Deutsche Übersetzung nach: Klaus Berger/Christiane Nord, *Das Neue Testament und frühchristliche Schriften,* Insel Verlag, Frankfurt a. M. und Leipzig 1999. (Harrison zitiert aus *Apokryferna till Nya Testamentet,* Auswahl und Übersetzung von Bertil E. Gärtner, Propius Verlag, Stockholm 2001 (1972), S. 30–31.)

83 Deutsche Übersetzung: siehe Berger/Nord, a. a. O. Siehe auch den deutschen und koptischen Text in Erika Mohri, *Maria Magdalena. Frauenbilder in Evangelientexten des* 1. bis 3. Jahrhunderts, Marburger Theologische Studien 63, N.G. Elwert Verlag, Marburg 2000, S. 158–159.

84 Vgl. den relativ neuen Beitrag zur Forschung über die Auffassung Maria Magdalenas im Johannesevangelium von Susanne Ruschmann, *Maria von Magdala im Johannesevangelium. Jüngerin – Zeugin – Lebensbotin,* Neutestamentliche Abhandlungen, Neue Folge, Band 40, Aschendorff, Münster 2002.

85 Vgl. zum Beispiel Hannelore Koivunen, *The Woman who Understood Completely. A Semiotic Analysis of the Mary Magdalene Myth in the Gnostic Gospel of Mary,* Acta Semiotoca Fennica 3, Imatra 1994; Elaine Pagels, *The Gnostic Gospels,* Random House, New York 1981. Vgl. mit Thompson, 1995.

86 Gerard O'Collins und Daniel Kendall, Mary Magdalene as Mayor Witness to Jesus' Resurrection, *Theological Studies* 48, 1987, S. 632.

87 Maria Magdalenas gnostische Geschichte wird in einer Vielzahl von Monografien zu ihrer Person berührt. Die letzte durchgearbeitete Studie, die speziell ihre Bedeutung innerhalb der gnostischen Sekten behandelt, ist Petersen 1999.

88 De Boer 1977, S. 120.

89 Deutsche Übersetzung: Berger/Nord, a. a. O. (Harrison folgt dem englischen Text in Koivunen 1994, S. 154–155.)

90 Deutsche Übersetzung: Berger/Nord, a. a. O. (Die schwedischen Übersetzungen sind entnommen aus *Thomasevangeliet,* übers. von Bo Frid, Kommentar Jesper Svartvik, Arcus, Lund 2002.)

91 *Thomasevangeliet* (2202), Logion 114, S. 95. Deutsche Übersetzung: Berger/Nord, a. a. O.

93 Siehe beispielsweise die Darlegungen in Antti Marjanen, *The Woman Jesus Loved. Mary Magdalene in the Nag Hammadi Library and Related Documents, Brill,* Leiden 1996.

94 Die Übersetzungen nachfolgender Texte basieren auf dem englischen Text in Koivunen 1994, S. 161–168.

95 Die Übersetzungen nachfolgender Texte basieren auf dem englischen Text in Koivunen 1994, S. 173–178.

96 Die Frau namens Salome, die in der urchristlichen und gnostischen Literatur vorkommt (besonders prominent in dem so genannten Ägypterevangelium) ist eine Jüngerin Jesu. Sie darf nicht verwechselt werden mit jener Frau, die wir heute zumeist mit diesem Namen verbinden, nämlich der Tochter des Herodias, dem später von Mythen umwobenen Mädchen – besonders populär um die Jahrhundertwende 1900, so in einem Drama Oscar Wildes und einer Oper Richard Strauss' –, die ihren Stiefvater Herodes Antipas darum bat, den Kopf Johannes des Täufers auf einem Tablett zu erhalten. Im Neuen Testament wird Herodias Tochter nicht mit Namen genannt (Markus 6:17–28; Matthäus 14:3–11), aber wir wissen aus anderen Quellen, dass sie Salome hieß. Zur gnostisch-christlichen und manichäischen Sicht der Jüngerin Salome siehe vor allem Petersen 1999, S. 195–241.

97 Die Hymnen tragen die Nummern 187, 192 und 194. Für mehr Information siehe Marjanen 1996, S. 203–215, und Mohri 2000, S. 173–176.

98 Eine wissenschaftlich aktualisierte Diskussion dieses Konflikts findet sich bei Petersen 1999, S. 163–188.

99 Petersen 1999, S. 298.

100 Robert Wennig, Magdala, in: *Bibel und Kirche,* 55. Jahrgang, 4/2000.

101 Allgemeine Informationen zur Stellung der Frau im antiken Palästina bei Daniel-Rops, *Dagligt liv i Palestina på Jesu tid,* Prisma, Stockholm 1985. Siehe auch die Literatur zu Maria Magdalena im Literaturverzeichnis.

102 O'Collins und Kendall 1987.

103 Carla Ricci, *Mary Magdalene and Many Others. Women who Followed Jesus,* Burns & Oates, Tunbridge Wells 1994.

104 Der Großteil der Forschungsliteratur zu Maria Magdalena (Ricci, Haskins etc.) teilt diese Auffassung. Eine der neuesten detaillierten theologischen Darstellung zu Maria Magdalena – die zu demselben Schluss kommt – ist eine größere spanische Untersuchung: Carmen Bernabé Ubieta, *Maria Magdalena. Traditiones en el christianismo primitivo,* Editorial Verbo Divino, Estella 1994.

105 Susan Haskins, *Mary Magdalen. Myth and Metaphor,* Harper Collins, London 1994, S. 58–60.

106 Gregorius der Große, Homilia XXXIII, in: Migne, *Patrologia Latina* 76, Sp. 1239. Siehe Richard Atwood, *Mary Magdalene in the New Testament Gospels and Early Tradition,* Peter Lang, Bern 1993.

107 Helen Meredtih Garth, Saint Mary Magdalene in Mediaeval Literature, *The Johns Hopkins University Studies in Historical and Political Sience,* vol. 67, The Johns Hopkins Press, Baltimore 1950, S. 25–26.

108 B. J. Kedar, Gerard of Nazareth. A Neglected Twelfth-Century Writer in the Latin East, *Dumbarton Oaks Papers* 37, 1983, S. 75–76.

109 Die Literatur zu dieser Entwicklung ist umfassend. Das gegenwärtig wichtigste Werk zu Maria Magdalenas Kultgeschichte (gemeint ist konkret Kult, nicht der ideengeschichtliche Hintergrund) im Abendland bis ins Hochmittelalter ist Victor Saxer, *Le culte de Marie Madeleine en Occident des origines à la fin du moyen âge*, Paris 1959, allen wärmstens empfohlen, die sich in das Thema vertiefen möchten.

110 R.-G. Coquin und G. Godron, Un encomion copte sur Marie-Madeleine attribué à Cyrille de Jérusalem, *Bulletin de l'Institut Français d'Archéologie Orientale* 90, Kairo 1990. Siehe auch De Boer 1997, S. 120; Garth 1950, S. 22–23.

111 Haskins 1993, S. 105.

112 Garth 1950, S. 42–43.

113 *The Apocryphal New Testament*, red. Montague Rhodes James, Clerendon Press, Oxford 1953 (urspr. 1924), S. 117.

114 Hans Hansel, *Die Maria-Magdalena-Legende. Eine Quellenuntersuchung*, Greifswald 1937, S. 91. In der Darstellung der Missionsreisen Maria Magdalenas erwähnt Nikephoros Kallistos jedoch nichts von der Mission in Südfrankreich, mit der die Heilige in der hochmittelalterlichen westeuropäischen Tradition verknüpft wird.

115 Eva Maria Adam, *Maria Magdalena in geistlichen Spielen des Mittelalters*, Universität Zürich, Zürich 1996, S. 64–65; Garth 1950, S. 26; Haskins 1993, S. 105–113.

116 Fernand Benoît, La Madeleine et les Dormants d'Ephese, *Provence historique* 12, 1962. Die schwedische Übersetzung der Siebenschläferlegende findet sich in *Ett fornsvenskt legendarium*, Vol. I (Samlingar utgifna af svenska fornskrift-sällskapet 4), Stockholm 1847, S. 433–442.

117 Haskins 1993, S. 109–111; Saxer 1959, S. 35–45. Zum Festdatum siehe auch Wiltrud aus der Fünten, *Maria Magdalena in der Lyrik des Mittelalters*, Pädagogischer Verlag Schwann, Düsseldorf 1966, S. 42–43.

118 Veronica Ortenberg, Le culte de Saint Marie Madeleine dans l'Angleterre anglosaxonne, *Mélanges de l'Ecole française de Rome.* Moyen Age, 104:I, 1992.

119 Elisabeth Pinto-Mathieu, *Marie Madeleine dans la littérature du Moyen Age*, Beauchesne, Paris 1997, S. IX.

120 Haskins 1993, S. 105–113. Siehe auch Wiltrud aus der Fünten 1966, S. 25–26.

121 Saxer 1959, S. 54; Wiltrud aus der Fünten 1966, S. 45–46.

122 Haskins 1993, S. 112–113. Besonders für die französische Kultgeschichte ist Saxer 1959 eine unschätzbare Quelle der Information.

123 Veronica Ortenberg und Dominique Iogna-Prat, Genèse du culte de la Madeleine, *Mélanges de l'Ecole française de Rome.* Moyen Age, 104:I, 1992, S. 10.

124 Sylvain Grébaut (Hrsg.), La légende du parfume de Marie-Madeleine, *Revue de l'orient chrétien* 21, 1918/1919, S. 100–103. Hier findet sich sowohl der äthiopische

Originaltext als auch eine französische Übersetzung. Siehe auch die französische Übersetzung zitiert bei Hansel 1937, S. 84.

125 Wiltrud aus der Fünten 1966, S. 38–39.

126 Garth 1950, S. 21–22, 32; Hansel 1937, S. 94–95.

127 *Ett fornsvenskt legendarium,* Vol. I (Samlingar utgifna af svenska fornskrift-sällskapet 4), Stockholm 1847, S. 454–457.

128 Jacobus de Voragine, Vol.I, S. 227–229.

129 Haskins 1993, S. 119–120; Siehe auch Pinto-Mathieu 1997, S. 90–92.

130 Garth 1950, S. 41.

131 J. E. Cross, Mary Magdalen in the Old English Martyrology, Speculum 53 (1978). Enthält lateinische Textvarianten. Siehe außerdem für weitere lateinische Textversionen Jean Misrahi, *A Vita Sanctae Mariae Magdalenae* (B. H. L. 5456) in an Eleventh-Century Manuscript, *Speculum* 18 (1943); Guy Lobrichon, Le dossier magdalénien aux XIe-XIIe siècles, *Mélanges de l'Ecole française de Rome. Moyen Age,* 104:I, 1992, S. 177–180.

132 Haskins 1993, S. 120. Siehe die Biografie der Heiligen Agnes in Jacobus de Voragine, Vol. I, S. 101–104.

133 Dominique Iogna-Prat, La Madelaine du *Sermo in veneratione Sanctae Mariae Magdalenae* attribué à Odon de Cluny, *Mélanges de l'Ecole française de Rome. Moyen Age,* 104:I, 1992. Der Text ist wiedergegeben in Migne, Patrologia Latina 133, col. 713–721.

134 Eine ausführliche Untersuchung und Diskussion betreffend die Verbindung Maria Magdalenas mit Vézelay bei Haslins, 1993, und Saxer, 1959. Siehe auch Joseph Gazay, Études sur les légendes de Sainte Marie-Madeleine et de Joseph d'Arimathie, *Annales du Midi* 51, 1939.

135 Haskins 1993, S. 113–114.

136 Josef Szövérffy, Kulturgeschichte und Politik. Die Anfänge des Magdalenen-Kultes in Vezelay, Burgunds Angliederung unter Konrad II. und die Sequenz Victimae Paschali, *Archiv für Kulturgeschichte* 55, 1973. Zur Sache gehört auch, dass Vézelay nicht im Königreich Burgund lag, sondern in jenem Teil des alten burgundischen Gebietes, das im Mittelalter von der französischen Krone beherrscht wurde. Dagegen lag die Provence im Königreich Burgund, welches im 11. Jahrhundert mit dem römisch-deutschen Reich vereint wurde.

137 Haskins 1993, S. 116.

138 Haskins 1993, S. 123.

139 Haskins 1993, S. 118; Pinto-Mathieu 1997, S. 94–109. Zum lateinischen Text siehe Guy Lobrichon, Le dossier magdalénien aux XIe-XIIe siècles, *Mélanges de l'Ecole française de Rome. Moyen Age,* 104:I, 1992, S. 169–177.

140 Haskins 1993, S. 120.

141 Haskins 1993, S. 120–121.

142 Eine Version der Legende aus dem 12. Jahrhundert findet sich bei Guy Lobrichon, Le dossier magdalénien aux XIe-XIIe siècles, *Mélanges de l'Ecole française de Rome. Moyen Age,* 104:1, 1992, S. 164–169.

143 Jacobus de Voragine, Vol. 2, S. 23–26.

144 Hansel 1937, S. 111.

145 Garth 1950, S. 44–46; Haskins 1993, S. 121.

146 Wiltrud aus der Fünten 1966.

147 Haskins 1993, S. 124.

148 Haskins 1993, S. 126.

149 Haskins 1993, S. 127–129.

150 Puchner 1991, S. 30–36.

151 Diese Dokumentensammlung ist von Victor Saxer publiziert worden, *Le Dossier vézelien de Marie Madeleine. Invention et translation des reliques en 1265–1267,* Brüssel 1975.

152 Zu Maria Magdalenas Anbindung an Saint-Maximin siehe die Übersicht in Haskins 1993 sowie Bernard Montagnes, Saint-Maximin. Foyer de production hagiographique, in: *Marie Madeleine dans la mystique, les arts et les lettres.* Actes du colloque international Avignon 20–22 juillet 1988, red. Eve Duperray, Beauchesne, Paris 1989.

153 *Ett fornsvenskt legendarium,* Vol. I (Samlingar utgifna af svenska fornskrift-sällskapet 4), Stockholm 1847, S. 263–277.

154 Jacobus de Voragine, Vol. I, S. 374–383.

155 Garth 1950, S. 46–53.

156 *The Life of Saint Mary Magdalen and Her Sister Martha,* trans. David Mycoff, Cistercian Studies Series 108, Cistercian Publications, Kalamazoo 1989. In der Schrift (S. 93) werden Maximinus, Marta, Parmenas, Trophimus und Eutropinus als Maria Magdalenas Begleiter auf der Fahrt nach Marseille genannt.

157 *The Life of Saint Magdalen and Her Sister Martha,* S. 98.

158 Garth 1950, S. 23–24.

159 Nachfolgender Text gründet hauptsächlich auf der Arbeit von Katherine Ludwig Jansen, *The Making of the Magdalen, Preaching and Popular Devotion in the Later Middle Ages,* Princeton University Press, Princeton, NJ 2000.

160 Der Text trägt die Bezeichnung Nürnberger *Maria-Magdalena-Legende III.* Siehe Text und Kommentar in Madeleine Boxler, »*ich bin ein predigerin und appostlorin*«. *Die deutschen Maria-Magdalenen-Legenden des Mittelalters (1300–1550). Untersuchungen und Texte,* Peter Lang, Bern 1996. Siehe besonders S. 200.

161 Jansen 2000, S. 86–88.

162 Laut einiger Forscher erfand der Verfasser des Johannesevangeliums den Namen Lazarus und seine Geschichte. Sie gehen davon aus, dass Johannes einen dritten

Namen brauchte, um die Familie, der die Geschwister Marta und Maria angehörten, zu vervollständigen; außerdem stand ihm möglicherweise das Gleichnis, das Lukas erzählt, zur Verfügung und er entnahm den Namen dort. Siehe Wendy E. Sproston North, *The Lazarus Story within the Johannine Tradition,* Journal for the Study of the New Testament, Supplement Series 212, Sheffield 2001, S. 119–121.

163 *Den heliga Birgittas himmelska uppenbarelser,* ins Schwedische von Tryggve Lundén, Allhems förlag, Malmö 1957–1959, I:53 (hier zieht Birgitta eine Parallele zwischen Maria Magdalena und Matthäus), IV:16 (Parallele zwischen Maria Magdalena und Sacheus), IV:108, IV:109, VI:22, VI:119.

164 *Den heliga Birgittas himmelska uppenbarelser* IV:108.

165 Siehe beispielsweise Michel Lauwers, ›Noli me tangere‹. Marie Madeleine, Marie d'Oignies et les pénitentes du XIIIe siécle, *Mélanges de l'Ecole française de Rome. Moyen Age,* 104:I, 1992.

166 Zu diesem Aspekt der Geschichte Maria Magdalenas siehe Adam 1996; Wiltrud aus der Fünten 1966; Haskins 1993, S. 166–167; Marjorie M. Malvern, *Venus in Sackcloth. The Magdalen's Origins and Metamorphoses,* Southern Illinois University Press, Carbondale und Edwardsville 1975, S. 136–138; Pinto-Mathieu 1997, S. 189–283 – zu Maria Magdalenas Funktion als Antisemitin siehe besonders S. 236–242.

167 Pinto-Mathieu 1997, S. 45–66. Sie ausführlicher Wiltrud aus der Fünten 1966; Joseph Szövérffy, A Survey of the Mary Magdalene Hymns, *Traditio* 19, 1963.

168 Pinto-Mathieu 1997, S. 67–86. Siehe besonders S. 64: eine Nachbildung des *Ave Maria,* das sich in einem Manuskript wiederfindet, welches mit Liebhart, Prior von Reichenbach, assoziiert und auf das Jahr 1476 datiert wird.

169 Zu Maria Magdalenas Rolle in mittelalterlichen Predigten, insbesondere Predigten zu ihrem Festtag am 22. Juli, siehe Nicole Bériou, La Madeleine dans les sermons parisiens du XIIIe siècle, *Mélanges de l'Ecole française de Rome. Moyen Age,* 104:I, 1992; Jansen 2000. Siehe auch Pinto-Mathieu 1997, S. 3–43.

170 Nachfolgender Text basiert hauptsächlich auf Jansen 2000.

171 Mehr Information über die Koppelung zwischen sexueller Sünde und weiblichem Heiligenstatus bei Ruth Mazo Karras, Holy Harlots: Prostitute Saints in Medieval Legend, *Journal of the History of Sexuality* I/I, 1990.

172 Garth 1950, S. 31. Honorius' Geschichte findet sich in Migne, *Patrologia Latina* 172, col. 979–982.

173 Gart 1950, S. 30; Hansel 1937, S. 96-99; Haskins 1993, S. 159–161. Vgl. den Text in *Der Saelden Hort. Alemannisches Gedicht vom Leben Jesu, Johannes des Täufers und der Magdalena,* red. Heinrich Adrian, Berlin 1927. Die Geschichte von der Hochzeit in Kana kommt auch in einer italienischen Biografie eines unbekannten Verfassers des 14. Jahrhunderts vor, *The Life of Saint Mary Magdalen,* ins Englische übersetzt von Valentina Hawtrey, John Lane – The Bodley head, London 1906.

174 André Simon, *L'ordre des pénitents de Saint Marie-Madeleine en Allemagne au XIIIme siècle,* Fribourg 1918.

175 Jansen 2000, S. 217–218.

176 Jean Gobi l'Ancien, *Miracles de Sainte Marie-Madeleine,* red. und ins Französische übersetzt von Jacqueline Sclafer, CNRS Éditions, Paris 1996. Siehe auch Montagnes 1989.

177 Lateinisch: *illi, qui regunt et custodiunt ecclesiam de Verzeliaco, dederunt quasdam reliquias – ut dicebant – fratribus Predicatoribus de Lausana, asserentes eas esse de corpore Magdalene, quod – ut dicebant – in sua ecclesia habebatur.*

178 Lateinisch: *nichil est ibi de corpore vel reliquiis Magdalene, quare propter hoc istum hominem non dimittam!*

179 Jansen 2000, S. 247.

180 Jansen 2000, S. 264, 284, 304–305.

181 Haskins 1993, S. 135. Siehe auch De Boer 1997, S. 8.

182 *Svenska böner från medeltiden efter gamla handskrifter,* hrsg. v. Robert Geete, Samlingar utgifna af svenska fornskrift-sällskapet 38, Stockholm 1907–1909, Gebet 215.

183 Haskins 1993, S. 236.

184 Pinto-Mathieu 1997, S. XII-XIV.

185 Haskins 1993, S. 155. Siehe auch Christine de Pisan, *Book of the City of Ladies,* London 1983, S. 28–29.

186 Haskins 1993, S. 250–251.

187 Michel Feuillas, La controverse magdalénienne au milieu du XVIIe siècle, in: *Marie Madeleine dans la mystique, les arts et les lettres.* Actes du colloque international Avignon 20–22 juillet 1988, red. Eve Duperray, Beauchesne, Paris 1989.

188 Haskins 1993, S. 130–133, 295–296.

189 Haskins 1993, S. 476, Anmerkung 46, sich beziehend auf Alison Whyte, Korean Losers in the World's Oldest Game, *Independent,* 26. September 1988.

190 Francis James Child, Vol. I., nr. 21, S. 231–232. Siehe auch Ann-Mari Häggman, *Magdalena på Källebro. En studie i finlandsvensk vistradition med utgångspunkt i visan om Maria Magdalena,* Skrifter utgivna av Svenska littertaursällskapet i Finland, Humanistiska avhandlingar 6, Helsingfors 1992, S. 47.

191 Zitiert aus Häggman 1992.

192 Häggman 1992, S. 52–55.

193 Häggman 1992, S. 61–64.

194 Francis James Child, Vol. I., Nr. 21, S. 230.

195 Internetseite (Februar 2004), http://www.beloveddisciple.org/

196 William A. Phipps, *Was Jesus Married?,* Harper & Row, New York 1970, S. 66–67, 136–137.

197 Pierre Plantards geheime Gesellschaft existierte etappenweise seit den 1950er Jahren

mit Statuten von 1956 bis 1993. Die politische Zielsetzung der Prieuré de Sion war die Wiederaufrichtung der französischen Monarchie mit Plantard als König. Plantard selbst veränderte einige Male die Geschichte der Gesellschaft und verwarf zum Schluss sogar die Liste historischer Großmeister, auf die in Browns Buch hingewiesen wird. Von der Ausarbeitung einer Chronologie, die von der Gründung im Jahr 1099 ausging, behauptete Plantard 1989, die geheime Gesellschaft sei tatsächlich 1681 in Rennes-le-Château gegründet worden. Sämtliche Dokumente in Plantards Geschichtsschreibung sind als offensichtliche Fälschungen entlarvt worden.

198 Zu diesen unwahrscheinlichen Geschichten siehe Ann Wroe, *Pilate. The Biography of an Invented Man,* Jonathan Cape, London 1999, S. 21–31. Siehe auch Gustav Adolf Müller, *Pontius Pilatus, der fünfte Prokurator von Judäa und Richter Jesu von Nazareth,* J. G. Metzlerscher Verlag, Stuttgart 1888, S. 50–51; Karl Hauck, Pontius Pilatus aus Forchheim, in: *Medium Aevum Vivum. Festschrift für Walther Bulst,* Carl Winter-Universitätsverlag, Heidelberg 1960.

199 Eine der wichtigsten Arbeiten zu Pilatus, die im 19. Jahrhundert verfasst wurde, ist Müller 1888. Eine allgemeine Übersicht zum Blick auf Pilatus in den Quellen und wie Forscher davon beeinflusst wurden bei Brian C. McGing, Pontius Pilate and the Sources, *The Catholic Biblical Quarterly* 53, 1991.

200 Schwedische Übersetzung dieses Fragments in *Apokryferna till Nya Testamentet,* Auswahl und Übersetzung von Bertil E. Gärtner, Propius Verlag, Stockholm 2001 (1972). Deutsche Übersetzung: Klaus Berger/Christiane Nord, a. a. O.

201 Pines 1966, S. 55–57. Siehe auch S. 58–59: Hier lässt Abd al-Jabbar in einer alternativen Version Pilatus die traditionelle Rolle als Richter Jesu spielen.

202 Dies ist der Schwerpunkt in Helen K. Bond, *Pontius Pilatus in History and Interpretation,* Cambridge University Press, Cambridge 1998.

203 Bond 1998, S. 24–48. Siehe auch Niels Willert, *Pilatus-billedet i den antike jødendom og kristendom,* Aarhus Universitetsforlag, Århus 1989, S. 21.

204 Philo, *The Embassy to Gaius,* Vol. 10 der Werke Philos, übersetzt von F.H. Colson, Loeb Classical Library, Cambridge, Mass. und London 1971 (erste Ausgabe 1962), Kap. 38, S. 151–155.

205 (Flavius) Josephus, *The Jewish War,* Vol. 2, übers. von H. St. J. Thackeray, Loeb Classical Library, Cambridge, MasS. u. London 1976 (erste Auflage 1927), Buch II:168–177 (S. 389–393).

206 (Flavius) Josephus, *Jewish Antiquities,* Vol. 9, übers. von Louis H. Feldman, Loeb Classical Library, Cambridge, MasS. u. London 1981 (erste Auflage 1965), Buch XVIII:55–64, 85–89 (S. 43–51, S. 61–65).

207 Agrippa I. (Herodes Agrippa), 10 v. Chr. – 44 n. Chr., war seit 34 n. Chr. Herrscher (Tetrarch) über die Kleinreiche nördlich von Galiläa, später König eines viel größeren Gebietes, seit 41 auch über Judäa.

208 Bond 1998, S. 41.

209 Bond 1998, S. 89–91.

210 Dieses Kapitel enthält allgemeine Informationen, die vielen Arbeiten über Palästina zur Zeit Jesu leicht zu entnehmen sind. Siehe beispielsweise Bond 1998 sowie Jean-Pierre Lémonon, *Pilate et la gouvernement de la Judée: textes et monuments,* Librarie Lecoffre, Paris 1981.

211 Bond 1998, S. 20–23.

212 Lémonon 1981, S. 16–32. Zitat auf S. 31: »Le Tiberiéum n'est sans doute pas un temple; il est difficile de préciser davantage sa nature.«

213 Zu diesen juristischen Fragen siehe Bond 1998, S. 15–16.

214 Warum dies so war, ist ausführlich diskutiert worden, jedoch ohne, dass ein Konsens erzielt werden konnte. Siehe beispielsweise Stephen Liberty, The Importance of Pontius Pilatus in Creed and Gospel, *Journal of Theological Studies* 45, Oxford 1944.

215 B. Botte, *La Tradition apostolique de saint Hippolyte. Essai de reconstitution,* Münster 1963, S. 49.

216 Willert 1989, S. 330–331.

217 Willert 1989, S. 317–319. Siehe auch *The Apostolic Fathers,* Vol. 1, transl. Kirsopp Lake, Loeb Classical Library, Cambridge, Mass. und London 1977 (erste Auflage 1912). Die Texte der Briefe Ignatius' sind wiedergegeben in Ad Magn. 11 (S. 209), Ad Tral. 9 (s. 221) und Ad Smyrn. 1 (S. 253).

218 Willert 1989, S. 322–326.

219 McGing 1991, S. 427.

220 Willert 1989, S. 326–330. Siehe Eusebius (von Caesarea), *Kirchengeschichte* (Historia Ecclesiastica), Buch I:9, II:2, 5–7.

221 Lémonon 1981, S. 250; Willert 1989, S. 322–326.Der Text findet sich in Justins Erster Apologie 35:9, 48:3. Pilatus wird in der Ersten Apologie 13 und 61 sowie im Appendix 6 derselben auch in formelhaften Hinweisen erwähnt, die an das Glaubensbekenntnis erinnern. Ähnliche Hinweise in Justins Dialog mit dem Juden Tryphon: 30, 76, 85. Siehe De Otto, *Corpus apologetarum christianorum saeculi secundi* I, 1876, Wiesbaden 1969, S. 106 und 132 (vom Verfasser nicht analysiert).

222 Lémonon 1981, S. 252; Willert 1989, S. 322–326. Die Texte finden sich in Tertullians Apologie, V:2 und XXI:24, in *Corpus Scriptorum Ecclesiasticorum Latinorum,* LXIX 1939, S. 14 und 58 (vom Verfasser nicht analysiert).

223 Lémonon 1981, S. 255; Willert 1989, S. 326–330. Der Text findet sich in Eusebius, *Kirchengeschichte,* Buch II:2. Deutsche Übersetzung: BKV.

224 Lémonon 1981, S. 256; Die Texte finden sich in Eusebius, *Kirchengeschichte,* Buch I:9, IX:5, 7.

225 Lémonon 1981, S. 257–258.

226 Lémonon 1981, S. 258–265; Willert 1989, S. 331–334; Doris Werner, *Pylatus,* 1972,

S. 10–14. Zum Text der Pilatusakten siehe *The Apocryphal New Testament, ed. J. K. Elliott, Oxford* 1993, *Evangelia Apocrypha,* red. Tischendorf, Leipzig 1876, sowie E. Hennecke und W. Schneemelcher, *Neutestamentliche Apokryphen,* Tübingen 1959. Der griechische Text, auf dem diese lateinische Übersetzung basiert, findet sich in den apokryphen Petrus- und Paulusakten (Acta Petri et Pauli, ed. R. A. Lipsius, in: *Acta Apostolorum Apocrypha,* Leipzig 1891, S. 196–197).

227 *The Apocryphal New Testament,* ed. J. K. Elliott, Oxford 1993, S. 207–208. Siehe auch Willert 1989, S. 331–334.

228 *The Apocryphal New Testament,* ed. J. K. Elliott, Oxford 1993, S. 223.

229 *The Apocryphal New Testament,* ed. J. K. Elliott, Oxford 1993, S. 223–224.

230 *The Apocryphal New Testament,* red. Montague Rhodes James, Clarendon Press, Oxford 1953 (urspr. 1924), S. 565–566.

231 *The Apocryphal New Testament,* red. Montague Rhodes James, Clarendon Press, Oxford 1953 (urspr. 1924), S. 566–568.

232 Lémonon 1981, S. 266.

233 *Gamaliel. Äthiopische Texte zur Pilatusliteratur,* übers. v. M.-A. van den Oudenrijn, Spicilegium Friburgense 4, Freiburg (Schweiz) 1959, S. 57–83; *The Apocryphal New Testament,* ed. J. K. Elliott, Oxford 1993, S. 159–160.

234 *The Apocryphal New Testament,* ed. J. K. Elliott, Oxford 1993, S. 162.

235 *Gamaliel,* übers. v. M.-A. Oudenrijn, S. 77.

236 *Gamaliel,* übers. v. M.-A. Oudenrijn, S. 23–35.

237 *Gamaliel,* übers. v. M.-A. Oudenrijn, S. 55–57.

238 Der Text findet sich auf deutsch bei *Gamaliel,* übers. v. M.-A. van den Oudenrijn, auf französisch in *Martyre de Pilate,* éd. critique de la version éthiopienne et trad. française par Robert Beylot, *Patrologia orientalis* tome 45, fasc. 4, n. 204, Brepols, Turnhout 1993; siehe auch die englische Darstellung in Wroe 1999, S. 309–312, 336–343.

239 Wroe 1999, S. 4–6.

240 Müller 1888, S. 6–7.

241 Lémonon 1981, S. 266; Wroe 1999, S. 363–365. den Originaltext siehe in Patrologia orientalis, I, Paris 1907, fasc. V, S. 674–675. Den Originaltext habe ich selbst nicht analysiert.

242 Lémonon 1981, S. 268. Siehe Eusebius, *Kirchengeschichte,* Buch II:7.

243 Paulus Orosius, *Historiarum adversum paganos libri VII,* red. Karl Zangemeister, Leipzig 1889, Buch VII:5.

244 Lémonon 1981, S. 268. Siehe Origenes, *Contra Celsum libri VIII,* red. M. Marcovich, Brill, Leiden 2001 (griechischer Text): II, 34 (hier werden Pilatus und seine Frau erwähnt).

245 Gregor von Tours, *Decem Libri Historiarum,* I:24.

246 Lémonon 1981, S. 267. *Paradosis* findet sich in *The Apocryphical New Testament,* ed. J. K. Elliott, Oxford 1993, S. 208–211, sowie in *Evangelia Apocrypha,* ed. Tischendorf, Leipzig 1876, S. 449–455.

247 *The Apocryphal New Testament,* ed. J. K. Elliott, Oxford 1993, S. 225.

248 *The Apocryphal New Testament,* ed. J. K. Elliott, Oxford 1993, S. 216–217.

249 Jacobus de Voragine, Vol. I, S. 211–214.

250 *Ett fornsvenskt legendarium,* Vol. I (Samlingar utgifna af svenska fornskrift-sällskapet 4), Stockholm 1847, S. 299–303.

251 Doris Werner, *Pylatus. Untersuchungen zur metrischen lateinischen Pilatuslegende und kritische Textausgabe,* A. Henn Verlag, Ratingen 1972, S. 21. Werner veröffentlicht in diesem Band eine aus Deutschland stammende metrische lateinische Legende über Pontius Pilatus aus dem 12. Jahrhundert. Sie stimmt in ihren Hauptzügen mit der später geschriebenen Version in der *Legenda aurea* überein.

252 Pierre Cavard, *Vienne la Sainte,* Blanchard Frères, Vienne 1975, S. 32–58. Cavard behandelt auch Legenden über Herodes Antipas und deren Verknüpfung mit Vienne.

253 Zu diesen Geschichten über Pilatus schließliches Ende siehe Wroe 1999, S. 346–362.

254 Wroe 1999, S. 31–32.

255 Wroe 1999, S. 36–39.

256 Erich Fescher, *Das Weib des Pilatus,* Max Niemeyer Verlag, Halle (Saale) 1951.

257 *Prinz Eisenherz* Werkausgabe Band 27, Die Suche nach dem Gral (Originalseiten 1189–1234).

258 *The Apocryphal New Testament,* ed. J. K. Elliott, Oxford 1993, S. 154.

259 *The Apocryphal New Testament,* ed. J. K. Elliott, Oxford 1993, S. 162.

260 *The Apocryphal New Testament,* ed. J. K. Elliott, Oxford 1993, S. 162.

261 *The Apocryphal New Testament,* ed. J. K. Elliott, Oxford 1993, S. 187, 180–182.

262 *The Apocryphal New Testament,* ed. J. K. Elliott, Oxford 1993, S. 185.

263 *The Apocryphal New Testament,* ed. J. K. Elliott, Oxford 1993, S. 218–222.

264 Jacobus de Voragine, Vol. 1, S. 276.

265 *The Apocryphal New Testament,* red. Montague Rhodes James, Clarendon Press, Oxford 1953 (urspr. 1924) S. 218.

266 Mary Germaine Finlay, *Joseph of Arimathea and the Holy Grail,* unveröffentlichte Dissertation, Columbia University 1950, S. 30–31. Finlay verweist ihrerseits auf Paulin Paris, Le Saint Graal«, *Romania,* Vol. 1, 1872, S. 457–458.

267 Finlay 1950, S. 32.

268 Finlay 1950, S. 33.

269 Finlay 1950, S. 33–35.

270 Finlay 1950, S. 37–38.

271 Finlay 1950, S. 31–32. Finlay verweist auf A. Harnack, Ein in georgischer Sprache

überliefertes Apokryphon des Josef von Arimathia, in: *Sitzungsberichte der Königlich preussischen Akademie der Wissenschaften,* 1901, S. 920 ff; A. N. Wesselovskij, Zur Frage über die Heimat der Legende vom Heiligen Gral, in: *Archiv für slavische Philologie,* Vol. 23, 1901, S. 325–328.

272 Roger Sherman Loomis, *The Grail. From Celtic Myth to Christian Symbol,* University of Wales Press/Columbia University Press, Cardiff und New York 1963, S. 250–251.

273 Der Text von William Blakes *Jerusalem* lautet: »And did those feet in ancient time/ Walk upon England's mountain's green?/And was the Holy Lamb of God/On England's pleasant pasture seen? /And did the countenance divine/Shine forth upon our clouded hills?/And was Jerusalem builded here/Among those dark satanic mills?/Bring me my bow of burning gold!/Bring me my arrows of desire!/Bring me my spear! O clouds unfold!/Bring me my chariot of fire!/I will not cease from mental fight, /Nor shall my sword sleep in my hand, /Till we have built Jerusalem/ In England's green and pleasant land.«

274 Nachfolgende Darlegungen basieren auf allgemeingeschichtlicher Literatur über das frühmittelalterliche England. Siehe beispielsweise meine eigene Übersicht in Dick Harrison, *Krigarnas och helgonens tid. Västeuropas historia* 400–800 e. Kr., Prisma, Stockholm 1999. Für eingehendere Studien siehe Leslie Alcock, *Arthur's Britain. History and Archaeology A. D. 367–634,* Pelican Books, Harmondsworth 1971; James Campbell, red., *The Anglo-Saxons,* Phaidon, Oxford 1982; David Dumville, *Britons and Anglo-Saxons in the Early Middle Ages,* Variorum Collected Studies Series, Aldershot und Brookfield, Vermont 1993; Nicolas Higham, *The English Conquest: Gildas and Britain in the Fifth Century,* Manchester University Press, Manchester 1994; Charles Thomas, *Tintagel, Arthur and Archaeology,* English Heritage, London 1993; Martyn John Whittock, *The Origins of England 410–600,* Croom Helm, London und Sydney 1986; Für eine gründliche Analyse des Artusmythos als solchem siehe die zahlreichen Artikel in *Arthurian Literature in the Middle Ages,* red. Roger Sherman Loomis, Clarendon Press, Oxford 1959.

275 Leslie Alcock u. a., *Cadbury Castle, Somerset. The Earla Medieval Archaeology,* Cardiff 1995.

276 Gildas, De exidio Britanniae, *Monumenta Germaniae historica, Auctores Antiquissimi* 13, 1898. Der Text ist auch herausgegeben und ins Englische übersetzt von Michael Winterbottom, *Gildas, The Ruin of Britain and Other Works,* Chichester 1978.

277 *Aneirin: Y Gododdin. Britain's Oldest Heroic Poem,* red. A. O. H. Jarman, The Welsh Classics, Vol. 3, 1988 – walisisches Original und englische Übersetzung.

278 *Bedae opera historica,* red. C. Plummer, Oxford 1896. Bedas große Kirchengeschichte ist ins Englische übersetzt worden: Bede: *The Ecclesiastical History of the English People, The Greater Chronicle, Bede's Letter to Egbert,* übers. v. Judith McClure und Roger Collins, Oxford 1994.

279 Zu Geoffrey siehe John J. Perry und Robert A. Caldwell, Geoffrey of Monmouth. *Arthurian Literature in the Middle Ages*, red. Roger Sherman Loomis, Clarendon Press, Oxford 1959.

280 Eva Kärfve, *Konsten att bli människa. Individ och myt i medeltidens riddarvärld*, Symposium, Stockholm und Stehag 1997, S. 170.

281 Roger Sherman Loomis, *The Grail. From Celtic Myth to Christian Symbol*, University of Wales Press/Columbia UniversityPress, Cardiff und New York 1963, S. 57–59. Diese Buch ist meine Hauptquelle zur Literaturgeschichte des Grals. Siehe auch Roger Sherman Loomis, The Origin of the Grail Legends, *Arthurian Literature in the Middle Ages*, red. Roger Sherman Loomis, Clarendon Press, Oxford 1959.

282 Loomis 1963, S. 59–61.

283 Loomis 1963, S. 28–45.

284 Loomis 1963, S. 55–57. Die Sage von Bran ist ins Englische übersetzt worden. Siehe »Branwen Daughter of Llyr« in: *The Mabinogion*, übers. v. Jeffrey Gantz, Penguin, Harmondsworth 1976 (und später).

285 Loomis 1963, S. 65–73.

286 Loomis 1963, S. 82–83.

287 Loomis 1963, S. 224–227.

288 Loomis 1963, S. 227–235. Siehe auch Pierre le Gentil, The Work of Robert de Boron and the *Didot Perceval, Arthurian Literature in the Middle Ages*, red. Roger Sherman Loomis, Clarendon Press, Oxford 1959.

289 Loomis 1963, S. 235–248.

290 Loomis 1963, S. 240–241.

291 Loomis 1963, S., 97–134.

292 Loomis 1963, S. 133–139.

293 Loomis 1963, S. 165.

294 Sir Thomas Malory, *Le Morte d'Arthur*, Buch 17, Kap. 20, 22.

295 Kärfve 1997; Loomis 1963, S. 196–222.

296 Nachfolgende Schilderung basiert hauptsächlich auf J. Armitage Robinson, *Two Glastonbury Legends. King Arthur and Josef of Arimathea*, Cambridge University Press, Cambridge 1926, sowie Reginald Francis Treharne, *The Glastonbury Legends. Joseph of Arimathea, the Holy Grail and King Arthur*, London 1967.

297 Siehe zum Beispiel das Bild in Armitage Robinson 1926, S. 11, und den Text auf S. 58–59.

298 Loomis 1963, S. 259.

299 Lateinisch: *duo fassula alba et argentae, cruore prophetae Ihesu et sudore perimpleta*. Siehe Loomis 1963, S. 260–262. Melkins Prophezeiung, in teilweise unbegreiflichem Latein, ist abgedruckt bei Armitage Robinson 1926, S. 60.

300 Die Geschichten zu Glastonburys spätmittelalterlicher Legendenentwicklung finden sich bei Loomis 1963 und Treharne 1967.

301 Texte des 14. Jahrhunderts von den Ereignissen der Jahre 1345 und 1367 finden sich in englischer Übersetzung bei Armitage Robinson 1926, S. 63–65.

302 Auszüge aus dem Gedicht bei Armitage Robinson 1926, S. 44–45.

303 William Goods Darstellung ist abgedruckt bei Armitage Robinson 1926, S. 46–47 und S. 66–67 (lateinisch).

304 Treharne 1967, S. 115.

305 Steve Blake und Scott Lloyd, *The Keys to Avalon. The True Location of Arthur's Kindom Revealed,* Element, Shaftesbury 2000.

306 Marcel Proust, *Auf der Suche nach der verlorenen Zeit. In Swanns Welt,* aus dem Französischen von Eva Rechel-Mertens, Frankfurt a. M. 1997, S. 63.

307 Jan-Öjvind Swahn, *Mathistorisk uppslagsbok. Mat och dryck från antikens kök till Absolut vodka.* Ordalaget Bokförlag AB, Bromma 1999, S. 156.

308 Sigbrit Swahn, Ritualer kring bordet i Prousts värld, *Gastronomisk kalender 2000,* Stockholm 1999.

Quellen und Literatur

Allgemeine Quellen

Sämtliche Bibelzitate sind der Übersetzung der Bibelkommission (Bibel 2000) entnommen und mit freundlicher Genehmigung wiedergegeben (Anm. d. Ü.: Der deutschen Übersetzung ist die Einheitsübersetzung, Stuttgart 1979 zugrunde gelegt). Die apokryphe Literatur zum Neuen Testament ist anhand einer Vielzahl von Sammelwerken studiert worden. Leider ist nur eine kleine Auswahl der Apokryphen auf Schwedisch zugänglich: *Apokryferna till Nya Testamentet (Die Apokryphen zum Neuen Testament)*, Auswahl und Übersetzung durch Bertil E. Gärtner, Proprius Verlag, Stockholm 2001 (1972), sowie *Thomasevangeliet (Das Thomasevangelium)*, Übers. Bo Frid, Kommentar Jesper Svartvik, Arcus, Lund 2002 (Anm. d. Ü.: Deutsche Übersetzung nach: Klaus Berger/Christiane Nord, Das Neue Testament und frühchristliche Schriften, Frankfurt am Main und Leipzig 1999).

Von den übrigen anwendbaren Ausgaben mit Originaltexten, Übersetzungen und Zusammenfassungen des Inhalts sind zu nennen:

- *Evangelia Apocrypha*, hrsg. v. Tischendorf, Leipzig 1876.
- *Acta Apostolorum Apocrypha*, Leipzig 1891.
- E. Hennecke und W. Schneemelcher, *Neutestamentliche Apokryphen*, Tübingen 1959.
- *The Apocryphal New Testament*, hrsg. v. Montague Rhodes James, Clarendon Press, Oxford 1953 (urspr. 1924).
- *The Apocryphal New Testament*, hrsg. v. J. K. Elliott, Oxford 1993.
- *Coptic Apocrypha in the Dialect of Upper Egypt*, hrsg. u. übers. v. E. A. Wallis Budge, London 1913.
- J. M. Robinson (Hrsg.), *The Nag Hammadi Library in English*, 3. Aufl. 1988.
- *Gamaliel. Äthiopische Texte zur Pilatusliteratur*, übers. v. M.-A. van den Oudenrijn, Spicilegium Friburgense 4, Freiburg (Schweiz) 1959.
- *Martyre de Pilate*, éd. critique de la version éthiopienne et trad. française par Robert Beylot, *Patrologia orientalis* tome 45, fasc. 4, n. 204, Brepols, Turnhout 1993.

Bezüglich der Studien der Kirchenväter und Arbeiten anderer herausragender christlicher Theologen, die im Text genannt werden, sei vor allem verwiesen auf *Patrologia Latina* und *Patrologia Graeca* (hrsg. v. J.-P. Migne). Von besonderem Interesse ist die erste große Kirchengeschichte von Eusebius, die auf Englisch zugänglich ist: Eusebius,

The Ecclesiastical History, ins Engl. übers. v. Kirsopp Lake. Loeb Classical Library, Cambridge, Mass. und London 1980 (erste Auflage 1926).

Eine im vorliegenden Werk oft zitierte mittelalterliche Legendensammlung ist die *Legenda aurea*, »Die Goldene Legende«. Die am leichtesten zugängliche Ausgabe in einer modernen Sprache ist Jacobus de Voragine, *The Golden Legend. Reading on the Saints*, Bd. 1-2, übers. v. William Granger Ryan, Princeton University Press, Princeton 1993. Ein großer Teil der Arbeit ist bereits im Mittelalter ins Schwedische übersetzt worden: *Ett fornsvenskt legendarium*, vol.I (Samlingar utgifna af svenska fornskrift-sällskapet 4), Stockholm 1847. Für eine neue kritische Edition der Legendensammlung siehe Iacopo da Varazze, *Legenda Aurea*, hrsg.v. Giovanni Paolo Magioni, Florenz 1998.

Judas Iskariot

Quellen

The Age of Bede, hrsg. v. D. H. Farmer, Penguin Classics, Harmondsworth 1965 (und später).
Enthält die englische Übersetzung von der Seereise Sankt Brendans.

Francis James Child (Hrsg.), *The English and Scottish Popular Ballads*, Bd. 1, Houghton, Mifflin and Company, Boston und New York 1882-1888, nr. 23.

Epiphanius, Bd. 2, in: *Die Griechischen Christlichen Schriftsteller der ersten Jahrhunderte*, hrsg.v. Karl Holl, bearbeitete Ausgabe von Jürgen Dummer, Akademie-Verlag, Berlin 1980 (griechischer Text).

H. Fagès, *Histoire de saint Vincent Ferrier*, Bd. 1, Paris 1893-1894.

Irenäus von Lyon, *Epidexis. Adversus haereses I*, übers. v. Norbert Brox, Herder, Freiburg im Breisgau 1993 (lateinischer und deutscher Text).

Origenes, *Contra Celsum libri VIII*, hrsg. v. M. Marcovich, Brill, Leiden 2001 (griechischer Text).

Lonsdale und Laura Ragg, *The Gospel of Barnabas*, Clarendon, Oxford 1907. Leider stand mir dies Exemplar nicht zur Verfügung, so dass ich darauf nur über Sox, 1984, Zugang hatte.

G. Schlichting, *Ein jüdisches Leben Jesu. Die verschollene Toledot-Jeschu-Fassung Tarn u-mu-ad*, Tübingen 1982.

(Pseudo-) Tertullianus, *Adversus omnes haereses*, hrsg. v. Emil Kroymann, in: *Corpus Christianorum, Series Latina II, Tertulliano opera, pars II: Opera montanistica*, Brepols, Turnhout 1954.

Pauli Franklin Baum, »The English Ballad of Judas Iscariot«, *Publications of the Modern Language Association of America* 31, 1916.

Pauli Franklin Baum, »The Mediaeval Legend of Judas Iscariot«, *Publications of the Modern Language Association of America* 31, 1916.

Per Beskow, *Fynd och fusk i bibelns värld. Om vär tids Jesus-apokryfer (Erfindung und Schwindel in der Welt der Bibel. Über die Jesus-Apokryphen unserer Zeit)*, Proprius Verlag, Stockholm 1979.

Bernhard Dieckmann, *Judas als Sündenbock. Eine verhängnisvolle Geschichte von Angst und Vergeltung*, Kösel, München 1991.

Peter Dinzelbacher, *Judastraditionen*, Raabser Märchen-Reihe 2, Selbstverlag des Österreichischen Museums für Volkskunde, Wien 1977.

Dick Harrison, *Karl Knutsson*, Historiska Media, Lund 2002.

Bernhard Heller, »Über Judas Ischariotes in der jüdischen Legende«, *Monatsschrift für Geschichte und Wissenschaft des Judentums* 76.

Bengt-Ingmar Kilström, »Judas Iskariot«, *Kulturhistoriskt lexikon för nordisk senmedeltid* 8, Malmö 1963.

William Klassen, *Judas. Betray er or Friend of Jesus?*, SCM Press, London 1996.

Hans-Josef Klauck, *Judas – ein Jünger des Herrn*, Herder, Freiburg im Breisgau 1987.

Samuel Laeuchli, »Origen's Interpretation of Judas Iscariot«, *Church History* 22, 1953.

Hyam Maccoby, *Judas Iscariot and the Myth of jewish Evil*, Peter Halban, London 1992.

Theophil Melicher, »Die germanische Gefolgschaft im Heliand«, *Mitteilungen des österreichischen Instituts für Geschichtsforschung*, 51, 1937.

Alexander Murray, *Suicide in the Middle Ages: vol.* 2, The Curse on Self-Murder, Oxford University Press, Oxford 2000.

Jean Paillard, *Broder Judas. En ny syn på förrädaren (Bruder Judas. Eine neue Sicht des Verräters)*, Libris, Örebro 1995.

Shlomo Pines, *The Jewish Christians of the Early Centuries of Christianity according to a New Source*, The Israel Academy of Science and Humanities, Proceedings, vol. 2, no. 13, Jerusalem 1966.

Walter Puchner, *Studien zum Kulturkontext der liturgischen Szene. Lazarus und Judas als religiöse Volksfiguren in Bild und Brauch, Lied und Legende Südosteuropas*, Verlag der österreichischen Akademie der Wissenschaften, Wien 1991.

Edward Kennard Rand, »Mediaeval Lives of Judas Iscariot«, *Anniversary Papers by Colleagues and Pupils of George Lyman Kittredge*, Boston 1913.

Olaf H. Schumann, *Der Christus der Muslime. Christologische Aspekte in der arabisch-islamischen Literatur*, Gütersloher Verlagshaus, Gerd Mohn, Gütersloh 1975.

David Sox, *The Gospel of Barnabas,* George Allen & Unwin, London 1984.
Carl P. E. Springer, *The Gospel as Epic in Late Antiquity. The Paschale Carmen of Sedulius,* E. J. Brill,Leiden 1988.
Ingrid Westerhoff-Sebald, *Der moralisierte Judas. Mittelalterliche Legende, Typologie, Allegorie im Bild,* Frankfurt am Main 1996.
Werner Vogler, *Judas Iskarioth. Untersuchungen zu Tradition und Redaktion von Texten des Neuen Testaments und außerkanonischen Schriften,* Evangelische Verlagsanstalt, Berlin 1983.

Maria Magdalena

Quellen

Birgitta Birgersdotter (Heilige Birgitta), *Den heliga Birgittas himmelska uppenbarelser (Die himmlischen Offenbarungen der heiligen Birgitta),* ins Schwedische von Tryggve Lunden, Allhems Verlag, Malmö 1957–1959.
Madeleine Boxler, »*ich bin ein predigerin und appostlorin*«. *Die deutschen Maria Magdalena-Legenden des Mittelalters* (1300–1550). Untersuchungen und Texte, Peter Lang, Bern 1996.
Francis James Child (Hrsg.), *The English and Scottish Popular Ballads,* Bd. 1, Houghton, Mifflin and Company, Boston und New York 1882–1888, nr. 21.
Christine de Pisan, *Book of the City of Ladies,* London 1983.
R.-G. Coquin och G. Godron, »Un encomion copte sur Marie-Madeleine attribué à Cyrille de Jerusalem«, *Bulletin de l'Institut Français d'Archeologie Orientale* 90, Kairo 1990.
J. E. Cross, »Mary Magdalen in the Old English Martyrology«, *Speculum* 53 (1978). Enthält lateinische Textvarianten.
Sylvain Grébaut (Hrsg.), »La légende du parfume de Marie-Madeleine«, *Revue de L'orient chrétien* 21, 1918/1919, S. 100–103. Hier der äthiopische Originaltext und die französische Übersetzung.
The Life of Saint Mary Magdalen, translated from the Italian of an unknown fourteenth-century writer by Valentina Hawtrey, with an introduction by Vernon Lee, John Lane – The Bodley Head, London 1906.
The Life of Saint Mary Magdalen and Her Sister Martha, trans. David Mycoff, Cistercian Studies Series 108, Cistercian Publications, Kalamazoo 1989.
Guy Lobrichon, »Le dossier magdalenien aux Xle-XIIe siècles«, *Mélanges de l'Ecole française de Rome. Moyen Age,* 104:1, 1992.
Miracles de Sainte Marie-Madeleine von Jean Gobi l'Ancien, hrsg. und ins Französische übersetzt von Jacqueline Sclafer, CNRS Editions, Paris 1996.

Jean Misrahi, »A *Vita Sanctae Mariae Magdalenae* (B. H. L. 5456) in an Eleventh-Century Manuscript«, *Speculum* 18 (1943). Enthält den lateinischen Text.

Der Saelden Hort, Alemannisches Gedicht vom Leben Jesu, Johannes des Täufers und der Magdalena, hrsg. v. Heinrich Adrian, Berlin 1927.

Victor Saxer, *Le Dossier vézelien de Marie Madeleine. Invention et translation des reliques en* 1265–1267, Brüssel 1975.

Svenska böner från medeltiden efter gamla handskrifter (Schwedische Gebete des Mittelalters nach alten Handschriften), hrsg.v. Robert Geete, Samlingar utgifna af svenska fornskrift-sällskapet 38, Stockholm 1907–1909, Gebet 215.

Literatur

Eva-Maria Adam, *Maria Magdalena in geistlichen Spielen des Mittelalters*, Universität Zürich, Zürich 1996.

Richard Atwood, *Mary Magdalene in the New Testament Gospels and Early Tradition*, Peter Lang, Bern 1993.

Fernand Benoît, »La Madeleine et les Dormants d'Ephese«, *Provence historique* 12, 1962.

Nicole Beriou, »La Madeleine dans les sermons parisiens du XIIIe siècle«, *Mélanges de l'Ecole française de Rome. Moyen Age*, 104:1, 1992.

Carmen Bernabe Ubieta, *Maria Magdalena. Tradiciones en el cristianismo primitivo*, Editorial Verbo Divino, Estella 1994.

Esther De Boer, *Mary Magdalene – Beyond the Myth*, SCM Press, London 1997.

Daniel-Rops, *Dagligt liv i Palestina pä Jesu tid*, Prisma, Stockholm 1985.

Josef Dirnbeck, »Des Meisters Herz-Dame zwischen Kitsch und Kirchenkritik. Maria Magdalena in neuer Literatur und im Film«, *Bibel und Kirche*, 55. Jahrgang, 4/2000.

Michel Feuillas, »La controverse magdalénienne au milieu du XVIIe siècle«, in *Marie Madeleine dans la mystique, les arts et les lettres.* Actes du colloque international Avignon 20–22 juillet 1988, hrsg.v. Eve Duperray, Beauchesne, Paris 1989.

Wiltrud aus der Fünten, *Maria Magdalena in der Lyrik des Mittelalters*, Pädagogischer Verlag Schwann, Düsseldorf 1966.

Helen Meredith Garth, »Saint Mary Magdalene in Mediaeval Literature«, *The Johns Hopkins University Studies in Historical and Political Science*, vol. 67, The Johns Hopkins Press, Baltimore 1950.

Joseph Gazay, »Etudes sur les légendes de Sainte Marie-Madeleine et de Joseph d'Arimathie«, *Annales du Midi* 51, 1939.

Hans Hansel, *Die Maria-Magdalma-Legende. Eine Quellenuntersuchung*, Greifswald 1937.

Susan Haskins, *Mary Magdalen. Myth and Metaphor*, Harper Collins, London 1993.

Ann-Mari Häggman, *Magdalena pä Källebro. En Studie i finlandssvensk vistradition med utgängspunkt i visan om Maria Magdalena (Magdalena von Källebro. Eine Studie zu finnlandschwedischer Tradition mit Ausgangpunkt der Lieder über Maria Magdalena)*,

Skrifter utgivna av Svenska litteratursällskapet i Finland; Humanistiska avhandlingar 6, Helsingfors 1992.
Dominique Iogna-Prat, »La Madeleine du *Sermo in veneratione Sanctae Mariae Magdalenae* attribué à Odon de Cluny«, *Mélanges de l'Ecole française de Rome. Moyen Age*, 104:1, 1992.
Katherine Ludwig Jansen, *The Making of the Magdalen. Preaching and Popular Devotion in the Later Middle Ages,* Princeton University Press, Princeton, NJ 2000.
Ruth Mazo Karras, »Holy Harlots: Prostitute Saints in Medieval Legend«, *Journal of the History of Sexuality* 1/1, 1990.
B. J. Kedar, »Gerard of Nazareth. A Neglected Twelfth-Century Writer in the Latin East«, *Dumbarton Oaks Papers* 37, 1983.
Bengt-Ingmar Kilström, »Maria Magdalena«, *Kulturhistoriskt lexikon för nordisk senmedeltid* 11, Malmö 1966.
Hannele Koivunen, *The Woman who Understood Completely. A Semiotic Analysis of the Mary Magdalene Myth in the Gnostic Gospel of Mary,* Acta Semiotica Fennica 3, Imatra 1994.
Michel Lauwers, »›Noli me tangere.‹ Marie Madeleine, Marie d'Oignies et les pénitentes du Xllle siècle«, *Mélanges de l'Ecole française de Rome. Moyen Age,* 104:1, 1992.
Ingrid Maisch, *Maria Magdalena. Zwischen Verachtung und Verehrung. Das Bild einer Frau im Spiegel der Jahrhunderte,* Verlag Herder, Freiburg im Breisgau 1996.
Marjorie M. Malvern, *Venus in Sackcloth. The Magdalen's Origins and Metamorphoses,* Southern Illinois University Press, Carbondale und Edwardsville 1975.
Antti Marjanen, *The Woman Jesus Loved. Mary Magdalene in the Nag Hammadi Library and Related Documents,* Brill, Leiden 1996.
Erika Mohri, *Maria Magdalena. Frauenbilder in Evangelientexten des 1. bis 3. Jahrhunderts,* Marburger Theologische Studien 63, N. G. Elwert Verlag, Marburg 2000.
Bernard Montagnes, »Saint-Maximin. Foyer de production hagiographique«, in *Marie Madeleine dans la mystique, les arts et les lettres.* Actes du colloque international Avignon 20–22 juillet 1988, hrsg.v. Eve Duperray, Beauchesne, Paris 1989.
Wendy E. Sproston North, *The Lazarus Story within the Johannine Tradition,* Journal for the Study of the New Testament, Supplement Series 212, Sheffield 2001.
Gerald O'Collins und Daniel Kendali, »Mary Magdalene as Major Witness to Jesus' Resurrection«, *Theological Studies* 48, 1987.
Veronica Ortenberg, »Le culte de Sainte Marie Madeleine dans l'Angleterre anglo-saxonne«, *Mélanges de l'Ecole française de Rome. Moyen Age,* 104:1, 1992.
Veronica Ortenberg och Dominique Iogna-Prat, »Genèse du culte de la Madeleine«, *Mélanges de l'Ecole française de Rome. Moyen Age,* 104:1, 1992.
Elaine Pagels, *The Gnostic Gospels,* Random House, New York 1981.
André Paléologue, »Marie Madeleine dans la tradition byzantine«, in *Marie Madeleine*

dans la mystique, les arts et les lettres. Actes du colloque international Avignon 20-22 juillet 1988, hrsg. v. Eve Duperray, Beauchesne, Paris 1989.

Silke Petersen, »*Zerstört die Werke der Weiblichkeit!*« *Maria Magdalena, Salome und andere Jüngerinnen Jesu in christlich-gnostischen Schriften,* Brill, Leiden, Boston und Köln 1999.

Elisabeth Pinto-Mathieu, *Marie-Madeleine dans la littérature du Moyen Age,* Beauchesne, Paris 1997.

Carla Ricci, *Mary Magdalene and Many Others. Women who Followed Jesus,* Burns & Oates, Tunbridge Wells 1994.

Susanne Ruschmann, *Maria von Magdala im Johannesevangelium. Jüngerin – Zeugin – Lebensbotin,* Neutestamentliche Abhandlungen, Neue Folge, Band 40, Aschendorff, Münster 2002.

Victor Saxer, *Le culte de Marie Madeleine en Occident des origines à la fin du moyen âge,* Paris 1959.

André Simon, *L'ordre des pénitents de Sainte Marie-Madeleine en Allemagne au XIIIme siècle,* Fribourg 1918.

Josef Szövérffy, »Kultgeschichte und Politik. Die Anfänge des Magdalenenkultes in Vézeley, Burgunds Angliederung unter Konrad II. und die Sequenz Victimae paschali«, *Archiv für Kulturgeschichte* 55, 1973.

Mary R. Thompson, *Mary of Magdala. Apostle and Leader,* Paulist Press, New York und Mahwa, N. J. 1995.

Aina Trotzig, *Christus resurgens apparet Mariae Magdalenae. En ikonografisk studie med tonvikt på motivets framställning i den tidiga medeltidens konst (Christus resurgens apparet Mariae Magdalenae. Eine ikonografische Studie mit Schwerpunkt auf der Darstellung des Motivs in früher mittelalterlicher Kunst),* Stockholm 1973.

Robert Wennig, »Magdala«, *Bibel und Kirche,* 55 Jahrgang, 4/2000.

Cornelia Elizabeth Catharina Maria van den Wildenberg-De Kroon, *Das Weltleben und die Bekehrung der Maria Magdalena im deutschen religiösen Drama und in der bildenden Kunst des Mittelalters,* Rodopi, Amsterdam 1979.

Internetseite (besucht im Februar 2004): http://www.beloveddisciple.org/

Pontius Pilatus

Quellen

The Apostolic Fathers, vol. 1, transl. Kirsopp Lake, Loeb Classical Library, Cambridge, Mass. und London 1977 (första tryckning 1912).

De Otto, *Corpus apologetarum christianorum saeculi secundi* I, 1876, Wiesbaden, 1969, S. 106 und S. 132.

Gregor von Tours, *Decem Libri Historiarum,* I:24. Siehe die lateinische Ausgabe: *Monumenta Germaniae historica, Scriptores rerum merovingicarum* 1:1, Hannover 1885, 2. Aufl. 1951, hrsg. v. W. Arndt. Das Werk ist ins Englische übersetzt v. L. Thorpe: Gregory of Tours, *History of the Franks,* Harmondsworth 1974.

(Flavius) Josephus, *Jewish Antiquities,* Bd. 9, übers. Louis H. Feldman, Loeb Classical Library, Cambridge, Mass. und London 1981 (Erstausgabe 1965).

(Flavius) Josephus, *The Jewish War,* Bd.2., übers. H. St. J. Thackeray, Loeb Classical Library, Cambridge, Mass. und London 1976 (Erstausgabe 1927).

Origenes, *Contra Celsum libri VIII,* hrsg. v. M. Marcovich, Brill, Leiden 2001 (griechischer Text).

Paulus Orosius, *Historiarum adversum paganos libri VII,* hrsg.v. Karl Zangemeister, Leipzig 1889.

Philo, *The Embassy to Gaius,* Bd. 10 der Werke Philos, übers. F. H. Colson, Loeb Classical Library, Cambridge, Mass. und London 1971 (Erstausgabe 1962).

Tertullianus Apologie, V:2 und XXI:24, in *Corpus Scriptorum Ecclesiasticorum Latinorum,* LXIX, 1939, S. 14 und 58.

Doris Werner, *Pylatus. Untersuchungen zur metrischen lateinischen Pilatuslegende und kritische Textausgabe,* A. Henn Verlag, Ratingen, Kastellaun und Düsseldorf 1972.

Literatur

Aron Andersson, *Från Augustinus till Dante (Von Augustinus zu Dante)* in der Serie Levande konst genom tiderna (Lebende Kunst durch die Zeiten), Stockholm 1967.

Helen, K. Bond, *Pontius Pilate in History and Interpretation,* Cambridge University Press, Cambridge 1998.

B. Botte, *La Tradition apostolique de saint Hippolyte. Essai de reconstitution,* Münster 1963.

Pierre Cavard, *Vienne la Sainte,* Blanchard Frères, Vienne 1975.

Arnold Ehrhardt, »Pontius Pilatus in der frühchristlichen Mythologie«, *Evangelische Theologie,* IX, München 1949–1950.

Marianne Erikson, *Textiles in Egypt* 200–1500 a. d. in Swedish Museum Collections, Göteborg 1997.

Erich Fascher, *Das Weib des Pilatus,* Max Niemeyer Verlag, Halle (Saale) 1951.

Karl Hauck, »Pontius Pilatus aus Forchheim«, in *Medium Aevum Vivum. Festschrift für Walther Bulst,* Carl Winter-Universitätsverlag, Heidelberg 1960.

Jean-Pierre Lémonon, *Pilate et le gouvernement de la Judée: textes et monuments,* Librarie Lecoffre, Paris 1981.

Stephen Liberty, »The Importance of Pontius Pilate in Creed and Gospel«, *Journal of Theological Studies* 45, Oxford 1944.

Brian C. McGing, »Pontius Pilate and the Sources«, *The Catholic Biblical Quarterly* 53, 1991.

Alexander Murray, *Suicide in the Middle Ages: vol. 2*, The Curse on Self-Murder, Oxford University Press, Oxford 2000.
Gustav Adolf Müller, *Pontius Pilatus, der fünfte Prokurator von Judäa und Richter Jesu von Nazareth*, J. G. Metzlerscher Verlag, Stuttgart 1888.
William A. Phipps, *Was Jesus Married?*, Harper & Row, New York 1970.
Shlomo Pines, *The Jewish Christians of the Early Centuries of Christianity according to a New Source*, The Israel Academy of Science and Humanities, Proceedings, vol. 2, no. 13, Jerusalem 1966.
Niels Willert, *Pilatus-billedet i den antike jødendom og kristendom (Das Pilatusbild im antiken Juden- und Christentum)*, Aarhus universitetsforlag, Århus 1989.
Ann Wroe, *Pilate. The Biography of an Invented Man*, Jonathan Cape, London 1999.

Josef von Arimathäa

Quellen

Die Angaben zur mittelalterlichen Gralsdichtung stammen aus Loomis 1963. Wer sich mit den Originaltexten vertraut machen möchte, die für Josef von Arimathäas hochmittelalterliche Legendengeschichte relevant sind, sei auf folgende Werke verwiesen:

Chrétien de Troyes: *Der Percevalroman (Li Contes del Graal)*, hrsg.v. a. Hilka, Halle 1932; *Le Roman de Perceval ou Le Conte du Graal*, hrsg. v. W. Roach, Genf und Paris 1959.
Fortsetzungen des Werks Chrétiens de Troyes': *Continuations of the Old French »Perceval«*, vol. 1–3, hrsg. v. W. Roach, Philadelphia 1949–1952; *Perceval le Gallois*, Bd. 3–6, hrsg. v. C. Potvin, Mons 1866–1871.
Joseph d'Arimathie: Roman de l'Estoire dou Graal, hrsg. v. W. A. Nitze, Paris 1927. Eine Übersetzung findet sich in M. Schlauch, *Medieval Narrative*, New York 1928.
The Mabinogion, übers. Jeffrey Gantz, Penguin, Harmondsworth 1976 (und später).
Sir Thomas Malory, *Le Morte d'Arthur*, Random House, New York 1993 (die von mir benutzte Ausgabe).
Perlesvaus: Le Haut Livre du Graal, Perlesvaus, hrsg. v. W. A. Nitze u. a.., Chicago 1932–1937.
Queste del Saint Graal, Estoire del Saint Graal und andere Arbeiten: *Vulgate Version of the Arthurian Romances*, hrsg. v. H. O. Sommer, Washington D. C. 1911–1912. Siehe auch die Übersetzung ins Englische: *Quest of the Holy Grail*, übers. W. W. Comfort, London 1926.
Sone de Nansai: Sone de Nansai, hrsg. v. M. Goldschmidt, Tübingen 1899.
Prins Valiant, Bd. 27: Jakten på Graal (Die Jagd nach dem Gral) (1189–1234, aus den Jahren 1959–1960), 1984.

Wolfram von Eschenbach, *Parzival,* übers. Gottfried Grunewald, Symposion, Stockholm und Stehag 1999.

Die wichtigsten frühmittelalterlichen Quellen zur britischen Geschichte, die im Text erwähnt werden:
Aneirin: Y Gododdin. Britain's Oldest Heroic Poem, hrsg. v. A. O. H. Jarman. The Welsh Classics, Bd. 3, 1988 – walisisches Original und englische Übersetzung.
Bedae opera historica, hrsg. v. C. Plummer, Oxford 1896. Bedas große Kirchengeschichte ist ins Englische übersetzt: *Bede: The Ecclesiastical History of the English People, The Greater Chronicle, Bedes Letter to Egbert,* übers. v. Judith McClure und Roger Collins, Oxford 1994.
Gildas, »De excidio Britanniae«, *Monumenta Germaniae historica, Auctores Antiquissimi* 13, 1898.
Der Text ist herausgegeben und ins Englische übersetzt von Michael Winterbottom: *Gildas, The Ruin of Britain and Other Works,* Chichester 1978.

Literatur

Leslie Alcock, *Arthur's Britain. History and Archaeology A. D.* 367–634, Pelican Books, Harmondsworth 1971.
Leslie Alcock, m.fl., *Cadbury Castle, Somerset. The Early Medieval Archaeology,* Cardiff 1995.
Joseph Armitage Robinson, *Two Glastonbury Legends. King Arthur and Joseph of Arimathea,* Cambridge University Press, Cambridge 1926.
Arthurian Literature in the Middle Ages, hrsg.v. Roger Sherman Loomis, Clarendon Press, Oxford 1959.
Richard Barber, *The Holy Grail. Imagination and Belief,* Allen Lane, London 2004.
Steve Blake und Scott Lloyd, *The Keys to Avalon. The True Location of Arthurs Kingdom Revealed,* Element, Shaftesbury 2000.
James Campbell (Hrsg.), *The Anglo-Saxons,* Phaidon, Oxford 1982.
David Dumville, *Britons and Anglo-Saxons in the Early Middle Ages,* Variorum Collected Studies Series, Aldershot und Brookfield, Vermont 1993.
Mary Germaine Finlay, *Joseph of Arimathea and the Holy Grail,* unveröffentlichte Dissertation, Columbia University 1950.
Pierre le Gentil, »The Work of Robert de Boron and the *Didot Perceval, Arthurian Literature in the Middle Ages,* hrsg. v. Roger Sherman Loomis, Clarendon Press, Oxford 1959.
Dick Harrison, *Krigarnas och helgonens tid. Västeuropas historia* 400–800 e. Kr. (Die Zeit der Krieger und Helden in der Geschichte Westeuropas 400–800 n. Chr.), Prisma, Stockholm 1999.

Nicholas Higham, *The English Conquest: Gildas and Britain in the Fifth Century,* Manchester University Press, Manchester 1994.
Eva Kärfve, *Konsten att bli människa. Individ och myt i medeltidens riddarvärld (Die Kunst, ein Mensch zu werden. Individuum und Mythos in der Ritterwelt des Mittelalters),* Symposion, Stockholm und Stehag 1997.
Roger Sherman Loomis, »The Origin of the Grail Legends«, *Arthurian Literature in the Middle Ages,* hrsg. v. Roger Sherman Loomis, Clarendon Press, Oxford 1959.
Roger Sherman Loomis, *The Grail. From Celtic Myth to Christian Symbol,* University of Wales Press/Columbia University Press, Cardiff und New York 1963.
John J. Parry und Robert A. Caldwell, »Geoffrey of Monmouth«, *Arthurian Literature in the Middle Ages,* hrsg. v. Roger Sherman Loomis, Clarendon Press, Oxford 1959.
Charles Thomas, *Tintagel, Arthur and Archaeology,* English Heritage, London 1993.
Reginald Francis Treharne, *The Glastonbury Legends. Joseph of Arimathea, The Holy Grail and King Arthur,* The Cresset Press, London 1967.
Martyn John Whittock, *The Origins of England* 410–600, Croom Helm, London und Sydney 1986.

Epilog

Marcel Proust, *Swanns värld. På spaning efter den tid som flytt (Swanns Welt. Auf der Suche nach der verlorenen Zeit),* Bd. 1, übers. Gunnel Vallquist, Stockholm 1993.
Jan-Öjvind Swahn, *Mathistorisk uppslagsbok. Mat och dryckfrån antikens kok tili Absolut vodka (Lexikon zur Geschichte des Essens. Essen und trinken von der Küche der Antike bis zum Absoluten Wodka),* Ordalaget Bokförlag AB, Bromma 1999.
Sigbrit Swahn, »Ritualer kring bordet i Prousts värld« (Rituale am Tisch in der Welt Prousts), *Gastronomisk kalender* 2000 (Gastronomischer Kalender 2000), Stockholm 1999.

Alois Uhl
Die Päpste und die Frauen
270 Seiten mit zahlreichen Bilddokumenten
ISBN 978-3-538-07213-8

Hat einmal eine Frau als Päpstin die Tiara getragen oder ist die Erzählung von der »Päpstin Johanna« bloße Legende? Alois Uhl spürt dem Einfluss der Frauen auf die Päpste nach und stellt uns die Frauen vor, die als Mätressen, Töchter, Nichten und Ratgeberinnen in der Nähe der Päpste waren: Lucrezia Borgia, Giulia Farnese, Vittoria Colonna, Christine von Schweden u. v. a. Diese Frauen haben alle eine beachtliche Rolle gespielt – eine Rolle, die von der Kirchengeschichte bislang schamhaft verschwiegen wurde. Das Spektrum reicht vom Mittelalter bis ins 20. Jahrhundert. Ein Schwerpunkt ist das Zeitalter der Renaissance.

Patmos